本书获教育部人文社会科学研究青年基金项目
"当代都市新移民的城市想象与文化认同"
（批准号：14YJC751021）的资助

打工作家

——珠三角都市新移民的文化身份建构

李灵灵　著

中国社会科学出版社

图书在版编目（CIP）数据

打工作家：珠三角都市新移民的文化身份建构 / 李灵灵著.
—北京：中国社会科学出版社，2016.1
ISBN 978 - 7 - 5161 - 6600 - 0

Ⅰ.①打… Ⅱ.①李… Ⅲ.①珠江三角洲—城市文化—
研究 Ⅳ.①G127.65

中国版本图书馆 CIP 数据核字（2015）第 160113 号

出 版 人	赵剑英
责任编辑	周晓慧
特约编辑	丁玉灵
责任校对	周 昊
责任印制	戴 宽

出　　版	中国社会科学出版社
社　　址	北京鼓楼西大街甲 158 号
邮　　编	100720
网　　址	http://www.csspw.cn
发 行 部	010 - 84083685
门 市 部	010 - 84029450
经　　销	新华书店及其他书店

印刷装订	北京君升印刷有限公司
版　　次	2016 年 1 月第 1 版
印　　次	2016 年 1 月第 1 次印刷

开　　本	710 × 1000　1/16
印　　张	21
插　　页	2
字　　数	346 千字
定　　价	78.00 元

总　　序

　　东南大学自 1978 年始恢复文科，1996 年由中国文化系分化出中国语言文学系和旅游学系。由此，在东南大学浓厚的理工科背景下诞生出中文学科。一路走来，已经经历近 20 个年头。

　　二十年弹指一挥间。在强势的工科背景下，有一批执著于中国文学的研究者在辛勤耕耘，在播洒着东大中文的希望。中文系肇始之初，为生存计，全系教师多承担东南大学人文素质教育选修课，接着招收汉语言文学专科学生并接受韩国留学生，2000 年始招收第一届汉语言文学专业本科生。2004 年招收中国古代文学专业硕士生，2008 招收中国现当代文学专业硕士生，2010 年中国语言文学一级学科硕士点获批，2014 年汉语国际教育专业硕士点成功申请……一步一个脚印，东大中文在缓慢却又坚实有力地向前迈进。

　　东大中文的团队锐意进取，精益求精。无论教学还是科研，东大的中文团队走的都是高精尖的发展道路。在教学研究上，中文团队着意打造"大学语文"，带动人文素质课程群建设。2004 年大学语文获得国家精品课程立项，2005 年获得国家教学成果二等奖；他们能与时俱进，瞄准教学最新发展趋势，2014 年又集中打造大规模的网络开放课程（MOOC）的工程……；在学科建设上，东大的中文团队数量上无法与传统综合性大学师资力量相抗衡，但追求个体的学术能力开发。无论哪一位教师，在特定的学术领域都可以与全国同行对话。2005 年以来，东大中文团队承担国家以及省部级项目 20 余项，仅 2014 年度，获国家、教育部人文社会科学基金立项者即有 5 项。

　　东大中文学科的发展不求全面，但以高精尖为旨向，重视教师个体素质，寻求特定学科领域的优先发展。东大中文是在浓厚工科背景下诞生的，他们不满足于承担全校人文素质教育课程，而追求学科自立、特立兼行。那就是在保持传统中文特色的同时，坚持走学科交叉、集成创新的科研道路。与中文相关的东南大学艺术学科在全国排名第一，人文学院也拥有哲学一级学科博士学位授权点，哲学、社会学、心理学、中国语言文学等5个一级学科硕士学位授权点和4个专业学位授权点。因此，东大中文具有交叉研究的平台优势。近年来，中文学科团队在文学与艺术、文学与伦理、文学与社会、文学与医学的交叉研究上逐渐显示出自己的特色，如关于文学的生态伦理、文学与图像、文学的市民意识、文艺治疗等学术成果将逐渐问世。

东南大学国学研究的历史源远流长。东南大学中文系1924届毕业生王焕镳，考证出明初的南雍太学生人数达九千余人："较之意大利之普罗纳大学，虽在十三世纪时，已号称有学生万人，然实数不过五千，其余巴黎大学、牛津大学，学生最多时也不过六七千人，然则有明之国子监，当时四五世纪时，即以学生人数一端而论，已可成为世界第一大学校矣！"（《首都志》卷八）即在上世纪二三十年代，东南大学中文学科也一度大师云集，陈中凡、王伯沆、吴梅、卢冀野、胡小石等先后在中文学科任教。其间，东南大学的国学研究以吴宓创办《学衡》"论究学术，阐求真理，昌明国粹，融化新知，以中正之眼光，行批评之职事"而知名于海内外。

面对历史，我们要走的道路极为漫长，也许，我们无法超越甚至恢复前辈的盛世经典，但我们一直在努力，"一箪食，一瓢饮，在陋巷，人不堪其忧，回也不改其乐。"（《论语·雍也》）这是东大中文团队精神的写照。今人文学院从国家"985"三期工程中拨出特定经费，用于中文学科特色著作的出版资助，实即恢复东大中文传统的具体措施。中文学科团队将逐渐推出一批有分量的学术成果，他们或许还很稚嫩，但渗透着作者的心血，在研究方法、研究视野等诸多方面，足以给后来者提供某些启示，也许，由此可以打开一个新的学术领域……

2014年7月

目　　录

附 录

Abstract

Since the start of China's urbanization and industrialization process in mid – 1980s, the rural to urban migration has broken the comparatively homogeneous and stable social and cultural structure that supported by thousands of years of traditional rural civilization and contemporary rural – urban dual *hukou* system of household registration established in 1958. New cultural communities of new urban migrants have arisen in urban China society. The Pearl River Delta became one of the earliest regions in China to implement urbanization that attracted workers from all over China, and also the severest region where cultural conflict and transformation took place. Thus the region is also the place where *Dagong* Literature, or *Labour* Literature, was born. The urban migrant writers who are called *Dagong* writers, bring new urban migrant culture into cities of this region. The rise of urban migrant writers and their cultural identitity construction process through cultural conflicts and new urban experience has changed the cultural sphere and urban aesthetic cultural ecology. However, the fact has been overlooked for two decades in Chinese urban cultural studies. Researchers in contemporary Chinese literature are more concerned with the spirits of literary texts, while pay less attention to the relation between writers' cultural identies and literary creating, and the unique urban cultural ecology behind the texts, because the traditional text analysis and the theory deduction method cannot interpret the entirely new cultural and aethestic activites in contempopary urban culture.

This book examines the urban cultural locale and urban cultural ecology of contemporary literature in the Pearl River Delta from a fresh angle, that of cultural identities of urban migrant writers. My destination is to explore these questions: how urban migrat writers escape from nongmingong identity, and construct their new cultural identies among severe conflicts and dialogue, through literarty writing and imagination, by using urban public cultural sphere and cultural production system? What's the role of urban migrant writers in producing subcultural identical space of urban new migrants? How a variety of factors and cultural powers influence their urban survivals and cultural creation, and what's more, influence their cultural identity construction? By answering those questions we will find the cultural process shrouded by mass media and mainstream imagination, understand deeply the diversity and heterogeneity of contemporary urban culture, and widen the view of urban cultural studies and literary studies; while reveal the subject transition of urban new migrants which present in microcosmic aesthetic area in sharp rural and urban social changes in China, and explore the uniqueness and indigenous experience of urban cultural production.

This research belongs to contemporary urban cultural studies and it is an interdisciplinary creative study based on the development of aesthetics of literature and arts in recent years. Expert for resources of traditional aesthetic theory and contemporary literary studies, this thesis also uses theories and methods from areas of cultural studies communication, sociology, and anthropology. My data is derived from in – depth interviews with nearly twenty urban migrant writers and analysis of the literary texts written by these writers.

My argument is that: the cultural identy of urban migrant writers is a tool for them to fuse into cities and get the urban resources. However, the construction of this identity is through all kinds of these factors: the main imagination of mass media, urban cultural sphere, and aesthetic power, and the process of construction the urban migrant writers themselves by literary production and literary imagination. It is a resistance to cultural identity of *nongmingong* constructed by mainstream ideology and mass media.

Except for introduction and conclusion, the whole thesis consists of three parts, seven chapters.

Part I   Origin

This part consists of Chapter one and Chapter two. Chapter one first examines cultural environment and the orginal identities of urban migrant writers, that is, the imagination of *nongmingong* community and identities constructed by mainstream ideology through image production of mass media. Urban elites and indigenous people see urban migrants from the images created by mass media and shape their others' identities towards urban migrants, which influence how the urban new migrants look at themselves and shape their cultural identities. Chapter two then analyses the cultural identity crisis which urban new migrants face, and portrays the urban migrant writers cultural community which is born in identity resistance and and breakout.

Part II   Becoming

This part consists of Chapter three, Chapter four and Chapter five, and discuss the process of how the urban migrant writers creat new identities by using the public cultural spaces and literature production. Chapter three first outlines the urban migrant writers' life and experiences in the urban villages and describes how urban villages have become urban migrant spaces. Chapter four then discusses how urban migrant writers reconstruct their own cultural identities through writing and creating literary images. Chapter five analyzes the unique literary product system of Dagong Magzines, which creat urban writers from urban workers. At the same time, the mainstream literary community plays an import role in constructing urban migrant writers' cultural identities by naming "*Dagong* Literature" and "*Dagong* Writers".

Part III   Disintegration

The part consists of Chapter six and Chapter seven. Chapter six analyzes the disintegration and "death" of the Dagong Magzines, which means, the cultural spaces of identy transformation for urban migrant writers have deceased. Chapter seven discusses the current that the aesthetic power of government accepts urban migrant writers. In order to make a living and gain the resoures of cities, parts of urban migrant writers become part of the mainstream writers. However, the identity of "*Dagong*" tag makes them different and be discriminated by other mainstream writers. Those who refuse to belong to main stream literature group, and the new generation of urban migrant writers, step into a new literary market.

Key words: urban migrant writer; urban new migrant; cultural sphere; cultural identity; aesthetic power; Pearl River Delta

序　一

李灵灵这本书是她的博士论文。《打工作家：珠三角都市新移民的文化身份建构》这样的标题与其说是文艺学专业的论文，不如说更像社会学。当然，研究的内容归根到底还是文艺学：是关于打工者如何在文学中再现自己的境遇和身份的研究。既然是对文学的研究，当然是文艺学的课题无疑。但再进一步探究还是会发现问题：从传统文艺学的研究观念来看，对文学作品本身的研究其实更像文学史专业的研究；文艺学研究的是文学现象深层的或背后更具普遍性或深刻性的东西——通常称作规律或哲理；因此对文学作品的关注是有选择的：应该是有较高的艺术典范性、较深刻的哲理性或历史价值。按照这样的标准来看，打工作家的作品是不是具有理论研究的价值似乎还有点问题。毕竟打工文学从内容和创作活动来看都是属于比较窄的范围，有许多打工作家的艺术创作能力和思想深度也有限，这使得这类文学作品就艺术和思想价值来说未必有多少值得深入研究的东西。

然而这种文艺学研究观念在今天看来也许已不足以解释当今文艺学研究的现实发展状况了。事实上自 2000 年初，人们就在谈论文艺学是否"越界"的问题——文艺学研究的视野越来越向文化研究领域扩张已成为事实，唯一需要解决的问题是这种研究是否已经脱离了文艺学学科范围，和文艺学概念之间还有什么联系？有的专家干脆建议那些"越界"研究的学者不要再打着文艺学的旗号了，就直接去社会学、心理学、传播学、管理学或其他什么相关的学科好了。然而，如果当真把这些文化研究放到其他看起来领域相似的什么学科去，就很容易看出来它们与那些相关学科的差异：从文艺学专业基础研究社会与社会学的社会研究可能涉及同样的领域、同样的问题，但实际上研究的知识基础、理论框架和工作方向都有明显不同；研究的成果也不一样。比如社会学对社会的研究可能告诉我们一些社会事实及其发生的条件、过程、规律或模式等可客观化显现的知识，而文艺学对社会的研究发现的是人们的社会行为和观念背后的想象、情感、体验等内在因素的作用和影响，而这些认识需要通过分析阐释才能被理解和共享。文艺学的文化研究所触及的是社会文化活动的隐秘层面，恰恰也是传统社会科学所不及的层面。这种"越界"研究说到底还是文艺学，但这是转型创新的文艺学研究。

李灵灵的打工文学研究正是这样一种文化研究。这个课题所关注和探索的主旨不是打工文学的艺术性、思想性和历史意义之类传统文艺学问题，而是这种文学活动所表达的所谓"都市新移民"这个文化圈层的身份意识。这是当代中国社会发展中出现的一个新的社会问题，是关系到中国社会发展的公平、正义、和谐、可持续性的重大问题。

"都市新移民"是自20世纪80年代改革开放以后出现的。从深圳、东莞等开发区的建设开始，一批批农民从偏远贫穷的乡村中来到这些地方打工谋生。最初叫"农民工"，专业术语是"外来务工人员"。最早一部描写他们的电视剧名称就叫《外来妹》，这种称呼确认了他们的"外来"身份：他们来到了城市却不具有城市市民的身份，只是来劳动挣钱然后走人回家的过客。早期来到城市的那些农民工还没有什么身份意识问题：他们中的大多数只是打算挣点钱回家盖房子娶媳妇，每天工作至少11个小时，每个月工作30天，可以说所有的时间都在生产线、食堂（如果有的话）、宿舍和网吧里。那时我曾经和东莞一家工厂的老板谈过农民工工作时间过长的问题，他说农民工自己愿意这样工作：因为是计件工资，多干多拿钱；如果不上班，非但没有钱挣还要消费还钱。他们来这里就是挣钱的，这个城市和他们几乎没什么关系；他们不认识城市，城市也不认识他们……从最早的民工潮到今天已经过了二十多年，一批批农民工加起来该超过10亿人了，但他们仍然是外来者。

早期进城的农民多数没有奢望以后留在大都市生活，而后来的就不同了。香港学者马杰伟在《酒吧工厂》一书中提到，后来到珠三角打工的年轻人其实在原籍也可以找到实际收入不低于东莞的工作，但他们还是出来打工；因为没有去珠三角打过工的人会被讥为没有见过海的"山龟"。后来的许多打工者来到大都市不仅为了挣钱，而且希望自己有新的发展空间，希望也能够融入都市。然而中国不仅存在城乡差别，城市之间也存在等级差别。这些差别被种种规则固化而成为身份差别。

尽管打工者进入了都市，他们却在许多方面没有资格享受都市的待遇；身份差异由此产生，并且成为中国近二十多年来社会发展的大问题。近年来为了弥合身份差异形成的社会裂隙，许多城市用"新移民"这个名称替代"外来务工人员"，但他们的外来身份并没有真正改变。他们没法融入自己劳作着的都市，也回不去生养自己的家乡，身份困境成为无数打工者生存焦虑的根源。

李灵灵的论文所研究的打工文学正是这种打工者身份焦虑的再现。这篇博士论文当然不是第一个研究打工者和打工文学的论著。自 1991 年电视剧《外来妹》的播出以来，她对打工作家的研究聚焦于他们的文化活动现场——城中村，把打工作家的身份意识与特定的文化空间联系在一起，从而使得这一文化研究具有了现场感和丰富生动的内涵。"城中村"在当代中国社会发展中是一个很有特色的文化现象：城市在跳跃式发展过程中大规模圈地建城，却来不及解决征用农田后农民的身份和生活方式转变的问题，于是把一个个失去了田地的农村遗留下来。其实任何一个城市在发展过程中都可能需要蚕食和兼并周边的农村，因此而在边缘形成"城乡接合部"地带。城中村的独特之处在于不是处在城市边缘，而往往如孤岛般搁置在新建的城区腹地乃至中心。最典型的是广州：在商务中心区珠江新城中心和周边分布着广州最大的几个城中村，有的紧邻着豪华写字楼或大学校园。城中村里不仅居住着没有了田地的乡民，同时越来越多的"外来务工人员"也因为这里的房租便宜而聚集在这里。传统的乡民文化和都市社会下层或边缘文化混杂在这里，往往成为令都市规划和建设者们心目中必须清理的死角。然而也正是这种复杂的文化形态使得城中村具有了自己的文化价值：这些地方是当代都市中文化差异和身份差异的聚焦点。借用福柯《异质空间》（Other Spaces，or Heterotopias）中的观点，这种地方是都市中与人们日常经验相对的"异托邦"（Heterotopias）——可以使我们发现空间的复杂性和文化多样性的视点。

李灵灵从这里发现了打工者在都市中生存的身份根据，也因此而使得她所研究的打工文学具有了深度的社会学意义：成为都市中的"新移民"这个日益庞大却日益无所依的人群再现自己的存在方式、表达这个群体身份想象的图像。这些作家和他们的作品从美学的角度来看未必有多高价值，从思想内容来看未必有多么深刻独到的见解；但他们通过这些写作揭示了中国当代发展的图景中被遮蔽的一角生活现场。对他们和他们这些作品的研究正在成为中国社会发展和文化发展中越来越突出的一个课题的组成部分——中国都市化的进程中逐渐生长起来的这种身份差异、矛盾乃至冲突，社会环境中相互挤压的不同人群的生活空间如何能够避免撕裂这个社会？中国的未来有无希望建设成公平、公正、可持续发展的和谐社会？我们从国家关于新型城镇化规划中看到政府对这个问题的重视，而学者应当正视这样一个关系中国社会未来发展前景和命运的重大问题，通过科学、深入的研究提出自己的回答。从这个意义上讲，李灵灵的这篇博士论文的确是做了一篇大文章。当然，无论就她个人的学术发展还是这方面的研究，还需要更多、更高质量的研究，我期待着看到灵灵未来产出更多更深入的研究成果。

高小康
2014 年春分

序 二

　　初识李灵灵，是她申请到澳洲当"访问学者"。当时她还是一个在读的博士研究生。尽管她的申请系里已通过，到了大学却碰到了"身份"上的难题：人事部从来没有给一个学生发"访问学者"函的前例。条例上学生不属于访问学者，自然无法得到申请签证的邀请函。后来她的申请又相继被大学的其他部门驳回。一番折腾，最后是学生处出面，为她特设了一个"访问学生"的新类别，并配一个终身识别，独一无二的学生号。如此劳心劳力的结果是李灵灵没有令人失望。她的博士论文《打工作家：珠三角都市新移民的文化身份构建》如今出版成书，非常值得一读。

　　在人类历史工业化以及现代化的过程中，移民由于离乡背井引发的文化冲突以及痛苦早已不是什么新鲜事，也不是研究领域第一次的新课题。恩格斯《英国工人阶级状况》（1844）中对伦敦的描述，就是城市化过程中一群"英国农民工"到伦敦"打工"的历史。他们由此改变了自己的身份，形成城市，也带来新的政治问题。过去三十年，散居世界各地的移民或侨民（diaspora）是后殖民理论关注的问题。而文化认同则是全球化研究中认同政治的重要课题。从目前各国的研究来看，研究"移民"的多，而研究"移民作家"的少。即使研究移民文学，也是分析文本的多，而少有考察来自打工作家本身新的都市经验和文化想象及其文化身份构建。因此《打工作家：珠三角都市新移民的文化身份构建》难能可贵。这是一本跨学科，运用多重理论研究"打工作家"之学术著作。李灵灵从"历史考古"的视角去挖掘 1980 年代中期、1990 年代初或 2000 年代初来到珠三角（以深圳、广州、东莞为主）的"打工作家"，即那些最初将珠三角打工的都市经验诉诸写作的"农民工"。这是一群自己为自己代言的人："他们记录下体制内主流作家没有深刻体验并抒写下来的东西——城乡文化发生碰撞、冲突时鲜活的城市经验和中国城市化、工业化过程中的文化记忆，并参与了珠三角都市空间文化地图的重组"。通过详细记录打工作家如何在固化的城乡二元化文化困境中突围及重塑自己的文化身份，本书留下了全球化中一段珍贵的移民历史片段。

由于各种原因离开家乡的人们，进入一个新城市或者新国家就进入了一个新的，陌生的社会文化结构。但他们过去的时空依然残存着集体的记忆清单。新地域的主导意识形态往往强化而不是削弱新移民的差异感。于是他们"在想象中构造出自己隶属的地方和精神的归属"。珠三角都市新移民——"农民工"们由于离开了自己的乡土，在文化的意义上已经成为不在场者，另一方面，打工作家创作的刊物如《大鹏湾》《佛山文艺》《江门文艺》等又使他们成为在场者。即缺席者在打工作家的笔下索回了自己的世界。这个虚拟世界的象征性参与在斯皮瓦克那里有一种说法，即是"一种精神分裂式的意识形态构架——不在场的在场者"。其意义是打工作家为农民工们提供了一种差异性（或差异的意识形态）。一种与现实世界的社会群体有所不同的特殊关系。农民工群体在现实中的"他者"身份在打工作家的笔下得到一种置换而成为主体。换言之，打工刊物构造了一个虚拟的农民工群体获得主体身份的世界。

在世界各国的移民史中，早期的移民都有过"打工作家"这样的群体。第一代移民最初阶段的文化身份的碰撞和焦虑，往往是在他们中的作家笔下用母语写成的。20 世纪 80 年代末 90 年代初澳大利亚墨尔本的各种中文杂志与报纸，亦可谓"打工文学"，写尽留学生"洋插队"的辛酸苦辣。当时的留学生们亦如《大鹏湾》般人手一册，一时间洛阳纸贵。遗憾的是早期移民阶段过后，"作家们"的身份大多被分化，随着移民时代的变迁而遗忘在历史长河，没有珠三角打工作家的幸运，被李灵灵记录在研究中，印刷在纸媒上。

从某种意义上说，这是一本有关"文学"研究的书，理论方面却深受文化研究影响。文化研究把被传统精英学术屏蔽的领域彰显出来，使之具有平民化的特质。希望能看到更多这样的书出版。

王毅

澳大利亚佩斯

2014 年 3 月 12 日

引　言

第一节　研究背景、问题与概念

该我们出场了／一个时代已经翻开了崭新的一页／我的兄弟姐妹们已沉默得太久／内心的鼓声震天动地／让我们自己 给自己灯光／让我们自己 给自己舞台／筑一座精神的炬台吧／让一种光芒照耀或缝补／我们内心的千疮百孔／不管你是在汗流浃背的车间或是在无处栖身的街头／有一种声音在为你们鼓掌／有无数真挚的文字在为你们撞响生命的洪钟——许强《为几千万打工者立碑》①

20世纪80年代中期以来，伴随中国工业化、城市化进程的一个突出的社会剧变，是城乡大移民和新的社会文化群体的生成。为了谋生，每年数千万、数亿的人口，从农村到城市，从小城镇到大都市，从内陆到东南沿海省份，开始了横跨中国的城乡大流动。② 国内外学者和媒体这样论断："农民工"已经作为一个新的阶层在中国社会崛起，他们被命名为"新的工人阶层"。③ 2009年，约有2.3亿人口离开他们的乡土

---

①　罗德远：《打工诗歌：为漂泊的青春作证》，杨宏海主编《打工文学备忘录》，社会科学文献出版社2007年版，第170—193页。

②　周大鸣在早期农民工研究中称之为"钟摆效应"。见周大鸣《渴望生存：农民工流动的人类学考察》，中山大学出版社2005年版，第223页。

③　Wong Linda. China's Urban Migrants – The Public Policy Challenge [J]. Pacific Affairs, 1994, Vol. 67 (No. 3): pp. 335—355. 陆学艺指出农民工已经形成一个新的社会阶层，见陆学艺主编《当代中国社会流动》，社会科学文献出版社2004年版。《中国新闻周刊》专题《农民工，一个新阶层的崛起》，农民工拥有2.1亿人，被命名为"新的工人阶层"。见《农民工，一个新阶层的崛起》，《中国新闻周刊》，2004年8月9日，总第191期。

家园。① 这一年，中国工人（Chinese workers）以群体素描的形象登上了美国《时代》周刊，被评选为 2009 年年度人物。"中国工人"的登场，及其带来的新的城市经验和文化想象，不仅成为中国文化生活和文化景观的一部分，也让西方世界为之侧目。

珠江三角洲最早改革开放，开始工业化、城市化进程，是"农民工"最早抵达的区域，也是"打工文学"和"打工作家"诞生的核心地带。"东西南北中，发财到广东"，20 世纪八九十年代流传于内地的民谣，开启了中国工业化时代的"南方梦"。他们从全国各地奔赴深圳、广州、东莞、佛山、惠州、中山等珠三角城市，寻求圆梦的机会。20 世纪 80 年代中期开始，在浩浩荡荡的"打工潮"中，一部分内心敏感而又具有写作天赋的"农民工"，开始用文学记录他们在珠三角的城市经验和打工生活，这些作品被文学研究界命名为"打工文学"。深圳学者杨宏海先生为"打工文学"的狭义严格界定是："所谓打工文学主要是指由下层打工者自己创作的以打工生活为题材的文学作品，其创作范围主要在南中国沿海开放城市。"②因作家原初的"农民工""打工者"身份，他们被称为"打工作家"。

1999 年，"打工作家"周崇贤出版了个人文集。周崇贤是四川人，15 岁时因家庭经济困难，初中毕业便失学离乡打工，1990 年南下珠三角，一边穿梭于工厂流水线，一边写出了近千万字的"打工文学"作品，是 20 世纪 90 年代珠三角打工族中影响最大的"打工作家"之一，

---

① 据中国国家统计局 2009 年的数据：中国农民工的总人口数已达到 2 亿 2978 万人，比 2008 年增长了 1.9% 。见 http：//news. dayoo. com/china/201003/23/53868 _ 12326312. htm，2010 - 03 - 23。

② 杨宏海：《文化视野中的广东"打工文学"》，《深圳文化研究》2000 年第 2 期。杨宏海：《打工世界：青春的涌动》，花城出版社 2000 年版。于根元 1994 年所主编的《现代汉语新词语词典》中，有关"打工文学"的词条是这样定义的：以打工为题材的文学作品。例如："特区文学随着深圳特区改革开放和商品经济的飞速发展，出现了以反映生产第一线建设者为内容，被称为'打工文学'这一新的、特殊的文学现象。最近，打工仔、打工妹写'打工文学'的群体中，已涌现出林坚、张伟明、安子等一批有潜质的文学新人，引起文坛瞩目。"（《深圳特区报》1991 年 10 月 31 日）"近年来，深圳文坛活跃着一支以'打工仔、打工妹'生活为创作题材的作家群体，一批具有鲜明时代特点和生活气息的'打工文学'作品异彩纷呈，扑面而来。"（《光明日报》1992 年 9 月 19 日），于根元：《现代汉语新词语词典》，中国青年出版社 1994 年版，第 136 页。

被文学评论界誉为"打工作家"最早的"五个火枪手"① 之一。文集上市之初，他骑着摩托车一路狂奔到佛山图书城，努力抑制喜悦四处搜寻：

> 在"当代文学"的指示牌下，我看到了我的那套文集，8 册一字儿排开摆在那里，简直就让我心花怒放！……我不自禁往那边紧窜了几步，但我终于还是停下来，因为那儿有几个人正站在书架前翻看，那一动不动的身子让我急得不行，我不是怕过去拿书会打扰他们，我主要是为自己那扑扑跳的心情不好意思：不就是出了一套书吗，激动成这个样子！
>
> 可是，可是我的朋友，我不是巴金不是王蒙也不是苏童，我只是四川乡下的一个农民，一个南下广东的打工仔，一个在流浪途中写小说的穷光蛋呵，我一非大师二非名家三不是政府官员四拉不到赞助，如果按时下流行的自费出书印上千儿八百册送人，别说是一套文集，就算出一本，也不知将腰勒成赵飞燕般纤细行不行。而今不用掏腰包就拥有了一套文集，我没法不激动如斯！
>
> 我终于瞅了一个空档走过去，我用热切的目光把自己的心血结晶扫视一遍，我伸手把她们一本一本地拿过来抱在怀里，我紧紧地抱着我的 8 个"孩子"，在一种无限的幸福中走出图书城。②

周崇贤只是珠三角"打工作家"群体中一个成功的个案，他们中的一些人，成功地实现了从"农民"到"农民工"到"作家"或者文化人的文化身份转变，成为都市的文化生产者和文化创造性群体。他们的经历成为"南方梦"的一个具体指向，曾经或仍然激励着流水线上的"打工族"。在过去 20 多年，"打工作家"是都市社会一个被遮蔽的文化传奇：他们或趴在工厂宿舍的铁架床上，或蜗居在城中村的阴暗角落，做起了自由撰稿人，中国特色的称呼叫写手，成为珠三角甚至武汉、北京、上海等城市都市报刊内容生产的主力；他们住在破落的房子

---

① 被评论界和研究界公认的第一代打工作家的"五个火枪手"：张伟明、林坚、周崇贤、安子、黎志扬。见孙夜、颜爱红《打工文学发展备忘录》，《宝安日报》2009 年 11 月 1 日。

② 周崇贤：《流浪的青春》，http://gjwap.cn/admin/module/article/content_view.php? z=&fid=2&id=111&mode=1，2010-06-22。

里，时刻为生存无着落而困扰，却创造出广东文学期刊——"打工杂志"① 发行量的神话。

作为城乡大流动时代从传统社会文化结构断裂中蜕化而出的新城市人群和文化主体，"打工作家"文化群落的存在，以及他们的都市经验和文化想象，改变了珠三角都市的公共文化空间和文化生产格局，为当代文学生产，添加了新的异质文化因子。只是这一点，长期以来并没有引起人们的注意。随着市场经济的迅猛发展、城市化进程的加剧，中国都市文化也在进行剧烈的翻新：大众文化的崛起和日常生活审美领域"乌托邦"神话的消解②，呈现思想碎片纷飞、各种审美文化群落激烈冲突的喧嚣局面③，"打工作家"群落便淹没在这一片喧哗声中。然而，这个群落的存在对于都市审美文化生态的改变，是再也无法回避的文化现实。

欧美等发达国家工业化、城市化过程中，与工业化和城市化经验相伴而生的文学想象和文化记忆，主要记载者是受过精英教育的专业作家或知识分子，而这些曾经的"农民""农民工""打工仔打工妹们"，却承担了这样的文化使命。这其中的疑问是：他们为何要成为"作家"？是怎样当上"作家"的？"打工作家"是一种区别于传统作家的文化身份，如果要细致地考察他们浮出都市文化地表的过程，这个问题可以更准确地提炼为：在中国工业化、城市化过程中，珠三角城市生成的新的文化群落——"打工作家"的文化身份认同是如何在都市的文化生态中形成的？有什么样的特点？受到哪些因素的推动和影响？形成的机制和过程是什么？这是本书要回答、探索的核心问题。

"打工作家"自身也在经历一个城市化的过程。要研究这个群体的文化身份，就必须将他们置身于城市化进程以及珠三角的城市文化现场和文化生态中考察，也就是说，不能脱离了具体的时空经验和身份形成

---

① 20世纪80年代末，在文学期刊体制市场化改革的浪潮中，珠三角各市、镇、区级文学期刊或作协、文化局等单位文学刊物以打工者群体为读者受众、发表打工者作品、反映打工生活作为定位的文学期刊称为打工杂志。代表性打工杂志如《大鹏湾》《佛山文艺》《江门文艺》《打工族》《西江月》《飞霞》等。见本文第五章有关内容及附录代表性打工杂志详细介绍。

② 陈刚：《大众文化与当代乌托邦》，作家出版社1996年版，第65页。

③ 钟雅琴：《当下中国都市审美活动的群落化研究——审美、传媒与身份认同》，中山大学中国语言文学系，博士学位论文2009年。

机制，在一个笼统的、无差别的文化生态语境中来空谈身份。城市化和城市的文化空间，不仅是本研究的背景，也是"打工作家"身份形成的有机组成部分。

当代中国的城市化和社会文化剧变的深刻程度，并不亚于19世纪西方国家的工业革命。它不仅改变了乡土中国几千年根深蒂固的社会结构、文化面貌和文化心理结构，还意味着对20世纪50年代形成至今，造成中国农村与城市在空间和时间上断裂的城乡二元结构的打破。[①] 1958年，城乡二元分割的户籍制度正式形成，[②] 与附着在户口之上的一系列配套的政治经济管理体系等方面的结合，阻碍了城乡自由流动的可能性。除招工、入伍和联姻等制度许可的"体制内"渠道，"农转非"尽管不是没有可能，却异常困难。一个中国农民从农村到城市做一次短暂的旅行，也是个繁难的任务：为了买火车票和住旅馆，他必须持有工作单位或村镇组织的许可信；如果他忘记带公家的粮票，即便拿着钞票，走遍全城也不能在餐馆买到一顿吃的。没有吃的，没有地方住宿，这种情况下，几乎没有农民能在城市长期生存。[③]

20世纪60年代初，城市始探工业化之路，农村仍处停滞封闭的状态，直到70年代末——这20年实际上中国处于"逆城市化"的状态，当城市走向现代都市文明时，农村又被落下了一个时代。中国的城市和乡村被分隔在两个不同的世界中，中国人在不同的社会中生活，各自繁衍生息，生长成相对固定的均质的社会心理结构、感觉经验和文化形态，"城市""农村"及一系列附着于其上的词汇成为社会等级、文化

---

① 孙立平：《断裂：20世纪90年代以来的中国社会》，社会科学文献出版社2003年版，第108页。

② 1951年，公安部公布了《城市户口管理暂行条例》，这是新中国第一部有关户籍管理的法律法规。1957年政府实行了控制户口迁移的政策。1958年1月，全国人大常委会第91次会议讨论通过《中华人民共和国户口登记条例》。该条例第10条第2款对农村人口进入城市做出了带有约束性的规定："公民由农村迁往城市，必须持有城市劳动部门的录用证明，学校的录取证明，或者城市户口登记机关的准予迁入的证明，向常住地户口登记机关申请办理迁出手续。"这一规定标志着中国以严格限制农村人口向城市流动为核心的户口迁移制度的形成。见孙立平《断裂：20世纪90年代以来的中国社会》，社会科学文献出版社2003年版，第93—94页。

③ Wong Linda. China's Urban Migrants— The Public Policy Challenge [J]. Pacific Affairs, 1994, Vol. 67 (No. 3): pp. 335 - 355. 农民进城，除非通过招工、考学、当兵、与城市人口联姻等制度允许的正常流通渠道。

身份符号的象征。这种严格的城乡壁垒一直持续到 20 世纪 80 年代中期，户籍制度出现松动，允许农民自备口粮在城市务工暂住。① 在工业化的拉力和农村普遍化贫困的推力下，② 农民及其后代走出村庄，直到今天，在都市社会形成一个新的社会阶层或者各种身份标识的文化群体。

20 多年的逆城市化，城市和乡村断裂为两个时代的文明；③ 拥有几千年乡土文明的中国，在工业化、城市化的同时又被裹挟进现代化和全球化的诡谲变幻中，城乡迁移群体的城乡经验，是一场名副其实的"穿越"之旅——从农业文明时代进入都市文明的时代。携裹着乡土感觉经验的都市新移民，从原本均质的乡土社会到达异质的都市，必然遭遇剧烈的文化碰撞和心灵冲击。而珠三角"压缩的现代性"的图景④使其成为文化冲突和身份蜕变最剧烈的地带，以岭南文化为特征的珠三角都市文化历来与内陆文化有着天壤之别，在城乡文化差异、地域文化差异等基础上，珠三角都市新移民所经历的文化冲突和文化身份蜕变过程也更加剧烈。

"打工作家"脱胎于庞大的"农民工"群体。从字面意义来看，"打工"是广东粤语方言，意为"做工""工作"，它的诞生之初意味着计划经济体制下劳动分配关系的打破，属于市场经济时代体制之外自由流动的产物；"作家"则是一种个体通过社会文化体系和文化机构的权力运作，通过文学生产活动得来的文化身份。"打工"与"作家"两个字眼的组合，构成了一种独特的文化身份蜕体。要想追溯这个文化身份建构的过程，必须回到其前身——"农民工"群体。

作为"中国制造"的主力，这个庞大的城乡迁移群体，为中国的发展主义梦想和提供给西方世界物美价廉的消费作出了巨大的牺牲，他们在过去的 20 多年是一个不断被边缘化的存在，他们作为城市工人的身

---

① 1984 年一号文件，"允许农民自理口粮进城务工经商"，农民开始离开乡土，出现了由西部向东部、乡村向城市、欠发达向发达、内陆向沿海的自由移民。1985 年 7 月 13 日，中华人民共和国公安部颁布《关于城镇暂住人口管理的暂行规定》，标志着全国统一的暂住证制度的形成。

② 孙立平：《断裂：20 世纪 90 年代以来的中国社会》，社会科学文献出版社 2003 年版，第 102 页。

③ 同上书，第 108 页。

④ 马杰伟：《酒吧工厂：南中国城市文化研究》，江苏人民出版社 2006 年版。

份是被隐匿的。在不同文化群落间的碰撞、重组与变迁中，工人阶级的形成是世界各国工业化、城市化史上的普遍现象。比较之下就会发现，中国人描述这个群体以及工业化、城市化经验时，"工人"的语汇从日常生活中消失匿迹了，取而代之的是与"农民工"相关的诸多语汇，如"民工潮""打工族""春运""暂住证"等等。这个群体，历史上或当下还有很多称谓，从20世纪80年初期反对城乡人口自由迁徙的"盲流"，到80年代中期的"流动人口""外来人口""外省人""新客家""农民工""打工仔""打工妹"，以及广州本土人歧视性的称呼"捞仔捞妹"。

命名和称呼并不仅仅是一个符号，它还意味着新的主体蜕变和身份表征。对这个群体的表述，国外媒体和学者通常以"中国工人"（Chinese workers）、"移民工人"（Migrant workers）或者"乡城迁移者"（Rural – urban migrants）称之。但是，实际上，中国的进城"农民"并没有在城市形成"产业工人"群体，也没有诞生社会主义话语中"无产阶级"工人主体，与西方国家、日韩等东亚国家经验不同，中国进城"农民"的"产业工人阶级"主体身份在诞生之初就解体了。[1]

有学者试图用"城市新移民"来取代"农民工"，这个概念在当下中国有着多种内涵和外延指涉。在官方来看，这是一个政策性的概念，只有将户口迁移到所在城市，才能称作城市的"新移民"。而社会学者陈映芳教授认为这样理解是不准确的，因为"普遍存在的定居事实"和"定居倾向"被忽视和否定了。[2]她将乡城迁移群体普遍表述为"城市新移民"，它比较客观地说明了一种身份：迁移而来的新居民，[3]无论用什么概念，都不能否认迁移者的社会性的移民身份[4]，尽管"民工中有很多今后会回流乡村，尤其是第一代，但这不能构成否定他们在城市的现实生活中作为迁移者（公民、纳税人、合法居住者、就业/就学者等）的实际身份和应获权利的理由"。[5]她的"城市新移民"概念涵盖了广泛的迁移群体比如通过高考上大学的新移民和工程移民，试图通

---

① 潘毅：《中国女工——新兴打工者主体的形成》，任焰译，九州出版社2010年版。
② 陈映芳：《"农民工"：制度安排与身份认同》，《社会学研究》2005年第3期。
③ 陈映芳：《城市里的"移民"》，《东方早报》2004年10月20日。
④ 陈映芳：《"农民工"：制度安排与身份认同》，《社会学研究》2005年第3期。
⑤ 这一段阐释来自向陈映芳老师请教"城市新移民"概念的回信。

过抹消迁移群体之间的差别，表达这个群体应享有"市民权"的价值立场。雷开春博士的论文《城市新移民社会认同研究》，其"城市新移民"指涉的是"白领移民"。[①] 2008 年，周大鸣教授主持的教育部重大课题《城市新移民问题及其对策研究》中，对"城市新移民"概念是这样界定的："出生地与原户籍都不在本地，在本地居住 2—5 年；有在城市（城镇）定居的意愿；具有合法居所；具有合法收入；包括劳工移民、智力移民、商业移民、政策移民四大类。"其中，劳工移民的特点是未受过高等教育，主要部分是"农民工"；智力移民中包括了受过高等教育的群体。这里"城市新移民"最核心的属性是具有在城市定居的倾向和意愿。对照一下会发现，"打工作家"从这个"城市新移民"群体里被排除了，因为他们的文化身份经历了一个蜕变，从最初的"农民工"到后来的"打工作家"，他们大多未受过高等教育，但已经不再是"劳工移民"的身份。即便同一个概念，因为不同的问题指向和价值立场，都被赋予不同的容量。

本书中出现的"都市新移民"，特指从 20 世纪 80 年代中期开始的工业化和城市化进程中，因为谋生需要，从农村地区进入城市或从内地城镇迁移到沿海发达城市的新移民，[②] 属于"非官方的"渠道流入城市的城乡迁移群体，其主体包括农民工、小白领、文化人等等。之所以用"都市"而不用"城市"，是区别于工业化、城市化之前以往城市的人群迁移，"城市"在中国是一个古已有之的概念，现代意义上的"城市"则是伴随强调工业化、城市化进程生成的，而中国当代的城市化特点是人口向少数资源密集的大城市迁移，因而用"都市"以示区别。强调"非官方的"渠道的体制外身份，因为在当下中国城乡二元户籍制度体制下，对于体制外的群体来说，自由流动实际上并不是那么"自由"，没有获得制度上的支持和保障，这也是一直困扰"打工作家"群

---

① 雷开春：《城市新移民社会认同研究》，上海大学社会学系，博士学位论文，2008 年。

② 这些迁移者在中国有过多种称呼："流动人口"、"外来人口"、"外省人"、"新客家"，甚至统一称为"农民工"，这些带有强烈遮蔽意味的词语，已不能指称中国现代化机器大工业时代背景下城乡人口大迁移的全部事实内涵。社会学者陈映芳教授从能否享受城市的基本"市民权利"出发，将这些乡城迁移群体（rural - urban migration）用"城市新移民"的概念来表述，在制度上，他们没有获得所在城市的"市民权"，属于"非市民"，在文化关系上，他们都存在和所在城市的关系相融问题。见陈映芳《"农民工"：制度安排与身份认同》，《社会学研究》2005 年第 3 期。

体生存与身份的羁绊。尽管他们通过个体奋斗从"农民工"成为"作家"或文化人，在所在城市买房定居，但只要他们在体制外，文化身份问题所带来的碰撞和焦虑就会一直困扰他们。这也是他们和体制内通过人才调动、高考移民等渠道进入城市的新移民最大的区别。一位广州的"打工作家"和一位通过人才引进移民到广州高校的教授，他们之间的文化身份感定然有差别，即便是"打工作家"和广东省作协体制内迁移的作家之间，除了职业名称相同之外，也存在着文化身份认同感的巨大差异。这一切都源于他们进入城市的渠道和实现文化身份认证的机制不同。

谁决定了这个群体的命名和身份？谁在各种文化的角逐和碰撞中拥有了确立新的社会文化主体和文化关系格局的权力？社会学者理查德·简金斯（Richard Jenkins）区分了身份认同的两个层面："群体认同"（Group Identification）和"社会归类"（Social Categorization），"群体认同"是个人或群体自己确认和界定的，是一种主动的"认同"；"社会归类"则是由他者或其他群体确定并界定的，是一种被动的"认同"①。这里不仅涉及一个"我（们）是谁"的身份认同问题，还有一个声音在回答"你（们）"或"他（们）是谁"的问题。在自我与他者话语的相互指认和文化差异的冲突运作中，主体的文化身份呼之欲出。

"农民工"群体在遭遇不同的具体的特殊的社会文化语境及其反抗中，正从不同的向度蜕变出新的文化身份主体。② 如果说"农民工"是在中国特殊的国家政治和全球资本作用下塑造而成的一个主体性身份，那么，"打工作家"则是对"农民工"主体身份抵抗下脱颖而出的新的文化身份主体。这个文化身份形成的契机和具体都市文化生态语境是什么？本书试图论证的核心论点是："打工作家"的文化身份是其融入都市、获取都市资源的工具，这个文化身份的形成，是在大众媒体的主流想象、都市文化空间、主流文学界的审美权力等各种因素的冲突和作用

---

① Richard Jenkins: Social Identity, Routledge, 1996. 转引自熊易寒《城市化的孩子：农民工子女的身份生产与政治社会化》，上海人民出版社 2010 年版，第 242 页。

② 这些新的身份主体包括：在国家、资本和父权制挤压下蜕变出的"打工妹"主体，见潘毅《中国女工——新兴打工者主体的形成》，任焰译，九州出版社 2010 年版。在城乡缝隙中成长起来的、受城乡二元"农民工"世袭身份和政治社会化教育影响的"城市化的孩子"等等，见熊易寒《城市化的孩子：农民工子女的身份生产与政治社会化》，上海人民出版社 2010 年版。

下，作家通过文学生产行为和文学想象对于文化身份认同的自觉建构的过程，是都市新移民对主流撒播的"农民工"共同体想象所制造的文化身份的抵抗和突围。

探索"打工作家"文化身份认同形成的过程，实质上是进入城市化和珠三角都市在过去20多年特定的城市文化时空，考察在诸多文化因子和各种话语力量角逐下，各种社会文化关系是如何在文化现场中展开冲突、抗争与融合的问题。更准确地说，本书的目的在于考察中国工业化时代，发生剧烈文化变迁的珠三角区域的都市文化生产，通过研究，试图回答这样一系列问题：

"打工作家"作为一个携裹着乡村感觉经验的群体，会遭遇什么样的文化冲突和融合？"农民工"身份印记的话语将如何影响他们的文化身份蜕变？他们如何凭借都市的公共文化空间和文化生产机制，参与都市的文化生产，并在岭南本土文化、主流意识形态文化、消费文化激烈的冲突与融合中，通过文学抒写行为和文学想象，形成独特的文化身份认同？

作为珠三角都市新生的文化群落，在都市新移民大量涌入的都市文化空间中和当代都市文化活动中，"打工作家"为开拓都市新移民亚文化认同空间扮演了什么角色？带来了什么新的文化景观？和都市结成了什么样的文化关系？

促成"打工作家"文化身份的各个因素和文化力量，譬如城市主流意识形态和审美话语权力，文学产业市场经济的变动，都市新移民受众审美趣味的结构性变化，给他们的都市生存和文化创作带来什么样的影响？又是如何相互缠绕、此消彼长地作用于这个群体的文化身份认同的？

通过研究打工作家文化群落形成的原因和过程，揭示都市新移民和都市产生的文化冲突与文化联系，给都市文化结构带来了新的文化因子，以及他们文化身份形成背后的机制、规则、模式和审美权力关系，深度认识当代都市文化生产运作中的文化冲突与文化生态。

第二节   相关研究概况与跨学科的意义

本研究属于以文化身份为切入点，考察城市审美文化生态的城市文

化研究范畴。目前专门针对都市新移民文化群落的都市经验、文学想象
和文化认同问题进行的研究和成果还不多。与本研究内容相关性比较大
的研究成果主要有以下几个方面。

一　当代城市文化研究领域

　　20 世纪 80 年代末 90 年代初伴随中国城市化进程的开始，与"打
工文学"诞生几乎同步、以王朔的"痞子文学"为标志的大众文化在
都市社会崛起，城市文化研究是文艺美学在与当代大众文化对话的过程
中深化拓展开来的新的研究方向。国内学者从引鉴早期西方现代城市文
化理论开始逐步探索，随着城市化进程的推进和城市问题的日益加剧，
以及美学学科自身的离散走向，[①] 渐有形成独立学科的趋势，在基础理
论研究、区域文化研究和城市文化史等方面都有丰硕的成果。[②]

　　国内早期城市文化研究除了引进和翻译西方城市社会学、城市文化
理论的学术著作、借以观察当代中国都市化进程中的种种文化现象
外，[③] 一个突出的特点是：从文学研究到文化研究转向的研究范式及其
成果构成了城市文化研究的基础模式，从而关注以大众文化、时尚与消
费文化为要素整合而成的都市整体审美文化形象，侧重从都市形象和都
市新生活方式的整体形态特征来考察都市文化的剧变。杨东平先生的
《城市季风：北京和上海的文化精神》是最早进行不同地域间城市文化
整体形象比较的研究著述，论及北京、上海两座城市为中心所发生的重
大文化事件以及各个时代的城市文化风貌与城市精神，[④] 兼具城市文化
史的价值；高小康先生从 20 世纪 90 年代末的《狂欢世纪：娱乐文化与
现代生活方式》[⑤]《游戏与崇高：文艺的城市化与价值诉求的演变》[⑥] 到

---

　　① 高小康：《美学学科三十年：走向离散》，《文艺争鸣》2008 年第 9 期。
　　② 钟雅琴：《当下中国都市审美活动的群落化研究——审美、传媒与身份认同》，中山大
学中国语言文学系，博士学位论文，2009 年，第 16 页。
　　③ 见上海师范大学建立"上海都市文化 E 研究中心"出版的《都市文化研究》（1、2 两
辑），华东师范大学中国现代思想文化研究所的《帝国、都市与现代性》，《知识分子论丛》第
4 辑。
　　④ 杨东平：《城市季风：北京和上海的文化精神》，新星出版社 2006 年版。
　　⑤ 高小康：《狂欢世纪：娱乐文化与现代生活方式》，河南人民出版社 1998 年版。
　　⑥ 高小康：《游戏与崇高：文艺的城市化与价值诉求的演变》，山东文艺出版社 1999 年
版。

21 世纪初的《时尚与形象文化》，① 从审美文化的视角深入细致地观察都市化所带来的大众文化景观以及都市文化生活的演变；蒋述卓先生的《城市的想象与呈现——城市文学的文化审视》，② 对当代文学和电影中蕴涵的都市审美意识进行了梳理和深度阐释；此外，包亚明先生的《上海酒吧：空间、消费与想象》③《游荡者的权力：消费社会与都市文化研究》，④ 王德胜先生的《文化的嬉戏与承诺》、孟繁华先生的《众神狂欢——当代中国的文化冲突问题》、叶中强先生的《城市语境与大众文化——上海都市文化空间分析》⑤ 等，以都市化、现代化为背景，考察了娱乐消费文化与现代性如何在中国大都市进驻并构筑新型生活方式和新都市文化空间的想象。这一时期的城市文化研究，一方面消化西方城市社会学、城市文化研究理论，并试图将其用于解释中国当代都市社会出现的种种文化剧变与冲突；一方面倚重于传统文学与美学的研究范式与观念，注重城市审美外观和整体的文化精神内涵。

这种研究思路因过于注重城市审美外观和统一的整体的城市想象，引发了城市研究学者的自我反思：绝大多数研究著作使用不同的材料，来证明"现代化"叙事的正确和"发展主义"意识形态的不可抗拒，用"现代化""消费主义""后大都市"等理论来给城市贴上完美现代性的标签，进而把像上海这样的都市编织进一个日益膨胀的关于中国美好未来的前景神话之中。⑥ 城市文化研究过度关注城市的审美外观和文化幻象，重视城市的文化精神价值层面，与社会学、人类学等社会科学的都市研究相比失之于"虚"。⑦

与此同时，新文化史研究为城市文化研究提供了"文化考古学"的范式，城市文化史学研究侧重从城市社会生活结构和文化运作机制的角

---

① 高小康：《时尚与形象文化》，百花文艺出版社 2003 年版。

② 蒋述卓等：《城市的想象与呈现——城市文学的文化审视》，中国社会科学文献出版社 2003 年版。

③ 朱生坚、包亚明、王宏图：《上海酒吧：空间、消费与想象》，江苏人民出版社 2001 年版。

④ 包亚明：《游荡者的权力：消费社会与都市文化研究》，中国人民大学出版社 2004 年版。

⑤ 叶中强、王文英：《城市语境与大众文化——上海都市文化空间分析》，上海人民出版社 2004 年版。

⑥ 罗岗：《文化传统与都市经验——上海文化研究之反思》，《杭州师范学院学报》（社会科学版）2004 年第 1 期。

⑦ 刘士林：《文学：从文化研究到都市文化研究》，《学术研究》2007 年第 10 期。

度解读城市文化，李欧梵先生的《上海摩登：一种新都市文化在中国：1930—1945》① 是最具代表性和影响力的城市文化研究著作之一，以文学作品、电影、日常生活、器物用品、西洋建筑、公共空间等多重视域，系统性地梳理了都市现代性在上海形成的过程；王笛先生的《街头文化：成都公共空间、下层民众与地方政治，1870—1930》② 对近现代成都作为公共空间的街头文化的研究，细致地梳理了当地精英、下层民众和地方政府是如何发生交集、冲突，并作用于作为公共空间的街头的文化风貌与文化变迁的，可谓这方面的典范之作；陈平原、王德威先生的《北京：城市想象与文化记忆》探讨了近代日常生活中的老北京以及从文学、艺术等多方面对城市文化传统的再现；③ 李孝悌先生的《中国的城市生活》④《恋恋红尘：中国的城市、欲望和生活》⑤ 则以中国近世的城市、日常生活和明清江南为主题，集中探讨了明清时期社会文化与城市生活之间的关系和形态流变。城市文化史学研究从城市的整体审美文化形象深入城市社会日常生活的肌理，从整体叙事进入城市具体细部的微观考察，取得了丰硕的研究成果。

　　随着中国都市社会文化日益碎片化和文化冲突的越演越烈，研究者也注意到城市社会本身的异质性，注重城市整体审美形象文化的研究，或用中产阶级的完美城市想象构筑单一的城市美学，已经不能解释文化冲突时代的诸多都市审美文化现象，⑥ 而须从文本、审美表象进入日常生活和文化活动的现场，以城市文化生态的出发点关注城市文化的多样性、多元异质文化群落的冲突与融合，以及怎样以各自的方式构筑城市的文化景观。叶中强先生的《从想象到现场——都市文化的社会生态研究》回到清末民初，借鉴城市社会学的"生态"理论，以"文化考古"的方法还原现代文学在上海城市空间成长的过程，考察文人群体从传统

---

　　①　李欧梵：《上海摩登：一种新都市文化在中国：1930—1945》，生活·读书·新知三联书店 2008 年版。

　　②　王笛：《街头文化：成都公共空间、下层民众与地方政治，1870—1930》，李德英等译，中国人民大学出版社 2006 年版。

　　③　陈平原、王德威：《北京：城市想象与文化记忆》，北京大学出版社 2005 年版。

　　④　李孝悌：《中国的城市生活》，新星出版社 2006 年版。

　　⑤　李孝悌：《恋恋红尘：中国的城市、欲望和生活》，上海人民出版社 2007 年版。

　　⑥　高小康：《文化冲突时代的都市美学》，《人文杂志》2008 年第 4 期；高小康：《文学想象与文化群落的身份冲突》，《人文杂志》2005 年第 4 期。

到现代身份转换的生活空间和环境——消费文化空间、市场稿酬机制、结社、狎妓等整个现代文学生产的生态环境；王晓渔先生的《知识分子的"内战"：现代上海的文化场域：1927—1930》①从都市空间的视角考察都市知识分子共同体是如何在现代上海的文化场域中形成，并对现代都市文化空间产生影响的；马杰伟先生的《酒吧工厂：南中国城市文化研究》是国内第一部以珠三角农民工群体为研究对象的城市文化论著，他用民族志的方法，以"酒吧""工厂"农民工个案的形式勾画出在现代化影响下民工的生活状态和生产体验，得出珠三角南中国城市呈现压缩性现代性的结论；②2006年，上海师范大学都市文化研究中心、上海高校都市文化E研究院等联合举办"移民与都市文化"研讨会，③标志着都市研究学者开始关注都市新移民与都市文化的关系，将目光转向棚户区、城中村等新移民群落聚居的空间，但是到目前为止，专门针对都市新移民文化群落的专著和论文并不多见。

以上对中国城市文化研究20多年的学术史进行了粗线回顾，总体而言，城市文化研究从引进和阐释国外城市理论起步，从对都市文化整体形象的审美观照和文化哲思，将有闲阶层、中产阶级的城市文化、城市消费假想成一个完美的统一的城市文化和城市精神的象征；或挪用西方现代理论满足中国城市文化建设的乌托邦想象，构筑单一的城市文化美学；或深度认识城市文化生态的多样性，从各个具体的角度深入城市文化现场进行微观探索，认识到多元异质文化身份人群的出现带来当代都市审美文化的"群落化"现象，④中国城市文化研究走过了一条从文化想象到文化现场、从整体审美形象的乌托邦建构到对具体文化群落的微观研究的路径。但后者的研究才刚刚起步，以往城市文化研究注意到了当代中国城市发展中大众文化的崛起和现代性的生成，却无意识地忽略了中国城市化进程的特殊性：大量农村人口爆发式地迁移到城市的事实。都市新移民文化群落的存在，给城市带来的多元文化生态和异质文

① 王晓渔：《知识分子的"内战"：现代上海的文化场域：1927—1930》，上海人民出版社2007年版。

② 马杰伟：《酒吧工厂：南中国城市文化研究》，江苏人民出版社2006年版。

③ 詹丹：《城市给移民文化留有多少空间——"移民与都市文化"研讨会综述》，http://www.cul-studies.com/Article/urbanstudies/200811/5677.html，2008-11-24。

④ 见钟雅琴《当下中国都市审美活动的群落化研究——审美、传媒与身份认同》，中山大学中国语言文学系，博士学位论文，2009年。

化身份冲突，比较少为城市文化研究学者所关注。

二 都市新移民文化身份研究

海外及港台中国研究学者最早敏锐地意识到了中国城乡流动带来的主体性身份认同的变迁。20世纪90年代早期，先后有学者深入中国珠三角和长三角的工厂，采用民族志方法，从地域、语言、服饰、城乡差别、文化消费等微观生活层面考察农民工特别是女工的自我认同和主体性再造，揭示性别、阶级和地域在构建她们文化认同中的影响，并将其认同纳入中国经济改革、融入全球化世界工厂的大背景之中，如潘毅女士《中国女工：新兴打工者主体的形成》[①]《成为打工妹》，[②] Xu Feng 博士《中国经济改革中的移民女工》；[③] 澳大利亚学者杰华（Tamara Jacka）《都市里的农家女：性别、流动与社会变迁》，[④] 考察了20世纪末到21世纪初在北京打工的农村女性，分析她们城市生活经历的口述故事，揭示中国社会性别、流动与社会变迁的复杂关系。

大陆学者侧重从社会结构、制度等宏观层面研究都市新移民在都市的整体生存状况。周大鸣先生是最早并持续关注珠三角外来人口流动的学者之一，相关论著有《珠江三角洲外来劳动人口研究》[⑤]《广州"外来散工"的调查与分析》[⑥]《渴望生存：农民工流动的人类学考察》，[⑦] 他认为都市本土人和外来人口在职业分布、消费娱乐、社会心理结构等方面形成各具独立系统并相互隔离的"二元社区"，[⑧] 在城市多元文化的共生态的理念下，[⑨] 对广州都市拾荒者的社区生活进行了田野考察，

---

① 潘毅：《中国女工：新兴打工者主体的形成》，任焰译，九州出版社2010年版。

② Ngai Pun, Becoming Dagongmei (Working Girls): The Politics of Identity and Difference in Reform China. The China Journal, 1999, (42): 1 – 18.

③ Xu Feng. Women migrant workers in China's economic reform: Interweaving gender, class, and place of origin. York University, Canada, 1998.

④ [澳] 杰华（Tamara Jacka）：《都市里的农家女：性别、流动与社会变迁》，江苏人民出版社2006年版。

⑤ 周大鸣：《珠江三角洲外来劳动人口研究》，《社会学研究》1992年第5期。

⑥ 周大鸣：《广州"外来散工"的调查与分析》，《社会学研究》1994年第4期。

⑦ 周大鸣：《渴望生存：农民工流动的人类学考察》，中山大学出版社2005年版。

⑧ 周大鸣：《外来工与"二元社区"——珠江三角洲的考察》，《中山大学学报》（社会科学版）2000年第2期。

⑨ 周大鸣：《论城市多元文化的共生态》，《广西民族学院学报》（哲学社会科学版）2004年第26卷第4期。

并认为都市新移民已经在都市社会形成特殊的社区和聚落；① 王春光先生最早提出"新生代农村流动人口"的概念，通过问卷调查得出新生代的社会认同趋于模糊化、不确定性、不稳定化和"游民化"，② 由于户籍制度和城乡二元结构体制，农民工职业上的"非农化"没有带动他们的社会身份转变，也不能从根本上融入城市社会；③ 孙立平先生从文化和心理角度考察城乡二元结构带来农民工的身份认同危机；④ 王毅杰先生从阶层认知的视角考察了影响流动农民身份意识的因素；⑤ 陈映芳教授在《"农民工"：制度安排与身份认同》中分析了"非市民"身份形成的制度安排和话语建构因素。⑥ 雷开春博士在《城市新移民社会认同问题研究》中，将认同区分为文化、地域、群体、地位和职业五个维度，从制度性排斥、社会经济地位和社会记忆三个因素来展开其对于五个认同维度的影响，探讨当前上海白领移民的社会认同状况，⑦ 得出都市新移民正在由对文化冲突走向文化融合的结论。⑧

随着身份认同"建构"理论成为学界共识，学者逐渐从城乡二元体制的制度性结构因素转向从他群认同和话语建构，消费娱乐、空间、社区、心理适应等日常生活经验的不同维度探讨新移民主体性身份认同。比如李伟东《消费、娱乐和社会参与——从日常行为看农民工与城市社会的关系》，⑨ 余晓敏的《消费社会与"新生代打工妹"主体性再造》⑩

---

① 周大鸣、李翠玲：《拾荒者的社区生活：都市新移民聚落研究》，《广西民族大学学报》（哲学社会科学版）2007 年第 6 期。

② 王春光：《新生代农村流动人口的社会认同与城乡融合的关系》，《社会学研究》2001 年第 3 期。

③ 王春光：《农民工的社会流动和社会地位的变化》，《江苏行政学院学报》2003 年第 4 期。

④ 孙立平：《农民工如何实现城市融入》，《经济观察报》2007 年 3 月 22 日。

⑤ 王毅杰、倪云鸽：《流动农民社会认同现状探析》，http://www.sociology.cass.cn/，中国社会学网。

⑥ 陈映芳：《"农民工"：制度安排与身份认同》，《社会学研究》2005 年第 3 期。

⑦ 雷开春：《城市新移民社会认同问题研究》，上海大学社会学系，博士学位论文，2008 年。

⑧ 张文宏、雷开春：《城市新移民社会融合的结构、现状与影响因素分析》，《社会学研究》2008 年第 5 期。

⑨ 李伟东：《消费、娱乐和社会参与—从日常行为看农民工与城市社会的关系》，《城市问题》2006 年第 8 期。

⑩ 余晓敏、潘毅：《消费社会与"新生代打工妹"主体性再造》，《社会学研究》2008 年第 3 期。

是从消费娱乐等日常生活角度考察农民工的个体性；赵晔琴博士则认为农民工所居住的"移民空间"已经成为身份认同的符号，① 用接近文化研究的视角研究农民工身份建构的日常生活语境；丁未教授从农民工对新媒体技术的运用，② 李艳红教授则从传统媒体分析民工公共形象的表达，③ 张慧瑜博士从社会修辞角度梳理了近 20 年来媒体对农民工形象的再现，④ 开启了从传媒视角探索民工身份认同研究的先例；蔡禾教授对珠三角农民工的实证分析发现：农民工越更多利用城市新生社会网络资源，越可能产生城市认同。⑤ 熊易寒博士考察了"城市化的孩子"——新生代农民工子女的身份产生，认为农民工子女的身份认同对他们的政治态度与行为模式有着至关重要的影响。⑥

综上可知，都市新移民文化身份研究主要集中在城市社会学、都市人类学、传播学等领域，既有丰富的民族志资料，也有深入的理论分析，重点关注女工、农民工等群体的文化认同和城市适应。与城市文化研究相比较，以社会学、人类学为核心的都市新移民研究失之于"实"，对都市新移民群体的精神、情感、审美文化等层面的研究不多，几乎没有论著涉及都市新移民作家群体的生存状态和都市经验，这一块儿研究空白正是城市文化研究和文艺美学理论研究大有可为的地方。

三　"打工文学"研究

20 世纪 80 年代中期，"都市新移民文学"伴随打工潮和城市化进程在珠三角诞生，虽然作为南方特有的文化现象在媒体轰动一时，但并没有引起文学研究界的重视。

21 世纪 10 年代初，《天涯》《南方文学》等刊登了底层生存境遇的

① 赵晔琴：《农民工：日常生活中的身份建构与空间型构》，《社会》2007 年第 6 期。
② 丁未：《流动的家园：新媒介技术与农民工社会关系个案研究》，《新闻传播研究》2009 年第 1 期。
③ 李艳红：《新闻报道常规与弱势社群的公共表达——广州城市报纸（2000—2002）对"农民工"报道的量化分析》，《中山大学学报》（社会科学版）2007 年第 2 期。
④ 张慧瑜：《遮蔽与突显作为社会修辞的"农民工"——"农民工"在大众传媒中的再现》，薛毅：《乡土中国与文化研究》，上海书店出版社 2008 年版。
⑤ 蔡禾、曹志刚：《农民工的城市认同及其影响因素——来自珠三角的实证分析》，《中山大学学报》（社会科学版）2009 年第 1 期。
⑥ 见熊易寒《城市化的孩子：农民工子女的身份生产与政治社会化》，上海人民出版社2010 年版。

打工文学作品和底层生存实录，部分专业作家也开始讲述现实中底层的辛酸记忆，引发了知识界的底层文学大讨论，① "打工文学"才以"底层文学"的身份被纳入文学研究者的讨论框架中。这场讨论从 2004 年《天涯》杂志"底层与底层表述"的一组论文开始，如刘旭《底层能否摆脱被表述的命运》，② 蔡翔、刘旭先生《底层问题与知识分子的使命》，③ 随即《文艺争鸣》等期刊陆续推出系列回应文章，如张清华先生《"底层生存写作"与我们时代的诗歌伦理》、④ 蒋述卓先生《现实关怀、底层意识与新人文精神》、⑤ 柳冬妩先生《从乡村到城市的精神胎记——关于"打工诗歌"的白皮书》⑥ 等等，王晓华先生《当代文学如何表述底层？——从底层写作的立场之争说起》、⑦ 张延松，王莉先生《当前底层文学的悲剧精神解读》⑧ 等等，争议的热点是底层书写的伦理和精神内蕴，用传统文艺社会学的文学本质和功能论观念，将"打工文学"纳入阶级论和人性论的文学意识形态价值观念体系之中。

随着都市新移民作家在文学权威刊物上发表作品的增多和各种文学奖等的获得，与城市化进程相伴而生但被遮蔽了 20 多年的"打工文学"引起文学界的注意并渐成研究热潮。"打工文学"另类面孔的登场让学界意识到："打工文学"应为当代文学和都市审美文化的一部分。早期研究侧重从经典文艺美学理论体系中寻求阐释资源，实现与"打工文学"话语对接，比较常见的研究范式有：用具有类似城乡迁移背景的"知青文学"与"打工文学"对比；⑨ 用现当代文学史上的"农民进城"叙事来比拟城市化背景下的农民进城，称之为"新时期农民进城

---

　　① 2004 年底层文学的大讨论，指《天涯》发表一组"底层与底层表述"的文章，如蔡翔、刘旭《底层问题与知识分子的使命》，《天涯》2004 年第 3 期，随即《文艺争鸣》等刊物发表系列文章回应。详见李新《新世纪文学中的底层叙事》，《东北师范大学》2009 年。

　　② 刘旭：《底层能否摆脱被表述的命运》，《天涯》2004 年第 2 期。

　　③ 蔡翔、刘旭：《底层问题与知识分子的使命》，《天涯》2004 年第 3 期。

　　④ 张清华：《"底层生存写作"与我们时代的诗歌伦理》，《文艺争鸣》2005 年第 3 期。

　　⑤ 蒋述卓：《现实关怀、底层意识与新人文精神》，《文艺争鸣》2005 年第 3 期。

　　⑥ 柳冬妩：《从乡村到城市的精神胎记——关于"打工诗歌"的白皮书》，《文艺争鸣》2005 年第 3 期。

　　⑦ 王晓华：《当代文学如何表述底层？——从底层写作的立场之争说起》，《文艺争鸣》2006 年第 4 期。

　　⑧ 张延松、王莉：《当前底层文学的悲剧精神解读》，《当代文坛》2006 年第 1 期。

　　⑨ 陈辽：《知青文学·打工文学·儒商文学》，《南通师范学院学报》（哲学社会科学版）2001 年第 1 期。

小说";① 或认为"打工文学"是中国传统"悯农"文学的老树新花，全球语境下世界移民文学的中国样本；② 或者从中国传统文学叙述模式中发现与当代"打工文学"叙述模式的一致性，呈现单一的模式化、情绪化特征；③ 或者通过具体"打工作家"作品思考"打工文学"的困境和意义。④ 值得一提的是两位具有城市打工经验的"打工文学"研究者：周航博士从概念、主题、文学生存样态等方面对打工文学进行了梳理；⑤ 柳冬妩先生持续发掘"打工诗歌"所呈现的城乡迁移经验和精神碰撞。⑥ 但总体来说，早期研究专注于"打工文学"的命名、主题、叙述模式和精神价值层面，⑦ 而在文学史写作中仍将其摒弃于当代文学的大雅之堂，⑧ 这一现象本身就值得回味：对作家底层身份的强调，使"打工文学"产生了很大的社会效应，但在审美艺术层面一直得不到美学合法性认同的尴尬。⑨

作为最早在珠三角都市诞生、发展并泛化的文学现象，"打工文学"备受珠三角文学研究者瞩目，其作为改革开放以来新城市经验的诗性品质和都市文化形象的品牌效应得到凸显。如深圳市文联等机构联合举办的六届"全国打工文学论坛"，由杨宏海先生长期跟踪研究、搜集

① 赵海：《在城乡夹缝中生存——论新时期农民进城小说的书写》，山东大学中文系，硕士学位论文 2006 年。

② 张一民：《打工文学：世纪初的观察》，《安徽文学》2008 年第 10 期。

③ 江腊生：《当代打工文学的叙述模式探讨》，《中国文学研究》2008 年第 4 期。

④ 参见冯敏《打工文学的现状与话语困境——由王十月小说引发的思考》，《南方文坛》2007 年第 4 期；贺绍俊：《意义、价值和蜕变——关于打工文学以及王十月的写作》，《扬子江评论》2007 年第 6 期。

⑤ 周航：《打工文学研究》，暨南大学中国现当代文学系，硕士学位论文，2006 年。

⑥ 柳冬妩：《在城市里跳跃》，《读书》2004 第 11 期。柳冬妩：《在生存中写作："打工诗歌"的精神际遇》，《文艺争鸣》2005 年第 6 期。柳冬妩：《从乡村到城市的精神胎记——关于"打工诗歌"的白皮书》，《文艺争鸣》2005 年第 3 期。柳冬妩：《城中村：拼命抱住最后一些土》，《读书》2005 年第 2 期。柳冬妩：《从乡村到城市的精神胎记——中国"打工诗歌"研究》，花城出版社 2006 年版。

⑦ 其他相关论文见郑晓明《论当下的打工文学创作》，沈阳师范大学中国现当代文学硕士论文，2007 年。冯月季：《论当代打工诗歌的精神内涵及其写作困境》，西南大学中国现当代文学硕士论文，2007 年。吴松：《论当下的打工文学创作》，吉林大学中国现当代文学硕士论文，2008 年。

⑧ 在近年出版的当代文学史论著中，找不到任何一位"打工"作家的名字、作品。见孟繁华《中国当代文学通论》，辽宁人民出版社 2009 年版。

⑨ 贺芒：《"打工文学"：在社会效应与美学合法性之间》，《学术月刊》2008 年第 9 期。

整理而成的《打工文学备忘录》、① 《打工文学纵横谈》，② 便是集研讨会南北文学研究者、都市新移民作家等讨论之大成的部分成果。谢有顺教授从郑小琼的诗歌中发掘出"铁"的意象分析，开始关注"打工作家"笔下城市经验和城市生活现场的特殊性。③ 此外，一系列"打工文学"作品与研究集子陆续出版，如杨宏海先生"打工文学系列丛书"、《打工世界作品·评论集》、《打工文学作品精选集》，柳冬妩编选《中国打工诗选》，黄礼孩主编《异乡人：广东外省青年诗选》，④ 何轩先生出版《中国打工诗歌辑录与点评》，⑤ 以及都市新移民作家参与选编的各年度《中国打工诗歌精选》，周崇贤出版《周崇贤文集》⑥ 等等。这些搜集和整理工作为"打工文学"的深入研究积累了丰富的材料基础。

与"打工文学"传统文本研究不同的一个新的研究范式是对"打工文学"与文学期刊关系的研究，如周航博士《"打工文学"生存样态初探——兼考察几家打工文学杂志的文学生产》、⑦ 尹昌龙先生《〈大鹏湾〉的文学生产》、⑧ 贺芒女士《〈佛山文艺〉与打工文学的生产》，⑨ 关注点不再是经典文本阐释，而是文本之外具体的文学活动和文学生产机制，拓展了"打工文学"的研究视域和与当代都市文化生产的关联。

总体而言，"打工文学"的传统文本研究、文本材料的搜集整理已经取得丰硕成果。而作为记载中国工业化、城市化社会剧变的"打工文学"，其精神象征意义、构筑文化软实力和城市文化形象品牌的价值被凸显，而其作为工业化、城乡迁移主要经验文本和都市新移民文化身份表达的价值，还尚未被发掘。

---

① 杨宏海：《打工文学备忘录》，社会科学文献出版社 2007 年版。
② 杨宏海：《打工文学纵横谈》，社会科学文献出版社 2009 年版。
③ 谢有顺：《分享生活的苦——郑小琼的写作及其"铁"的分析》，《南方文坛》2007 年第 4 期。
④ 黄礼孩：《异乡人：广东外省青年诗选》，花城出版社 2007 年版。
⑤ 何轩：《中国打工诗歌辑录与点评》，湖北人民出版社 2010 年版。
⑥ 被誉为"中国第一套打工作家个人文集"。
⑦ 周航：《"打工文学"生存样态初探——兼考察几家打工文学杂志的文学生产》，《当代文坛》2009 年第 1 期。
⑧ 尹昌龙：《〈大鹏湾〉的文学生产》，杨宏海主编：《打工文学备忘录》，社会科学文献出版社 2007 年版，第 266—273 页。
⑨ 贺芒：《〈佛山文艺〉与打工文学的生产》，《文艺争鸣》2009 年第 11 期。

　　上述三个方面的研究为本课题提供了好的前期基础，同时也留下了较大的研究空间：城市社会学和都市人类学的研究获得了有关都市新移民的大量田野调查和民族志资料，且从各种视角和研究进路取得了丰硕的成果，但对于都市新移民的文化想象、情感趣味和主体性蜕变在审美领域的微观显现关注不多；城市文化研究和城市美学对具体都市文化群落，尤其是城乡大迁移以来在都市空间中诞生的新的文化人群及其给城市文化生态带来的改变，细致深入地进入文化现场考察的成果并不多见；以当代文学为主的传统文学学科，侧重挖掘"打工文学"及其衍生现象的精神内涵，而对于"打工文学"所呈现的文化身份意识，是在一种什么样的特殊的城市文化生态环境中又是如何被生产出来的，还缺少对"打工作家"具体的生存、写作现场的考察。面对"城市化"这样一个庞大复杂而又深具多面性的过程，以单一学科视角和理论对应都市社会文化结构中的狭窄层面，难免对鲜活纷繁的都市文化经验造成遮蔽。

　　本书基于相关领域以往学术研究所存在问题，以及学科飞地空白点的认识，以"打工作家"的文化身份建构作为切入点，把都市新移民的城市经验和文学身份认同问题，与都市文化生态、文化生产问题联系起来，首次从一个具体的都市新移民群落的文化身份视角，观察中国工业化时代的都市文化生产活动和审美文化变迁。

　　作为珠三角城市一个独特的新移民文化群落，"打工作家"的文化身份问题，是研究都市新移民身份蜕变，及其与城市文化关系的最有价值的文化样本。不仅因为他们的城市经验和文学文本，承载了都市新移民群体的情感表达、话语表达和文化认同的使命，记录了中国社会从乡村走向城市、从农业社会走向工业社会、从前现代社会走向现代社会、从封闭的计划经济走向全球化这一系列进程中中国人的文化记忆，他们的文化身份建构过程本身，也是中国城乡社会文化结构发生裂变的一部分。但长期以来，这个群体在当代都市文化生产中所留下的痕迹并没有引起人们的注意。在过去的 20 多年里，都市新移民及其亚文化表达空间在塑造城市整体文化形象的巨塔下，几乎不存在。中国当代的城市化进程，或套用欧美模式，或以完美的都市乌托邦想象和"权力美学"理论来建设城市文化和进行城市规划；都市美学研究者所构造的乌托邦的城市形象空间，忽视了都市不断发展、变化的过程和杂多而旺盛的活力，是对都市文化内在矛盾差异的遮蔽，也是对都市美学研究视野的遮蔽。①

　　本书以"打工作家"文化身份建构视角、对城市文化生产活动进行探索的理论意义和现实意义在于：发掘都市"一元美学"背后被大众媒体和主流想象遮蔽的文化过程，深度认识当代都市文化形态的多样性和异质性，拓展城市审美文化研究和文学研究的视野，推进文艺美学理论、研究范式和方法的创新；揭示中国城乡社会急剧变迁中人的主体性变迁在审美文化领域的微观显现，通过对中国城市文化生产特殊性的探索，提供立足于中国本土经验的发现和思考。

　　本研究的重要特点除了研究视角上的创新，也是基于近年来文艺美学的发展而展开多学科交叉的创新研究，尝试探索跨学科的思路和方法。"打工作家"的文化身份形成不仅是一个城市文化生态的问题，同时也是一个社会文化问题，更是当代文学领域的问题。从当代文学研究来看，从"打工作家"的文化身份角度认识"打工文学"及其文学活动的社会文化意义，使文学研究突破了传统的文本分析和理论演绎的范式，探索文学的文化生态研究的思路和方法；从当代城市文化研究来看，从"打工作家"文化身份的生成探索中国城市化、工业化时代城市新兴文化群落形成的规律及特点，对于考察当代城市文化生态也是比较新的观察视角。本研究的意义不仅在于获得具体的研究成果，还在于通过跨学科的创新性研究的尝试，探索一种学科思路和方法：以社会文化问题作为切入点，整合多学科理论和方法资源，寻求人文与社会科学对话和沟通的桥梁，将以往城市文化研究的"虚"与社科研究的"实"结合起来，建立文艺美学学科研究与文化现实经验、文化发展之间的关联。

第三节　研究思路、方法与框架

　　"文化身份"（Cultural Identity）是西方文化研究中重要的概念，它的渊源可以追溯到巴特农神庙上古希腊人对认识自我的追问：我是谁？从哪里来？到何处去？这一古老的命题在社会历史变迁中，和西方学术

------

① 高小康：《文化冲突时代的都市美学》，《人文杂志》2008年第4期，第114—115页。

界对身处岁月长河中的人类主体自我命运及其认识展开的探索中历久弥新，逐渐演化成熟为一个现代性的命题，它发展出三种模式：本质主义的以主体为中心的启蒙文化身份、以社会为中心的社会文化身份、后现代去中心的处于变动和断裂中的文化身份。①

从打破中世纪宗教神学对人的主体性的禁锢开始，启蒙现代性哲学弘扬"理性"和启蒙主体的固定认同，即："人完全以自我为中心，统一，被赋予了理性、意识和行动的能力……自我的本质中心是人的身份。"② 这就是笛卡尔的名言"我思，故我在"构思的理性、有意识的个体主体。③ 康德和黑格尔拓展了笛卡尔的主体论，这个思考着的本质主义的主体能凭借理性的力量实现道德自律和审美判断，达到理性、自足、完美自我的人的形象雄踞整个启蒙哲学和自由—人文主义思想的中心。④

19 世纪末，从欧洲社会学和社会心理学的发展中衍生出一种新的文化身份观，颠覆了本质的理性自我是文化身份认同中心的观念，强调社会历史语境的作用，认为社会不同层面的力量参与了文化身份认同的塑造。譬如，马克思的"社会存在决定社会意识"和生产关系决定阶级身份，马克斯·韦伯的官僚科层体系和物化关系的"铁笼"，弗洛伊德的承受各种矛盾冲突的心理主体。随后西方后殖民主义、新历史主义、女权主义等理论的兴起：拉康的"镜像阶段"之后，儿童被迫认同的那个父权文化中超验权威父亲的形象，福柯认为的现代权力技术对人的身体的规训和控制，波伏瓦确认的社会性别对女性角色的塑造等等，都凸显了社会、经济、文化、权力和历史等力量对文化身份认同的建构作用。与启蒙文化身份肯定人的内在价值判断和自律精神不同，社会学主体是社会化的自我，文化身份认同过程是自我与他者、个体内心

---

① 见陶家俊《身份认同》词条，李德恩、赵一凡、张中载：《西方文论关键词》，北京外语教学与研究出版社 2006 年版，第 465—474 页。

② Stuart Hall, "The Question of Cultural Identity", in S. Hall, D. Held and T. McCrew (eds.) Modernity and Its Future, Cambridge: Polity Press, 1992, p. 275. 转引自陶家俊《文化身份的嬗变：E. M. 福斯特的小说和思想研究》，社会科学文献出版社 2003 年版，第 75—76 页。

③ 陶家俊：《文化身份的嬗变：E. M. 福斯特的小说和思想研究》，科学文献出版社 2003 年版，第 76 页。

④ 陶家俊：《文化身份的嬗变：E. M. 福斯特的小说和思想研究》，社会科学文献出版社 2003 年版，第 76 页。

世界与外在社会文化力量的相互矛盾冲突、斗争不止的过程。①

　　以尼采为转折点，对于文化身份相关的主体的理论探索从本质主义转向了相对主义："阿尔都塞认为主体在意识形态中存在并依靠意识形态产生，到福柯的主体是权力关系的产物的观点和利奥塔的主体是交往系统的'结点'，这一线前后相继的思想系统地怀疑一个潜在的统一体或具有某种产生知识和时间的物质这类可能性。"② 相对主义的盛行与欧美文化政治、语言学转向结合，促成了去中心的后现代主体：现代性引发的身份危机使主体不再拥有恒定不变、确认无误的文化身份感，主体成了各种异质的意识形态相互冲突的领域，分裂成残缺的思想碎片。③ 与之相应的是处于不断分裂变化中的文化身份，它不再是单一的、确定的：

　　　　主体在不同时间获得不同的身份，再也不是以一个一致的"自我"为中心。我们包含着相互矛盾的身份，其力量指向四面八方，因此我们的身份认同总是一个不断变动的过程。④

　　伯明翰文化研究学派的代表人物斯图尔特·霍尔（Stuart Hall）在《文化身份问题》（The Question of Cultural Identity）中分析了去中心主体的成因是西方现代知识话语的五次断裂：马克思主义的历史主体；精神分析学的欲望的主体；女性主义以性为核心的具有性差异而不是简单的性别差异的主体；语言的符指过程构成的主体；福柯式的主体。"每一次知识话语的断裂都是对启蒙主体蕴含的同一性的差异化，使这个超

---

① 见陶家俊《身份认同》词条，李德恩、赵一凡、张中载：《西方文论关键词》，北京外语教学与研究出版社 2006 年，第 465—474 页。

② Jorge Larrain, Ideology and Cultural Identity, Camgridge：Polity Press，1994，p. 149. 转引自陶家俊《文化身份的嬗变：E. M. 福斯特的小说和思想研究》，社会科学文献出版社 2003 年版，第 74 页。

③ 陶家俊：《文化身份的嬗变：E. M. 福斯特的小说和思想研究》，社会科学文献出版社 2003 年版，第 74 页。

④ Stuart Hall, "The Question of Cultural Identity", in S. Hall, D. Held and T. McCrew (eds.) Modernity and Its Future, Cambridge：Polity Press, 1992, p. 275. 转引自陶家俊《文化身份的嬗变：E. M. 福斯特的小说和思想研究》，社会科学文献出版社 2003 年版，第 76 页。

越社会、文化、历史的主体一步一步地恢复其本来面目。"① 而当代文化研究、后殖民文化批评、女性主义话语所倡导的文化身份政治正是对建立在资本主义现代性的批判和反思下的"最激越的表现形式"和产物。②

以上文化身份认证的三种模式，代表了不同历史时期西方思想话语中对文化身份问题的不同理解范式。霍尔在另一篇文章《谁需要身份认同》（Who Needs "identity"）中系统总结阐述了后现代性语境下的文化身份认同，它有三个特点：

其一，文化身份认同是在"不同"和"他者"的差异中建立的，在个体或群落和其他社会关系的互动、冲突中形成。③

其二，文化身份认同是在话语实践中建立的，是关于自我将要成为什么的一个叙事，而不是本质上的我是什么样子，因此文化认同通常建立在想象、虚构与象征之中。④

其三，文化身份认同是一个从未完成的——总在"进行中"的过程，不是一成不变的，它始终是"获得"或"失去"、拥有或抛弃，⑤处于流动的状态。

彰显文化身份建构过程的差异和冲突，就是要将文化身份主体置身于特定历史和社会文化语境所形成的差异世界中进行考量。实际上，西方的文化身份问题就是从 16 世纪开始，与资本主义发展和海外殖民所带来的文化冲突密切相关，正是在与他种族群的文化冲突所引发的社会动荡与危机中，建构欧洲的共同体想象和文化身份的问题变得凸显。在一个相对均质的社会文化群落中，文化身份不太成为一个问题，只有当跨越群体的边界、与异质群体发生联系时，文化身份认同才在不同和他者的差异中建立。简言之，文化身份在本质上是各种社会文化关系的冲突与融合的产物。

---

① 陶家俊：《文化身份的嬗变：E. M. 福斯特的小说和思想研究》，社会科学文献出版社 2003 年版，第 77 页。

② 陶家俊：《文化身份的嬗变：E. M. 福斯特的小说和思想研究》，社会科学文献出版社 2003 年版，第 77 页。

③ Stuart Hall, "Introduction: Who Needs 'identity'?", Stuart Hall and Paul du Gay, ed. Questions of Cultural Identity, London: Sage Publication, 1996, p. 4 – 5.

④ Ibid., p. 4.

⑤ Ibid., pp. 2 – 3.

　　学者陶家俊将这种文化身份的建构概括为两个平行的认证过程：主体和所属文化的认证与主体在异质文化间的认证。前者是个体的文化化和意识形态化过程，表现在人通过特定的文化实践和文化机构的权力运作来确定自我在文化中的归属和位置，如新马克思主义者的意识形态认证和福柯的权力对主体的规训理论，前面所提到的社会学者理查德·简金斯的"社会归类"也属此类；后者是依托于伴随现代性资本主义全球化产生的异质文化空间中，文化身份的蜕变过程又是一个社会群体或亚群体与另一个社会群体或亚群体之间的冲突和对话。这两种文化身份认证过程，都表现为意识形态或文化霸权实施过程中压制与反抗的复杂运作。①

　　具体到"打工作家"，其从"农民工"到"打工作家"的文化身份认证过程，充满了以主流意识形态文化和城市社会精英文化为代表的强势话语与弱势的以"农民工"群体为代表的都市新移民文化话语之间的冲突、融合与互动的张力；而其间又夹杂着珠三角本土群体以粤语文化为标识的本土文化和以湖南、湖北、四川、江西等外省地域文化之间的冲突，和更广泛层面的急剧变革中的城市文化与传统乡土文化之间的对话与冲突。"农民工"的文化身份本身，就是主流意识形态借重大众传媒所建构的都市新移民共同体想象，和精英文化、本土文化想象结合经由文化关系实践的产物。"农民工"的话语力量是非常微弱的，在主流支配的城市文化空间中，他们中一部分人凭借城市经验的文学想象和文学生产活动，也即借助于文学叙事和文学生产塑造和重建文化认同，借助于"打工文学"和"打工杂志"开辟出一片打工亚文化认同空间，俘获了珠三角广泛的打工族群体，并从原有的都市新移民群体中分裂出"打工作家"。"打工作家"文化群落的生成及其文化身份认证过程，也就是民间的话语力量和主流意识形态话语建构力量之间的抵抗与较量。

　　然而，"打工作家"文化身份在形成的即刻，因其身份建构机制潜在的文化矛盾，也面临着解构和重组。甚至"打工作家"这个命名本身，也遭到了文学评论界和"打工作家"们的质疑。一个有意思的现象是：除了被评论界和研究界公认的第一代"打工作家"的"五个火

---

　　① 陶家俊：《文化身份的嬗变：E. M. 福斯特的小说和思想研究》，社会科学文献出版社2003 年版，第78—79 页。

枪手"，以及 2005 年以后被文学界承认的王十月、郑小琼等，其余在打工之余坚持创作的都市新移民，并不把自己当成"打工作家"，他们对主流文学界命名的"打工作家"所蕴涵的"打工"或"农民工"的歧视性文化身份胎记公然表达反抗和不满。因为，"打工作家"这个文化身份意味着他们在文学场域中被再一次边缘化，他们作为体制外的文化打工族和主流文学圈体制内的文学审美权力发生了冲突。但矛盾的是，主流文学圈的文学话语权力正是"打工作家"得以从"农民工"群体中脱颖而出的身份生成机制的重要因素之一。这意味着，"打工作家"将再次踏上文化身份抗争之旅。"打工作家"文化群落也因城市的文化生态和文学生产环境的改变，走向了分化。

　　"打工作家"的文化身份建构，如同霍尔对后现代文化身份的归结：这是一个从未完成的，"不断变动"、总在"进行中"的过程。可用下列模式来表述：

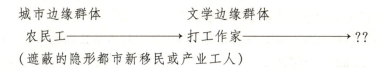

　　这个过程大体包括两个层面：一是从城市边缘人身份获得城市的接纳和认同，二是从"农民工"身份向作家身份的蜕变。这两个方面是同构的，贯穿了"打工作家"文化身份建构过程的始终。只不过，随着每个阶段所面临的文化冲突的内容和文化身份建构的语境，两个层面所面临的压力有所增强或减弱。在打工初期，他们还是"农民工"身份时，主要的认同危机是城乡二元文化身份危机，他们所面临的文化身份困境，主要是摆脱城乡二元文化身份困境；到了后期，因原初的"农民工"身份，他们受到了主流文学圈认同的"歧视"，又陷入另一个维度的文化认同危机。城乡文化身份危机是一直都存在的，只不过到了后期，随着"打工作家"文化身份的确立，被主流文学的认同，面对主流文学认同的危机增强，前者相对弱化了，作为"作家"的文化身份被"认同"的问题就成为最主要的困境。

　　可以看到，"打工作家"的文化身份不仅是流动的，而且在不同阶段有着不同的占主导地位的身份认同，获得一种相对稳定的阶段性文化身份。① 作为个体，他们又有多重的文化身份，可能会自称或被称为湖南人、四川人、打工者、农民工、作家、编辑、外省人、劳工阶层、白领、女诗人等等，阶层、地域、性别、种族、职业、年龄等等，从每个维度都可以构成主体的文化属性和身份识别认知，在不同的语境和时段中，有些身份可能被附加强化，有些身份可能消失了，从而形成一个互相关联的流动的"认同体系"。② 本书关心的重点是对应于"打工作家"之所以成为"打工作家"的特定文化身份认同，而非个体多维认同交织而成的整个"认同体系"。换言之，本书关注的是在多重身份缠绕作用下的群落文化身份。"文化群落"是人类积极意义上的集体形态，是指文化个体对超越其上的价值标准的向上的文化认同，在此个体性的文化认同中，个体自由发展，生成意义，以此达成个体之间以超越价值为号召的相互认同，这种个体之间相互认同产生的集体形态就是文化群落。③ 当作为"打工作家"这个文化群落的一分子，与都市文化活动中的个人或群体发生互动时，这种特定的文化身份，成为对自我本质认识及群落成员间凝聚力强化的力量。

本书并不试图得出一个稳定的固化的文化身份认同的结论，而只是通过 20 世纪 80 年代以来"打工作家"这一新的都市文化群落的文化认同形成过程的描述和阐释，发掘城市主流文化表象下，"打工作家"文化身份形成背后的城市文化机制与文化运作规则。

本课题的研究设计，以 20 世纪 80 年代中期开始至今为时间段，以聚居在珠三角（以广州、深圳、东莞三大城市为主）的"打工作家"文化群落为研究对象，考察作为"打工作家"文化群落的身份认同是如何在社会政治实体与都市媒体文化、文学生产机制的话语和审美文化生态中建构而成的。

---

① 这是一种相对主义的本质主义文化身份，即"将文化身份视为特定历史时期、特定文化机构和文化实践的产物，具有相对的稳定性，又要揭示文化身份中隐含的文化政治。相对主义的本质主义实质上是在本质主义和相对主义之间进行商榷，采取折中主义的理论定位"，见陶家俊《文化身份的嬗变：E. M. 福斯特的小说和思想研究》，社会科学文献出版社 2003 年版，第 83—84 页。

② 王明珂：《华夏边缘：历史记忆与族群认同》，台北九晨文化书业股份有限公司 1997 年版。

③ 耿波：《都市文化群落的文化逻辑》，http://www.docin.com/p－586540.html，2008－07－24。

　　本书在运用传统文艺学及美学资源的基础上，结合社会学、人类学、传播学的理论和研究方法，从都市新移民文学的文本进入文化生产活动和日常生活的文化现场，将经典文本分析、田野调查和理论探索综合运用于本课题。本研究的材料来源，除了文学、社会学、人类学等相关学科前人研究已有的文献资料外，主要有三个来源：一是"打工文学"文本、媒体文本、影像等资料，主要是《大鹏湾》《佛山文艺》《江门文艺》等打工杂志、作家出版的单行本和网络流传的文集等等；二是笔者亲身体验都市新移民作家生存与文学创作的文化现场——城中村等地点所获取的资料；三是通过深度访谈得来20多位都市新移民作家的城市经验、打工生活和文学生产的第一手田野资料。

　　现将全文的基本框架和主要内容、章节脉络概述如下：

　　全文除引言和结语外，分上、中、下篇三个部分，共七章内容。

　　上编　缘起。此部分为第一章和第二章。第一章论述"打工作家"文化群落身份建构的文化生态语境和文化身份的前身，即主流意识形态通过大众媒体的形象生产，制造"农民工"的共同体想象和身份差异，并通过他群认同和他者形象的固化，作用于都市新移民群体对于自身的文化身份认同。第二章分析都市新移民所面临的文化身份危机，并简要介绍了身份抗争与突围中形成的"打工作家"文化群落的总体情况。

　　中编　形成。此部分为第三章至第五章，论述"打工作家"文化身份形成所依赖的公共文化空间和利用文学生产实现认同重构的过程。其中，第三章考察城中村在都市新移民的生存经验、文化群落形成过程中扮演的重要角色，侧重"打工作家"在文化现场的活动、和本土居民的文化冲突关系中所呈现的文化身份识别，认为城中村不仅是"打工作家"文化群落的生存、写作、交际的物理性空间，也是其文化认同的空间。第四章侧重从文学作品中的形象生产，讨论"打工作家"如何借助于文学想象和文化记忆来呈现并实现文化身份的重建。第五章探讨了打工杂志和打工作家文化身份形成的关系。打工杂志构成了都市新移民身份转换的话语表达空间和公共文化空间，以其独特的文学生产机制生产着"打工作家"。同时，主流文学界也通过对"打工文学"和"打工作家"的身份命名，以及扶持"打工作家"的方式参与了打工作家的文化身份建构。

　　下编　分化。此部分为第六章至第七章。第六章探讨造成"打工作家"文化群落分化趋势的因素，其赖以实现身份转换的文化认同空间——打工杂志因内部的体制弊端和外部生存环境的恶化，走向了分化和衰亡，新媒体的兴起和打工群体受众审美趣味的变化，也给"打工作家"的都市生存和"作家"文化身份的维系带来了挑战。第七章探讨体制内的官方文学审美权力的介入，对部分"打工作家"的收编。主流意识形态通过大众传媒传递的都市新移民新形象、珠三角地方政府的新城市文化形象建设和文化新移民政策、主流文学界的认同是"打工作家"进入"主流"、获得资源得以在城市生存下来的原因和契机。然而，"打工作家"的文化身份标签却使其再一次陷入文化身份的尴尬。没有进入主流文学界的"打工作家"和新一代都市新移民作家，则走向了新的文学卖场。

上　编

缘　起

在长达 20 多年的工业化、城市化经验中，"农民工"没有冲破国家独有的文化和政治桎梏，在城市顺利地演化为无产阶级和工人阶级，没有建构起用工人阶级和无产阶级语汇武装起来的文化认同，一直处于过渡的中间状态，甚至成为社会文化结构中的"边缘人"。"农民工"的话语和身份遮蔽了其实质意义上社会性的都市新移民身份，这是其他国家城市化、工业化过程中所没有过的，欧美发达国家没有过，即便拥有相近文化和政治结构的韩国、日本等国家也没有过。而从都市新移民群体中分化出的"打工作家"文化群落，其文化身份本身，便意味着新的文化主体性的脱胎而出，是主流建构的"农民工"身份话语挤压下的产物。因而不可避免地，"农民工"文化身份的话语实践，成为"打工作家"文化身份认同建构的背景和来源，甚至成为他们抹不去的"身份胎记"，这也正是"打工作家"的文化身份与体制内的"农民进城"作家文化身份形成的不同之处。

第一章 "农民工"的诞生：主流建构与媒体表征

文化研究学者 E. P. 汤普森（E. P. Thompson）在研究 19 世纪英国工人阶级的形成中，认为阶级是一种社会和文化形态，不能抽象或孤立地定义，而是要从与其他阶级的关系的意义上来定义，将一种定义很松散的人群汇集起来的、以与其他阶级不同的方式存在，并以独特的行动和意识来定义自身的倾向。① 汤普森对阶级群体历史主义和建构主义的视角启发了对欧美工人阶级认同形成的研究，后来的研究者发现，1830 年法国大革命以来流传开来的一种新的政治文化和语言，为 19 世纪 30 年代初的大转型，创造了工人阶级认同及工人运动所依赖的知识、语言和组织空间。② 韩国的工业化进程与中国类似，其在 20 世纪 60 年代进入出口导向型的工业化转型时代，最初，影响韩国工人感知工业经验的主导语言是由国家机器提供的，国家创造了建构产业工人形象的新的词汇，如"产业战士""产业大军""输出大军"和"输出支柱"等将民族主义、国家主义和发展主义结合在一起的词语；很多工厂工人自己也以作文、诗歌、工会报告和罢工传单等形式写过他们的经验。然而，与中国不同的是，韩国工人阶级形成的一个关键方面，是韩国工厂工人最终克服了受鄙视的"劳动者"（如"打工仔"和"打工妹"）这种文化形象和"产业战士"标签，形成了他们自己集体认同的方式。③

---

① ［英］E. P. 汤普森：《英国工人阶级的形成》，钱乘旦译，译林出版社 2001 年版，第 357 页。

② ［韩］具海根：《韩国工人——阶级形成的文化与政治》，梁光严、张静译，社会科学文献出版社 2004 年版，第 13 页。

③ 同上书，第 17 页。

　　为什么唯独在中国的城市化、工业化、现代化过程中，会有"农民工"这个特殊的中间阶层和身份人群的出现？以中国城市化社会转型中的独特语汇来看，美国的嘉莉妹妹就是从农村来到城市的名副其实的打工妹，韩国的产业工人文学就是"打工作家文学"，而为何在欧美和韩国等东亚国家的社会语境中，只有产业工人而没有"农民工"？即便在工业化初期有一段过渡状态，但经历 20 多年的城市化、现代化经验，也以工人阶级的身份融入城市社会。对中国的"农民工"来说，这个任务可能更为艰巨。

　　1958 年以来，"城乡二元制度"的实施和巩固是一个非常重要的影响因素。19 世纪，德国和英国大量农民进入城市，成为产业工人。但无论是德国还是英国，对进城农民在城市空间的居住和社会保障，都采取了"国民待遇"，[①] 而没有类似中国城乡区别对待的、附着于户籍上的一系列经济、政治、文化待遇。这使得德国和英国的农民得以顺利摆脱中间过渡状态，成为城市的新移民。

　　我们尽可能将"农民工"群体的诞生归结于城乡二元分割的政治制度，但是，"农民工"能成为中国人社会文化生活中家喻户晓、耳熟能详的词语，并用来指称城市化转型阶段分化出来的一个新的身份群体，20 多年来已经内化为社会普遍的群体意识，它揭示的是一种新的社会文化关系和格局的形成。其命名甚至群体文化身份的形成，不是本质主义而是表征的产物。这个具体的形成过程，就不能简单地从宏观层面用"城乡二元制度"概括之，而应对 20 世纪 80 年代中期以来的社会文化语境作具体的微观分析。

　　在当下中国的城市文化语境中，作为城市他者的"农民工"形象是如何在户籍制度、国家主流意识形态、媒介文化的话语表征中形成的？裹挟在形象中的文化意义又是如何被城市主流与本土社会接受，并将其内化为一种普遍的集体心理意识，对"农民工"的他群认同产生深刻影响的？本章将通过对以上两个问题的分析，探讨都市新移民的主体性位置的形成及其与都市流行文化的关系，以上将构成"打工作家"文化认同重建的社会生态和具体文化语境。

---

　　① 孙西娇：《试析网络新媒体中的农民工形象》，南昌大学新闻学，硕士学位论文，2007 年。

第一节　大众传媒的都市新移民共同体想象

一般认为，农民工不能为自己言说，他们的身份"农民工"及这个词汇本身，也是被给定的。他们的处境，颇像马克思的《路易·波拿巴的雾月十八日》中的"法国农民"，被比喻为"一袋马铃薯"，即"法国国民的广大群众，便是由一些同名数简单相加形成的，好像一袋马铃薯是由袋中的一个个马铃薯所集中的那样"，① 这就决定农民如果作为单个的马铃薯，他们不是一个阶级，但他们被装进"袋中"又是一个阶级，只是他们不能自己把自己装起来，② 按马克思的说法是"他们不能以自己的名义来保护自己的阶级利益，无论是通过议会或通过国民公会，他们不能代表自己，一定要别人来代表他们"。③ 在当代中国，农民工本身并没有获得为自己命名的话语权力，将他们装在一起的"袋子"，是城乡二元分割的户籍制度、主流意识形态和大众传媒表征的结果。

霍尔给"表征"一词下的定义是：我们头脑中通过语言对各种概念的意义的生产。简言之，表征是通过语言生产意义。④ 语言和现实世界中的事物之间，不存在简单的反映、模仿或一一对应的关系，意义在语言范畴中是被表征的实践和"运作"产生出来的，经由意指（也即意义的生产）实践而得以建构。⑤ 因而"表征"是一种给事物赋予意义，并用选择性的语言给其命名的文化实践。当我们给一个群体命名时，实际上是对该群体按照社会共享的"文化信码"作出归类、区分，归类和区分为各种有意义的人群的过程，也就是识别身份、建立认同的过程。当霍尔说文化认同是在一系列的话语实践中形成的，是关于自我将

---

① ［德］马克思：《路易·波拿巴的雾月十八日》，人民出版社1997年版，第105页。
② 张慧瑜：《遮蔽与突显作为社会修辞的"农民工"——"农民工"在大众传媒中的再现》，薛毅：《乡土中国与文化研究》，上海书店出版社2008年版，第529页。
③ ［德］马克思：《路易·波拿巴的雾月十八日》，人民出版社1997年版，第105页。
④ ［英］斯图尔特·霍尔：《表征：文化表象与意指实践》，陆兴华、徐亮译，商务印书馆2003年版，第16、17页。
⑤ 同上书，第16、28页。

要成为什么的一个叙事，[①]　也可以说，文化认同是在表征的过程中形成的。正是在表征中，"农民工"的想象和叙事，被赋予丰富的社会文化意义内涵和文化认同归属。

"农民工"在被表征的过程中，发挥最重要作用的是大众传媒的意指实践。在当下中国，因为媒体的半官方半市场化性质，也只有大众传媒，最具有构建认同的话语权力。一方面，作为党的喉舌的党报等传媒肩负着传达国家主流意识形态的重任，另一方面，大众传媒构建了我们生活于其中的虚拟的现实环境。如霍尔所言，现代文化传媒的首要文化功能是"提供并选择性地建构了'社会知识'、社会影像，透过这些知识与影像我们才对于'种种世界'、'种种人们曾经生活过的实体'产生认知；透过这些，我们也才通过想象见过他们的及我们的生活，使之合并为可资理解的'整体的世界'"。[②] 生活中的词语、意义通过大众传媒生产，我们与真实世界之间的联系，是通过大众传媒所构建的形象组成的虚拟的现实环境来实现的。这些被选择性地建构起来的形象，传媒研究界称之为"媒介形象"（Mediated Image）。媒介形象存在于人与真实的生活世界之间，人们透过媒介形象所组成的虚拟世界来观察世界，从而取代了人们对于真实的生活世界的直观经验。[③]

因而人们对"农民工"的感知和认识主要来自大众传媒所创造的各种形象，以及植入形象中的意义，在对形象的解读中确立了自我和"农民工"的主体身份认同。从这个意义上说，大众传媒所传递的各种形象担负了社会文化关系再生产的功能。媒体人康不德在观看"农民工"子女在广州学校的纪录片时发现：农民工子女无法融入城市氛围。"不少农民工子女在学校不快乐，郁郁寡欢，其原因就在于一些城市学生不接纳他们，在言语和行动上都流露出歧视的情绪。一个学生怯生生地说，想和城市伢做朋友，可惜在小学校里，也已经形成了城乡两个不同的群体。"[④] 长期的城乡二元分治，已经在中国内部产生种族歧视和城

---

① Stuart Hall, "Introduction: Who Needs 'identity'?", Stuart Hall and Paul du Gay, ed. Questions of Cultural Identity, London: Sage Publication, 1996, p. 4.

② Stuart Hall: "Culture, the media and 'ideological effect'", in J. Curran et. al. (eds), Mass Communication and Society, London: Arnold, 转引自约翰·汤林森《文化帝国主义》，冯建三译，上海人民出版社1999年版，第119页。

③ 吴予敏：《论媒介形象及其生产特征》，《国际新闻界》2007年第11期。

④ 康不德：《让"农民工"词汇走进历史》，《农民日报》2005年3月21日，第3版。

乡文化身份歧视，并且这种文化身份歧视在新生代中有着延续、固化的趋势。除了政治、经济上的差别待遇外，在社会文化关系领域，"农民工"作为一个群体的文化身份是如何诞生的？大众传媒在制造城乡文化关系时，如何选择性地建构"农民工"的文化形象，如何将文化意义植入其中？

形象意义的生产和接受，都必须根植于为社会群体所接受的"文化信码"。"农民工"来自工人和农民的组合，是中国现代化叙述的发明，有着根植于当代中国历史、为全民所共享的"文化信码"。关于农民/工人以及阶级的话语是伴随马克思主义在中国的政治和文化实践逐渐传播开来，而晚清的近代工业化进程，创造了近代的工人阶级，农民在与工人的关系中，获得了新的意义和身份认同。在社会主义国家形象的叙述中，工人阶级是国家的领导阶级，农民阶级是作为工人阶级的同盟军而存在，在马克思线性进步的历史观念中，农民并没有获得工人阶级历史主体性的同等位置的叙述，而只是作为"工人阶级的前身"而存在。在此历史背景上产生的"农民工"，很容易被看作是"从农民演化为工人的过渡状态，从而预设着历史的进步与进步中的代价"[1]，成为中国乃至世界现代化/工业化/城市化宏大叙事中的牺牲，并继续固化着这个群体的文化身份认同。在当代中国，分析农民工的群体意识和文化认同问题离不开由近代以来对中国社会的认识，由社会主义革命、户籍制度等"历史事件"建构起来的农民工的知识谱系和话语体系，成为当下社会文化生活中理解"农民工"问题的集体潜意识。

在这种共享的"文化信码"或集体潜意识基础上，"农民工"的现代化叙述和命名顺理成章地获得了成功。这个从事着不同职业、携带着不同地域文化认同，甚至民族文化认同的群体，在大众传媒的表征中获得了统一的身份和命名，成为城市文化冲突和文化认同的重要基础。在与城市的接触中，他们统统被视为外地人和城市他者，而不是工人阶级或都市新移民，而他们自身，也没有形成这样的文化认同。

1984 年，中央政府提出农民可自带口粮到县（市）以下城镇务工经商，中国社会科学院教授张雨林在该年的《社会学研究通讯》上提

———————————

[1] 张慧瑜：《遮蔽与突显作为社会修辞的"农民工"——"农民工"在大众传媒中的再现》，薛毅：《乡土中国与文化研究》，上海书店出版社 2008 年版，第 531 页。

出"农民工"一词，这个词被广泛传播开来。[1] 此后的 20 多年，大众传媒中的"农民工"形象被赋予各种修辞，并在不同的阶段被注入不同的文化意义，使之成为对进城农民的"合法"称谓和形象标签。其中，传递主流意识形态的全国性官方媒体如《人民日报》、中央电视台等，支配着意义生产的核心领域，向全国范围内广泛渗透，所有人，包括各地传媒都要受到核心领域的影响，因而考察其在不同阶段所传递的"农民工"形象和修辞手法，对建构都市新移民的文化认同有着重要的意义；其次，珠三角最早开始工业化、城市化，是"农民工"聚集最早、最多的地域，也是"打工作家"文化群落诞生的地带，珠三角城市媒体对"农民工"形象的呈现，直接充当了城市主流社会群体和本土人群观察外来都市新移民的透视镜，因而也是考察的重要对象；此外，在不同阶段国人的日常文化生活中扮演重要角色的报告文学、影视文化产品等等，具有广泛的社会文化影响，也被纳入考察的范围。本研究不可能穷尽大众传媒中有关"农民工"的所有形象，因此，本节的主要任务是分析不同时期具有典型形象意义的具有代表性的个案，从而呈现大众传媒对"农民工"表征的综合形象，以及形象生产的文化机制。

一 1984 年至 80 年代末：时代召唤的拓荒者

1984 年，农村出现卖粮难的情况，家庭联产承包责任制对农民收入的推动已经走到尽头；到了 80 年代中期，这个趋势越来越明显。此时，乡镇企业"异军突起"参与了农村产业结构的调整，当时的政策是"离土不离乡，进厂不进城"，就地解决农村陷入贫困的农业人口。[2] 其时中国走的是一条"小城镇化"的城市化道路，因而农民只在小范围内流动。1986 年中央一号文件，"允许农民自理口粮进城务工经商"，农民才离开乡土，开始了由乡村到城市、由内地到沿海的内部乡城大移

---

① 转引自梁波《现代化语境下"农民进城"叙事研究》，兰州大学中文系，硕士学位论文，2008 年。

② 关于当代中国的农民工流动，一个普遍的说法是"农村剩余劳动力的流动"，笔者在此认同孙立平教授的说法，即农民的流动并非农业劳动力的剩余，而是"普遍的贫困化使得几乎农村中的每个劳动力都是潜在的流出者"，因此，才会出现一方面民工潮，一方面农村"土地撂荒"的现象。见孙立平《断裂：20 世纪 90 年代以来的中国社会》，社会科学文献出版社 2003 年版，第 102—103 页。

民，在乡城隔离 30 年后，农民开始走进城市普通居民的生活。

城市出现了这一新的群体，引起了城市媒体的关注。《羊城晚报》作为广东地区普通市民尤其是本土居民关注的报纸，其对农民工形象的再现反映了普通市民对农民工关注程度的变化，甚至直接地影响普通市民对农民工的他群认同。董小玉和胡杨选取《羊城晚报》作为个案，对改革开放 30 年农民工的媒介形象进行研究时发现，从 1984 年到 1988 年，都市类报纸对城市这一新的群体关注不多，在为数不多的报道中，进城农民以"时代召唤的拓荒者形象"出现。从正面的角度，赞扬农民工在国家政策的鼓励、时代的召唤下，敢于尝试创新、做时代拓荒者的新的媒介形象。再现主题主要是关注进城农民的"劳动就业"、"贡献进取"，如《离土不离乡，进厂不进城，我省 260 万农民务工成为繁荣城乡经济的一股新兴力量》《"农民公司"——记厦门特区湖里建筑公司一个必然的历史性进步》《农业剩余劳动力的出路何在》等报道，以赞扬的语调、支持肯定的态度，呈现进城农民工进城务工、积极进取的媒介形象。①

这种时代拓荒者的形象与其他有关农民工媒介形象的生产研究取得了一致。陈慧分析了珠三角主流城市媒体《南方周末》《南方农村报》《羊城晚报》《深圳特区报》1984 年 1 月至 2007 年 12 月对农民工形象的再现，发现 1984 年至 1987 年，珠三角城市媒体对农民工的报道立场都以正面为主，肯定报道占总报道数量的 50% 以上甚至接近全部，间杂着中性报道，负面报道的概率很小；在主题的选择上，侧重国家对农民工的相关政策和具体行为指示，农民工的劳动就业、劳务输出及其贡献。②

这一时期形象呈现的方式，以单个农民工个体的就业和贡献进取为主；在构建农民工与城市社会的关系时，也注重呈现社会互助的一面，如《广州人民给了我第二次生命》等，试图塑造积极正面、聆听时代召唤的拓荒者和城市居民和谐共处、互助友爱的形象。③

---

① 董小玉、胡杨：《都市类媒体中农民工形象流变研究》，《新闻爱好者》2010 年第 20 期。

② 陈慧：《农民工在"珠三角"地区媒体上的形象再现研究》，苏州大学传播学，硕士学位论文，2008 年，第 25、28 页。

③ 董小玉、胡杨：《都市类媒体中农民工形象流变研究》，《新闻爱好者》2010 年第 20 期。

这一时代形象和国家积极引导农民进城务工、就业的主流意识形态相呼应。国家在政策上鼓励农民工外出务工，支持劳务输出；其时，珠三角率先改革开放，开始工业化、城市化、现代化进程；经济特区的建立，需要大量的产业工人。可以看到，这一时期的重点在解决农民的进城就业问题上，进城农民的共同体想象还没有完成，作为"农民工"的统一的集体身份命名尚没有形成社会集体潜意识。然而在进城农民与城市关系的表述上，强调农民工对城市的贡献，凸显进城农民"拓荒者""贡献者"的形象，是城乡二元制度格局所制造的不平等的文化身份的镜像反映，同时这一形象奠定了"农民工"形象生产的基调，为此后社会关系和文化认同的再生产打下了基础。

二　20 世纪 80 年代末至 90 年代初期：盲流与淘金者

城乡二元分割的户籍制度被打开了一个突破口，大量农民涌入城市，尤其是珠三角最早迈开工业化步伐的城市。20 世纪 80 年代初期，全国外出打工的农民不足 20 万人，1988 年就已经达到 3000 万人左右，[①] 很快，城市便不堪重负。1988 年，也就是《外来妹》的导演成浩酝酿这个故事的那一年，都市新移民的涌入导致了珠三角粮食短缺、米价飞涨。[②] 1989 年春天，全国各大火车站迎来第一次春运，"民工潮"第一次浮现，"引起了全社会的震动，也成了全社会关注的焦点"。[③] 此后，"春运"便作为一个具有时代特色的词汇进入我们的日常生活。"农民工"群体在都市社会的涌现，一时成为传媒纷纷曝光的焦点。

1989 年，《人民日报》刊登了广州火车站和北京火车站混乱拥挤的场景，以及滞留在广州火车站的民工形象，进入全国民众的视野。这些"农民工"被刻画成这样一副群体形象：这是一群不知深浅盲目外出的农民，刚下火车对城市充满希望，然而又找不到工作，生活艰辛，滞留于火车站，造成火车站堵塞。[④]《人民日报》作为中国共产党中央委员

---

① 陈慧：《农民工在"珠三角"地区媒体上的形象再现研究》，苏州大学传播学，硕士学位论文，2008 年。

② 周大鸣：《渴望生存：农民工流动的人类学考察》，中山大学出版社 2005 年版，第 275 页。

③ 郑念：《潮落·潮涨：民工潮透视》，中国人民大学出版社 1993 年版，第 17 页。

④ 朱唧唧：《民工形象的媒体再现研究》，苏州大学传播学，硕士学位论文 2006 年。

会的机关报，也是中国发行量最大、最权威的综合性日报，其所传递的信息往往透露出官方主流意识形态的意愿。1989 年 3 月，国务院办公厅发布了《关于严格控制民工外出的紧急通知》，要求严格控制民工盲目进城，加强盲目流动管理，限制外出，以此减轻民工潮给城市社会带来的压力；4 月，民政部、公安部又发出了《关于进一步做好控制民工盲目外流》；1991 年 2 月，国务院办公厅发布了《关于劝阻民工盲目去广东的通知》，要求各地要从严或暂停办理民工外出务工手续。① 从 1989 年到 1991 年，"农民工"出现了一个短暂的从城市回流，"民工潮"也暂时回落。

当时的媒体普遍使用"盲流"指称"农民工"。"盲流"是"盲目流动"的简称，来自于城乡二元分治的户籍制度建立之初，1952 年中央劳动就业委员会颁布"克服农民盲目地流向城市"的政策。《人民日报》1953 年 4 月 17 日发出了《各地大批农民盲目流入城市》的通报，第二天又发出《中央人民政府政务院关于禁止农民盲目流入城市的指示》，接着 4 月 20 日发出了《盲目流入城市的农民应该回到乡村去》的社论，并且 4 月 25 日又发布了《盲目流入城市严重影响春耕生产》。② 直到 1995 年 8 月 10 日公安部发布《公安部关于加强盲流人员管理工作的通知》还依然使用这个名称。③

1989 年，当进城的故事重演，"盲流"被迅速从官方的历史话语中搜寻出来，并由动词变成了名词，直接用于指称流入都市社会的"农民工"群体。20 世纪 80 年代末至 90 年代初，以"盲流"命名并与之相关的负面报道迅速占据了大众传媒的版面。

《羊城晚报》在这一时期对"农民工"的报道中，与国家主流意识形态的叙述保持了一致。总体而言，负面立场占 75%，而正面立场仅为 6%。④ 形象呈现的方式，多以农民工整体形象而出现，如《三五成

---

① 杜安娜、肖欢欢：《他们搭起中国现代化的脚手架》，《广州日报》2008 年 8 月 30 日，第 T2 版。

② 时艳钗：《大众传媒视野下的农民工身份问题研究》，河南大学新闻学，硕士学位论文 2007 年第 期。

③ 张慧瑜：《遮蔽与突显作为社会修辞的"农民工"——"农民工"在大众传媒中的再现》，薛毅：《乡土中国与文化研究》，上海书店出版社 2008 年版，第 531 页。

④ 董小玉、胡杨：《都市类媒体中农民工形象流变研究》，《新闻爱好者》2010 年第 20 期。

群聚集在广州火车站广场大批民工拥入广东》《盲目的洪流——民工问题思考之一》《失控的用工——民工问题思考之二》《广州并非遍地是黄金——访滞留火车站的盲目流动外来民工》等，将"农民工"表征为"盲目又失控的洪流"、"满眼都是钱的淘金者"，使整个农民工群体被塑造成"负面行为者"。① 这种形象高度统一的整体形象呈现的方式，是传媒领域典型的"贴标签"和制造"刻板印象"的手法，用预设的意义和内涵加诸表征对象身上，从而制造单调、统一的身份和命名。而在"农民工"个体事件议题的设置上，对"农民工"形象的呈现重点是"对城市社会造成不良影响的农民工"，譬如拿不到工钱偷爆炸物、绑架包工头的儿子，到广州打工不注重公共卫生等等。② 一时间，"农民工"被视为城市社会的"洪水猛兽"，他们作为城市社会的劳务贡献者、与城市市民融洽相处的和睦形象被打破了，相反，他们成了城市问题的制造者和社会隐患。

80 年代中期"时代召唤的拓荒者"形象，摇身一变被"盲目"的淘金者形象取而代之。这样的形象广泛出现在大众传媒所制造的镜像世界中。1991 年《社会》杂志《都市"盲流"面面观》一文呈现的"盲流"形象具有代表性：

1. 车站盲流：乞讨、贩毒、捡破烂、行窃、诈骗、倒车票以及卖淫等这些形式的社会丑行在城市社会中出现；

2. 城市的交通、就业和社会管理带来了极大的压力，破坏了城市社会的正常秩序；

3. 文化素质极差，不遵守城市文明；

4. 建筑行业使用农民工，技术差，工程质量差；

5. 开放、自由、放浪；

6. 构成这些盲流的主体主要有：流窜作案者、乞讨者、拾荒者、票贩子、离家逃学的青少年、精神病患者、逃避计划生育的黑户口。这些盲流者情况复杂，对社会治安扰乱极大。③

---

① 董小玉、胡杨：《都市类媒体中农民工形象流变研究》，《新闻爱好者》2010 年第 20 期。
② 朱唧唧：《民工形象的媒体再现研究》，苏州大学传播学，硕士学位论文，2006 年。
③ 《都市"盲流"面面观》，《社会》1990 年第 1 期。

　　此段文字对都市"盲流"的形象表征以整体的"形象群"（image group）出现，这个形象群具有如下特征：首先，他们是城市社会的威胁和问题，从而将城市社会管理和治安治理问题转化为"盲流"自身的问题。诚然，社会流动、农民进城必然带来社会管理、秩序上的一系列社会问题，在某种程度上，可以说"农民进城"是城市社会治安恶化的直接诱因，但从根本上说，是社会整体管理以及城市社会治理水平低下，跟不上乡城流动所带来的对社会治理、配套的更高要求的结果。而将"社会压力"和"社会丑行"归结于农村"盲流"所携带的"罪恶"基因，甚至将工程技术监管问题归结于"农民工"，以"本质化"、"污名化"的方式塑造了一个城市他者的群体形象。这个整体形象直接影响城市社会和城市市民对"农民工"的态度和情绪，制造一种"反民工"的社会心理意识，成为城市地方政府制定公共政策的意识形态基础。在这样的逻辑下，城市将"农民工"排斥在城市社会之外，采取控制和抵制"盲流"的措施便是理所当然。如《加强临时外来劳力管理》（《深圳特区报》1988年2月5日）、《广东进行大规模清查》（《羊城晚报》1991年6月16日）、《制止民工盲目入粤》（《羊城晚报》1992年1月19日）、《盲流成流氓》（《南方农村报》1994年3月25日）① 等等。在排斥"外来者"进入城市、城乡二元对立的表征框架中，是对城乡二元制度所形成的族群隔离体系的维护，城市—乡村"盲流"的冲突背后，所蕴涵的更深的层面，是城乡二元制度长期以来所固化的二元文化身份的冲突。

　　这种文化身份冲突，以对"盲流"进行泛道德化批判的方式呈现，这是形象群的第二个特征：道德、素质低下。如文中的"文化素质极差，不遵守城市文明"。"文化素质极差"是教育资源分配不平等的结果，而是否遵守"城市文明"则是城市、乡村截然不同的价值观念、社会习性和生活方式使然。② 学者潘毅的研究具有代表性，她将几位四川"打工妹"带到咖啡馆时，几位"打工妹"不知所措，不知道点什么好。当听说一杯咖啡要8元钱、一杯茶要10元时，几位"打工妹"

---

　　① 陈慧：《农民工在"珠三角"地区媒体上的形象再现研究》，苏州大学传播学，硕士学位论文，2008年。

　　② Ngai Pun, Becoming Dagongmei（Working Girls）: The Politics of Identity and Difference in Reform China. The China Journal, 1999, (42): pp. 1 - 18.

惊叫起来："一杯茶要 10 块！10 块钱我可以冲 100 杯茶。""饮料是做什么用的？不过是水嘛。又填不饱肚子。我们走吧？""打工妹"的行为和言语招来了周围人奇怪的目光。而一位城市男子更是拒绝接受被错端到"打工妹"桌上的饮料："你不知道她们的手有多脏，这些外省妹！""喝饮料"这种非常普通的日常生活行为，在城市和乡村的观念、生活方式中被赋予不同的文化内涵：城里人追求的是休闲和品味，而农村人则是"解渴"，初到城市的打工者，如果不能领会城市的日常生活方式和一套价值观念体系，发生文化身份冲突便是必然。其他比如随手扔垃圾、吐痰、说粗话、闯红灯、不讲卫生等行为，均因为城乡文化身份冲突而遭到城市居民的歧视，从道德的层面赋予"农民工"不受欢迎者的群体形象内涵。有意思的是，在上文所列举的都市"盲流"形象中，"开放、自由、放浪"等与传统社会道德观念相悖的生活观念，也被植入"盲流"的形象内涵中，而这几个词语恰恰是城市现代化、工业化经验不断丰富过程中的产物，是伴随城市化的文化心理、价值观念特征。大众传媒将工业化、现代化和城市化过程中所出现的反传统、与传统道德观念相悖的事物，也被视为随着"盲流"涌入城市所带来的产物了。

　　由此可见，大众传媒在塑造都市新移民整体形象时，和赛义德《东方学》中西方塑造东方"他者"形象的手法类似，即通过凸显都市新移民失范的社会行为和道德层面的"污名化"，来突出城市群体的身份优越感，从而建构城市与乡土两个不同身份群体的文化认同。这种形象表征是为了配合 80 年代末至 90 年代初国家主流意识形态对于社会管理的需要，其所造成的一个严重的社会后果是：在原有的城乡二元身份歧视壁垒的基础上，固化了城乡两个群体的文化认同。澳大利亚学者杰华（Tamara Jacka）研究中国女工的认同时发现："城里人把农民工描述为低素质的，与其他社会中发现的对于处在劣势的'异族'人群的描述非常相似。""这种城市本地人对农村外地人之间的划分，构成了一种族群划分方式，就像美国和澳大利亚这些'发达'国家的本地人口与他们的'异族'移民人口之间的划分一样意义重大。"[①] 这一时期大众

① ［澳］杰华（Tamara Jacka）：《都市里的农家女：性别、流动与社会变迁》，江苏人民出版社 2006 年版，第 245 页。

传媒对"盲流"形象的"污名化"生产，深刻影响了此后大众传媒对都市新移民整体形象的再现模式，以及城市社会乃至社会整体对都市新移民的心理认知模式和文化认同，从而使得在一个国家内部，一个"历史遗留"问题的城乡二元文化身份在城乡大流动时代，演变成更为剧烈的本土与外来群体间的城乡文化身份冲突。

三 20世纪90年代初至21世纪初：拼搏奋进的都市寻梦者

20世纪80年代末到90年代初，是一个不确定的历史时段，与城市化、工业化、现代化进程相关的"民工潮"也在"潮涨"与"潮落"之间起伏不定；因而，在众多的大众传媒积极传达主流意识形态的意图，希望能够"清理""农民工"使他们老老实实回到农村的同时，除了"盲流"形象的主流叙述之外，对农民的流动，还间杂着另一些带有积极的形象表述。

90年代初，出现了一些由新闻记者写成的关于"民工潮"的报告文学。如葛象贤、屈维英在对1989年春节后出现的民工潮追踪寻访三个月的基础上，于1990年出版了《中国民工潮——"盲流"真相录》；杨湛于1993年出版了《汹涌民工潮》；郑念于1990年出版了《潮涨·潮落——民工潮透视》等。报告文学在80年代的文学、文化地形图中占据着重要的位置，在某种程度上，报告文学充当了披露真相、呈现真实的功能。[1] 在这些报告文学中，"民工潮"被比喻为"中国古老的黄土竟然流动起来了——那像黄土一样固定的中国农民开始像潮水一样流动起来，而且势头很猛"，"那黄土啊，是多么的长久，多么的厚重，多么的闷寂，多么的慵懒，多么的灰面土脸，黄里巴吉。我们亲身经历了那里'学大寨'、战天斗地、改土造田，然而黄土依然是那样的黄土，黄土地上的农民依然像黄土那样沉郁、冷漠、恋乡、僵化……依然是那样的穷困潦倒，不追求如何目标，生下来时老天安排他们怎样生活就一直照样生活下去，直到死了归葬黄土，而下一代也是如此"。[2] "黄土"是20世纪80年代对传统乡土中国的特有隐喻，比如陈凯歌的电影

---

① 张慧瑜：《遮蔽与突显作为社会修辞的"农民工"——"农民工"在大众传媒中的再现》，薛毅：《乡土中国与文化研究》，上海书店出版社2008年版，第533页。

② 葛象贤、屈维英：《中国民工潮——"盲流"真相录》，中国国际广播出版社1990年版，第1页。

《黄土地》、流行歌曲《黄土高坡》、路遥《平凡的世界》，静止、广漠而荒凉的"黄土"是对凝固、停滞不前、循环往复的古老中国的典型象征；而黄河等流动的形象，则成为救赎的力量，如张承志《北方的河》把游过北方/河作为"我"获得新生的精神之旅，这是在寻根文学、文化热中所形成的一套特定的人文地理学。①承接这种历史文化隐喻，静止的黄土/农民开始"像潮水一样流动"，则寓示着"民工潮"流动的形象，将给中国/乡土带来新的生机，意味着传统乡土中国的巨大变化。

　　这一隐喻赋予"民工潮"积极的形象意义，在主流媒体"盲流"形象的叙述中，呈现出另一种不同的潜在形象，这些形象是在一系列转喻性的修辞中完成的。譬如《中国民工潮——"盲流"真相录》一书，把"民工潮"比喻为"知青倒插队"，把"工仔楼"、"工妹楼"命名为"知青点"，认为农民青年到城市打工与 20 世纪 60 年代城镇知识青年"上山下乡"是正好相反的历史运动；② 还将"民工潮"比喻成美国19 世纪的"西进运动"，"19 世纪席卷美利坚合众国的'西部浪潮'——生气勃勃的美国人疯狂般地向西部移民，吸引他们的是土地、草原、财富和机会"，③ 将中国农民的乡城大迁移和美国人从东部向西部城市的开拓运动放置在一起的叙述，从而预设"民工潮"的美好前景，作为"民工潮"具有历史进步性的证明；④ 第三种是将"民工潮"比喻为"出国潮"，将农民的流动和 80 年代中期知识分子精英的海外移民的处境并置，这两种完全不同主体身份的群体的国内移民和国外移民之所以能够构成转喻关系，是因为在"打工/出国"的背后是"黄金海岸"的诱惑，正如《汹涌民工潮》中所说："20 世纪 80 年代以来，乡土观念最强的中国农民再也抵不住南国商品经济繁荣的诱惑和吸引，纷纷背离祖先眷恋了数千年的故乡本土，从全国不同省区向珠江三角洲滚滚流动，5000 万民工蜂拥南下，投奔'黄金海岸'。"⑤

---

　　① 张慧瑜：《遮蔽与突显作为社会修辞的"农民工"——"农民工"在大众传媒中的再现》，薛毅：《乡土中国与文化研究》，上海书店出版社 2008 年版，第 533 页。

　　② 葛象贤、屈维英：《中国民工潮——"盲流"真相录》，中国国际广播出版社 1990 年版，第 127 页。

　　③ 同上书，第 40 页。

　　④ 张慧瑜：《遮蔽与突显作为社会修辞的"农民工"——"农民工"在大众传媒中的再现》，薛毅：《乡土中国与文化研究》，上海书店出版社 2008 年版，第 534 页。

　　⑤ 杨湛：《汹涌民工潮》，广州出版社 1993 年版，"内容提要"。

　　从以上关于"农民工"的社会修辞和形象隐喻可以看出，这些报告文学试图从纵向的历史记忆中寻找"民工潮"流动的合法性，又通过横向的类比实现对"民工潮"的乐观主义叙述，[1] 比如"在对民工潮三个月、上万里的追踪中，我们看到的并非是一股股到处横流的盲目的祸水，而是一幅离开农村、离开家乡的农民走向新的生活，追求现代文明的气壮山河的进军图"，[2] "民工潮的出现，是历史的进步，是社会的进步"。[3] 这些叙述颠覆了大众传媒所要极力塑造的"盲流"形象所蕴涵的消极、负面意义，将"民工潮"纳入现代化话语体系中。如张慧瑜所论，这种"分享由农业到工业的线性现代化逻辑下虚构了一个创世纪开端式的进步叙述，成为重新建立一种新的意识形态逻辑的一部分"。[4] 在90年代初不确定的历史时刻，这种"新的意识形态"并没有完全显现，大众传媒与报告文学中对"民工潮"截然不同的形象展示和相互矛盾的形象内涵，便是特殊历史时刻社会文化中各种潜在的意识形态存在与冲突的结果。

　　1992年，"新的意识形态"终于浮出历史地表。这一年邓小平"南巡讲话"，坚定了中国改革开放的决心，为社会各行各业的发展指明了大的方向；1993年，中共中央颁布《关于建立社会主义市场经济体制的若干决定》，鼓励农村剩余劳动力转移，允许其在不同地区间流动。这一政策标志着乡城大迁移进入新的历史阶段，城市对"农民工"的流动采取控制、疏导而不是阻止的方法。此后，"农民工"的整体形象，便被纳入工业化、城市化、现代化的发展主义叙述的大逻辑框架之中。

　　这一时期大众传媒对"农民工"的形象呈现，具有了更丰富的内涵。首先，进城"农民工"回归中国传统的农民形象定位——善良朴实、老实憨厚、勤奋踏实又吃苦耐劳，[5] 具有中国传统道德质朴、善良

---

　　[1]　张慧瑜：《遮蔽与突显作为社会修辞的"农民工"——"农民工"在大众传媒中的再现》，薛毅：《乡土中国与文化研究》，上海书店出版社2008年版，第536页。

　　[2]　杨湛：《汹涌民工潮》，广州出版社1993年版，第36页。

　　[3]　郑念：《潮涨·潮落——民工潮透视》，中国人民大学出版社1993年版，第103页。

　　[4]　张慧瑜：《遮蔽与突显作为社会修辞的"农民工"——"农民工"在大众传媒中的再现》，薛毅：《乡土中国与文化研究》，上海书店出版社2008年版，第536页。

　　[5]　董小玉、胡杨：《都市类媒体中农民工形象流变研究》，《新闻爱好者》2010年第20期。

的一面；但同时，他们往往又是多灾多难、生存艰难的悲剧角色。比如，董小玉、胡杨对《羊城晚报》的研究发现，这一时期"农民工"形象呈现的主题集中在"农民工"的权益维护、社会保障尤其是灾难事故上，再现内容的选择多为农民工被欺骗或发生事故，如《听说找工作相约广州行姐妹失散后悲剧便发生》《花绿绿几多招工广告蒙查查一班受骗男女》《姐姐未归妹妹身亡同伴小张将返家乡》《他们是这样过夜的》，等等。在这些反映"农民工"在城市打工遭遇不幸或违法失范的叙述中，传媒多采用俯视并远离的再现视角进行叙事，强调其外来者的身份，沿袭了给城市制造问题的"麻烦者"形象，同时将"农民工"塑造成一个"攻苦茹酸的外来者"形象。①

这种形象可能在某些层面能激起城市市民的同情和理解，甚至出于人道主义对"农民工"出手相助。但是从更深的层面，却是对"农民工"的外来者身份与本土市民身份的进一步区分。"农民工"与城市或城市市民的关系，被建构成"受助者"与"施助者"的关系。比如陈慧在研究珠三角媒体对"农民工"形象的再现时，列举出 90 年代《羊城晚报》关于"农民工"形象报道的主题：

> "农民工欢喜快乐地接过企业赠送的书籍"（《羊城晚报》1993年 10 月 6 日），"农民工满心感激地踏上打工专列回家"（《羊城晚报》1999 年 2 月 9 日），甚至只是资方代表为农民工主持一场婚礼，农民工兄弟都必须"不可置信、喜出望外"地发出"我只是外来工"感叹（《羊城晚报》1996 年 8 月 14 日），更勿论政府"下红头文件救打工仔"（《羊城晚报》1998 年 1 月 26 日），是多么的"激动人心"了。②

这些主题报道将"农民工"塑造为一个弱小、被救助的外来群体形象，城市或城市市民的形象并没有出场或占据报道的主要角色，但在"农民工"的态度和交往中，获得了较优越的主体性位置，譬如"农民

---

① 董小玉、胡杨：《都市类媒体中农民工形象流变研究》，《新闻爱好者》2010 年第 20 期。

② 陈慧：《农民工在"珠三角"地区媒体上的形象再现研究》，苏州大学传播学，硕士学位论文，2008 年，第 30 页。

工"对接受赠送的"欢天喜地"，"满心感激"，"不可置信、喜出望外"，以及发出"我只是外来工"的感叹，显示"农民工"在城市和城市居民面前的自我矮化地位；而由"农民工"群体自己说出自己是"外来工"的文化身份，表明报道中塑造的"农民工"群体形象，已认同了"外来者"和"打工仔"的文化身份，很清醒地认识到自己和城市市民的不同。这些形象带有明确的身份认同所指，从而使得所有外来的劳工人员都被鲜明地打上"农民工"的身份印记，城市居民不会将其纳入自身的群体认同中，而"农民工"自身也难以对城市产生归属感。

从90年代初到21世纪初，"农民工"整体形象的另一种内涵，承袭了以往积极主义、乐观主义的叙述，同时又凸显了个体价值实现的意义，他们被媒体再现成为适应时代潮流、顽强拼搏、把握命运的强者，通过自身刻苦努力、改变现状、实现个体梦想的奋斗者。这些形象往往成为得到城市社会认可的先进典型或道德模范。如"外来妹拾金不昧"（《南方农村报》1995年3月10日），"打工妹捐资助学"（《南方农村报》1991年6月26日），"外出闯荡学艺，回乡办厂发家"（《南方农村报》1994年6月1日），"打工仔法庭自辩技惊四座"（《深圳特区报》2002年4月24日），"我们都是深圳人"（《深圳特区报》1994年11月7日），"深圳首破农村户籍限制，湛江农民工成了深圳人"（《羊城晚报》2004年5月22日），等等。① 他们的城市所遭遇的不平等待遇和艰难生存状况，被表征为人生寻梦旅途上所必然遭遇的门槛和难关，而只要你进取、努力、奉献，并保持良好的道德品性，就一定能获得社会尤其是城市社会的认可，你也能成为城市市民的一员。从而将社会公正和文化身份冲突的问题，转化为个体南方寻梦的励志神话。

四 2002年至今："底层"和"弱势群体"

这个时期，国家主流意识形态通过一系列政策、文件和话语实践，赋予都市新移民群体新的社会文化内涵。媒体文化艺术活动、作品陆续参与了都市新移民形象表征的转变，从而建构了21世纪初期都市新移

---

① 陈慧：《农民工在"珠三角"地区媒体上的形象再现研究》，苏州大学传播学，硕士学位论文，2008年，第31页。

民的社会文化认同和新的共同体想象。

2002 年，国务院总理朱镕基在第九届五次人大会议上的《政府工作报告》中将农民工定为"弱势群体"，[①] "农民工"作为社会苦难和底层的指称，成为媒体和艺术领域再现和借重的对象。[②] 在新世纪最初的几年，"民工"的形象不断地出现在中国先锋艺术家的作品中，早在 2000 年前后出现的一些"地下电影"或"地下纪录片"中，"农民工"也成为被关注的主题；[③] 2003 年 4 月，"孙志刚事件"通过市场化取向的媒体报道产生了社会轰动，在城市主流社会群体的强烈呼声中，该年 6 月，收容遣送制度被废除。[④] 在这起社会影响广泛并对城乡二元制度、城乡社会流动具有里程碑意义的事件中，城市地方媒体和主流社会群体共同参与了城市和都市新移民关系的认同建构：收容遣送制度由一公共善举扭曲成为城市地方政府为了城市整体文化形象（市容）而排斥驱赶新移民的一个工具，是都市新移民遭受排斥、边缘的制度表征之一；传播学者李艳红认为：媒体对遭遇收容遣送制度的"受难"叙事的报道，主要为了迎合作为广告主流消费群体的城市主流社会群体的利益，这个群体与新移民在面对国家强权机器面前，有着共同的公民权诉求。[⑤] 由此可知，"农民工"的受难形象成为城市主流社会群体获取公民权的重要借重对象，也正揭示了城市不同社会群体间的认同差异和对都市新移民边缘化处境的长期漠视：只有当具有大学生身份的孙志刚（"大学生"这个身份是突破城乡二元体制、实现城乡流动移民的渠道之一）被误认为"农民工"遭遇收容遣送惨死时，都市新移民在城市空间的存在才得以浮出媒体话语表达空间的地表。

---

① 朱镕基：《政府工作报告——2002 年 3 月 5 日在第九届全国人民代表大会第五次会议》，http：//news. sohu. com/17/51/news148175117. shtml，2002 - 03 - 16。

② 张慧瑜：《遮蔽与突显作为社会修辞的"农民工"——"农民工"在大众传媒中的再现》，薛毅：《乡土中国与文化研究》，上海书店出版社 2008 年版，第 548—550 页。

③ 其中包括《北京谭匠》（朱传明导演，1999）、《铁路沿线》（杜海滨导演，2000）、《希望之旅》（宁瀛导演，2001）等"地下纪录片"，《安阳婴儿》（王超导演，2001）、《陈墨与美婷》（刘浩导演，2002）、《盲井》（李杨导演，2002）等"地下电影"。

④ 2003 年 6 月 20 日，国务院公布施行《城市生活无着的流浪乞讨人员救助管理办法》，也标志着收容遣送制度被废除。见朱小勇、周秋敏《暂住证"变迁史"》，《信息时报》2009 年 3 月 31 日，第 A8 版。

⑤ 李艳红：《新闻报道常规与弱势社群的公共表达——广州城市报纸（2000—2002）对"农民工"报道的量化分析》，《中山大学学报》（社会科学版）2007 年第 2 期。

2003 年 10 月，温家宝总理公开为农民工讨薪的行为成为新一届政府关注"三农"问题和制造亲民形象的众多举措之一，农民工被拖欠工资、作为受害者的形象以政府救助的形式在大众传媒中公开报道，此后，关于政府帮助农民工向黑心/贪婪老板追讨欠款的新闻大面积地出现在官方/主流媒体的叙述中。① 其中颇微妙的是，在市场化取向的城市地方媒体的形象素描中，"农民工"群体被表征为"充满苦难"、"值得同情"，但同时又总是带来麻烦和威胁，拥有种种令人不那么舒服的品性的人群；而党报所提供的群体素描与此略有差异：这个群体历经苦难，但所幸的是，他们受到了充分的爱护。② 至此，"农民工"在官方/主流意识形态中的社会修辞，已脱离了 20 世纪 90 年代前期在现代化、工业化、城市化逻辑下所建立的乐观主义叙述，和背井离乡、拼搏闯荡开拓新生活的流浪者形象相比，已成为一种社会苦难的象征，③ 是社会结构中的"弱势群体"和"底层群体"，而国家和城市政府以一种保护者和正义维护者的形象出现在有关"底层想象"的叙事中。特别是2004 年，中央连发"一号文件"关注"三农"问题，将农民工定性为城市"产业工人的重要组成部分"后，"弱势群体"和"底层表述"成为媒体文化争相开发的形象资源。

国家政策的局部调整和对"农民工"群体社会修辞的转变，开放了媒体和文化艺术领域对"农民工"形象新的诠释和叙述空间。无论是新闻媒介、影视艺术，还是主流文学界，都掀起了一股"底层想象"的热潮。最先在影视艺术领域兴起了"民工剧热"，最具代表性的是张纪中制作的 20 集电视连续剧《民工》（原名《葵花朵朵》于 2005 年 4月份在中央电视台第一频道黄金时间播出，其制作班底来自于《激情燃烧的岁月》），和管虎导演的《生存之民工》（2005 年上半年）。有意思的是大众对这两部"民工剧"的解读，从网络和报纸的反馈来看，最大的意见是《民工》拍得不"真实"，因为太时尚、太像青春偶像剧，

---

① 张慧瑜：《遮蔽与突显作为社会修辞的"农民工"——"农民工"在大众传媒中的再现》，薛毅：《乡土中国与文化研究》，上海书店出版社 2008 年版，第 561 页。

② 李艳红：《新闻报道常规与弱势社群的公共表达——广州城市报纸（2000—2002）对"农民工"报道的量化分析》，《中山大学学报》（社会科学版）2007 年第 2 期。

③ 张慧瑜：《遮蔽与突显作为社会修辞的"农民工"——"农民工"在大众传媒中的再现》，薛毅：《乡土中国与文化研究》，上海书店出版社 2008 年版，第 553 页。

相较之下，《生存之民工》因为反映了底层打工者的苦难而被认为比较
"真实"。《民工》制作方的反驳是农村青年现在"也上网，也上 QQ，
也和网友聊天，也染发，也谈论最时尚的电影和明星"等等，他们的外
表形象、娱乐方式和城市青年没有什么两样。① 这场对"民工"形象
"真实"与否的论争中，真不真实并不重要，重要的是，哪一种民工形
象激起了大众心理图式中对民工形象的接受期待。当观众把《生存之民
工》看作"真实"，把《民工》指认为"非真实"，与其说前者反映了
真实形象，不如说它成功地召唤了观众心目中所认同的"民工"想
象，② 而这种对民工的共同体想象恰恰来自主流意识形态的"底层想
象"和"苦难叙事"，它正好印证了主流意识形态对于构建社会文化认
同的力量，以及受众对于"农民工"群体形象认同的想象之源。

　　2004 年突破性增长之中有两篇文章直接反映了中央政策对媒体议
程设置的显著影响。它们分别是《二零零三年社会弱势群体报道透视》
（《当代传播》2004 年第 3 期，第 13—16 页）和《"弱势群体"报道为
何骤然升温》（《当代传播》2004 年第 6 期，第 79—80 页）。两文的作
者都有意识地探究媒体有关农民阶层报道如此持续并快速的增长是不是
与中央的政策决议有直接的关系。《二零零三年社会弱势群体报道透
视》一文在总结有关"弱势群体"报道骤然升温的原因时，把"政策
热点引导，社会责任驱使"列为三条原因之一。

　　以上回顾可以看出，从 80 年代中期到 21 世纪代初期，大众传媒中
的"农民工"群体形象经历了"拓荒者"、"盲流"、"淘金者"、"寻梦
者"、"底层"、"弱势群体"等一系列形象转变，每一种形象的塑造，
都是主流意识形态和全国性媒体、珠三角城市媒体进行媒介形象或审美
形象生产的结果。至此，都市新移民作为"农民工"、"外来者"、"打
工仔"、"打工妹"的群体文化身份认同已经形成，在社会集体心理图
式层面成为一个有明确意义、身份归属的群体形象。通过对群体形象的
生产机制的更深层次分析，可以进一步了解，作为"农民工"的意义
的生成、身份话语的植入，是如何在都市的文化实践中运作的。

---

① 张慧瑜：《遮蔽与突显作为社会修辞的"农民工"——"农民工"在大众传媒中的再
现》，薛毅：《乡土中国与文化研究》，上海书店出版社 2008 年版，第 568—569 页。
② 同上。

首先是形象和议题的选择。这决定了"农民工"以什么样的姿态进入媒体文化所营造的公共"文化空间"，在大众传媒文化空间中，呈现的是何种形象，以什么样的身份、议题进入大众传媒所营造的公共空间，被大众感知，是非常重要的。从选择的议题来看，有关"农民工"的议题内容设置过于浅表化，① 媒体对"农民工"议题的关注是事件性的而非问题式的，以群体本质的方式呈现而非社会问题的方式呈现，譬如将社会治理问题转化为群体道德问题，将社会公平问题转化为个体拼搏、进取的问题，没有通过比较深入的公共讨论，形成有关"农民工"问题的积极的更深层次的公共舆论，促使这个群体实现向城市产业工人的身份转变。②

其次是形象的单一、整体、类型化叙事，缺少对都市新移民日常生活和多元化形象的报道，也即侧重于城市他者"刻板印象"的塑造。比如前面所述"盲流"、"淘金者"、"寻梦者"形象，以及这些形象所携带的各种标签：多灾多难、生存艰难的"受难者"，城市问题制造的"麻烦者"，道德素质低下的"负面行为者"等等。这些形象以群体的方式呈现，将个体的行为贴上鲜明的身份标签，然后以群体身份来替代个体，将个体和局部的不良行为和属性巧妙地转移到整体身上，从而实现了"农民工"群体的"妖魔化"形象再现以及主流群体意识形态的贯彻。③

再次，在形象呈现方式上，以"媒体奇观"式的形象展示。这种展示方式在珠三角地区报纸中比较显著，譬如陈慧在研究中总结用一连串的新闻标题，来描述"农民工"到广东打工的城市经历：

"听说广州赚钱，四川姑娘出走广东"（《羊城晚报》1993 年 5 月 29 日），还没来到，"火车上挤死打工妹"（《南方周末》1999 年 3 月 12 日），来到广东，他们可能"三个湖北姑娘，一个走失，

---

① 时艳钗：《大众传媒视野下的农民工身份问题研究》，河南大学新闻学，硕士学位论文，2007 年，第 29 页。

② 乔同舟、李红涛：《农民工社会处境的再现：一个弱势群体的媒体投影》，《新闻大学》2005 年第 4 期。

③ 黄达安：《"妖魔化"农民工群体之媒介定型——国内报纸有关农民工的报道考察》，吉林大学哲学社会学院，硕士学位论文 2007 年。

一个跳楼，一个割脉"（《羊城晚报》1993 年 2 月 10 日），"逼良
为娼，少女奋力反抗"（《南方农村报》2000 年 2 月 15 日），可能
"打工来广东，老乡骗老乡"（《南方农村报》2000 年 3 月 9 日），
可能工作还没找到"四打工仔不明不白被关 5 年"（《南方周末》
1999 年 2 月 12 日），"夫妻骗婚，双双入狱"（《南方农村报》
1997 年 2 月 5 日），找到了工作，他们又可能"众民工露天洗澡有
伤大雅"（《深圳特区报》1986 年 9 月 22 日），"保姆惨遭虐待"
（《深圳特区报》1993 年 3 月 20 日），"又闻民工下跪"（《南方周
末》1996 年 12 月 6 日），"民工上班病发身亡，厂方冷漠不理睬"
（《南方农村报》2000 年 4 月 20 日），"累死的打工妹命值几何"
（《南方周末》1998 年 10 月 23 日），当压力太大，权利得不到保障
时，"打工被炒，持刀伤人"（《深圳特区报》1997 年 12 月 1 日），
"民工自焚讨薪"（《南方农村报》2003 年 1 月 9 日）……过年回
家了，"咸碟误了老汉回家路"（《羊城晚报》2002 年 2 月 5
日）。[1]

　　从这一系列呈现在读者面前的"农民工"形象可以看出，无论是党
报，还是有市场化倾向的都市报，在形象呈现方式上，都将"农民工"
当作"被看"、被凝视的对象，虽然他们在场，但是没有发声，只是沉
默的一个群体。都市新移民中庞大的产业工人群体，并不是党报和都市
类报纸的目标受众，这使得他们在形象呈现中缺少自我的主体性；而以
城市主流社会群体作为受众定位的都市媒体，在制造"农民工"形象
时，有意识或无意识地迎合了理想受众群体的市民趣味，"呈现在读者
面前的农民工要么是受尽磨难而蒙受恩惠得救，要么是社会冲突中无知
弱者，或沉默、屈辱，或骇人听闻，发生在农民工身上的'社会冲突'
与'不幸'，成为了报纸媒体吸引读者眼球制胜法，媒体采用非常手
段，把注意力集中在丑闻、诉讼和琐事上；过度追求猎奇，对农民工抢
劫、凶杀、强奸等报道津津乐道，以细节描写、大标题、大图片等方式

---

　　[1]　陈慧：《农民工在"珠三角"地区媒体上的形象再现研究》，苏州大学传播学，硕士
学位论文，2008 年，第 32 页。

追求最大限度地刺激读者感官"。① 媒体文化奇观将农民工和城市市民之间的矛盾和冲突，转化为奇观式的信息和娱乐的结合体，从而遮蔽了"农民工"形象的其他层面，以及更深层次的社会制度因素和文化身份冲突。

最后，所有的形象制造都是从城市主流社会的经验和角度，在与城市关系、与市民的形象对比参照中完成的。而在这组关系中，"农民工"以服务者、劳务者的形象和城市、城市主流群体发生联系，以受支配、被雇佣的劳动者形象出现，服务于城市主流社会群体的。这种形象呈现多出现在全国性的主流媒体中，一个典型的例子就是中央电视台的春节联欢晚会。"央视春晚"从 1983 年开始播出，已经成为中国人一年一度所必须经历的媒体文化盛会，是反映中国国家意识形态变迁的一种表达方式，而其中小品又是重头戏。程千和刘力对 1983 年"央视春晚"中对"农民工"形象表征的研究表明：从 1996 年开始，"农民工"形象开始出现在"春晚"小品中，这些"农民工"多出现在城市人家中或公共场所，如《过年》中的保姆、《钟点工》中的陪聊以及《装修》中的装修工人，都是以为城市家庭提供诸如保姆、装修、送水等服务的劳务人员形象出现在节目中，他们只是城市的客居者，并以打工者的形象出现在城市人的公众视野中。② 一方面，这些呈现是出于对剧情安排的需要，一方面也是对城市人和"外来者"主体地位的隐含表达：城市人在主流叙事的结构中占支配地位，和"农民工"是上下级、雇主和被雇佣者的关系，拥有对"农民工"的身体、行动和话语的支配权力，"农民工"处于附属地位和城市生活的下层。在国家主流媒体的形象呈现中，工作状态是"农民工"存在的最主要状态，主流媒体并不关注他们在工作之外的生活。③ 也就是说，"农民工"在公共媒体文化空间中的日常生活经验和主体性表达没有得到充分呈现，而只是被选择、被安排的"扁平"人物角色。这种形象在"农民工"与城市人发生冲突时表现得更为明显：53.85% 涉及"农民工"的小品中，"农民

① 陈慧：《农民工在"珠三角"地区媒体上的形象再现研究》，苏州大学传播学，硕士学位论文，2008 年，第 39 页。
② 程千、刘力：《主流媒体对农民工的表征及其变迁——以中央电视台春节联欢晚会中小品节目为例》，《中国农业大学学报》（社会科学版）2010 年第 2 期。
③ 同上。

工"维护的是城市人的利益，他们照顾、帮助、服务于城里人，甚至自己忍受利益的损失、情感的伤害和城市人的误解；社会关系的和谐共处更多地由"农民工"这个群体来承担和展现。① 这种形象的塑造和身份的安排，与其说呈现了城市人和都市新移民的真实社会关系，不如说是城市主流社会对"农民工"形象的角色期待。而这些带有明显文化身份意识的形象，在全国受众的心理图式中必然形成认知、记忆和刻板印象，将深刻地影响城市主流社会群体以及"农民工"自身的文化身份认同。

通过回顾都市新移民整体形象在大众传媒文化中的制造，我们可以看到，媒介形象和审美形象是如何产制具有一定社会文化内涵的身份群体的。媒介形象和审美形象的生产，是一定社会文化关系的显现，也是生产文化认同的重要场域。在这个场域中，谁更有权力表征他者，谁更有权力对社会人群进行划分、分类，实际上揭示的是文化认同建构过程中的文化权力关系。在"农民工"群体文化身份诞生的过程中，形象的选择，以及形象生产的机制，都渗透进了主流意识形态和城市主流社会的话语权力，"农民工"群体在大众传媒公共空间中处于失语状态，缺少对话和沟通。也就是说，"农民工"群体在自我文化认同上，文化权力非常弱小。而从"农民工"群体中分化出来的"打工作家"，能否在大众传媒文化所营造的认同之网中有所突破呢？

第二节　他群认同与城市他者形象的固化

大众传媒塑造的都市新移民群体形象及其裹挟的文化身份意义一旦生成，便会进入公共文化空间领域进行流通，"农民工"形象被接受的过程，也即城市主流社会群体、珠三角本土人群对都市新移民的他群认同形成的过程。他群认同是"农民工"群体诞生的社会心理认知基础，媒介形象和审美形象只有通过他群的意义接受，才能进入社会文化关系的生产循环，成为社会普遍的共识，反过来，又深刻地影响都市新移民群体自身的文化认同。

---

① 程千、刘力：《主流媒体对农民工的表征及其变迁——以中央电视台春节联欢晚会中小品节目为例》，《中国农业大学学报》（社会科学版）2010 年第 2 期。

从社会学的建构主义观来看，流通于公共文化空间的概念体系，是被各种话语实践和文化实践建构而成的。主流意识形态及其话语机器——官方媒体（比如党报），以及市场化倾向的城市媒体，这两者基本代表了政府和城市主流社会文化精英，他们拥有强大的表征武器，实现对都市新移民形象的生成进行操控。无论是"时代召唤的拓荒者"，还是"盲流"，都是城市政府的吸纳/排斥政策的导向所致。这些为了实现政策意图而制造的文化形象和文化身份，遮蔽了乡城迁移者的社会性的移民身份，将原本丰富的群体文化身份单一化了。而"农民工"形象的"话语"一旦形成，会左右我们的思考。在都市的公共文化空间中，在官方媒体和都市主流媒体之外，拥有话语权能从符号层面对都市新移民主体身份进行建构的，就是作家、知识分子和学者。这个过程中，学者、作家和知识分子有意无意地参与了"农民工"群体的身份建构。

对"话语"概念的使用即是他群认同建构的方式之一。长期以来，学界对都市新移民群体的指称词汇，即来自主流意识形态和大众传媒，譬如"盲流"、"农民工"、"民工"、"外来人口"、"外来工"等等。近代史上，中国大城市如广州、上海和香港，尤其是上海，农民与市民来来去去，是"移民城市"和现代都市的特点，高频率的流动是现代社会的基本特征。而没有哪一个时代，乡城迁移者被赋予一个统一的、单一的文化身份，形成如此剧烈的文化身份冲突。从 20 世纪 90 年代对都市新移民群体的研究启动开始，有关这个群体的概念、语言和知识生产，都在各种文化空间中将这个群体的文化身份进一步固化。从一系列论文与论著标题即可看出这个过程：《农民工的社会适应——广州个案研究》①《外来工与"二元社区"——珠江三角洲的考察》②《农民工的社会流动和社会地位的变化》③《农民工：日常生活中的身份建构与空间型构》④《农民工如何实现城市融入》《社会记忆中的新生代农民

① 李江涛、郭凡：《农民工的社会适应——广州个案研究》，《中山大学学报论丛》1997年第6期。

② 周大鸣：《外来工与"二元社区"——珠江三角洲的考察》，《中山大学学报》（社会科学版）2000年第2期。

③ 王春光：《农民工的社会流动和社会地位的变化》，《江苏行政学院学报》2003年第4期。

④ 赵晔琴：《农民工：日常生活中的身份建构与空间型构》，《社会》2007年第6期

工自我身份认同困境》①《农民工的城市认同及其影响因素》② 等等。无论是中年名家专家，还是青年学者，都自然而然地沿用了"农民工"这个概念，将其视为本质化的群体，从事有关"农民工"知识的生产，而这些有关"农民工"的知识，又将进入新的意义流通的领域，再生产有关"农民工"的形象认知和理性思考。在此过程中，学界对概念、语言的"拿来主义"缺乏对其中所蕴涵的权力关系和价值观念的必要反思，也有学者对"流动人口""农民工"等概念提出异议，如社会学者陈映芳教授，她在相关研究中尝试将乡城迁移群体表述为"城市新移民"，③ 但她的提法并没有引起学界的太多关注。④ 因而，学界对有关"农民工"知识的再生产遮蔽了"农民工"问题向更深更广角度开掘的视野，甚至，学界的知识生产也成为文化认同权力的一部分。

当代主流作家塑造的乡城迁移者形象，是他群认同的另一种建构方式。在不同时期，体制内作家对流动农民形象的抒写，呈现不同的审美形象内涵。20 世纪 80 年代初，中国社会开始剧烈的社会转型，主流作家也开始塑造流动农民的审美形象，比如陈奂生（高晓声《陈奂生上城》），高加林（路遥《人生》），程村人（阎连科《两程故里》）等等。这些乡城迁移者形象的呈现都有一个大致的模式：在城市和乡村的文化冲突大结构中展开，而这种文化冲突的集中体现，并非是城乡文化身份冲突，而是乡土文化夹带的传统道德秩序在遭遇城市现代性新秩序后的土崩瓦解。如《人生》中的高加林为了进城，走出乡村，不惜抛弃乡村的爱人巧珍，选择并不那么喜爱的城市姑娘，进城的渴望让其背负道德、良心的审判。高加林最终被迫回乡，受到了"惩罚"。这一情节设置，与其说是"农民进城"的真实呈现，不如说是表达了作家路遥的价值观念：乡土农村才是农民的生存家园。《两程故里》中的程村人形象呈现的模式和《人生》所展开的文化冲突类似，程村人在老乡的鼓动下到城里打工，但广林兄弟等人却在城里变坏了，为了金钱不惜欺诈生

---

① 胡晓红：《社会记忆中的新生代农民工自我身份认同困境——以 S 村若干新生代农民工为例》，《中国青年研究》2008 年第 9 期。

② 蔡禾、曹志刚：《农民工的城市认同及其影响因素——来自珠三角的实证分析》，《中山大学学报》（社会科学版）2009 年第 1 期。

③ 陈映芳：《"农民工"：制度安排与身份认同》，《社会学研究》2005 年第 3 期。

④ 直到 2008 年，教育部启动重大课题《城市新移民及其对策研究》，"城市新移民"概念才正式出现在官方的学术项目中。

财，程村传统的道德规范一接触到城市，便荡然无存。① 高晓声《陈奂生上城》里的农民陈奂生，即使有过多次进城甚至出国经验，进城也不曾有过对城市现代文化的艳羡，自始至终都保持着农民本色。② 20 世纪 80 年代初期，主流作家笔下的乡城迁移者形象，要么进城后就抛弃了原有的乡土道德，成为灵魂堕落者，要么就是城市里思念着乡村。这种形象制造都显示出一个主题：对乡土传统文化的依恋和对城市现代性的批判。

不可忽略的一点是，这些主流作家自身的文化身份，他们是 20 世纪 50 年代生于乡土、70 年代末 80 年代初进城的作家，或者说，他们本身是城市的文化新移民，其自身进城的体验就经历了城乡文化冲突的苦难和挣扎，然而其文化心理归属仍然在乡土农村。耐人寻味的是，这一批已经获得城市文化认同的作家，对进城农民的形象塑造，倾向于对乡村的眷恋和对城市的否定，这些进城农民形象只是作家自身的文化心理归属的表征，换句话说，仅仅是一种文化意义上的存在，仍然归属于那个时代寻根文学热中所形成的人文地理学框架。然而，这种文化意义上的"寻根"与当时农民进城的趋势格格不入，对城市现代性的批判和对乡土传统道德的守护观念下所塑造的农民形象，在客观上，强化了农民的乡土文化身份。因为，越是强调农村人到了城里就道德变坏，城市与乡村的对立就越明显，尽管这种对立是建立在"乡村美，城市恶"的叙述模式上。

当 20 世纪 90 年代农民的乡城大迁移成为社会潮流时，主流作家对都市新移民形象的抒写明显滞后了。发掘有限的文本形象，这一时期对进城农民的主流书写大致有两种类型：一类是承载了乡村朴素、善良生命观的农民形象，但这种生命观在与城市碰撞中显得脆弱不堪，往往沦入被扼杀的悲剧命运，如《被雨淋湿的河》中的晓雷，外出打工对抗不给工资的狠心老板，拒绝给老板下跪并离开，又在家乡为当地教师讨薪组织教师集体示威而得罪当地权势，最后遭人报复致死；如《生命是劳动与仁慈》中的陈东风，用乡土传统道德中的劳动与仁慈，感化了城

————————

① 施学云：《论当代文学中流动农民形象书写的嬗变轨迹》，《理论与创作》2005 年第 5 期。

② 吴妍妍：《作家身份与城乡书写》，中国社会科学出版社 2009 年版，第 58 页。

市里"堕落无耻"的人群。另一类进城农民形象是在艰辛的生存境遇中，沦入城市阴影的边缘角落，被侮辱被损害的打工妹最终被迫出卖肉体来生存，如《生命是劳动与仁慈》中小玉、小英等女孩为了获得好的生存条件屈从于厂领导的迫害和凌辱；而男性打工者则承接了80年代初的形象品格，背弃了乡土道德，沦为城市恶的一面的俘虏：如《神木》中唐朝阳、宋金明两人合作，靠伤害劳工的性命来挣钱，而只有回乡，才能唤醒他们内心深处的良知。① 这些或质朴善良、或被欺辱被践踏、或沦落或罪恶的乡城迁移者的审美形象，其类型化、模式化和单一的表征方式，和大众传媒所塑造的都市新移民整体形象，可以说是一个模子里倒出来的。作家过于注重人性、道德层面而忽略了人的主体性和文化身份冲突，实际上，农民进城后与城市发生激烈的文化碰撞之后，产生文化身份重建的剧烈变化，这一点是体制内的主流作家没有看到的。这说明，主流作家对于当代都市新移民的日常生活和城乡经历的丰富性，因为现实体验和文化身份的隔膜，失去了敏锐的感受力和表现力；② 其单一的、模式化的形象再生产，和大众传媒文化的形象生产相呼应，只能进一步固化都市新移民作为"农民工"整体形象的文化认同。

　　受大众传媒所制造的都市新移民整体形象影响最深的城市群体中，除了知识分子、学者和作家等能直接通过知识生产和审美形象生产表征都市新移民群体之外，城市本土居民的他群认同是非常重要的身份建构力量。不论他们是否与"农民工"群体发生交际，对这个群体的认知和想象，首先则是来自媒体文化。有位曾经的"农民工"、后来的报社记者在《援手》一文中写到，当他到本土居民店门口避雨时，好心的老板娘招呼他进来，老板回来后却呵斥了老板娘："你没见电视报纸吗？这些捞仔！"③ 可见，大众传媒所营造的文化身份形象对本土市民的深刻影响。

　　一项关于广州市民对"农民工"交往和态度的问卷调查显示：本土市民高度认可"农民工干了城里人不愿干的脏活、重活、危险活"的

---

① 施学云：《论当代文学中流动农民形象书写的嬗变轨迹》，《理论与创作》2005年第5期。

② 同上。

③ 北行：《援手》，《珠江》2000年第9期。

说法，也认为"广州的经济发展离不开农民工"。但是，他们对农民工的评价总体"一般"偏下，有六成左右的人认为"农民工影响城市卫生环境、市容"，"农民工与城市人争饭碗，减少城市人就业机会"，农民工导致违法犯罪现象的增加；有超过四成的人认为"农民工造成城市交通拥挤"和"农民工乱摆乱卖，贩卖假冒伪劣产品"，扰乱市场秩序；甚至有1/4的人对于"农民工败坏城市社会风气"的说法"比较同意"和"非常同意"。[①] 在本土市民所描绘的"农民工"形象中，有这么些关键词："生活节俭"、"能吃苦"、"不遵守公共秩序"、"缺乏教养"和"勤劳"。[②] 我们可以看到，广州城市本土市民心目中的"农民工"形象，和大众传媒所塑造的"农民工"整体形象有着惊人的一致：他们勤劳节俭、能吃苦，是城市的贡献者，以劳动者的形象默默地为城市居民服务，但同时也是城市问题的制造者和麻烦者。这种形象特质显然在和城市本土市民的对比中将两者区分开来，固化着"农民工"作为城市他者的身份认同。

　　自此，"农民工"由一个话语实践层面的文化身份建构，成为城市一个异质群体的社会事实。"农民工"群体的诞生，是一种制度安排，更是大众传媒和他群认同的产物。我们可以看到，主流意识形态、大众传媒等是如何将身份话语植入概念和形象，通过形象生产和知识生产内化为社群的普遍的文化身份意识的。它们掌控着形象再现和文化认同生产的权力，对都市新移民整体形象单一的模式化表征，在城市与乡村的文化沟通中形成一道屏障，从而再生产社会关系和不同文化身份的群体。这种文化身份意识一旦形成，不仅成为城乡二元制度的支撑和制度变革的阻碍，甚至，将加剧都市社会不同群体间的文化身份冲突，从而产生严重的身份认同危机。

---

　　① 刘林平：《交往与态度：城市居民眼中的农民工——对广州市民的问卷调查》，《中山大学学报》（社会科学版）2008 年第 2 期。

　　② 同上。

第二章 从"农民工"到"作家"的身份抗争

　　出生于乡土农村的中国西部作家贾平凹曾说："我是农民。"而20世纪80年代中期以后，从农村进入城市的都市新移民或都市新移民作家，却很难说清自己的文化身份归属。在毛泽东时代或"文化大革命"时代，中国农民在虚幻的政治和道德优势中体验到一种虚幻的主体性。[①] 但遇到"改革开放"、开始城市化和工业化进程之后，这种虚幻的主体性开始迅速瓦解，从农村到城市的都市新移民，尚未从"农民"的主体性身份中摆脱出来，却又被迫套上了另一个由主流话语和大众传媒所编制起来的身份牢笼——"农民工"及相关的一系列语汇和形象。在城乡二元体制下，他们不仅在政治、经济和社会资源上成为体制外的"他者"，在社会整体心理意识、城市人的排斥和歧视中，他们也成为"他者"和"边缘人"。

　　如果说"农民工"城乡二元文化身份的形成，是主流意识形态和城市主流社会精英操控话语实践和表征权力的一个有关社群形象和文化身份的叙事，那么，"打工作家"文化群落的形成，则是都市新移民以文学为武器，摆脱生存困境和实现身份突围的一个文化实践。其城市经验和城市抒写，以及从"打工仔"、"农民工"成为"打工作家"的过程，都构成打破坚固的文化身份壁垒、重塑有关自我文化认同的叙事的一部分。

第一节　城乡文化冲突与多元身份认同危机

　　"东西南北中，发财到广东。"20世纪80年代末流传于中国大陆这

---

　　① 石勇：《普遍性压迫及其被遮蔽——读〈都市里的农家女〉》，http：//www.tianya.cn/publicforum/Content/no01/1/284448.shtml，2006－11－12。

句民谣，开启了新移民对南方的美丽想象，南方大都市对于农村人来说，就如同纽约之于北京人王起明和阿春，在"异乡人"的想象中，广州、深圳这些大城市，是发财、梦想和光明的代名词，这是他们对城市的最初想象。

这些想象往往来自杂志（包括打工杂志）、影视等媒体文化产品和人际间的口头言说。以广州、深圳为中心的南方珠三角，在返乡的老乡和亲友的绘声绘色的叙述中，被描绘成一个几乎可以在大街上到处捡钱的美好所在，这种想象既美好又朦胧。从都市新移民作家的访谈中，关于"想象中的南方城市是什么样子"，可以窥见一二：

> 周崇贤：广州代表南方，一个花花世界。什么东西一到广州，就会发生变化，不再是以前的自己。
>
> 张守刚：听别人说，好像是天堂，可以挣钱。
>
> 徐非：最初来南方城市的主要原因是打工赚钱，摆脱家庭（农村）的贫困……之前想象广东是改革开放的前沿阵地，四处高楼林立，工业极具规范，钱好赚，工资高过内地。
>
> 鄢文江：在部队时听人很神秘地说起过深圳，但很朦胧。其他地方一概不知。后来我弟弟在家信中说起过，也是不太明确的。……弟弟那时一年能寄一些钱回家贴补家用，这个非常诱惑人。
>
> 罗向冰：当时对广东一点印象都没有，是因为家里实在很穷，学也上不起，饭也吃不饱。家乡文艺师友如陈怀仲、杨兴品等给我讲广东"广纳百川"的信息，鼓励我去闯一下，我抱着"解决温饱，讨一个老婆"最平民的理想到了广东。
>
> 安石榴：……其时村里的年轻人到深圳打工已很普遍，过年时他们回来，向同样是回家过年的我着实描述了一番去深圳的美好图景。
>
> 郭海鸿：没有太多想象，因为同属本省，信息交流多，地域距离近。
>
> 刘付云：……因为广州是省城，来这打工也有一种优越感……是打工人最多的地方，工厂和楼盘也多。
>
> 戴沙牛：想象中南方应该是灯红酒绿，一片繁华。通过影视。

王十月：没想象，稀里糊涂的。如果一定要有，那就是电视剧《外来妹》中获知的一点模糊印象吧。

池沫树：对于城市的认识只局限于交通和高楼。同时也从打工回乡的邻居那儿听说一些工厂和城市的事情，那就是工厂上班时间很长，有时到深夜4点，没周末，不放假，城市治安很乱。

欧阳风：最初的灯火璀璨的南方印象也是从电视里获得的，继而就是从在南方打工的父母身上产生的。总觉得家乡贫穷，因为父母在南方打工不但能养家糊口，还能有少些存款，于是觉得南方是美好的。

"灯红酒绿"、"灯火璀璨"、"高楼林立"、"花花世界"、赚钱的"天堂"，可以说集合了都市新移民对南方城市的原初印象，这些印象也是大众媒体文化中所极力呈现的现代化城市形象。这些对"南方城市"的想象蕴涵了80年代末伴随工业化、城市化进程的一种时代潮流，即冲破城乡二元身份体制、追求自由流动、改变贫困命运的梦想和个体解放、拼搏进取的精神，作为城乡大迁移时代的文化理想，从珠三角传遍内地，潜移默化地改变着乡土农村的社会文化心理，牵引着更多的农村青年背井离乡来到珠三角城市追寻梦想。这种时代精神和文化心理可以用"南方梦"来概括，这个梦想照亮了都市新移民艰难的城市旅程。都市新移民作家是打工群落中的独特文化群落，"南方梦"对于他们来说就更加明确，即依靠写作才能摆脱生存困境，改变中国城市二元体制下坚固的城乡文化身份。

"南方梦"遭遇了现实残酷的锤炼。首先他们必须面对的，就是经历了30多年严格的城乡流动控制之后，其所形成的乡土经验和文化心理意识，明显和城市生存所需要的文化心理意识不匹配，这种文化冲突在最初抵达的瞬间呈现出来。从"打工作家"讲述自己初次踏上南方城市土地的心理体验可以得知：

罗向冰：深圳下火车，只能用"眼花缭乱，晕头转向"来形容，我从编织袋里把备寒的破棉袄拿出来时，感觉有人在笑话我。

刘大程：下了火车后，随着汹涌的人流走出火车站，但见人海茫茫，来往匆匆，我感到一种茫然和渺小，工业区到处是找工的人，路边偶尔就会遇到一个落难他乡的人，内心不仅隐隐有一种恐惧。之前虽知道在外打工也有艰辛，但现实的残酷，超出了想象。

王十月：下火车后有点茫然，也有点兴奋。到广州天没有亮，就觉得人特别多。然后坐车，觉得这边的植物很美。没多久，上的车是黑车，被人卖猪仔，于是知道，现在面临的，不是浪漫的想象，而是残酷的现实。

徐非：最初到广州火车站下车是深夜，出火车站广场行李被抢劫，身上仅剩的90多元钱被歹徒洗劫一空，身无分文，无法打电话，也到不了目的地惠州，随后，在广州的一个建筑工地躺了6天6夜，靠捡食物与自来水充饥。最后舍远求近，步行到中山市石岐，找到来中山打工的一位老乡文友。当初对广州火车站感觉颇深，混乱，治安差，语言杂陈，特别是粤语听不懂。由于当时遭劫的心理，把之前想象中的广州是祖国的"南大门"，觉得相差甚远。

张守刚：我的1994从湖南的那场大雪开始，火车呜咽，像一条蜿蜒的千脚虫从混乱的岳阳站爬出。它奋亢地穿过白天和黑夜，将我扔在陌生的站台。我像身上的行李卷儿一样情绪低落，看着春情萌动的广州站，内心的凄凉暂时被新鲜的刺激代替。穿过人行天桥，穿过纸醉金迷的灯火，我最终没有登上开往那个叫做坦洲镇的汽车。那个夜晚在天桥下借宿，梦很冻，却又被巡逻的追赶。我差点没有找到我自己。

这些城市体验和想象，尽管也有吴老太爷遭遇上海的声色光电的"眼花缭乱，晕头转向"等"现代性"的不适，但更多的是想象破灭之后的"恐惧"，这种恐惧感从城市的入口——火车站开始，"黑车"、"被抢劫"、"夜宿天桥"、"被巡逻的追赶"等等，这些体验让刚刚抵达城市的都市新移民，感受到了强烈的被歧视、被侮辱的城市"他者"地位，呈现的是深刻的文化身份冲突。而其中，各种文化冲突相互渗透，都市新移民所面临的，除了乡土传统与城市现代性的文化冲突、地域文化冲突之外，城乡二元文化身份所带来的文化身份冲突占据最主要的位置。当残酷的现实替代了美好的想象之后，"差点没有找到我自己"，意味着都市新移民的主体性身份在遭遇诸多相互渗透、犬牙交错的文化冲突中，面临着严重的身份认同危机。

　　对于缺乏城市、工业化经验的进城农民来说，其对自我的身份认知，主要来自主流话语主导下的大众传媒，以及受大众传媒深刻影响塑造的城市主流社会、本土人群对其的想象和文化认同。当面临身份认同危机时，城市主流社会、本地群体交往中的他者想象、身份话语，迅速填补了都市新移民被撕裂的主体性。因而，他们会用他群的想象来观照自己，按照他群的认同来想象自己的身份认同归属。笔者曾到东莞、深圳的工业区，与来珠三角打工的湖南老乡见面，他们有的是流水线上的工人，有的是街边的流动小贩，在交谈中，他们往往称呼城市人为"他们城里人"，而称呼自己为"我们这些打工的"、"我们外来人"，有着普遍且明显的城乡文化身份意识，认同了自身作为城市的"他者"、"外来人"身份。可见，一旦确定了自己的主体文化身份，这种身份意识便会内化成集体潜意识，主动按照与文化身份相符的形象和话语来表征自我。换言之，对文化认同生产者加诸其身上的形象、话语的认同和接受，使得一种文化身份最终得到归属，形成新的社会文化关系秩序。

　　或许可以说，城乡二元文化身份及其所构成的文化身份冲突，成为当代中国除了阶层之外最显著的社群分割范畴，在这个巨大的文化身份冲突面前，其他分析的范畴都显得不具备充分的有效性。澳大利亚学者杰华曾对都市里的农家女——打工女性的主体性和性别、流动关系进行研究，遭到了民间学者石勇的批评和质疑，在女性主义的视角中，"女性"作为一个与"男性"相对的集体符号，被天然地假想为一个共同体，然而，"在中国的现实却是，一个城里的女人与一个农村打工女性之间的差异，远远大于她与城里男人的差异。事实上，一个城里的女人和一个农村打工女性之间已隔膜到几乎找不到大家在非生理上的社会相似点"[1]。杰华有意无意地在书中将打工女性当保姆所遭受的侮辱和包括性暴力在内的暴力伤害归结为社会性别。但是，"打工女性当保姆遭受城里雇主的侮辱和伤害，与农村打工男性在建筑工地、血汗工厂里所遭受的压榨甚至暴力，在本质上完全是一回事。并没有城里女性和城里男性在相同的境遇中遭到像农村打工女性与打工男性那样的待遇。这一

---

　　① 石勇：《普遍性压迫及其被遮蔽——读〈都市里的农家女〉》，http：//www.tianya.cn/publicforum/Content/no01/1/284448.shtml，2006－11－12。

事实深刻说明侮辱和伤害针对的并不是性别，而是阶级和身份，是'农民'这样的一个庞大而零散的群体"①。

城乡二元文化身份撕裂了社会各阶层之间的沟通和联系，特别是"农民工"和城市工人之间的阶级联系。如同城乡二元文化身份割裂了城乡男性和女性各自的共同体，使得性别分析成为一种奢侈，以阶级的范畴进行分析也缺乏足够的有效性。石勇曾经讨论过这样的问题：作为穷人和农民的"农民工"，或者作为穷人和工人的"农民工"，是否和城市贫民，特别是下岗工人之间，存在着"工人阶级"的"共同体"？事实是，城市工人拥有城市户口，而"农民工"群体没有；一个享有体制内的社会保障和福利（尽管福利可能会少得可怜），另一个群体没有；而更重要的是，城乡二元身份从话语到实践的文化表征，使得对"农民工"的歧视和排斥成为一种合法化的社群关系。正如石勇所述：内嵌于权力结构中的城市主流和精英话语对"农民工"的表征，并没有将城市工人当成"他们"中的一部分，而是纳入"我们"的范畴。城市工人尽管受到国家和制度层面的不公平（比如他们被驱逐下岗，而与"下岗"相关的形象表征都是积极的），但是他们可以从城市对"农民工"这个外来他者的歧视中得到补偿。在"农民工"面前，他们身为"城里人"的身份优越感，在一定程度上让他们遭受的不公得到了缓解，通过排斥性认同得到了释放。因而人们更容易从他们身上发现对"农民工"的歧视和轻蔑，杰华也观察到：在城市工人和"农民工"之间几乎不存在什么团结，并且两个群体之间争斗倒很常见，他们很少走在一起。这正是主流话语对"农民工"进行"污名化"形象表征的结果。②

同样的，因为农民身份而遭受歧视的"农民工"，与珠三角城中村或城郊的农民之间，也不存在"阶级共同体"的想象和联系。除了城乡文化身份对外来他者形象认同所造成的区隔之外，地域文化认同也在发挥着作用。都市新移民作家郭海鸿是广东梅州客家人，1992年到深圳，对当时对"农民工"的认同性排斥有过亲身体验：

---

① 石勇：《普遍性压迫及其被遮蔽——读〈都市里的农家女〉》，http://www.tianya.cn/publicforum/Content/no01/1/284448.shtml，2006 - 11 - 12。

② 同上。

　　在 20 世纪 90 年代以前，深圳是个以本地人、香港人（会说白话的人）为主角的开放地区，当时，到酒楼茶肆歌厅消费的大部分是本地人和拥有"外商"身份的香港人、台湾人，在大街上开摩托车横冲直撞的基本上是本地人，对那些讲普通话的男子叫"捞仔"，女的叫"捞妹"，或者叫"北佬"、"北妹"，在这种称呼下，都是可以随便欺负的，他们都不是什么人，男的可以随意打骂，女的都是"鸡"（妓女）。我亲眼目睹过本地烂崽驾驶摩托车在人流如织的大街上撞上一个匆匆行走的"捞仔"，不是下来道歉，而是抬起穿着人字拖鞋的脚板狠狠一踢，骂道："操你妈，找死啊?!"更有甚者，下车就把人家往地上扯。那时候的"捞仔"们没今天的脾气，基本上都自认倒霉，伏地不吭声。当年深圳的公交极端不发达，行走关外的基本是私人承包的中巴，那时候受气的都是"捞仔"、"捞妹"们，如果你在车上多问几句，或者讲讲价钱，跟车的立即脱下拖鞋，把你打下车去，并且送上一句——"丢你老母"（白话里最恶毒的骂人话）。①

　　20 世纪八九十年代，离乡的外出打工者在制度和法律上被当作"盲流"惩罚驱赶成为社会整体心理意识，这种意识自然也渗透进本土居民的潜意识中。尽管城中村的本土居民在土地被卖掉之前和大多数都市新移民一样，大多是农民，他们并没有因为农民身份具有和内地农村来的"农民兄弟"共同的"阶级情感"和"阶级意识"，他们自然而然地将其排斥在文化认同的范畴之外，称其为"捞仔"、"捞妹"，或"北佬"、"北妹"（广东人习惯上将广东以北的地方都称为"北方"），从话语体系上区分出自我和外来者的地域差异和身份差异。郭海鸿虽然属于都市新移民作家群落，做着和大多数都市新移民作家同样的工作，参与了这个文化群落的活动，但他的都市体验要比这个群体的大多数人要幸运得多，所受到的排斥力量也要小得多：

　　　　1992 年起，我来到深圳关外的一个小镇，开始我的"外来工"

　　① 郭海鸿：《身份歧视：从"打工仔"到"外来工"再到"农民工"》，http://blog. sina. com. cn/s/blog_ 49a1bc77010005nv. html, 2006 - 09 - 24。

生涯，为什么我不是"捞仔"？因为我是广东本地人，到深圳能够讲当地的客家话。当初我是在一个文化站负责联络外来工文艺爱好者，站里很重视，但是，我知道，有些本地同事是很反感我所联络的那些有才有艺的"捞仔"、"捞妹"们的。在这些本地人眼里，外地男孩女孩都是因为穷，才来他们的地头讨饭。①

也就是说，都市新移民在珠三角所遭遇的身份认同危机，在城乡二元文化身份冲突之外，还将面临以语言和地域文化为标识的地域文化身份歧视。穷人、农民和外乡人，这些文化身份彼此犬牙交错、相互渗透，共同作用于都市新移民的主体性的建构。同时，这些主体性认同标识也从各方面带来文化身份冲突，一方面合法化城里人与"农民工"之间的不平等关系，另一方面也隔断了城市贫民与"农民工"之间的阶级认同，②使城市社会形成割裂的、破碎的文化群落。由此所带来的文化身份冲突，进一步加剧了都市新移民主体性身份撕裂的痛苦。

摆脱这种主体性身份"牢笼"、寻找新的自我，成为都市新移民群体的迫切需求。由此引发了对给定的文化认同的反抗及自我文化身份重建的努力。然而，这些反抗首先是建立在对主流话语和权力精英加诸其身上的"农民工"话语及其形象的接受和认同之上的。一位都市新移民作家在《打工之友》③做编辑时，笔名就叫"捞仔"，并以"捞仔"为名推出了面向全体打工者的卷首语。在采访中，他说："我们是'捞仔'，那又怎么样呢？我们比这些不劳而获的本地人要高贵得多。起码我们通过辛勤劳动养活自己。"林灵是都市新移民作家之一，在 20 世纪 90 年代中期介绍"打工作家"这一群体时，也用了"打工仔作家"的命名。④而类似"我是一个打工仔"，"我，一个普通的打工妹"等更多的话语出现于早期的打工杂志中。这表明，他们已经吸收了主流意识形态和城市社会加诸其身上的命名和形象，并将其内化于精神结构中成为

①　郭海鸿：《身份歧视：从"打工仔"到"外来工"再到"农民工"》，http：//blog. sina. com. cn/s/blog_ 49a1bc77010005nv. html，2006 - 09 - 24。

②　石勇：《普遍性压迫及其被遮蔽——读〈都市里的农家女〉》，http：//www. tianya. cn/publicforum/Content/no01/1/284448. shtml，2006 - 11 - 12。

③　珠三角流行的一份打工杂志。

④　林灵：《打工潮·打工文学·打工作家》，《创业者》1995 年第 8 期。

一种身份指认。因而在遭受歧视和排斥时，"基本上都自认倒霉，伏地不吭声"，渐渐地形成了警惕、胆小、封闭、自我隔离的文化心理。

学粤语成为自我保护、重塑认同的重要方式。语言在日常生活中也扮演着区隔身份认同的角色，郭海鸿回忆说："那时候，英语补习班绝对没有'粤语（白话）补习班'红火，因为，'捞仔'们急于学会白话是为了少受欺负，而不是学习技能"。①当然，学习粤语可能会帮助都市新移民找到更好的工作，也是为了减少本地人的歧视和更快地融入城市社会。

从消费、审美形象外表改变自我的文化身份标识，是都市新移民实现自我转型和身份突围的另一种方式。一方面都市的摩登和现代性可能对都市新移民的城市体验带来不适和冲击，造成现代性的压抑和身份冲突；另一方面，摩登和现代性又被他们借用来重塑新的自我，以普遍化的都市现代性身份对抗城乡文化身份冲突。这种情形在工厂流水线上的产业工人尤其是"打工妹"身上比较普遍。她们通过购买服装、鞋、帽子、手提包、首饰以及化妆品等消费方式，以追求现代都市女性美的方式来掩饰自己的农村"打工妹"身份，通过"时髦"的外表让自己看起来更像是都市女郎，淡化自己与城里人、有钱人的身份差异。这与后来的新生代都市新移民的初衷是相同的，后者倾向于适应消费社会的生活方式来打造自我：上网，逛街，购置手机、MP3、MP4 和照相机等等，对于手机尤其是功能齐全、样式酷炫手机的偏爱，是新生代都市新移民的特点，通过手机来建构新的文化认同。② 这种通过审美形象重塑自我的策略最终被认为是失败的，潘毅通过对中国女工的研究发现：因为打工族的消费水平有限，她们的主体性身份认同无法在消费领域获得全新的重建，反而强化了其次等的主体性。③ 表面看来，都市新移民通过审美文化外观打造新的自我，是对原来那个城乡二元文化身份下自我的否定，实际上，却是对主流话语所塑造的身份和形象的肯定。尽管在

---

① 郭海鸿：《身份歧视：从"打工仔"到"外来工"再到"农民工"》，http://blog. sina. com. cn/s/blog_ 49a1bc77010005nv. html, 2006 - 09 - 24。

② 李伟东：《消费、娱乐和社会参与——从日常行为看农民工与城市社会的关系》，《城市问题》2006 年第 8 期。

③ 余晓敏、潘毅：《消费社会与"新生代打工妹"主体性再造》，《社会学研究》2008 年第 3 期。潘毅：《中国女工——新兴打工者主体的形成》，任焰译，九州出版社 2010 年版，第 163 页。

城市遭到种种排斥和歧视的现实很残酷，但是主流话语和城市精英话语告诉他们，这一切都因为他们的"农民工"身份，这种身份无形中让他们进行自我否定，从而以对自我构成否定的审美外观之类的东西来构筑自我新的文化认同，用都市现代性消费、审美堆砌而成的"假自我"来支撑在文化身份冲突下的心理生存。然而，如同石勇所述，只要他们无力成为城市的一员，"假自我"所带来的精神撕裂的痛苦就会一直折磨着他们。①

在主流话语和城市精英话语所塑造的都市新移民形象中，不乏通过拼搏奋进、改变命运的都市寻梦者。而城乡文化身份所带来的冲突、排斥和"他者化"，并没有成为关注的重点，都市新移民对城市的"适应"和个体的突围被过度放大了，从而遮蔽了群体文化身份形成背后的制度性背景和认同形象生成的机制。如前面所述，"农民工"共同体的文化身份和群体生成，是主流话语、大众传媒和城市社会通过话语实践和群体想象共同建构的，他们作为"农民工"、"城市他者"、"外乡人"的文化身份是在城市遭遇冲突和残酷现实的症结所在，那么，他们是否存在一种"共同体的抗争"呢？

石勇认为，尽管他们在城乡二元文化身份中同属于"穷人"、"农民"，但由于他们来自不同的地方，地域认同常常会遮蔽甚至消解阶级认同，来自不同省份的农民工之间，地域认同也干扰了阶级认同。② 这种情况的确存在。都市新移民之间，由于地域、职业、财产状况、社会地位等不同层面的认同体系，某个人在一个认同层面和另一个人拥有相同的属性，但在另一个认同层面却与这同一个人是相冲突的。这本身就可以说明，都市新移民并不是能以城乡二元划分的单一的"农民工"文化身份存在。然而事实是，这些可能异质的群体却从想象层面到实践层面都已经被"认同"为"农民工"共同体，无论是来自湖南、湖北，还是四川、广西、江西等具有不同地域文化认同的都市新移民，无论是在流水线上的产业工人、做生意的流动小贩，还是工厂里的小白领、文员，甚至我们讨论的主角——都市新移民作家，这些体制之外的乡城迁

---

① 石勇：《普遍性压迫及其被遮蔽——读〈都市里的农家女〉》，http：//www.tianya.cn/publicforum/Content/no01/1/284448.shtml，2006－11－12。

② 同上。

移者，他们在城市被给定的原初身份，都是"农民工"①。

由此可知，由于中国特殊的城乡二元身份区隔，一方面将不同文化身份的都市新移民群体想象成均质的共同体，一方面又由于阶层、地域文化认同和其他认同之间的相互渗透、干扰，城市不同文化群体被组织化、固化，从而阻止了个体向其他社会可能性的层面流动，并导致了身份认同危机和文化身份冲突。而这一切，是制度性安排以及与此配套的权力话语掌握者进行形象认同再生产的结果。尽管打工者希望能够通过积极的都市现代审美形象塑造来重构文化身份，打破作为"农民工"和"城市他者"形象所遭受的排斥和歧视，而结果却是陷入更深的文化认同分裂。

第二节　成为"打工作家"：生存困境与身份突围

在当代中国的城市文化生态和社会文化语境下，都市新移民想要逃出城乡文化身份"牢笼"，并不是一件易事。因而，都市新移民作家以文学梦想为依托建构新的文化认同和寻求新的群体身份意识，聚集而成都市新移民作家文化群落，便更具有为了摆脱都市生存与身份困境的突围意味。一个不可否认的事实是：珠三角的都市新移民——"打工仔"和"打工妹"们并非没有表达，"农民工"并非完全如马克思所论述的那样，是"一袋马铃薯"，只能由别人来表征自己，或者如2004年文学研究界所讨论的问题：底层能不能为自己代言、底层能不能表征自己。当"打工作家"出现后，这些问题就已经不是问题。他们记录下体制内主流作家没有深刻体验并抒写下来的东西——城乡文化发生碰撞、冲突时鲜活的城市经验和中国城市化、工业化过程中的文化记忆，并参与了珠三角都市空间文化地图的重组。而他们自身所经历的文化冲突和文化认同重建本身，就是这个过程的一部分。从这个意义上来说，他们是当代中国城市化、工业化进程中，从体制之外打破城乡二元身份壁垒、抒写工业化、城市化经验的第一代都市新移民作家，他们有个特殊的文化身份——"打工作家"。由于第一代都市新移民作家以抒写产业工人经验为主，"打工作家"文化身份建构是本书讨论的重要内容，

---

① 近年来，将农民工和小白领区分开来。

因此在本书中，仍然采用"打工作家"的命名。

他们大致在 80 年代中期、90 年代初或 21 世纪初来到珠三角各个城市，以深圳、广州、东莞为主。

1984 年，广东梅州人安子到深圳罗湖电子厂做了一名插件工；

1987 年，广东梅州人张伟明来到深圳；

1988 年，四川泸县人鄢文江南下打工，足迹遍布珠江三角洲十多个城市；

1990 年，四川人周崇贤南下广东开始了他的"流浪青春"；

1992 年，广东梅州人郭海鸿第一次到深圳，重庆万州的何真宗南下广东；

1993 年，广西石榴村的安石榴抵达深圳龙华镇，四川泸县的徐非抵达广州，开始了他在珠三角的中山、惠州、深圳、台山等地辗转打工的生涯，同年，四川泸县的老乡罗德远到惠州投奔徐非，湖南耒阳的谢湘南抵达深圳，安徽的柳冬妩来到东莞；

1994 年，四川雅安的罗向冰成为深圳工厂的小工，重庆云阳的张守刚到达南方小镇中山坦洲，湖南平江的戴斌揣着初中文凭到深圳宝安闯天下，四川渠县的许强大学毕业南下深圳，广东化州的曾楚桥来到深圳；

1995 年，湖北荆州的李于兰南下深圳当了公司文员；

1996 年，湖南人唐新勇到广州番禺机械厂当学徒工，广东廉江的刘付云到广州做食品销售；

1997 年，湖北十堰的黄吉文到达东莞；

1999 年，湖北荆州的王十月到佛山南海，成为一名杂工，江西宜丰的池沫树成为东莞流水线上的一名工人，湖南衡阳的家禾到东莞鞋厂做工；

2000 年，湖南洞口的曾文广拿着自考大专文凭再度南下广州，湖南娄底的卫鸦也到达广州；

2001 年，湖南凤凰的刘大程到东莞一家手袋厂，做绘图员兼内刊编辑，四川南充的郑小琼成为流水线的一名工人。

……

在《江门文艺》担任十多年编辑的鄢文江为笔者开了一份"打工作家"的不完全名单，他在采访中说："十多年的编辑生涯，全国写作过打工生活题材的作家作者，没在我手上发表过作品的人不太多，几位偶尔写作打工生活素材的名家除外。除开上面提到的 7 位（指张伟明、林坚、周崇贤、安子、白连春、郑小琼、王十月）以外，还有我和罗德远、徐非、周航、黎志扬、柳冬妩、汪洋、许强、何真宗、岳勇、曾文广、李坚、吕啸天、林灵、廖永、徐东、阎永群、萧相风、戴斌、塞壬、盛可以、于怀岸、曾楚桥、林军、卫鸦、叶耳、凌春杰、阿北、付关军、庄昌平、谢湘南、张守刚、钟道宇、毕亮、郭建勋、唐以洪、程鹏、邬霞、王兴华、刘大程、李江波、陈再见等 50 多人，其中当然有一些是不把自己当成打工作家的，也还有一些一时没记起来。"除去这份名单以及本书所列举的明确知道来珠三角年份的作者，我所能列出名字的还有黄秀萍、安石榴、戴沙牛、塞壬、杨文冰、任明友、杨怒涛、李笙歌、唐建华、唐新勇、许岚、李晃、萧相风、欧阳风，等等。

　　这个名单还可以继续列下去。据报载，90 年代，单是聚居在深圳市宝安区龙华镇老街的"打工作家"群落，就有近 200 人，[①] 散落在广州、东莞、佛山、惠州等地的"打工作家"也有不少。要想准确地统计"打工作家"的人数和地域分布是非常困难的。因为统计和归类首先就意味着文化身份的界定，除了被评论界和研究界公认的第一代打工作家的"五个火枪手"：张伟明、林坚、周崇贤、安子、黎志扬，以及 2005 年以后声名鹊起被文学界公认的王十月、郑小琼、萧相风等等，还有一些在"打工文学"圈内小有名气的作家，其余在打工之余坚持创作的都市新移民，他们在即将成为"打工作家"的路上，或者说游离于"农民工"与"打工作家"的身份之间，还有一些虽然写作但没有浮出公众视野，因而，任何一种统计都只能意味着对这个群体阶段性的历史认识；另外，"打工作家"因其体制外的打工族身份，为谋生长期换工作居无定所，在珠三角各个城市之间来去漂泊，很难说清作家的城市归属，只能大致确认其所待时间相对较长的城市或其成名时所在城市，我尝试对部分"打工作家"的省份来源和城市分布、去向作了一个粗略的简单统计，截至 2011 年，或可以了解一个大概：

---

① 唐成茂：《红红火火的深圳打工作家群落》，《羊城晚报》2009 年 8 月 15 日，第 B03 版。

城市	所在城市	返回故乡	去往别的城市群
表	"打工作家"的省份来源和城市分布		
深圳	安石榴（广西梧县人，入户广州增城） 郭海鸿（广东梅州人，入户深圳，现居深圳） 王十月（湖北石首人，在东莞、广州都待过，入户广州增城，后迁出，现居广州） 张伟明（广东梅州人，入户深圳） 安子（广东梅州人，入户深圳） 戴斌（湖南岳阳人，现居深圳宝安） 李晃（湖南隆回人） 谢湘南（湖南耒阳人，现定居深圳） 曾楚桥（广东化州人，现居深圳） 叶耳（湘西南客里山人，现居深圳宝安） 卫鸦（湖南人，现定居深圳）	罗向冰（回四川雅安） 李于兰（湖北荆州人）	
广州	罗德远（四川泸县人，入户广州增城） 戴沙牛（湖北孝感人，现居广州） 曾文广（湖南洞口人，现居广州） 刘付云（广东廉江人，现居广州从化） 何真宗（曾在东莞、广州等地，回重庆万州）	许岚（四川西充县人，现定居成都）	许强（深圳、东莞、广州都待过，现定居苏州）
东莞	郑小琼（四川南充人，现居广州） 李笙歌（四川南充人，现居东莞） 刘大程（湖南人，现居东莞） 陶天财（四川宜宾人，现居东莞） 池沫树（江西宜丰人，现居东莞） 家禾（湖南衡阳人） 唐新勇（湖南炎陵人，现入籍广州）		
佛山	周崇贤（四川合江人，定居佛山南海） 黎志扬（广东人，现居佛山）		
中山		张守刚（重庆云阳人，回重庆）	
江门	鄢文江（四川泸县人，入籍定居广东江门）		
惠州		徐非（四川泸县人，惠州7年，台州9年，现居广东高明）	

实际上这个统计是非常不精确的。除了已经获得城市户籍具有稳定工作或房产的作家，"打工作家"们经常在城市之间流动。比如王十月

先后在深圳、东莞、广州，何真宗先后在东莞、广州，2010 年打算告别打工生涯返回故乡重庆，在家没待多久，又重新返回了广州，何真宗只是在家乡和珠三角城市之间来回迁徙的"打工作家"们的一个典型例子；还有部分人虽然将户口迁入珠三角某个二三线城市，但因为工作原因不得不暂居于深圳、广州或东莞。

　　这个文化群落从认同体系的其他方面来看，有一些相似点和不同点。第一代都市新移民作家以 20 世纪 70 年代出生的群体为主，也有少数"60 后"和"80 后"，在年龄上跨越了几条代沟；在学历上，以初中、高中毕业为主，也有少数大专甚至本科，也有的通过自学努力获得更高的文凭。也就是说，这个群落的主体被排除在通过大学而获得进入城市的体制内途径之外。然而，年龄和学历，并不能构成"打工作家"群落成员间的最主要的认同差异，一般认为，都市新移民之间最大的差异仍然是地域文化认同。在这个群落中，有广东本土人，也有来自湖南、湖北、四川、广西、江西等不同省份的都市新移民，然而"打工作家"这种新的文化身份，打破了地域文化认同，将他们汇集到一起，因为，城乡二元文化身份认同下的"农民工"、"外来工"身份，才是他们迫切需要打破的身份壁垒。

　　最开始发生的故事都大同小异。80 年代末到 90 年代，率先改革开放的珠三角，点燃了中国城市化、工业化过程中的"南方梦"。第一代都市新移民来了，要么从乡镇、县城不死不活的体制内生活中走出来，要么中学、中专一毕业，就来到南方"闯荡江湖"，"见见世面"。他们与珠三角火热的城市相遇，他们在这里语言不通，是本土人眼里的"打工仔打工妹"，甚至"捞仔捞妹"，他们进厂，或者工地上打工，做过各种各样的杂活儿，脏活累活全包，与南方城市工业化和现代化速度的激烈碰撞。剧烈的文化身份冲突，让他们中一些敏感脆弱、善于思考的心灵与城市产生了情感的火花，于是他们笔耕不辍，开始抒发产业化经验和城市生活。

　　最初的写作只是一种原始的抒情冲动和爱好，以此来缓解城乡二元文化身份冲突下的精神撕裂和认同破碎感，在精神和肉身的双重生存困境下获得一种释放。因而，最初他们的作品大多以书信、日记、墙报、厂报或自办油印小开报的方式存在，他们甚至在加班之余利用上厕所的间隙在厕所的门板上写上类似"……八把鼻涕，九（久）做下去，十

（实）会死亡"这样的顺口溜，① 这也是"打工文学"最初存在的形式，他们通过文学抒写来获得精神支持和心理生存。在珠三角打工杂志尚未兴起的阶段，"打工文学"的公共媒体文化空间尚未建立，对产业工人来说，繁重的加班时间之外的业余写作，向体制内的文学权威期刊投稿基本上是一种奢望。当然，在"打工作家"群落中，不乏具有文学天赋和爱好、在来珠三角之前就已经崭露头角的新移民。比如周崇贤18岁在《凉山文学》发表小说处女作，徐非来广东前已经是四川泸州市的一名作协会员，发表过相当数量的作品。其他"打工作家"即便没有作品发表，或多或少都是对文学痴迷、拥有一定程度文学梦想的青年，城乡巨大的文化差异和文化碰撞、流水线上艰辛残酷的作业，以及被城市隔离、边缘化的伤害，当他们置身于城市社会，在社会转型时代经历这样深刻的文化身份冲突和现代性压抑时，他们的写作热情被极大程度地激发了，写作成了认同破碎时代的一种信仰。

对当时的"打工作者"而言，稿费只是额外的回报。"打工诗人"张守刚回忆说："稿费很少，只是一种爱好，不发表也没关系。"但是，他"基本上每个月都有发表"，"《大鹏湾》那时候稿费在打工杂志中算很高的，一首诗大概20个字左右，可以拿到80块钱"。而1993年，安石榴在造纸厂当流水线工人，每个月的工资是100元左右，进好点的厂，一个月可有四五百块钱。和流水线工人的工资相比，通过写稿可获得额外的收入，这一点，给期待通过文学实现"南方梦"并改变自己"打工仔"、"农民工"身份的都市新移民一个生存的平台。

80年代末90年代的都市文化生态中，随着大众文化的崛起和市场经济的转型，"作家"身份已经失去了20世纪80年代中期的"崇高"理想光环，但这一身份散发魅力的余晖仍在。尤其对于身处城乡文化冲突风口浪尖位置的都市新移民来说，"作家"的身份，无论是生存境况，还是身份地位，显然要比"打工仔"和"打工妹"的身份要有利得多。首先，作品发表可以获得一定的稿酬补贴微薄的收入；其次，发表于打工杂志的作品，如果能幸运地被文学大刊或被知名媒体转载，获得体制内的"作家"身份进入作协，在珠三角城市的文化部门或文化事业单

---

① 张伟明：《打工文学：阶段或市场经济的图腾》，杨宏海：《打工文学纵横谈》，社会科学文献出版社2009年版，第241—248页。

位获得一个文职，是最好不过的事情；即便不能以体制内的作家身份融入城市，有了一定文学作品的发表，脱离流水线谋一个轻松点的办公室文职也不错。因而，都市新移民的写作实践和文学产品本身，就是寻找新的自我的一部分。

能够从"农民工"的生存困境和身份中摆脱出来，成为"文化人"身份是令人惊喜的。鄢文江描绘在打工途中为自己的前途堪忧时，突然接到《江门文艺》主编电话的震动："……他问我想不想到《江门文艺》来做编辑。对于我来说，这是一个晴天霹雳般的好消息，当时就把我给震了。我以为自己耳朵出了问题，当得知这是千真万确的时候，我激动得双手发抖，说不出一句完整的话，话筒都差一点从手中掉下来了。对于一个铁杆文学青年，这不是瞌睡来了遇到枕头了吗？我问了谢老师三遍，不错，是真的。"[1]

曾楚桥成为"作家"的经历更具有戏剧性。他初到深圳时，和街头任何一名打工仔毫无区别，干过搬运工，做过治安队员，与摩的司机一起拉过客，在工厂车间做过杂工，也上过流水线……使他坚定地走上文学道路的是一次差点被"收容遣送"的经历：

> 某一天，"无业游民"曾楚桥正拿着彼时流行的文学刊物《大鹏湾》在街头行走，一边读着自己刚刚发表的小说，正巧撞见巡逻的治安队员。一名治安队员将曾楚桥带到治安队，例行公事地查看暂住证，并询问职业、住址。刚刚发表了小说的曾楚桥张口便将作家的头衔安到了自己身上，并拿出身份证与杂志上的小说作证，这令碰巧对文学有些爱好的治安队员肃然起敬。"主任，我们查到了一名'三无'作家"，治安队员立即兴奋地向治保主任汇报。随后的故事很有戏剧性。治保主任一边读着小说拍着大腿叫好，一边询问曾楚桥是否有意留在治安队，做一些文字工作。正为失业犯愁的曾楚桥当然欣然应允。就这样充满戏剧性地，曾楚桥进入了治安队，正是在以后做治安队员的两年闲散时光中，他开始频繁地在当

---

① 鄢文江：《我在〈江门文艺〉打工的日子之一》，http：//blog. sina. com. cn/s/blog_
4ed4c1600100p8f2. html，2011 - 03 - 03。

时流行的各类文艺刊物上发表小说。①

这样的故事在拥有表达欲望和文学爱好的打工青年中不断上演。当鄢文江们成为打工杂志的编辑后，一批又一批的打工者在他们的扶持下成为"打工作者"或"打工作家"。最早"出道"的周崇贤对于写作改变文化身份有着清醒的认识，在《南海日报》编副刊时，他手下发表了不少打工者的稿子，在和打工者交往的过程中，也扶持了不少作者。在其博客中，他记载了和一位老乡交往的经历：

　　那阵子，文彬还在平洲电子厂打工，好像是做仓管……不时写些小稿子，往报刊投。……熟悉之后我对他说，好好写稿，写出点名堂后，说不定就能找个小报小刊，混个编辑记者做做。做编辑记者对一个业余作者来说，差不多就是一生的梦想，这个点子可以说一点创意都没有，不单我自己是这样走过来的，我身边一大批打工兄弟姐妹，都是这样走过来的。比如江门文艺杂志社的鄢文江，羊城晚报集团的罗德远，侨乡文学杂志社的徐非，这几位和我一样，都是从泸州乡下到广东打工的四川人，又都是靠着手中的一支笔，改写了自己的一生。巧得很，文彬也是四川人，也爱写点东西，那么我想，我们的路子，其实是可以复制的，而且，它差不多就百试不爽。②

后来这位老乡果然不负其期望，成了广东建设报《陶瓷周刊》的一名记者。大多数"打工作家"都经历了这样从流水线工人到文化部门编辑、记者等身份转变的历程。何真宗在履历中这样介绍自己：先后做过"盲流"、到工人、到主管……然后是东莞某交警大队的文书，然后是广州番禺某镇报的主编。譬如谢湘南，曾在深圳、广州、中山、珠海等珠三角地区辗转，做过建筑小工、工厂流水线操作员、搬运工、保安、质检员、人事助理、推销员、文化站、内刊编辑等职，后来成为

---

① 吴永奎：《打工作家曾楚桥：文学是我的宗教》，《南方日报》2010 年 11 月 23 日，第D3 版。

② 周崇贤：《在付出中收获》，http://blog.sina.com.cn/s/blog_4dd0f82d0100b358.html，2008－10－18。

《南方都市报》文化生活类记者；东莞"打工文学"评论界的柳冬妩，做过无业游民、修路小工、搬运工、玩具厂和绣花厂杂工；王十月到佛山南海，从杂工做到主管然后是文学编辑、自由撰稿人；而陶天财，在东莞花了"近10年的时间，换了25份工作，才从建筑工、打磨工变成一名内刊编辑，才让工资从400元、700元、1100元、1800元涨到3500元"①。

从最初单纯的疏泄表达、到发表体验、到自觉的文化身份认同重构，是都市新移民对于自身在都市处于隔绝、边缘身份处境的一种积极意义上的打破和突围。无论是书写作品文本，还是书写这个行为本身，都是都市新移民作家实现文化身份蜕变的资源和工具。指出这一点，并不意味着否定都市新移民作家对于文学的热忱和爱好，毕竟对于都市新移民来说，在城市的生存问题才是首要问题。他们想依靠写作摆脱生存困境，打破"农民"、"农民工"的身份——中国二元体制下坚固的城乡文化身份壁垒，改变自己的命运，成为自由作家或体制内的作家，这是中国城市化、工业化过程中的"南方梦"的一部分。这个梦想使得曾经的"农民"、"农民工"发愤写作，打工作家文化群落从农民工群体中脱颖而出，成为第一代都市新移民作家。

作为与工业化、城市化相伴而生的文化现象，"打工文学"已经走过了20多年的历程，从打工群落里脱颖而出的"打工作家"也新秀辈出。对于"打工文学"的演变脉络和"打工作家"的代际划分，在主流文学界和"打工作家"群落自身，并没有一个统一的标准和说法。最主要的观点有：杨宏海先生的"三个阶段说"、②《打工族》杂志所讨论的打工文学"第一代"与"第二代"说、③中山大学黄伟宗教授及其研究生提出来的"蓝领白领说"。④ 这三种说法从不同的角度认识"打

---

① 何雄飞：《打工诗人：寄居东莞的飘一代》，《新周刊》2009年总第294期。
② 周航：《打工文学研究》，暨南大学中国现当代文学，硕士学位论文，2006年，第14页。
③ 王世孝、张伟明、杨文冰、叶曾：《在打工文学的旗帜下：第一代 VS 第二代》，《打工族》2004年2月下半月。
④ 参见1996年2月7日《南方日报》上的文章《一种走向泛化的文学现象：打工文学》（李红雨整理）。

工作家"的创作轨迹,"各有千秋且有交叉重叠"之处。①

杨宏海先生把"打工文学"发展分为三个阶段,每个阶段都涌现出一批代表性的作家,周航先生在"三个阶段说"的基础上深入拓展总结了杨宏海先生的观点:

第一阶段是 1984—1994 年,是"打工文学"萌芽到发展阶段,代表性作家有林坚、张伟明、安子、周崇贤、黎志扬、黄秀萍等。以 1984 年林坚的小说《深夜,海边有一个人》在《特区文学》的正式发表作为"打工文学"最早的文本。而之前打工者以日记、信件、工厂墙报、厕所门上的顺口溜、口头歌谣等"非常规渠道"发表的文本,并没有正式称谓和引起文学评论家的注意。及至林坚小说《别人的城市》《阳光地带》等接连发表,以及后来张伟明的一系列短篇如《下一站》《对了,我是打工仔》《我们 TNT》在打工群落中广为流传,引起了文学评论家和研究者杨宏海先生的关注。林坚、张伟明最初的创作倾向于"纯文学"手法,而第一阶段中的安子则以纪实性的谈话录和随感形式,于 1991 年出版了《青春驿站》《深圳打工妹写真》,以一句"每个人都有做太阳的机会"的格言,加上政府宣传部门的大力扶持,与树立"外来工"个体奋斗典范的主流意识形态操作配合,安子瞬间成为珠三角打工者尤其是打工妹的偶像。② 周崇贤以《打工妹咏叹调》等打工情爱作品、黎志扬以《无法潇洒》等赢得了打工族群落的喜爱。工业化时代原生态的打工生活引起各界注意,1991 年,广州电视台录制的 10 集电视连续剧《外来妹》在中央电视台播放,1992 年 7 月 29 日上海《文汇报》发表《打工文学异军突起》,第一阶段打工文学的初期影响到这时候可以说"到了顶峰"。③

第二阶段是 1995—2000 年,是"打工文学"走向"泛化"和"深入"的阶段。涌现了大批打工作家和诗人,如安石榴、谢湘南、柳冬妩、何真宗、卢卫平等人。如果说第一阶段取得突出成绩的是小说,那么第二阶段以打工诗歌的振兴为突出的标志,如柳冬妩在《诗刊》发表《我在广东打工》,谢湘南出版诗集《零点的搬运工》。2000 年,杨

---

① 周航:《打工文学研究》,暨南大学中国现当代文学,硕士学位论文,2006 年,第 14 页。

② 同上。

③ 同上书,第 15 页。

宏海主编的打工文学文集《打工世界：青春的涌动》由花城出版社出版，并于 2000 年 8 月由深圳特区文化研究中心策划的"大写的 20 年·打工文学"研讨会，被看作是第二阶段的"总结性事件"。[①]

　　第三阶段是 2000 年至今，尤以"'大写的 20 年'打工文学研讨会"的举办和 2005 年共青团中央等单位设立的进城务工青年"鲲鹏文学奖"为标志性事件，"打工文学"开始受到官方认可，逐渐融入主流文坛。[②] 以王十月、戴斌、郑小琼等为代表。[③] 其中，2001 年由东莞、珠海、中山、深圳等地的一批打工诗人创办民间刊物《打工诗人》，这不但"得到官方的认可"，而且"受到文坛的高度关注"。[④]打工文学在这一阶段开始正式被主流文学界认同，进入主流文学界。

　　学者张一文[⑤]和深圳作家凌春杰[⑥]也引用了杨宏海先生的阶段说和代际划分法，不过对于具体某个作家属于哪个代际，仍然是一片混沌。周崇贤认为这种划分方法，是以"成名"先后来讲的，比如有的人本来是第一代，但因为"运气没到"，直到写出名了，划进了"第二代"。在他看来，王十月和郑小琼都属于第二代，第一代则是他和安子、林坚、张伟明等人。

　　周的看法和《打工族》杂志推出的"第一代"与"第二代"说比较接近。2004 年 2 月，王十月在《打工族》主持的专栏中，"打工作家"张伟明、杨文冰和叶曾参与了"第一代"和"第二代"说法的讨论。[⑦] 具体说来，第一代以打工文学"五个火枪手"为代表，第二代以写小说的王十月、戴斌和写诗的谢湘南为代表。

　　第三种看法是"蓝领白领说"，从打工文学内容的演变探究其发展

　　① 周航：《打工文学研究》，暨南大学中国现当代文学，硕士学位论文，2006 年，第 15 页。

　　② 同上书，第 16 页。

　　③ 凌春杰：《打工文学的未来流向》，http：//blog. sina. com. cn/s/blog_ 4ed4c16001008m7s. html，2007 - 06 - 10。

　　④ 周航：《打工文学研究》，暨南大学中国现当代文学，硕士学位论文，2006 年，第 16 页。

　　⑤ 张一文：《打工文学：世纪初的观察》，《安徽文学》2008 年第 10 期。

　　⑥ 凌春杰：《打工文学的未来流向》，http：//blog. sina. com. cn/s/blog_ 4ed4c16001008m7s. html，2007 - 06 - 10。

　　⑦ 王世孝、张伟明、杨文冰、叶曾：《在打工文学的旗帜下：第一代 VS 第二代》，《打工族》2004 年 2 月下半月。

脉络。黄伟宗教授及其研究生讨论的成果以《一种走向泛化的文学现象：打工文学》一文整理发表。第一阶段是 1985 年至 1989 年，打工文学作品以描写生产流水线上的"蓝领"工人生活居多，故称"蓝领时期"；第二阶段，不少大学生、知识分子南下，成为较高层次的打工一族，亦即"白领"职员，打工文学描写他们生活的作品多了起来，故可称作"白领时期"。这个时期，打工文学逐渐走向泛化；第三阶段，是泛化具体呈现的时期，最突出的现象就是反应"白领"女性打工族爱情生活的题材大量涌现。"打工文学"随着打工现象的扩散，也许会逐渐消融在由其衍生出的新的文学形态，这时打工文学也就没有合适的名称而不好命名了。①

　　从以上三种演变脉络和代际划分可以看出，"三个阶段说"主要是以打工文学在主流文学期刊、打工族受众和文学评论界视野中的影响和受关注程度来划分的，其三个阶段之间的划分界限，也以被"主流"关注的标志性事件为标准，用周崇贤的通俗说法，也就是"成名"，"打工作家"有一个由默默的潜在的"农民工"写作者身份，到浮出水面、被打工族受众和评论界认同的过程；黄伟宗教授的"蓝领白领说"以打工文学内容随着打工现象的变化而产生的演变，注意到打工文学由最初的产业工业文学为主到都市白领文学的泛化，从社会文化结构或者说打工族群落受众的变化来观察打工文学的发展历程；"打工作家""第一代"和"第二代"之间的争议结合了前两者的关注视角，焦点是不同代际的"打工作家"所面临的社会时代和文学语境的变化，以及他们各自所面临的生存困境。

　　这些不同的阶段和代际划分标准也正好说明，所考察的研究对象——"打工文学"现象和"打工作家"的创作活动本身是复杂多面的，而其所处的社会时代和文学生态环境本身也是波谲云诡，这里面涉及的问题，包括"打工潮"社会变迁、打工族群体结构和受众的变迁、文学生存处境的变迁、写作题材的变化等等。无论从哪一个角度和哪一条线索，都可能看到不同的侧面。

　　而这里面，最重要的一条线索是："打工作家"群体的文化身份本

---

　　① 周航：《打工文学研究》，暨南大学中国现当代文学，硕士学位论文，2006 年，第 17 页。

身。"文化身份"的问题，可以说缠绕着"打工作家"一生。在"打工作家"的城市生存和文化生存中，他们一直面临着文化认同的两个困境：如安石榴在《边缘》诗集的序言里所说：生存的边缘和语言的边缘。①"生存的边缘"即指他们因被主流媒体所建构的"农民工"身份，或者本土居民眼里的"打工仔打工妹"等身份，迫使他们被隔离在城市和乡村之间，承受来自城乡文化冲突、本土与外来文化冲突、传统与现代等各种文化冲突对主体性的撕裂和挤压，使得他们的都市生存充满了焦虑感；"语言的边缘"或许对于安石榴个人来说带有某种先锋写作的意味，但也恰好象征了"打工作家"的文学生存处境：长期处于不被主流文学界认同甚至歧视的位置。这两种"边缘"身份是同构的："打工作家"想摆脱"农民工"的歧视性身份印记成为"作家"，就需要获得一定的文学认证权威的"认同"。

　　本章论述了在城乡二元制度和主流意识形态通过大众传媒所塑造的"农民工"群体文化身份下，都市新移民所面临的主体性撕裂的精神困境和多元认同危机。在一边被迫认同"农民工"身份的同时，他们也在对这个身份进行抵抗，试图从中破茧而出。"打工作家"是其中相对成功地实现了文化身份重建的一个群落，他们不仅通过文学表达自身的身份焦虑，暂时摆脱了在城市的生存困境，同时，也通过文学的话语权获取了作家或文化打工族的身份。但是，从总体情况来看，这个群落的文化身份极其脆弱，这缘于"打工作家"文化身份形成过程本身所存在的矛盾性冲突。

---

① 安石榴：《人与诗歌的边缘》，《边缘》诗集序，乌纱少逸等著，黑龙江人民出版社1996年版，第1页。

中 编

形 成

中编为第二章至第四章，论述"打工作家"文化身份形成所依赖的公共文化空间和利用文学生产实现认同重构的过程。其中，第二章所考察的城中村文化现场，是"打工作家"文化群落之所以能成为珠三角城市文化群落的物理性基础和物理空间。一般的看法认为，城中村对于"打工作家"的文化身份形成没有太多直接的联系，但据我所掌握的材料发现，这种联系是存在着的。南方的工业区和工厂流水线以及集体宿舍，也是"打工作家"作为"农民工"身份的劳作和城市经验的重要现场，但我认为，正是在城中村多元混杂的冲突中，"打工作家"才获得了远比在工厂劳作更为丰富的城市经验和心理感受，而且，实际上，他们确实形成了聚集的群落，获得了短暂的自由写作状态。第三章侧重从文学作品中的形象生产，讨论"打工作家"如何在和城市、乡土的想象性关系中确立自己的文化身份认同，由于"打工作家"原初的"农民工"城乡二元文化身份，他们遭受了来自城市空间的挤压，不得不依赖虚幻的乡土认同支撑起其分裂的主体性，脱离"农民工"身份牢笼对他们来说显得颇为重要。第四章探讨了打工杂志和打工作家文化身份形成的关系，打工杂志构成了都市新移民身份转换的民间话语表达空间和亚文化空间，以其独特的文学生产机制生产着"打工作家"。在此过程中，主流文学界的审美权力参与了"打工文学"和"打工作家"的命名，并扶持了一批"打工作家"，使得"打工作家"这一文化身份的建构从一开始就是主流文学圈和打工亚文化圈交集、缠绕下相互作用的产物。

第三章 文化现场："打工作家"
与城中村

一个文化群落所栖身于都市的独特空间和场所，是观察其都市经验的起点，也是其与都市发生直接的文化冲突与碰撞的重要部分。"城中村"成为闯入都市的"乡下人"的居住场所，是历史和制度双重的偶然和必然。20 世纪 80 年代中期，中国城乡自由流动的限制松动之后，[①]农民进城已不再需要村社单位的许可证或介绍信，但要在举目无亲的都市安顿下来，居住是一个大难题。中国的土地国有制度和强有力的规划控制，使得中国的都市新移民不可能像印度的乡城移民那样，在城市占块地就可以搭建住所从而形成庞大的贫民窟；政府长期以来也并不承担给都市新移民提供居住场所的职责，[②]商品房对于当时从农村到都市寻找生存出路的新移民来说，是高不可攀的浮云。因而，都市新移民在居住空间的选择上受到种种限制。[③]最初抵达珠三角的都市新移民如果不能很快在制造业工厂或建筑工地找到工作（工厂老板一般提供集体宿舍，两层高的铁架床，和五湖四海的打工者挤住一起；在建筑工地一般睡工棚。虽然拥挤和艰苦，好歹有个容身之所），就得露宿街头——这

---

① 1984 年一号文件，"允许农民自理口粮进城务工经商"，农民开始离开乡土，这样就出现了由西部到东部、乡村向城市、欠发达向发达、内陆向沿海的内部移民。

② 廉租房的提法直到 2011 年才被提出；2011 年，为了缓解房价上涨的压力，中央启动了被认为是第二次房改，廉租房的说法，明确提出不仅为当地城市户口的居民，并且为农民工提供廉租房。

③ 刘玉亭、何深静：《中国大城市农村移民居住问题的国际研究进展》，《国际城市规划》2008 年第 23 卷第 4 期，第 19—23 页。

是非常危险的事情，① 在 2003 年"收容遣送"制度被废除之前，闯入都市的"乡下人"并不像本雅明笔下的都市漫游者那般闲适——他们没有随意流浪街头的权利，如果没有暂住证，被治安队收容遣送的结局不得而知，对于都市新移民来说，他们千里迢迢——甚至更多的人是第一次坐火车出远门——来珠三角大都市淘金的梦想，就要破灭了。除了集体宿舍和工棚，租金最低廉、最适合容纳都市新移民的住所，只有城中村，也是诸多告别了工厂流水线的都市新移民作家最好的选择。

20 世纪 80 年代以来，珠三角的工业化、城市化以令人目眩的速度扩张，城中村是当地农民城市化的一个过渡性社会空间。② 曾经是乡土田园的空间在都市扩张的进程中被厂房、高楼大厦进驻，其中一部分临近都市中央商务区，被林立的写字楼环绕包围（除了特别说明外，在本研究中"城中村"概念主要指这一类型的村落③）。这些被繁华都市逼围、完全没有农业用地只剩居住用地的村落里，村里的本土人再也无须从事稼穑，他们用卖地的收入创建股份合作制的经济社组织，享受一年一度的公司分红，形成从农民向市民、从农村社区向城市社区过渡的"新村社共同体"；④ 城市地方政府开始大规模的城中村改造之前，在寸土寸金的都市空间里，城中村因为游离于严格的城市管理体制之外，从而为受到制度约束与歧视的都市新移民提供了廉租房的功能。⑤ 都市新

---

① 1982 年 5 月 12 日，国务院发布《城市流浪乞讨人员收容遣送办法》：对家居农村流入城市乞讨的；城市居民中流浪街头乞讨的；其他露宿街头生活无着的人员，予以收容、遣送。见陈宇《农民工刘六旺的"暂住志"》，《南方都市报》2009 年 12 月 31 日，第 FA33 版。1985 年 7 月 13 日，公安部颁布《关于城镇暂住人口管理的暂行规定》，标志着全国统一的暂住证制度的形成。也正是从那时起，中国的千千万万农民工第一次听说了"暂住证"。

② 蓝宇蕴：《都市里的村庄——一个"新村社共同体"的实地研究》，生活·读书·新知三联书店 2005 年版，第 433 页。

③ 广州市共有 139 条"城中村"，以"条"而不是以"个"为单位来计算"城中村"的数量，表现出"城中村"融入城区的特点。这 139 条"城中村"大体可以分为三种类型：一是处于繁华市区、已经完全没有农用地的村落；二是处于市区周边、还有少量农用地的村落；三是处于远郊、还有较多农用地的村落。我们调查研究的"城中村"，基本只限于第一种类型，因为它们最突出地呈现出村落终结的特点，这个类型的村落在广州市 139 条"城中村"中约占 1/3，见李培林《巨变：村落的终结——都市里的村庄研究》，《中国社会科学》2002 年第 1 期。

④ 蓝宇蕴：《都市里的村庄——一个"新村社共同体"的实地研究》，生活·读书·新知三联书店 2005 年版，第 6—7 页。

⑤ 刘玉亭、何深静：《中国大城市农村移民居住问题的国际研究进展》，《国际城市规划》2008 年第 23 卷第 4 期，第 19—23 页。

移民的涌入，让本土人看到了商机，他们不以任何城市建筑规则或个体差异美学，在原住宅的基础上搭建起层层的"水泥巨物"，用经济的铁律碾碎了中国传统村落和谐人居空间的"文化意义"。① 对于怀揣着美好广州梦、南国梦的都市新移民来说，从农村来到大都市，仍然居住在都市的"村庄"，这种现象耐人寻味。对于中国漫长的城市化过程来说，这或许不过是一个短暂的过渡，却在某种意义上促成了中国工业化、城市化过程中都市新移民文化的繁荣。

20世纪80年代末到21世纪初，"打工作家"居住城中村是一个普遍的文化现象。从全国各地奔涌而至的打工作家，散落在以深圳、广州、东莞为主的珠三角城中村。尽管在地域文化、方言、职业、性别、个性上各有所别，"打工作家"却在城中村聚居成群，谋生、交往、聚会与创作，成为都市新移民群体一个相对稳定的文化群落。

珠三角城中村扮演的这个角色，和20世纪前半期纽约的格林威治村（Greenwich Village）颇为相似。格林威治村吸引着成群结队闻名而至的诗人、画家、自由作家们，形成独特的波西米亚文化群落，在其生活方式和文化氛围中，诞生了美国公共文化中影响甚巨的一代"最后的知识分子"。② 20世纪20年代至30年代，胡适、鲁迅等陆续到了上海，这个城市一时成为中国现代思想史上一批有影响的知识分子的避难所，由此诞生了"亭子间作家"。③ 当然，和格林威治村的波西米亚文化群落、上海的亭子间作家不同，中国的都市新移民作家最初的文化身份，并非是知识分子或作家，他们大多是曾经或正在珠三角工厂流水线上打工的都市新移民，或者按照主流媒体的说法，是"农民工"。当他们将珠三角打工的都市经验诉诸写作时，才可能在文化实践中重塑自己的文化身份。

城中村作为都市新移民与都市空间发生联系的直接场所，如何影响了都市新移民作家的都市经验和文化想象？"打工文学"是在一种什么样的文化现场下生产出来的？当不同的文化群落集结在城中村空间时，

---

① 李培林：《巨变：村落的终结——都市里的村庄研究》，《中国社会科学》2002年第1期。

② ［美］拉塞尔·雅各比：《最后的知识分子》，洪洁译，江苏人民出版社2006年版。

③ 王晓渔：《知识分子的"内战"：现代上海的文化场域：1927—1930》，上海人民出版社2007年版，第8—17页。

会发生什么？在与本土文化发生冲突与融合的过程中，都市新移民作家
形成了什么样的文化认同？又会给都市带来什么样的新的文化景观和文
化因子？本章将回答以上问题，通过具体的描述和阐释呈现中国城市化
过程中都市空间与都市新移民文化关系的生成。

要想在珠三角所有城中村的范围内考察都市新移民作家，研究工作
之巨，对于本课题来说是不可能实现的，也没有必要。因此，本章选取
深圳、广州为主兼及东莞、惠州、中山等珠三角周边都市新移民作家比
较集中的典型城中村作为个案，对他们在城中村的创作环境、文人交往
与聚会活动、与其他异质文化的混杂与冲突作具体微观的考察，以空间
的形式展开打工作家文化群落的集体登场和文化身份识别的过程。

第一节　日常生活、写作与文人交际

虽然并非所有都市新移民作家都居住过城中村，也并非一直都居留
于此，但是他们中的绝大多数在迁移漂泊都市的生涯中，都曾有过城中
村短暂驻扎的体验。他们通常在珠三角都市的某个城中村聚集成群，也
吸引着其他热爱文学、喜好写作的都市新移民加入。或许居住一段时间
之后，其中一批人会陆续离开城中村，但是会有另一批人前来替代他
们。因而，对于都市新移民尤其是早期的都市新移民作家来说，城中村
成为他们的一个相对稳定的文化据点，也是他们的日常生活、写作与交
际的重要文化现场。都市新移民作家的驻扎给城中村带来了新的文化内
涵，城中村不再仅仅是居留地或者本土文化的空间，也是都市新移民文
化诞生之地，以及都市新移民作家分享他们的梦想、精神与文学的文化
空间。

"打工文学"最早发源于深圳——珠三角最早打开国门迎接世界现
代性的经济特别行政区，同时也是都市新移民最早抵达的都市之一，而
在 20 世纪 80 年代初，这里还称不上"都市"，仅仅是一片小渔村。位
于深圳关外的宝安区，从那个时候开始成为工业区，同时吸引着成千上
万前来寻求梦想与发财机会的打工者，散居在宝安的 100 多个区镇的城
中村。城中村往往因某个都市新移民作家的名气而知名，从而吸引或蛊
惑更多珠三角都市新移民中的文学创作者。20 世纪 90 年代初期深圳的
城中村作家群中，安石榴便是其中一位。他在深圳漂了 10 多年，并出

版了自传体散文《我的深圳地理》，对他以异乡人的身份在深圳行走和体验的前七年青春作一个小结。在接受本课题的采访中，他说："我在深圳居住的并不仅仅是城中村，当然是以城中村为主。至于居住过多少个……但从未作过数字的统计……至少也有十几个吧。"①

1993 年，安石榴从广西一个村子顺西江而下，一路坐轮船然后转乘木船再坐公共汽车，终于抵达目的地深圳龙华镇。他的第一份工作是在一家港资造纸厂当流水线工人，月工资 100 多元包食宿，解决了迫在眉睫的吃住问题，更主要的是不用再担心作为"三无人员"被抓走遣送收容所。② 随后，他换了无数工作来到石岩镇——宝安区的一个城中村，结识了另一位都市新移民作家郭海鸿。当时郭海鸿是石岩镇文化站的一个临时工，编辑一份名为《打工村》的报纸。

> 石岩还是深圳"打工文化"最早兴起的城镇之一，大约在1992 年，镇文化站就定期出版以面向外来打工者为主的文艺墙报《打工村》，发表外来工投寄的各类文艺作品，算是在文化上率先实行接纳。《打工村》引领了深圳各镇兴办打工文艺墙报的一阵热潮，龙华、松岗、西乡、沙头角各镇文化部门纷纷效颦，相继办起了《打工城》、《打工世界》之类的墙报式文艺园地，这一风气有充分依据可看作是后来各镇文艺报刊陆续涌现的前奏，同时也体现了"打工文化"在深圳发壤的一个进程。③

从安石榴的记载中可以看出"打工文学"最早存在的形态之一——文艺墙报，也是都市新移民文化诞生的土壤，吸引了众多去土离乡的打工文学青年聚集石岩。文艺墙报满足不了打工青年表达怀乡情绪和文学情怀的需求，1993 年，安石榴、郭海鸿和其他都市新移民作家创办了最早由打工者自行编辑、印刷出版的文学小报《加班报》，这份小报仅八开双面，一半以上用来刊登诗歌，用一页劣质纸张手抄复印而成。这份粗犷质朴的小报在发刊号中宣言："我们刚刚结束给老板加班，现在

---

① 除非特别注明，都市新移民作家的谈话属于笔者访谈内容资料。

② 安石榴：《梦与地理：应约写的临 40 自传，共勉之》，http：//blog. sina. com. cn/s/blog
_ 5b11eee40100eetm. html，2009 – 07 – 24。

③ 安石榴：《我的深圳地理》，中国戏剧出版社 2005 年版，第 12 页。

我们开始为自己的命运加班！""如闪电一样直击众多外来打工者的灵魂，成为传诵一时的励志话语。"① 1993 年四五月间，在国内诗歌界颇具影响的诗刊《诗歌报月刊》特辟"诗歌沙龙"栏目介绍《加班报》，一时使"加班文学社"声名远播。一二个月后，安石榴怀揣着《诗歌报月刊》，在石岩文化站后面的操场与郭海鸿第一次会面，此后石岩的印象"穿过石岩老街的繁华，从文化站旁侧不起眼的小巷绕到后边，在无人看见的宁静与空旷中敲打郭海鸿面朝操场的木制窗门"。② 这样的情景发生了一次又一次，直到郭海鸿走后，另一位都市新移民作家曾五定接替了他的角色。

　　由于工作、居所的不稳定和变动性，都市新移民作家不得不在困顿的生活中寻求梦想和精神乡愁的寄放地，"文学"以及因为文学而产生的惺惺相惜和志同道合成为链接打工作家文化群落的重要纽带。"加班文学社"邀集了一批蜗居在深圳城中村的都市新移民作家，定期或不定期的"以文会友"成为他们南方漂泊生涯中的重要节目。1994 年中秋，安石榴兴冲冲地从附近的水田村奔赴石岩，参加曾五定等人发起的中秋之夜文艺聚会，当时活跃在临镇龙华的一批自由撰稿人邓家勇、杨怒涛、黄河、龙利民等也纷纷赶来相聚。在石岩镇这个城乡接合部的小小村落里，他们饮酒、朗诵诗歌，借以分享和排遣在异乡街头滋生的乡愁。六年后安石榴回想起在石岩的生活，他写道："石岩是我在深圳第一次获得思想碰撞的地点，也是第一次深刻地领受物质和精神、梦想和现实双重质问的地点。"③《加班报》出版两到三期之后，郭海鸿去了《大鹏湾》——珠三角最早的打工杂志，安石榴也搬迁到龙华镇。为了保持联系和维持小报的存在，1995 年经历了一轮漂泊和命运变迁的新旧文友再聚石岩重组"加班文学社"，文学社成员分工明确，活动范围也更为广阔，从石岩拓展到龙华等深圳关外的城中村，在某个文友居所进行定期或不定期的文学聚会由此成为惯例。

　　龙华镇是著名的"打工文学"作家村，在 70 多平方公里的村落里汇集了约百万人口，其中包括 200 多位都市新移民作家，形成独特的打

---

　　① 安石榴：《我的深圳地理》，中国戏剧出版社 2005 年版，第 13 页。
　　② 同上。
　　③ 同上书，第 15 页。

工文化部落,① 也一度被媒体誉为"打工作家"的"梦工场"。② 1994
年安石榴因生意失败,落魄之际为逃避债主遁入龙华镇,"作为一个文
化的灰色符号",与"屹立街口的旧文化站发生碰撞",③ 加入了当时在
龙华下街驻扎的第一代都市新移民自由撰稿人之列。1994 年至 1995 年
间,安石榴所经历的旧文化站,是这样一幅图景:

> 龙华下街的街口,有一棵硕大的木棉树,开花的时候,满树满
> 地一片火红,煞是壮观。木棉树旁边,就是旧文化站,两层的陈旧
> 瓦房,不及木棉树高,但在木棉树的映衬下,倒显得有几分文化的
> 古朴和苍凉。文化站的正式职工早就不再光顾此地,剩下的只有两
> 个负责创作和宣传的招聘人员,加上数个暂住的自由撰稿人,出出
> 入入的文学爱好者,此情此景,颇有点像文学院落的意味。④

这批文学爱好者有如前面提到的邓家勇、杨怒涛、黄河、龙利民
等,以及安石榴,加上一边兼职编辑《龙华报》"打工诗歌"栏目,一
边经营面向打工者的低档消费歌舞厅"打工之家"的四川诗人松籽,
在龙华老街被废置的旧文化站两层破旧的出租屋仅有 10 平方米左右的
"陋室"里,栖居并伏案写作。这一方小小的"文学创作室",成为全
国各地大量报刊供稿来源的生产线。"有时人多没有桌子,他们就掀开
被子伏在床上写。实在挤不下,住工地的人就在工棚里写,没有电灯,
点上蜡烛就着如豆的烛光写……"⑤ 很多人都是夜里的"写作狂",一
方面可以避开白天的喧嚣,在思维更清晰的情况下写作;一方面白天要
打工,鲜有人能在巨大的生存压力下专职写作,即使"自由撰稿"也
是背水一战,迫不得已。种种艰苦,并没有打消这批都市新移民作家
"疯狂"的创作热情:杨怒涛应一家杂志赶写一篇近万字的小说,"白
天照常打工,晚上伏案疾书,一种莫可名状的创作冲动驱使他连续三天

---

① 马维东、冯霖、邹文娜:《龙华有个打工"文化部落"》,《羊城晚报》2009 年 11 月 3
日,第 ZA17 版。
② 《龙华:打工作家"梦工场"》,《深圳商报》2002 年 8 月 12 日。
③ 安石榴:《我的深圳地理》,中国戏剧出版社 2005 年版,第 17 页。
④ 同上书,第 18 页。
⑤ 温苏平:《三代打工作家龙华寻梦》,《深圳商报》2006 年 3 月 5 日,第 A08 版。

三夜基本没睡，把作品赶了出来"。① 这种激情与疯狂在都市新移民作家的文字经营生涯中非常常见，特别是有报刊约稿的情况下，能获得稿约是非常令人兴奋的事情，更多的时候，遍地投稿的结果可能是石沉大海。

龙华镇从 20 世纪 90 年代初开始，成为都市新移民作家生存、写作与聚集的大本营，其所担当的角色，和 20 世纪前半期纽约的格林威治村颇为类似。不同的是，这批文化新移民起初的身份并不是"文化人"或"知识分子"，甚至"作家"也是正在获得中的身份，他们原本是附近服装厂、电子厂里打工的流水线工人，或建筑工地上的苦工，或保险推销员，有的是临时失业，一边找工作一边从事写作。龙华的盛名使得深圳蛇口、龙岗、石岩、松岗等周边地区的 100 多名打工青年，先后跳槽来到龙华，加入了"打工文学"的创作队伍。② 按照成名年代和代表人物来划分，龙华曾蛰居三代都市新移民作家：20 世纪 90 年代初期中期的安石榴、杨怒涛等算是一代；李于兰、戴斌等属于第二代群体；第三代是最新填充进来的文学青年。③ 这种按照成名年代的代际划分或许并不准确，但也大致反映了龙华作为都市新移民作家文化群落栖居地的盛况。在城市化的脚步踏入之前，深圳关外临近特区的城乡接合部有无数大大小小的城中村，石岩、龙华镇等何以成为都市新移民作家的聚集地？安石榴在《我的深圳地理》写道：

> 下街之所以能招揽一批人在此经营文字，归根到底与龙华的文化部门有关，龙华当时的文化气氛相当浓郁，有内部出版的报纸、文学刊物和有线电视台、广播电台、图书馆等。文化站设有专门的创作机构，为笼络作者，将废置的旧文化站提供给几个前来投奔的自由撰稿人暂住，由当时文化站负责宣传创作的张煌新召集，由此逐渐聚拢成群，声名鹊起。④

---

① 温苏平：《三代打工作家龙华寻梦》，《深圳商报》2006 年 3 月 5 日，第 A08 版。

② 易运文：《近观龙华"打工作家"》，《光明日报》2002 年 9 月 18 日。

③ 关于龙华"打工作家"的代际说法，见温苏平《三代打工作家龙华寻梦》，《深圳商报》2006 年 3 月 5 日，第 A08 版；黄伟：《打工文学积聚龙华》，《南方日报》2009 年 8 月 25 日，第 HD02 版。

④ 安石榴：《我的深圳地理》，中国戏剧出版社 2005 年版，第 17 页。

除了城中村低廉的租金，龙华镇文化部门针对外来打工者的文化举措，包括当时投资在街边建起 5 个名为"打工城"的橱窗，以及创办《龙华报》"打工城"副刊，刊载打工者的文章,① 的确给当时潜伏在深圳的都市新移民提供了学习、倾诉和表达的平台，由此形成浓厚的文化气氛，吸引着都市新移民中的文学朝圣者。从某种意义上说，像石岩、龙华镇这样的城中村是中国式波西米亚文化人的文化现场。

然而，对于漂泊在异乡都市的都市新移民作家来说，因为同样的都市边缘人身份和因与都市碰撞产生同样的文学情怀，从而获得生存上的帮助和写作上的交流、讨论和指引，才是使得打工文学青年趋之若鹜从而形成城中村文化群落的最主要原因。尤其当处于失业困境、潦倒彷徨之时，安石榴记得他刚到龙华下街的艰难日子：

> 我当时就隐身在与旧文化站大约百米之遥的一间漆黑的破屋子里，心情失落，穷极无聊，常跑过去喝酒聊天。其时我们都穷得揭不开锅，常常是就一盘猪头肉，饮几块钱的劣质烈性白酒"一滴香"。当然，也会有一些苦中作乐的时候，我当时尽管是避难而来，但还零星做些小生意，有时还能赚上几个小钱，而他们那一天领了一笔稿费，也会兴冲冲地跑过来叫我，生活虽然困顿无望，但我们内心的快乐与梦想并未磨灭。②

当文化部门不再为旧文化站的自由撰稿人提供出租，通知他们搬走时，安石榴的小出租屋一下子挤进了好几个人，形成一种写稿的氛围，安石榴也在耳濡目染下，跟着他们一起到各个报社杂志社跑，发表了一些小豆腐块。安石榴在采访时回忆起城中村的生活，说：

> 在深圳，在两个地方于我是至关重要的，一个是宝安的 74 区，我在那里居住了两年多，把住处命名为"边缘客栈"，并和在此往来的朋友们共同出版了诗歌合集《边缘》、创办了《外遇》诗报；另一个是下梅林，在那里的出租屋，我写下了 70 后诗人自己发出

---

① 易运文：《近观龙华"打工作家"》，《光明日报》2002 年 9 月 18 日。
② 安石榴：《我的深圳地理》，中国戏剧出版社 2005 年版，第 18 页。

的第一个群体宣言，《外遇》诗报由于我们推出了"70后诗歌专号"而被认为是中国70后诗歌运动的先声，当时不少全国各地到深圳的诗友都曾在那里作过盘桓。

这些影响了中国诗歌版图的文化事件，就制造于下梅林围面村一个简陋的出租屋里，安石榴就着出租屋的灯火写下了《七十年代：诗人身份的隐退和诗歌的出场》，诗报印出后，"全国各地无数的信件飞向下梅林这个隐匿的角落"。① 在城中村空间里，这些都市新移民作家结成文学社团，彼此互相扶持，分享生存与文学的希望与激情，因而建立了同样的文化认同。这些之所以成为可能，是因为相对于拥有深圳户籍的城市居民和原住民来说，他们是外来人。这也是安石榴后来每搬迁到一处，都将其出租屋命名为"边缘客栈"的原因，他和朋友们的文学交往和集会，也多在"边缘客栈"里进行。

深圳另一个重要的打工作家文化群落聚集在宝安的31区，这个不起眼的城中村因为媒体的大肆渲染被赋予传奇色彩。2005年，《宝安日报》之《文化周刊》发表《关外→斯德哥尔摩通向诺贝尔文学奖的路途经31区》，从此，"31区"作为一个特殊的文学符号在文学界流传。② 这个城中村的文化群落成员先后有王十月、曾楚桥、杨文冰、叶耳、徐东、卫鸦、曾五定、于怀岸、林军、孙夜等漂泊在珠三角都市的新移民作家。

与石岩、龙华等城中村稍有不同，31区成为打工文学作家的集结地并非倚赖于镇文化部门所制造的文化气氛和媒体平台，它成为文学和精神上的概念或许更多的是出于偶然。31区最早的一批都市新移民作家入住的境况，在曾楚桥的回忆文字中有详细的记录：2004年3月22日，曾经供职于《大鹏湾》的王十月、杨文冰和曾楚桥因为杂志人事变更集体失业了：

　　……我们把这次失业称之为对打工文学的一次集体逃离。

---

　　① 安石榴：《我的深圳地理》，中国戏剧出版社2005年版，第35页。
　　② 孙夜、颜爱红：《打工文学发展备忘录》，《宝安日报》2009年11月1日，第A19版；《宝安日报》2005年11月26日发表主编唐冬眉文章《关外→斯德哥尔摩通向诺贝尔文学奖的路途经31区》。

　　我们在宝安三十一区市场附近一家名叫上合烧骨店的小饭馆里坐了下来，我们在一边喝着冰凉的啤酒，一边商量着今后的日子怎么过。没有了工作，我们首先想到的就是如何生活。当时自由撰稿正风行一时。各种各样的杂志林立，单是故事类的杂志，在当时就不下几十家，我们觉得这是一块可供我们大展拳脚的园地。

　　我们准备成立一个文字工作室。为了方便大家交流，我们决定住到同一个地方。在此之前，王十月第十一次搬家时，就把家搬到了三十一区。他建议我们也住到三十一区来。我和杨文冰觉得三十一区也是一个不错的地方。它毗邻宝安公园，公园的优美环境大家有目共睹，一些公用设施也相对齐全，晚饭后，是可以就近到公园里走一走的，但这仅仅是一个相当次要的原因，因为在当时，对我们来说，晚饭后到公园里走一走，显得过于奢侈了，更重要的是这里的房租水电相对于宝安其他的地方要便宜很多。①

　　从这段描述可以看出，31 区成为打工文学文化群落的一个重要文化现场，城中村相对便宜的房租是最重要的考量因素。2002 年王十月最先租住在 31 区，首先这里藏匿着来自五湖四海的都市异乡人，以各自的方式谋生互不干扰各取所需，生活成本低而且便利，充满着混杂、脏乱而又不乏宁静诗意的浪漫在王十月的散文《声音》里有细腻传神的表达，宝安公园也是他们后来写作到腰酸背痛之余相邀聚集的重要场所，一边跑步，一边聊文学，度过一天中或许是最为轻松的时光。其次对于他们当时的处境来说，解决生存问题才是最首要的，并非如某些媒体所想象的"独守清贫对文学的执着追求"。②"对文学的执着追求"恰恰是他们为了改变清贫地位、实现从普遍的外来"打工仔"到"作家"身份的转变，从而在都市获得认同地位、实现最初南漂梦想的路径。这也反映在工作室取名的讨论上，当杨文冰提出"自由"，三人一起沉默，王十月认为"自由"太过张扬，曾楚桥说"我们其实都是不自由的自由撰稿人"，于是提名"存在工作室"，最后一致通过。对于这些

---

　　① 曾楚桥：《三十一区和打工文学》，《宝安日报》2009 年 7 月 5 日，第 A17 版。
　　② 瞿慧萍：《亲嘴楼里的作家梦——记聚居在宝安三十一区的文学创作者们》，《深圳侨报》2007 年 7 月 28 日。

去土离乡游离于都市体制之外的打工作家来说，"生存"才是硬道理。再次，和20世纪90年代中期石岩镇、龙岩镇表达怀乡情绪和文学情怀的打工青年相比，31区作家的写作更为自觉，他们不仅仅需要倾诉城乡文化碰撞过程中产生的巨大伤痛，或者满足单纯的文学情怀和梦想，而更希望通过文字养活自己和家人，改变自己在都市的命运。因而，他们再也无法满足在"打工村"、"打工城"等墙报、自办民间小报或者珠三角仅有的几家打工文学报刊平台上发表自己的作品，必须通过文字获得稿酬或名声。再一次反映了都市生存逻辑的重要性。为了生存，他们有时候不得不写一些纪实或情感故事类的文字来赚取银子，因而他们筹备的工作室不叫"文学创作室"而叫"存在工作室"，遮蔽了"文学"而凸显了"文字"，曾楚桥将他们从《大鹏湾》的"失业"譬喻为"对打工文学的一次集体逃离"，其含义也在于此。

　　31区新移民作家自觉地聚集成群，他们印制了统一的名片，并在当时形成一种独特的集体写作现象。这并不是说他们都以同样的写作风貌和写作姿态出现，在具体的创作实践中，每个作家都有各自的写作理念和文字追求；这里的"集体写作"仍然来自相互交流和鼓励的氛围，以及在方向上的相互指引。这些来自外省的打工者在形成各自的写作理念和技巧之前，并没有多少写作上的训练，仅凭着对文学的热情和最基本的文字功底，以及用"文学来讲述自己的打工生活"的冲动。聚居城中村自觉组织文学社团，是他们作为"都市新移民"和"文学创作者"双重身份的一种彼此认同，在这种认同的基础上，彼此交流分享携手进步，各自举起火把，照亮在黑暗中自我摸索的坎坷遥远的文学路。这种光亮虽然微弱，却足以温暖"打工作家"的一段旅程。这对处于都市边缘地位、漂泊不定的都市新移民来说，是非常重要的。曾楚桥对文友间的相互帮助有深刻的体会，他在31区的自由撰稿生活并不顺利，写作状态很不稳定："老实说，我自己也有点儿灰心，觉得很难再坚持下去。大家都在为我的这种状态焦急，尤其王十月和孙夜，我们每天去公园跑步时，他们都跟我谈我的小说，谈小说里的个中得失，又从小说谈到当下的文坛，总而言之，是想尽一切办法让我重建自信心。我敢断言，再也没有什么比得上来自朋友之间这种推心置腹的交流更让我感到

直接而有效的了。"① 当他的小说《幸福咒》终于在《收获》通过终审，
"王十月那高兴的样子，那情景比他自己的小说在大刊上发表还要高兴
十倍"。②

正是这种认同和鼓励，让一批都市新移民作家坚持了下来，从
2006 年开始，他们在 31 区的写作便有了方向感，也聚拢了更多的具有
文学情结和理想情怀的外出打工者。"存在工作室"成立了不久，叶
耳、卫鸦、徐东（笔名徐一行）等慕名而来，此后曾五定、于怀岸、
韩三省、林军、孙夜也入住 31 区。在物欲横流、纸醉金迷的深圳特区，
打工文学作家文化群落的出现及其生活是都市主流群体和本土人无法想
象的。31 区的自由写作者们"常常是一边跑步一边谈文学。觉得我们
是这个城市最幸福的人。我们假想了每个人各自的未来……"③

城中村对于都市新移民作家来说只是进入都市的一个临时处所，当
他们的专职写作无法满足生存，或生存条件有所改善时，譬如在珠三角
多如牛毛的报纸杂志找到一份编辑工作，或被提拔到当地区、镇政府机
构的文化部门做文职，他们可能会离开城中村。对当时的他们来说，那
或许是被迫无奈的选择，又或许是更好的出路：在窗明几净的办公室里
有一份体面的文职，可以搬迁到条件更好的宿舍，而不是在工厂车间或
建筑工地上挥汗如雨地加班，或居住在黑暗曲折、险象重生的城中村出
租屋。譬如郭海鸿担任《大鹏湾》副主编，告别了短暂的城中村居住
生涯；王十月通过"文学"改变了自己的命运，搬离了城中村，在东
莞拥有自己的房子。当然只有少数人有这样的好运气，由于工作不稳
定，更多的都市新移民作家从一个城中村搬迁到另一个城中村，甚至从
珠三角一个城市流落到另一个城市。譬如当时的安石榴从深圳关外城乡
接合部的城中村搬迁到深圳市区的城中村，戴沙牛在广州的猎德村、杨
箕村、鹭江村之间跳来跳去；杨文冰从深圳 31 区搬迁到广州的猎德村，
何真宗从东莞到了广州……他们是珠三角都市真正意义上的文化漫游者
和行吟诗人。

---

①　曾楚桥：《三十一区和打工文学》，《宝安日报》2009 年 7 月 5 日，第 A17 版。
②　同上。
③　唐冬眉：《深圳三十一区作家群》，《宝安日报》2007 年 4 月 23 日。

　　总之，都市新移民作家在珠三角的漂泊生活、城市体验和文学创作几乎是同构的，城中村是他们生存、写作与聚会交往的重要文化现场。社会学者认为城市外来人口已经在都市形成一个新的社会空间，成为一种结构化的东西，①都市新移民作家文化群落便是这种新的社会空间生成的具体显现。这个新都市文化群落具有不同于本土人群的生存方式、关系网络、行为规则和价值观念，与整个都市新移民群落形成某种吸附和牵连；而又因为"文学"具有与传统老乡社会聚落不同的特点，对"文学"的认同打破了传统依据省份来划分的地域认同，使得来自广东和广东以外省份的都市新移民作家能获得彼此的理解，甚至在与都市的文化碰撞和异乡人的身份感上，能产生文化认同感。因而一开始，都市新移民作家便具有双重的文化身份：一种是作为外来人口的都市新移民；一种是热爱文学和热爱写稿的"作家"。这里的"作家"打引号，因为他们不是已经成为"作家"，就是走在成为"作家"的路上，这也表明了两种身份始终是纠缠在一起的，密不可分地成为一个整体。城中村作为都市空间的一部分，正好印证了这个文化群落的身份存在。

第二节　本土与新移民的文化冲突

　　除了城中村的地理特征和社会生态所构筑的关于都市新移民对于自我与都市关系的文化想象，考察城中村"文化身份"符号空间形成的另一个重要方面，就是都市新移民与本土居民在日常生活中所建立起来的印象和关系。城中村在珠三角都市化过程中首先是作为本土居民的"新村社共同体"空间而存在，其次才承担了乡城迁移过程中都市新移民生存与身份空间的历史使命。当这两个在语言、地域文化、习俗、观念上差异巨大的群体在共存于同一都市空间时，本土居民和都市新移民的文化认同才更突出地成为一个问题。在斯图尔特·霍尔有关文化认同的经典理论中，认为认同建构于"不同和差异"，只有当与外在的他者发生联系时，认同才在缺失和差异中得以建立。②当一个人出生于湖南

---

① 项飚：《传统和新社会空间的生成——一个中国流动人口聚居区的历史》，《战略与管理》1996 年第 6 期。

② Stuart Hall, "Introduction: Who Needs 'identity'?", Stuart Hall and Paul du Gay, ed. Questions of Cultural Identity, London: Sage Publication, 1996, pp. 4-5.

省,"我是湖南人"的地域身份认同在湖南省内的流通没有多大意义,他可能会对人说"我是长沙人"、"常德人";当湖南人来到广东省,"湖南人"的地域身份才得以凸显;因为珠三角的发展象征着城市化的步伐,在面对广东人的时候,所有来自其他省份的"湖南人"、"四川人"、"湖北人"都统统被称为"外地人"、"异乡人"。世世代代生活于内地乡土农村的村民,并没有太多关于自我定位和文化身份问题的困扰,因为他们生活在一个身份相对均质的社会。当他们跨越城乡边界,来到一个异质的同时也在发生着现代化、工业化、城市化历史剧变的社会,认同的问题才会变成一种困扰。因此可以说,文化认同总是在打破疆界、跨越某种差异障碍时发生的,生活在同一空间的本土居民与都市新移民彼此建立的他者镜像和对自身归属的划分,更清晰地阐释城中村作为都市新移民文化认同空间的符号意义。

虽然本土居民和都市新移民共享着城中村空间,结成相互依存共生的关系,但因两个群体的巨大差异,保持着文化上的隔绝和不相往来。城市社会学者在探讨都市新移民的城市融合之路时,认为社区是新移民和城市居民比邻而居、共同生活的空间,也是新移民在城市获得家园感觉、重构主体意识和心灵归属感的依托。新移民能否最终融入城市社会,取决于他们能否与城市居民结合成一个社区共同体。[①] 然而这种社区共同体只能存在于美好的想象中,实际的情况是:都市新移民和本土居民从分配制度、职业分布、消费娱乐、聚居方式和社会心理等各方面,在都市社会形成了两个不同互不干涉、彼此封闭的系统,都市人类学者周大鸣教授称之为"二元社区"。[②] 这种情况在20世纪八九十年代比较普遍,即便在城中村这个共享性的空间里,本土居民和都市新移民也极少产生交集,几乎很少来往。在对都市新移民作家的采访中,我提到两个问题:"您和城市本地人交往多吗?有没有和本地人吵架或发生过冲突?"安石榴在深圳待了7年住过十几个大大小小的城中村,他的回答是:"极少交往,我的生活圈子里很少会出现本地人。不知道涨房租算不算冲突,呵呵。"而另一位待在广州的十几年间住过不下五个城

---

① 马西恒、童星:《敦睦他者:城市新移民的社会融合之路》,《学海》2008年第2期,第15—22页。

② 周大鸣:《外来工与"二元社区"——珠江三角洲的考察》,《中山大学学报》(社会科学版)2000年第2期。

中村的戴沙牛在访谈中说道："和本地人基本无交流……跟本地房东偶尔会发生一些争执，大多是因为房租。一般来说，都是平安无事地相处，各活各的，好像生活在两个空间里。"在东莞居住过十年的刘大程的回答是："交往不多。没有过冲突。"对于大多数都市新移民作家来说，与本土居民打交道的对象大多数是房东，彼此之间只有"租金"的关系，只有在交付房租时才与房东发生交集；或者到城中村本土居民开的小店、菜场买东西、餐馆里吃饭、街边的理发店理发时，才会发生交集，而这一切都只与"金钱"有关。

融洽与和谐的表象并不意味着城中村"二元社区"没有文化冲突。相反，没有交往恰恰是都市新移民文化群落与本土居民之间更深层文化冲突的表征。首先，城中村的空间格局设计将这两个群落彼此隔离，本土房东极少和新移民租客居住在同一栋房子，即使有也在安全措施上采取严格的防范，租金成为两者沟通的唯一链接。都市新移民文化群落所聚居的由本土居民世代繁衍其中的城中村空间，"是一个组织严密，有着稳定运行秩序与逻辑的社会场所，这一社会场所具有的诸多社会特征，如本土性、稳定性、同质性比较强，拥有历史与现实糅合而成的独特生存发展体系正好与流动人口群体相比存在极大反差"。① 无论在政治、经济上，还是社会风俗、文化观念上，本土居民所构建的"新村社共同体"所形成的严密壁垒，将都市新移民阻隔开来，杜绝了与外来移民发生太多交往的愿望和需要。蓝宇蕴在珠江村的个案研究中对本地人态度的调查，一位老年村民的话颇具代表性：

　　这些外来人口都是我们的米饭帮主，要是没有他们，我们连生路都成问题。可是，他们来了以后，村里的环境变化这么大，生活的安全感少了许多。我们现在晚上都不太敢出门，那些匆匆忙忙的外地人横冲直撞，搞得我们连路都不会走了，万一被人家撞倒了，还不知道去哪里找人家呢。还有，那些北方人都喜欢吃辣椒，他们一做饭，我们就得到处关门关窗户，常常弄得我们一到做饭时间就一边捂着鼻子，一边擦着眼泪，再一边骂着这些外地人。（在广东，

---

① 蓝宇蕴：《都市里的村庄——一个"新村社共同体"的实地研究》，生活·读书·新知三联书店 2005 年版，第 363 页。

本地人一般把岭南以北统称为北方)。①

由此可见，本土居民对外来新移民的态度是矛盾的：一方面大量都市新移民群体维系着出租屋经济，是本土居民的"衣食父母"，另一方面又扰乱了本土居民原有的生活秩序甚至文化习惯。"出于自我保护的考虑，本地人确实对外来流动人口格外的小心与警惕，甚至在许多情形下还尽可能地回避与外来者的过多交流。"② 在这种情况下，外来都市新移民想要打入本土群体，与本土居民融合成都市共同体是非常困难的。

对于都市新移民来说，城中村的居住体验使之形成与都市隔离、边缘化的文化心理，普遍缺少稳定感和安全感，加上他们多是早出晚归的打工一族，尤其对于都市新移民作家来说，白天上班，晚上写稿，以异乡人和文学爱好者的双重身份结成自己的关系网络，也没有和本土群体发生实质性联系的必要。而对于房东，最普遍的说法是："我们来租房住，他们出租房屋，主要就是这层关系，其他最多有些很表面化的礼尚往来。村里这么复杂，他们一般对于我们都是很提防与不信任的，很难有什么实质的交流与沟通。"③

两个群体之间的相互防范和警惕，使之自愿隔离开来形成各自不同的封闭的坚不可摧的文化群落，除了因房租发生的纠纷外，并没有太多直接的矛盾和冲突，形成相安无事、经济互惠的依存关系，也维系着城中村作为都市新移民"文化身份"空间的存在。这种关系格局恰是两个群体之间巨大差异性的后果和表征，以对他者的排斥为基础形成各自的文化身份。

从两个文化群落相互的他者镜像中，可以进一步看到文化身份识别的机制。都市新移民和本土居民在彼此眼里的形象，往往是否定的，甚至两个群体之间相互污名化。本土居民眼里的都市新移民形象的建构，最典型的就是对于都市新移民进驻城中村所带来的一些问题譬如环境恶化、治安问题的担忧，并将其罪责加在都市新移民头上。早在1989年

① 蓝宇蕴：《都市里的村庄——一个"新村社共同体"的实地研究》，生活·读书·新知三联书店2005年版，第366—367页。

② 同上书，第367页。

③ 同上书，第363页。

外来人口大量涌入珠江村时，治安环卫问题就开始显现。1989年珠江村的年终工作总结透露与外来人口相关的问题："环境卫生跟不上，脏乱差严重。治保工作存在问题不少，发生了一些近年来少见的大案，刑事犯罪发案率上升。"当1990年珠江村针对环境和恶性刑事案件进行整顿之后，整个村落的面貌立刻焕然一新。① 都市新移民的大量涌入和环境、治安问题确实同时显现出来，但这属于社区管理的问题，任何一个地方人口众多混杂，管理跟不上的话，都会可能派生出环境和治安问题。然而，本土居民很容易将这个问题的罪因转嫁到都市新移民身上，比如前文珠江村本土村民对外来新移民的抱怨，认为是"他们来了以后"，才会导致"村里的环境变化这么大，生活的安全感少了许多"。在某种程度上说是一种客观的表述，但这种表述只是真相的一部分，没有触及根本和因果。对都市新移民群体的印象一方面与制度歧视和都市地方媒体对外来人口大量负面报道所形成的刻板效应有关，另一方面，也带有刻意建构他者的主观性，在对"闯入"本地城中村的外来都市新移民的负面建构中，重新确证了本土居民群落的自我文化身份的优越感。

从都市新移民的角度，城中村本土居民的形象也并不是那么美好。虽然他们将自己的地盘腾出来一部分，给新移民提供了在都市的栖居之地，但也只是为了经济利益。甚至为了经济利益的最大化不惜牺牲住所的条件和美观。就像戴沙牛的城中村房东认为租给外地人，厕所和厨房连在一块是很正常的。都市新移民作家从本地房东对待他们的歧视态度中看到了一个"不受欢迎"的自我形象，虽然并不是所有的本土房东都是如此，但这种歧视意味在整体社会语境中被放大了。鄢文江在访谈中说"接触到的本地人都愿意帮助我"，但仍然"不是很喜欢交本地人做朋友"。甚至，都市新移民对本地人抱以同样的污名化建构。尤其是乡城大迁移早期，受到的歧视越严重越普遍，这种"反弹"就越厉害。一位都市新移民作家居住城中村时"和本地人基本无交流"，原因是"不是不能，是不想，感觉他们没有什么值得交流的"。他进一步解释："你可以去看看城中村的生活。本地人靠收取房租过活。他们不工作，

---

① 蓝宇蕴：《都市里的村庄——一个"新村社共同体"的实地研究》，生活·读书·新知三联书店2005年版，第323页。

可以在茶馆里从早到晚喝茶一坐就是一天。而本地的年轻人也不用接受太高的教育，坐吃山空，是那个什么？对，二世祖。他们对于这个城市没有贡献什么价值。而我们这些外地人，却为城市的繁荣作着贡献。但是呢，我们却从来享受不到城市发展的果实。"这种想法也大致反映了部分都市新移民作家群体对本土居民的态度，以及对于当前城乡二元分隔体制的抱怨。

本土居民将外地人排除在本地都市的认同范围之外，并以对他者形象的污名化建构的方式建立起本地居民的整体身份认同意识；而都市新移民同样对本地人抱以负面的想象和隔离的方式，积极重建新的文化认同。本土居民强烈地坚守着自身群体的文化认同边界，都市新移民一方面承认加诸自身的文化认同，并渴望从负面的文化认同中解脱出来。乡城大迁移已历经30年，都市新移民作家普遍认为本地人对外地人的态度比以前好，但绝大多数并不认为自己是所在城市的居民。大洋论坛是广州本地居民常去的虚拟社区，也有都市新移民流连其中，常有因为"谁是广州人"问题的争端。大多数本地居民坚称只有出生在广州并且讲粤语的人才能被称为广州人，而且必须对广州人和外地人之间进行严格的区分。同时，都市新移民争论说外来人口为广州的发展作出了贡献，如果没有外来的农民工，广州就不可能有巍巍屹立的现代化高楼大厦。[1] 这种争论往往没有结果，实际上对于出生地和语言等地域文化标识进行的群体身份划分只是人为地设置群体认同边界，并不具有多大的参考意义，譬如新生代都市新移民出生在城市，也学得一口流利的粤语，但在身份认同上，仍然被标识为"新生代农民工"，而不是本地城市人。以户籍为边界所形成的乡城身份认同是制度的大环境，而本地居民和都市主流群体以空间、语言、习俗等文化表征物来设置群体认同边界，更多的是出于一种文化想象，以建构负面形象他者的方式将外地人排除在本地城市的认同范围之外。

第三节 从物理空间到文化心理空间

城中村作为都市新移民作家文化空间，具有两方面的含义：一方

---

① Yarong：《大家来讲下点先算系广州人？》，http：//club. dayoo. com/read. dy？b = gzss&t =1105&i = 1105&p = 1&page = 1&n = 20，2008 - 07 - 30。

面，城中村是都市新移民作家在都市生存、写作和交往的物理意义上的空间；另一方面，这个文化空间也是在各种关系作用下获得新文化身份的"认同的空间"。通常，城市的"移民空间"代表的不仅仅是一个建筑群或居住区，而是一个典型群体的空间符号和身份符号。① 除了各种制度和社会语境，城中村作为一个典型的都市新移民"文化空间"，同时作为都市整体空间的一部分，在何种层面上表征、建构甚至强化和固化着都市新移民作家的文化身份？

首先，城中村的坐落位置和物理空间特征，激发了都市新移民作家对城市及其自身与城市关系的文化想象。三种城中村，无论是位于远郊、城乡接合部还是城市繁华地带被现代高楼大厦包围的城中村，都让都市新移民处于都市边缘或与都市隔绝的状态——尽管城中村是古典村落形态的遗存或向都市过渡的新村社共同体。安石榴一直在深圳关外宝安的城中村之间来回搬迁，曾自嘲说"我一直滞留在城市的边缘地带"，他将所有租住的房子全部命名为"边缘客栈"。② 虽然他后来从关外搬迁到了关内，算是从"边缘"到了深圳市"中心"，有朋友开玩笑说"你终于进城了"，一言捅破他在深圳捉襟见肘的栖居生活内情，③但是"边缘客栈"的命名一直被保留了下来，只不过在前面加了一个"新"字，因为他不过从城乡接合部的城中村搬迁到了市区的城中村。他说："我永远不会忘记我为'边缘客栈'所题的那首古体诗：'边缘唯一栈，去留两相难。此身终是客，浪迹不知还。'这首五言诗被写成条幅贴在'边缘客栈'最显眼的墙上，它常常令我及朋友们在默念的当中眼噙泪水。"他还为自己设计过一种名片：名片顶端是招牌一样的"边缘客栈"四个大字，左边角就印着这首古体诗。④"边缘"在此不仅是一种居留状态，更象征着他们在都市的文化身份——边缘的外来人。这种文化身份的展示在都市新移民作家群体中产生情感上的共鸣和理性上的认同，作为都市新移民中最敏感的群体，经历过对异乡都市刻骨铭心的漂泊体验，才能体味到在异乡"诗意地栖居"的这份渴望。而对本身处于边缘地带的文学与诗歌的追求更将其推向了边缘中的边缘，安

---

① 赵晔琴：《农民工：日常生活中的身份建构与空间型构》，《社会》2007 年第 6 期。
② 安石榴：《我的深圳地理》，中国戏剧出版社 2005 年版，第 27 页。
③ 同上书，第 51 页。
④ 同上书，第 122—123 页。

石榴在诗集《边缘》序言《人与诗歌的边缘》中提出"生存、语言的边缘"①，恰和当时都市新移民作家在都市处于行走和地域边缘的处境形成一种同构。

与"边缘"生存状态相比，另一种状态是"隔绝"。2007年之前的猎德村和2010年之前的杨箕村，分别临近广州的CBD珠江新城和天河城。这两个城中村是非常典型的"城中村"：首先，两者都存有几百年的岭南地方文化，有小河和沟渠贯穿整个村落，是典型的岭南水乡村落。2007年猎德村被拆迁之前，每年端午节广州本土人都要举办龙舟竞赛，这种民俗持续了几百年。其次，这两个城中村全都被广州最气派最现代的高楼大厦包围。如果你站在广州大道的立交桥上，四下眺望，可以看到广州珠光宝气、富丽摩登的面孔；可是如果你敢于穿过杨箕村和猎德村的牌坊，你将看到广州另一副面孔：广州的前世。广州大道两旁高耸的南方传媒集团大楼，广告牌和霓虹灯流淌着都市的时髦与现代气息，而仅仅一墙之隔，就是城中村低矮的"握手楼"和"一线天"，仿佛跨越了半个世纪，这种巨大的反差往往让观者震惊。

图一：广州杨箕村的街道和日常生活（李灵灵拍摄于2009年）

---

① 乌纱少逸、光子、安石榴、松籽、耿德敏、黄廷飞：《边缘》，黑龙江人民出版社1996年版，第1页。

　　城中村的整体建筑和出租屋住宅空间的内部格局也在某种程度上印证着外来者的身份。理性又善于精打细算的本土村民为了追求利益最大化，往往是在原来的基础上私搭私建起"水泥巨物"，这样的水泥建筑当然以牺牲建筑美学特征和居住舒适度为代价，往往七弯八拐内里乾坤不可追寻，形成了"握手楼"和"一线天"等典型的城中村景观，与出租给白人的高尚生活小区整理宽敞秩序井然的格局形成鲜明的对比。居住在城中村难得晒到太阳，有些出租屋甚至一年上头都是黑魆魆的，白天也得开灯。戴沙牛在小说中这样描绘广州猎德村："房子乱盖一气毫无规划，一条条小巷曲里拐弯……在这里找条路比在山里找条路难得多。""有人说落霞村是个大鸡笼，这话真的是没说错。一则是因为这里的房子盖得密密麻麻就像鸡笼一样让住在里面的人心烦意乱。"[①] 当然，其他城市的城中村也不见得好多少。1999 年安石榴进入深圳市区的下梅林围面村，"我对围面村的第一印象是阴暗、狭窄、肮脏、混乱、压抑……总之，这个地方几乎够得上用所有带抗拒性质的词汇来形

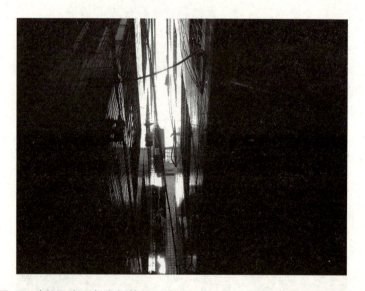

图二：晴朗阳光天气里杨箕村里的"一线天"（李灵灵拍摄于 2009 年）

---

① 戴沙牛：《谁的歌声令人心碎》，花城出版社 2003 年版，第 161 页。

容。"① 郑小琼在东莞的黄麻岭："我来到这座有些混乱的城中村/它像一条腐败的鱼，腥臭浮满我的内心。"（《诗一首》）城中村的整体环境，和乡土农村相比自然有很大区别：乡土空间是自然、开放式的，广阔的田园，满眼的绿色，恣意地享受阳光和空气。在视觉和感官上，城中村堆砌的"水泥巨物"，让任何一个初来造访的人都会感到不适。对于带着乡土感觉经验进入都市的新移民来说，这种不适感更加强烈。

出租屋的内部格局设计也微妙地反映着承租者的身份，以及房东与租客之间的关系。为了赚取更多的租金，本土房东往往将一个屋子间隔成好几个小屋子，有时候共用洗浴间和厕所。戴沙牛在广州住过差不多七个城中村，广州稍微叫得出名字的城中村都住过或去过，有一次他想找一个可以带厨房的单间，结果房东带他到厕所旁边，往蹲厕旁的一个大理石板上一指："这不是厨房？"戴沙牛在采访中说："本地人租出外地人的房子，厕所和厨房在一块很正常，认为你外地人就该配那样的（待遇），不把你当人看。"

尽管如此，都市新移民作家仍然无处可逃地聚集在城中村，理由很简单：租金便宜。城中村这样处于都市边缘或被都市包围隔绝的所在，是他们在都市安顿的最低门槛，同时也将新移民的空间与都市其他空间严密区隔开来。虽然选择低廉的租金住所是一种理性的无奈的选择，这种选择却是长达半个多世纪以来城乡二元分割制度以及充斥整个社会的意识形态所造成的后果："贫穷"和"乡土"、"富有"和"城市"成为一一对等的词汇，城乡文化身份的差异成为高低贵贱的差异。城中村的内部景观及其与都市周边景观的空间形态，多少映照了这种身份差异：穷，付不起房租，"就该配那样的"，"不把你当人看"。而在2003年以前，收容遣送制度所营造的整体社会气氛让新移民时刻处于惊恐之中，如果没有暂住证，在城市逗留的每一刻都属于非法。卢卫平在诗歌《老鼠家史》里这样写道："因为证件问题/我们/从没有在大街上放心大胆地溜达过。"② 因而城中村这样水泥堆砌的"大鸡笼"，反而成了相对安全的所在，可以遁形无迹于其中。

空间并不只是单纯实体性的物理场所，而是各种社会关系的折射。

---

① 安石榴：《我的深圳地理》，中国戏剧出版社2005年版，第32页。
② 卢卫平：《老鼠家史》，《诗刊》2007年第22期。

城市学者列斐伏尔提出"空间是社会的生产"。① 空间和所有表征物一样，在被分配使用的过程中被赋予了符号的意义，对空间的占据又不断强化着这种意义。就像中国古代皇帝的紫禁城，寻常百姓只能从城外远远望见重重金碧辉煌的屋檐斗拱，古代妓院是良家女子的禁地，《红楼梦》里的小丫头驱赶跑到宝玉房里浆洗衣物的三等婆子，说："我们到的地方儿，有你到的一半，还有你一半到不去的呢。何况又跑到我们到不去的地方……"婆子们也嘲笑："嫂子也没用镜子照一照，就进去了。"②"镜子"是自我身份的确认，只有具有地位的大丫头，才被允许进入宝玉的房间，这些大丫头也便因此有了对其他下人婆子颐指气使的权力。空间在古代就被用来作为身份、地位和等级区隔的象征。在当代都市社会，都市空间对于人群的区隔仍然无处不在：社区被划分为"富人区"或"穷人区"，本土土著区、华裔居住区或黑人居住区。中国大都市在扩张的过程中由于资源分布不均和长期城乡二元分治，空间所带来的区隔相对来说更加明显。"城中村"作为都市新移民文化空间与现代都市的巨大反差，一方面时刻提醒着他们外乡人的文化身份，让他们感觉城市属于本土居民和主流精英，作为城乡迁移者和城中村的暂住者，他们只不过是外来者。

城中村成为都市新移民"文化身份"的符号空间，使都市新移民在定位自我与都市关系时产生隔绝、边缘的文化心理。当然这种符号意义并不仅产生于城中村物理空间上的特征，城中村的日常生活和社会生态所形成的整体文化象征气氛，是使它成为新移民"文化身份"符号标记的重要因素。如果有一天要追寻珠三角都市譬如深圳、广州等都市的新移民文化气氛，最理想的场所莫过于城中村。这些原本属于岭南本土居民的文化空间，在给来自五湖四海的都市新移民提供肉身和梦想居住场所的同时，也最大限度地容纳了混杂、脏乱、暧昧、犯罪、恐惧等鱼龙混杂之物。

2009 年，我在一位作家的陪同下走进午后的杨箕村——曾被誉为"最有文化"的城中村，因为这里栖居了不少初到南方传媒集团的编

---

① Lefebvre Henri. The Production of Space. Nicholson – Smith Donald, Oxford：Blackwell, 1991.

② （清）曹雪芹：《红楼梦》第五十八回"杏子阴假凤泣虚凰，茜纱窗真情揆痴理"，人民文学出版社 2004 年版，第 805 页。

辑、记者，以及附近写字楼上班的有文化的白领，当然也有都市新移民作家。白天的城中村很安静，漫步在曲径回廊般的街巷，除了买卖旧货的吆喝声和偶尔往来的三两人群，街巷边小四川餐馆、重庆麻辣烫、发廊、旧货家具店、水果店等静静地林立，为外来人群提供着低廉的消费和服务，同时也使城中村拥挤曲折的街巷充满了人居的活力。如果你不在意，可能跟走在内地县城拥挤破落的小区没有区别。但是不一会儿，你马上会感到其中的异样：好像有几十道目光，从理发店里、家具旧货店里、水果店里射出的目光同时紧盯着你，充满着猜疑和警惕。那种异样让我感到自己是走在凶险的丛林中被猛兽窥视的猎物。而街道两旁随处可见警示标语："举报入屋盗窃等违法犯罪，重奖100—10000元，举报电话：8312××××，8738××××。——杨箕社区警务室"；"清除毒品祸害，造福子孙后代"；"您已进入 24 小时治安视频监控小区。——梅花村派出所示"一种不安全感和恐惧感会慢慢袭上心头。

戴沙牛告诉我：有这样的警示，往往是小区里面发生过什么大案。他多年居住城中村的亲身体验练就了这样的嗅觉：说不定哪天隔壁会突然发现女人离奇死亡、尸体腐臭了好几天直到房东上门或其他某种原因才被发现，而处在其中的你却对周围的一切浑然不觉。他在杨箕出租屋受到最大的惊吓，是小偷半夜里从四楼窗口将他放在桌上的钥匙钩出去，然后堂而皇之地从楼下开了三道门进入他的出租屋，将笔记本、手机等财物一掠而空。"当时搞不清究竟小偷是怎么把钥匙弄到手的？窗户在四楼，有玻璃窗、防盗网铁丝，后来我想大概是从窗口窥视了我很久，剪开防盗网用竹竿挑出去的。幸亏我当时没有醒过来，要是突然睁眼看到你屋子里有个黑影子，是什么感觉？也万幸没有醒，说不定命都没了。"长期居住城中村让他总结出几条城中村居住的经验定律：不租住顶楼、一楼、窗口对面有天台的出租屋，晚上锁好门窗，不将钥匙、衣服、包包挂在任何显眼可用竹竿挑出去的地方。实践证明他的经验是有效的。有一次他差点出租了一楼的出租屋，后来仔细检查了窗户的铁丝防盗网，勾起了前事，正好三楼有人搬出于是租了三楼。有天晚上他被几个女孩子的尖叫声惊醒，原来租住一楼的四个女生半夜被小偷光顾，依然是剪掉铁丝防盗网将挂在床头包包里的钥匙挑出去。这样的案件在城中村司空见惯，报警的结果往往是警察来了作下笔录然后不了了之。因而，城中村除了边缘、隔绝、拥挤和混杂之外，城中村社会生态带来的不安全感和恐惧感是都市新移民对它滋生的第二印象，时刻保持警惕的心理是非常必要的。当夜色降临城中村，这种感觉越发明显：白天相对安静的街巷开始喧闹起来，附近上班的打工者陆陆续续回到临时的巢穴，城中村形形色色的人群也开始趁着夜色悄悄行动：大排档口开始热闹起来，杨箕村牌坊门边守候着打扮得浓妆艳抹的三两女子，频向过往的男士招摇……

虽然这些景象并不代表城中村日常生活的常态和普遍性现象，但却是城中村社会生态真实的一面。正因为它的开放、流动和包容，使其容纳了一切人世间的品性，也容纳了一切人世间的污垢。后者往往暗含着极大的破坏力，摧毁着都市新移民的梦想甚至生命，让城中村栖居的都市新移民感到恐惧和不安。王十月在小说中写道："在外打工多年，总是在不停地漂泊，从异乡走向异乡，打工人没有家的感觉，也普遍缺少安全感。无论是黑道上的烂仔，还是治安、警察，或是工厂里的老板、管理员，都可以轻易地把挣扎在最底层打工人的梦想击得粉碎。"①这种不安全感来自整体社会环境和都市新移民的边缘人身份，但城中村无疑是这种不安全感高度集中的空间。久居城中村，都市新移民自然地养成了一种戒备心理，对周围的事物保持着高度的警惕性，也因此失去对人的信任，将自己隔绝、封闭起来。王十月曾思考打工者对于危险的警惕性："我们会过度将自己包裹、封闭起来，对从而失去融入社会的机会和能力。于是我们走入了一个恶性循环的怪圈，我们选择了在这个社会的边缘行走。"②人情的淡漠、交往的肤浅、匿名化和陌生化，是都市社会的生存方式和行为法则，都市新移民却是在与城中村的猛烈冲撞中慢慢学会了这种都市生存方式。新移民对都市产生了"信任"危机，乡土传统里熟人社会的安全罩在都市土崩瓦解，只有在老乡堆里才能找到"信任"感，因此都市新移民在都市以地缘、乡缘聚居而成彼此认同的独特群落。但是这种乡缘认同在都市新移民作家眼里也并不可靠或在渐渐消逝，所以有"老乡老乡，背后一枪"的谣谚流行在打工群体之中。多数新移民作家在接受采访时表示平时交往最多的并不是老乡而是文学路上的朋友，这也是乡缘认同断裂后在都市寻求新的文化认同的

---

① 王十月：《声音》，《黄河文学》2007 年第 7 期。
② 同上。

重组。

城中村空间所包容的破坏力和危险性带来的后果，使得都市新移民生成自我保护壳，这是一种对于危险和恐惧的本能反应，虽然可以规避城中村鱼龙混杂所带来的危险，却也正如王十月所述"恶性循环的怪圈"：进一步固化和强化了隔绝、边缘化的文化心理和身份认同。

本章考察了城中村在"打工作家"的城市生存经验、文化群落形成过程中扮演的重要角色。事实上，散落在珠三角各个城市大大小小的城中村，是"打工作家"群体之所以能成为一个新的城市文化群落的物理性空间，当他们从工业区的流水线空间中解放出来时，城中村接纳了他们，为其从"农民工"到"作家"的文化身份转变提供了空间生存的基础；新移民的入住，使得在同一个城市空间里，形成了两个互不相容、彼此共生又相互排斥的本土与新移民文化群落。在和本土群落的文化冲突中，以及城中村社会文化生态环境的经验中，"打工作家"作为"边缘人"的文化身份认同鲜明地呈现出来，从而形成独特的文化心理和感觉经验。正是在这个意义上，城中村不仅是"打工作家"文化群落的生存、写作、交际的物理性现场，同时也是其文化身份识别的重要文化现场，同时也是珠三角城市文化生产不可忽略的文化现场。

第四章　文学形象：城市、乡土与自我

　　都市新移民作家的生活经历了"钟摆式"的空间迁移，从农村到城市，从城市到农村，然后从农村返回城市。他们在珠三角的城市经验：从一个城市漂泊到另一个城市，从一个地点流浪到另一个地点。这种独特的空间经验作用于都市新移民作家的精神感觉结构，沉淀为一个时代特有的文化心理和文学想象。在他们的文学作品中，通过散文、小说、诗歌、自传、访谈等等，不断编织着有关城市经验和乡土的文化记忆。通过书写，他们在自我的主体性和城市、乡土空间建立起一种想象的关联，从而呈现自我身份意识和文化身份的重建。因而，"打工作家"的文学生产不是都市新移民群体打工生活的平铺直叙，它表征并传递着都市新移民群体对城市的想象，以及在这种想象过程中形成的自我身份意识。

　　透过打工文学中的城市形象，可以深入了解都市新移民的文化身份呈现：当他们以一种楔入的姿态进入城市，直接感受来自城市现实的剧烈冲撞和城市空间的挤压时，大众传媒所传达的城市想象和现实城市经验之间出现断裂，主流城市想象在都市新移民作家的书写中被肢解得支离破碎。与此同时，乡土故园想象也因为审美距离和新的感觉结构，在与南方城市的参照中得到新的呈现。如果说书写行为本身，是都市新移民作家从普通的打工者中脱离、实现身份蜕变的文化叙事；那么，书写和想象则直接呈现都市新移民作家文化身份建构过程中的焦虑。

　　本章侧重从其作品文本中的文学形象生产，讨论：都市新移民作家如何借助于文学想象和文化记忆来呈现以及实现文化身份的重建？其制造的身份意象又如何表征着对于自身所属文化群落的认同？都市新移民的写作包含了丰富多样的类型和母题，本章并不试图概括和总结"打工文学"作品的所有主题，而是选取其中明显地表现这个文化群落的身份意识和身份重建的类别进行分析，从文学审美形象的侧面，研究都市新移民作家新的文化身份的识别与生成。

第一节　想象的空间：异乡人的城市地图

每个人心目中的"南方城市"是不一样的，它不仅作为一种地域空间以实体的形态存在，也以一种想象空间的方式活在人们的心中。前者是公共的南方城市，后者是私人的城市。一个人在城市里看到了什么，看到怎样的城市，取决于观察者自身的视角、所处的空间位置，以及观察者的想象和对自身文化身份的确认。一个文化旅游管理者，他来到珠三角城市，可能最先踏访的是城市的古迹、山川、宾馆等，通过这些事物所形成的印象，在他头脑中绘制一幅精确的城市旅游路线图；而一个暗访记者，他更关注城市地表底下阴暗角落里的人群，凌晨当城市里的人们都熟睡以后，藏匿在下水道里的丐帮的内部肃清活动，从而绘制一幅与城市光天化日之下繁华外表迥异的群落生态地图；对于打工者来说，他们看到的城市，和旅游管理者、暗访记者眼里看到的城市不同，定会浮现不同的地理景观，这些景观分层、重叠、交错，共同构成了城市迷离多姿的面孔。

美国城市学者凯文·林奇（Kevin Lynch）提出"城市意象"（city image）的概念，这个词在当代城市研究中被广泛应用，也被翻译成"城市印象""城市想象""城市形象"等。林奇最初的研究是为了分析城市的物质性和感觉方面，解释城市形式本身的作用，以便为城市设计者提供参考。其研究的出发点是，他认为"任何一个城市都有一种公众印象。它是许多个人印象的叠合。或者有一系列的公众印象，每个印象都是某些一定数量的市民所共同拥有的"。[①] 他强调城市意象的包容性，能唤起城市大多数居民的认同。除了城市意象本身的形式之外，他注意到视点、时间和季节所引发的对于城市意象形成的影响，注重个体对城市的心理感觉，因为意象的创造是"观察者和被观察对象之间双向的过

---

① ［美］凯文·林奇：《城市的印象》，项秉仁译，中国建筑工业出版社1990年版，第41页。

程"。① 而当林奇注意到城市意象"主要的差别可能是在观察者本身"时，意识到这种分析给最初企图指导设计者一个统一的城市规划所带来的悖论和困难，因为城市是由许许多多人群共有的，重要的是"理解不同的主要群体具有怎样的环境印象"，而最初他对三个城市的研究设计只是涉及了试样内部的共同性。② 林奇在著作最后部分回顾研究的方法论时，特别指出这一点。

林奇的反思对于研究城市空间景观的想象性构筑给予很好的启示，即认识到城市观察者和体验者的主体性，城市意象是城市审美形式外观及其与个人感觉结构结合所形成的心理图式和审美形象。学者罗岗在谈到城市研究时提出"都市感觉结构"的概念，是对主体性的进一步阐释："'感觉结构'就是经由特定的历史时空，透过个人内在经验而建立起来的感知与生活方式。……是特定的历史、空间和社会关系以及自然条件的产物，它们先于个人而存在，并且随着个人的社会实践而生产与再生产出'人与城市'的想象性关系。……'都市感觉结构'不是被锁闭为私人性的心理空间，而是进一步开放成个人与城市诸因素交汇、沟通、冲突和融合的论述领域。"③ 这里所说的"感觉结构"主要是从空间意义上对人的城市经验和心理活动的一种概括，它存在于空间性的想象关系之中，④ 突出的是城市经验者的主体也即独特的文化身份意识。

每个新移民都有一个关于"人与城市"的故事，他们在城市的空间体验和流动的轨迹，交织混杂成一幅"异乡人"的城市地图，这不是关于地点与坐标的地图，而是一幅个体与城市地理交融的生命轨迹的立体地图，新移民的人生、生命和城市空间经验交织在一起，在某种程度上说，异乡人的城市地图就是新移民与城市碰撞、沟通的过程。

一　疼痛的南方村镇工业区

村庄和小镇在中国现当代文学所描述的文化景观中，占有突出地

---

① ［美］凯文·林奇：《城市的印象》，项秉仁译，中国建筑工业出版社1990年版，第124页。

② 同上书，第143页。

③ 罗岗：《想象城市的方式》，江苏人民出版社2006年版，第94页。

④ 袁瑾：《大众传媒的城市想象与地域文化的现代认同》，中山大学中国语言文学系文艺学，博士学位论文，2007年。

位。通常，当文学作品中提到"村庄"和"小镇"，我们的头脑会浮现
一系列地理景观：碧绿的田园、曲折的河流、破败的城墙、古旧的商业
街等等，或者还表现为村镇居民的精神状态和文化价值观念，并由此传
递出"一种心态，一套习俗和传统，一套有序的态度与情感，它们内在
于习俗中，通过传统而传承"。①村镇空间由此不再仅仅是地理或物理实
体，它还是文化的实体。② 譬如鲁迅的《故乡》里"横着的萧索的荒
村"，悲凉、死寂的鲁镇，充满了"哀怜"的文化意识；沈从文的湘西
则是以诗意和田园牧歌式的形象呈现。③ "打工作家"笔下的南方村庄
和小镇，和以往作家写村庄和小镇的形象不同，有着独特的内质——疼
痛，它是中国从农村文明全面进入城市文明时代，身为异乡人的都市新
移民和工业化碰撞产生的特有文化现象，对于理解"打工作家"的文
学生产和文化心理意识至关重要。

　　南方的村庄和小镇在"打工作家"的城市想象中占有重要地位。这
里厂房林立的工业区，是他们从"农民工"成为作家、文化人之前，
曾经和打工工友们挥汗如雨、辛苦劳作的地方。张守刚收入诗集《工卡
上的日历》里的"坦洲"，是中山下属的小镇；郑小琼诗歌里反反复复
吟咏的《黄麻岭》，是东莞城市边缘的一个小村庄，此外，李笙歌热烈
呼唤的"梅林，梅林"，池沫树诗歌里的"牌楼村"、萧相风笔下的
"万丰村"等，这些村镇成为他们"南方经验"和文学想象的重要资
源。安石榴为《工卡上的日历》所作的序《主动的生活供词》中，写
道："坦洲是有福的，无论那个地点给了张守刚什么样的生活，都已因
为他而获得了诗意的点缀和提升。"④ 打工作家所踏及的每一个地点都
是有福的，因为作家们几乎都和安石榴一样，为他们住过的每一个地方

---

　　① Robert Park："The City：Suggestions for the Investigation of Human Behavior in the Urban En-
vironment"《城市：城市环境中的人类行为研究初论》，收在 Richard Sennett 主编，Classic Es-
says on the Culture of Cities《城市文化经典论文》，第 91—130 页，新泽西州：Prentice – Hall，
1969. 转引自张英进《中国现代文学与电影中的城市：空间、时间与性别构形》，秦立彦译，
江苏人民出版社 2007 年版，第 33 页。
　　② 张英进：《中国现代文学与电影中的城市：空间、时间与性别构形》，秦立彦译，江苏
人民出版社 2007 年版，第 34 页。
　　③ 同上书，第 34—37 页。
　　④ 安石榴：《主动的生活供词》，张守刚《工卡上的日历序》，呼和浩特远方出版社 2001
年版，序言第 7 页。

"都赋予热情洋溢的诗篇"。① 这是作家与地点的宿命，在他们与城市碰撞之点，激发了斑斓耀眼的文学想象。张守刚在坦洲打工十年，"坦洲"之名，屡次出现于他的诗歌中：《我在夜里抵达坦洲》《一个初来的流浪者在坦洲》《坦洲镇》《在坦洲》《走在坦洲》《坦洲笔记》《坦洲十年》等等，2003 年，当张守刚回到重庆云阳县的一个小乡村里，仍然不停地回想起曾经身处的这个南方边陲小镇，写下《坦洲坦洲》。

　　作家对地点的反复吟咏，并非因为这些地点承载了改革开放的宏大叙事，而是作家与南方城市碰撞过程中群体心灵的显现。张守刚在《坦洲十年》中题记：那些被忧伤踩痛的地名。这是被作家打上鲜明个人心理烙印和感觉经验的地点。这些南方村镇是城市的边缘地带，也是中国工业化的核心地带。来自港台乃至全球的"资本"，和资本所需要的廉价"劳动力"在这里聚集，工业区在这里遍地开花。黄麻岭的工业区伫立着五金厂、塑料厂等以劳动力密集型企业为主的代加工工厂，坦洲的工业区也吸引了许多"流浪的梦在这里搁浅"。

　　张守刚的坦洲印象是这样写的：

　　　　坦洲稍微有点平坦/生长着几个土包似的山丘/一条臭水河把坦洲/撕成两片/水上架着新旧两座桥/供人们互通往来/……坦洲对我爱理不理/我抓不住坦洲的手/经常浪足机声隆隆的林立厂房（张守刚：《坦洲镇》）

　　　　一个工厂连接着/另一个工厂/一台机器的轰鸣/一颗心紧紧抓住另一颗心/一个工业区就挺拔起来/周围都是陌生的异乡人/往前走是工业区/往后走也是工业区/那些操着不同方言/怀着同样的心事/从坦洲到坦洲（张守刚：《坦洲笔记》）

　　深圳的小镇梅林，在打工诗人李笙歌笔下，呈现南中国特有的意蕴：

　　　　海风吹来，火红的簕杜鹃/在空中耗尽了一生/上梅林，下梅

---

　　① 安石榴：《我的深圳地理》，中国戏剧出版社 2005 年版，第 7 页。

林，灯光依次亮起来/海风吹来太平洋的热浪/工业区里，填满沧桑的外省人（李笙歌：《梅林，梅林……》）

打工诗歌所描绘的南方村镇，和家乡的小山村不同，它不再是农业时代的那个保守、均质的社会形态，它给作家最鲜明的印象是，土地不再是种满了碧绿的"庄稼"，而是挺拔林立的工业区，和填满"沧桑的"、"陌生的"的异乡人。李笙歌的梅林意象带有鲜明的南中国工业化时代的城市气息，"带着太平洋热浪的海风"、"工业区"、"外省人"。诗歌里揭示的村镇工业化、城市化的形象蜕变过程，并非《春天的故事》讲述的那样，"神话般地崛起座座城，奇迹般地聚起座座金山"，高昂着主旋律的激情、澎湃、喜悦和欢欣；而是充溢着异乡人的"疼痛"和"忧伤"。"神话"和"奇迹"诞生的过程，是"操着不同方言"、"怀着心事"的"异乡人"，吹着"太平洋热浪的海风"，在"空气中耗尽了一生"的过程。

这种"疼痛"感在作品中随处可见，工业区的现场生活本身是残酷的。"疼痛"首先表现在：当走进工业区，进厂，交上押金和身份证件，领取工卡的一刹那，打工者就失去了原初的身份和自由，沦为流水线卡座上的一个工号，或扁平化为大众媒体所建构的"农民工"身份。

南方村镇的工业区虽以开发的姿态容纳了来自外省的异乡人，但给予他们的空间非常狭小，以工厂为单位，他们像囚徒一样被封闭、隔离起来。打工者在工业区的人身是不自由的。郑小琼在黄麻岭五金厂打工期间："一个员工一周只允许出厂门三次，用于购置基本的生活用品或办理私事。有一次老乡来看望她，在门口等了半天，等到她下班，因为那周她已经出去了三次，两个人只能站在铁门的两侧，说上几句话。"[①]郑小琼南下打工已是21世纪初，在20世纪90年代，工厂的管理更加严格，通常每个月能有一天休息已是不错，国家法定的双休日在南方工厂是失效的，每个工厂厂规不一，但总体上都保持了对打工者人身自由的控制。在手机、电话和网络不发达的年代，这样的生活等同于与世隔绝，打工者与打工者之间建立的联系也非常短暂。一般情况下，厂房和

---

① 郑廷鑫、李劼婧：《郑小琼：记录流水线上的屈辱与呻吟》，《南方人物周刊》2007年第14期，第47—49页。

宿舍用铁丝网罩封闭或用铁条焊死，要想不通过工厂辞工几乎是不可能的。这种空间布局导致了1993年深圳葵涌镇致丽工艺玩具厂大火87名女工被烧死、51人受伤的惨剧，[①] 其引起的轩然大波之一是促成了1994年《中华人民共和国劳动法》的诞生。

不但在工业区的活动不自由，在集体宿舍里，每个人的活动自由空间也是非常狭小的。资本家为了节省成本，极大限度地减少安置打工者所需要的房租开支。为了节约空间，集体宿舍上下两层的铁架床是常见的居住形式。萧相风在电镀厂上班时，见过上、中、下三层铁床，描述了居住其中的心理经验：

> 每层只能容得伸直的脑袋张望，那的的确确是一个鸽子笼般大小的空间。技术难度最大的是中间那层，每次起身下床只能弯着脖子，两只手撑在床上，慢慢地滚出来，一只脚探在外面的床梯上，用力试一试，稳了，才小心地爬下来。至于最上层的床位，已经高高在上，贴着天花板，铁床一晃，感觉在荡秋千，全身绷紧了肌肉，惊悚地盯着下面。每天睡觉，在梦中仿佛变成了杨利伟在环游太空。在这种逼仄的床上睡觉，再不老实的人也老实了。[②]

这种栖居形式类似于香港"贫民窟"的"笼屋"，是否香港资本家从"笼屋"得到启示复制于内地不得而知，但它却是南方工业区打工者栖居最寻常的空间，它一方面使打工者免于被治安巡逻队追捕、流浪街头的命运，一方面，又最大限度地规范打工者的肉体，让他们"老实"起来。宿舍里"臭虫横行"，蟑螂、老鼠等是常见动物，连"几近灭绝的物种在南方的床板下也再次复活和流行"。[③]

集体宿舍在作家的回忆中变得诙谐、生动，但对于经历其中的打工者来说，意味着消灭私生活和对个体从肉身到个性的规训。它的空间形态最便于对工人的日常生活实施统一的军事化管理，在台资厂中最为普遍，从萧相风对南方工厂"集体宿舍"的阐释可见一斑：

---

① 谭深等：《泣血追踪——原深圳致丽玩具厂"11·19"大火受害打工妹调查纪实》，《天涯》2001年第3、第4期。

② 萧相风：《词典：南方工业生活》，花城出版社2011年版。

③ 同上。

有的工厂集体宿舍是大通间，里面可住下上百号人。200多名工人同处一个大通间，其中又分白夜两班，交叉住在一起……平时起居，100多名工人同时穿衣，同时打哈欠，同时洗刷，同时脱衣，场面也颇为壮观。每天晚上哨子一吹，保安在楼下叫"关灯！睡觉！"每天早上广播响彻云霄，那熟悉的曲调催醒了一切还在熟睡的美梦。大家纷纷起床，宿舍里积满了一股股厚重的浊气，令人头脑昏沉沉的。大家抓紧时间洗脸、刷牙，用梳子匆匆挂一挂凌乱的头发。然后下到操场做早操……天色蒙蒙亮，做完操，有些人还会回去睡个回龙觉，大部分则去食堂解决早餐问题，不是吃而是解决，匆匆地喝两口稀饭或豆浆，呷两口隔夜的炒米粉，就踩准时间上班去了。白夜两班在这样的匆忙中交接完毕。

这段文字精细地呈现了一幅工厂集体宿舍生活的流动景观，概括了一个流水线打工者每天行色匆忙的日常生活：统一睡觉、统一吃饭、统一做广播操。在这样的宿舍，"个人就是一个细胞，新陈代谢均在集体里完成"。[①] 时间也是被资本家精心算计切割好的，郑小琼在五金厂的时刻表是："每天早上七点三十分上班，十二点下班，下午一点四十五分上班，五点四十五分下班，六点半加班，一直到九点半下班。"[②] 打工者的工厂生活，空间和时间都被规训起来。但在郑小琼看来，这已经是"挺好"了，因为加班会有每小时三块钱的加班费，[③] 而一些厂连加班费也没有。

这是工业化时代的机器大工厂，同时也是一个改造人的主体性的机器。它剥夺了打工者的名字、身份和空间，在这样一个封闭得类似于监狱的环境中，个人的情感、思想和主体性被彻底改造了。然而，这并不是工业生活最恐惧的部分，工厂对人的异化和物化，最主要的武器是厂房的流水线。流水线又名"流水拉"，萧相风在《南方词典》中将其称为"工业史上最伟大的发明之一"。卓别林在《摩登时代》里对"流水

---

① 萧相风：《词典：南方工业生活》，花城出版社2011年版。
② 郑廷鑫、李劼婧：《郑小琼：记录流水线上的屈辱与呻吟》，《南方人物周刊》2007年第14期，第47—49页。
③ 同上。

拉"的枯燥和急湍有着经典的诠释和演绎，在中国南方的现代工业里，流水线"体现了打工潮中最汹涌的流动特性，为我们进入工业时代提供了最有力的途径和佐证。'流水拉'是如此强硬，赶超在所有时代潮流的前头，强制地覆盖了每个人流浪的青春"。① 郑小琼的散文《流水线》，对这个词有更深入的诠释：

> ……每次走进流水线车间，我就像扎身进入无边的黑暗中。这种黑暗来源于自由而活泼的躯体对桎梏的流水线的恐惧。流水线车间一般都是封闭的，把我们与外面的世界隔开来。如果是冬天，早晨太阳还没有出来便进入车间了，下午太阳落山了还没有出来。阳光对于我们，已是一种奢侈。每次从车间经过包装间到厕所时，阳光便会透过厕所的窗户照在我的身体上，多么明媚的阳光，多么充满活力的阳光啊，它不像流水线车间里白炽灯那样呆滞而冷漠。
>
> ……在流水线的车间里行走，我再也看不到人，我看到是人群，工种，工序操作员。我和她们一样都活在不断地丧失中，原本属于我们个体珍贵的部分：意识，喜乐，性感，曲线……都被流水线剪掉了。
>
> 作为个体的我们在流水线样的现实中是多么柔软而脆弱，因为这种脆弱与柔软让我们对现实充满了敏感，这种敏感是我们痛觉的原点，它们一点一点地扩散，充满了我的内心，在内心深处叫喊着，反抗着，我内心因流水线的奴役中感到耻辱，但是我却对这一切无能为力，剩下的是一种个人尊严的损伤，在长期的损伤中麻木下去，在麻木中我们渐渐习惯了，在习惯中我渐渐放弃曾经有过的叫喊与反抗，我渐渐成为了流水线的一部分。②

打工诗人抒写南方工业的《摩登时代》，深刻地揭示了打工者的主体经验。在一个封闭被规训的空间里，打工人完全被异化和物化了，"她们像浸水的木头浮了上来，充满疲惫"。"在白炽灯下，她们的神色

---

① 萧相风：《词典：南方工业生活》，花城出版社 2011 年版。
② 郑小琼：《流水线》，《联谊报》2007 年 3 月 13 日。

那样的苍白黯然，飘浮着一种迷茫。"①他们是"会说话的机器"，成为流水线的一部分。

由此不难理解，打工作家所刻画的南方村镇工业区两个突出的形象特征：一是永远充满了机器的轰鸣声，二是浮现于夜色中，在黯淡的街灯下和忧郁的月光中显出的轮廓意象。郑小琼的"黄麻岭"、张守刚的"坦洲"以及萧相风路过的"万丰村"，就是典型的例子：

　　我愧于提及/它暮色中温暖的楼群/晚风吹过荔枝林/送来的喧哗/夜间的漫游者/街灯下一串一串外乡人的暗影/我在它的街道上行走/喝着它忧郁的月光/饮着它薄薄气息的乡愁和繁华/黄麻岭，一个广东的小小村庄/它经年的繁华和外乡人的美梦/我记住的是它的躯体上的一个小小的五金厂/（郑小琼：《黄麻岭》）

　　坦洲整夜没有睡眠/它身上布满/精力充沛的灯火/无数坦白的呓语/支撑着这样的夜（张守刚：《我在夜里抵达坦洲》）

　　下车已是深夜十点半/沿南环路，徒步返回工厂/途经万丰村、马鞍山和大王山/两边的工厂发出嗡嗡巨响/排气扇对着马路呼呼地旋转/人一经过，就被熏得全身发颤！/工厂门口不时涌出工人……（萧相风：《万丰村》）

村镇的意象特征，和打工诗人的生活和空间经验密切相关。夜晚工业区的喧哗和轰鸣意味着流水线奔腾不息地运转，黄麻岭、坦洲和万丰村都是不眠的村镇，在"灯火""忧郁的月光""呓语""全身发颤"等修辞中，透出繁忙而又疲惫的气息。"在深夜轰鸣的机器中/夜晚疲惫得如同一个筋疲力尽的鱼/在窗外/在机台上游动着"（郑小琼：《塑料厂》）可以想象，诗人经年在流水线车间劳作，见不到朝阳和落日，只有晚上偶尔才得以漫步在村镇的街道，脱离工厂车间和集体宿舍封闭异化的空间，触及工业区不可多得的自然物："荔枝林""街道""月光"和"晚风"，甚至标识着脚下土地的"地名"，通过"移情"和想象性

---

① 郑小琼：《流水线》，《联谊报》2007 年 3 月 13 日。

的寄托，才得以感受到个体的存在，由此产生心灵和地点之间的共鸣。

这些"疲惫"的夜晚，往往带给打工者最刺骨的伤痛。"白炽灯已分不清/自己是在白天还是夜里/在它的光影里/那个打工妹非常疲惫/她的一个又一个呵欠/比夜色更沉重/纤弱的手/已经无法掂量/夜的深度/但她必须睁圆眼睛/才能看清今夜走动的声音/长长的流水线啊/从这头到那头/只是这个夜晚的开始"（张守刚：《加班加点的夜》），夜晚加班的疲劳，常常是工伤的危险源。"在午夜瞌睡阵阵袭来时，有些工人便在睡梦中将手指交给了冲床——这个时候，他或许梦到了自己的双手也是产品的一部分。还有一类伤害是来自于模具，在模具搬运或腾挪时，徒手去搬动，结果模具稍一滑动，压在地上，手指就断了。"①猛于虎的机器，不仅将人异化为流水线的一部分，而且吞噬着人的肉体和生命。郑小琼在散文《铁·塑料厂》中记述了第一次手指受伤后进医院，看到失去肢体的打工者剧烈的、直入骨髓和灵魂的疼痛，情感澎湃而发，从此开始写诗。②

由此可以理解，为什么在打工作家的文学想象中，这些南方的村庄和小镇充满了"疼痛"和"忧伤"，这些地点融汇了作家和一代打工人个体的生命和心理经验，他们在城市被剥夺了身份和主体性，异化为机器的一部分，他们是被侮辱和被损害的一个群体。打工诗人张绍民的诗歌《打工即被打》，将南方方言"打工"阐释为"被打"，"在几个城市打过工的人，几个城市揍他"。当承受工业区厂房空间和流水线对个体的挤压和伤害时，打工者感到了窒息和疼痛，这种窒息和疼痛感迫使敏感的心灵开始叫喊和反抗，如果在现实中的叫喊和反抗是徒劳的，内心深处的叫喊和反抗便形成了打工诗歌。③ 由此张守刚在一遍又一遍地抒写"坦洲"时，说"我必须以这种方式来清洗记忆"。打工诗人主体的"疼痛"，化为对城市空间、地点的想象性关系中，地点由此被赋予诗人的"疼痛"的感觉经验，实现地点和人的生命同构融为一体，以这种方式，完成对"疼痛"记忆的清洗和释放。而这种"弱者"微弱的发声的反抗，是打工作家从被异化的打工群体中脱离出来的最原初的

---

① 萧相风：《词典：南方工业生活》，花城出版社 2011 年版。
② 郑小琼：《铁·塑料厂》，《人民文学》2007 年第 5 期，第 85—91 页。
③ 笔者以为，打工诗歌是打工作家最初尝试的文学形式，也是打工文学成就最高的文学类别。

动力。

二　混杂的城中村与诗意边缘

20 世纪 80 年代中期，珠三角开始的工业化、城市化进程是从南方小村镇的工业区开始的。这些小村镇在城市的扩张中被吞没、包围，成为各种形态的"城中村"，呈现出中国村落终结的过程。人们往往迷恋于城市巨人的成长和不断变得华丽的外表，为之惊叹、狂欢，却忽略了巨人脚趾迈进的地方，尽管那也是巨人身体的一部分，是城市化、工业化和现代化进程的生发地带。如果没有都市新移民和都市新移民作家的进驻，珠三角的城中村仅仅是南中国城市化进程中具有政治、经济过渡性意义的空间，或考察岭南本土民俗文化在都市裂变的空间标本。都市新移民作家——体制之外中国真正意义上的都市自由撰稿人群体的出现，使得城中村成为考察当代都市新移民文化诞生与发端的重要文化现场。

"打工作家"的城市经验和文化身份的重建与城中村紧密相连，使得他们对城中村产生特殊的情感，将更多的爱和恨掺杂其中，使得城中村的整体形象变得更加复杂立体，在混杂、脏乱和恐惧的空间形象之外，充满人气、活力和诗意的空间也是城中村真实形象的再现。戴沙牛笔下的落霞村，有大榕树、河涌、小巷，青石板一块块横到小巷的深处，尽管落霞村的原型猎德村已被纳入珠江新城的规划版图而被夷为平地，我们仍可从戴沙牛的小说里窥见猎德村的袅袅炊烟：

> 下班了，那些打工族们纷纷从这城市的各处回来，自这窄窄的小桥涌进落霞村，大多数拎着从菜场买的菜，然后钻进他们花钱租来的"小号子间"，那是他们赖以栖身的地方。桥下的那条小河黑色飘带样自落霞村的中间蜿蜒而过，通过滨江路的暗河，流到不远处浑浊不堪的珠江。①

王十月对于 31 区也有过类似的叙述：

---

① 戴沙牛：《谁的歌声令人心碎》，花城出版社 2003 年版，第 74 页。

从家到宝安公园，那条窄逼的巷子，是必经之路。我一直觉得，这条小巷子就是 31 区的形象代表，有脏、乱、差的一面，也飘荡着浓浓的人间烟火的味道。在小巷子的入口处，挤着炸臭干子的，卖甘蔗的，烤热狗的，烤红薯的，煎锅贴的，还有麻辣串，羊肉串，当然，还有池莉的小说中写到的鸭脖子……各种叫卖的声音，各种食物的混合气味，在烟熏火燎里，上演着的就是一场活色生香的生活秀。有电视台的来拍我的生活，我建议他们去拍这条巷子，可是这个建议从来没有被采纳过。①

城中村这种浑浊、脏乱的形象，对于追求完美都市形象的管理者来说是一大难题，常常令城管感到头疼，当然也并不为试图塑造完美都市文化形象的媒体所接受，但这种形象在作家眼中却充满了活力和诗意。这并非出于文学写作者的偏爱和矫情，因为这种"活色生香的生活秀"就是他们都市生活和体验的一部分，在为他们的写作提供了大量素材和源头活水的同时，也重塑着他们的精神、文化心理和对于都市生活的理解。因而城中村在他们看来，比都市其他形象标志和知名景点更加有意义。郭海鸿租住城中村的时间不长，但是感受颇深："为什么说'城中村'是富于诗意的呢？诗意不是红花绿树，漂亮如画，它是人气所制造的诗意，是生活的气息，是比城市本身更宽阔的意境。'城中村'是深圳发展的功臣，也是一座博物馆、纪念碑。"王十月喜欢"亲嘴楼"这个名字，因为这个"天才的名字""使得我朴素的生活凭空多了几许的诗意和浪漫"。② 这种诗意和浪漫或许并不来自城中村空间本身，因为城中村的生活并不舒适。王十月在《声音》中说："我从不掩饰我对 31 区的喜欢，就像我也不想掩饰，我渴望着早一点搬离 31 区，拥有一个属于自己的，安静、舒适的家一样。"诗意和浪漫正是来自都市新移民作家自身，他们的生存、梦想和这些地点的同构所带来的人气和生活气息。安石榴在深圳居住了七年多，起初觉得深圳"有一种隐约的、像迷香一样的文化气息在远方召唤着我"，想象自己奔赴的是"像文艺复兴时期的巴黎那样的都市"，而最后终于明白那种"像迷香一样"的、

---

① 王十月：《声音》，《黄河文学》2007 年第 7 期。
② 同上。

"最令自我迷醉"的文化气息，是从"自己身上散发出来的"。① 安石榴从事过流水线工人、主管、地摊小贩、自由撰稿人、记者、编辑、文化策划人、影视编剧、广告人等职业，为自己的身份定位是一个"文化人"。从流水线产业工人到文化工作者、作家，有"文化气息"的都市新移民大多经历了安石榴这样一条路径。"我热爱上深圳了，尽管这座漂亮的城市一再将我拒绝，但这有什么要紧呢？""我几乎为我住过的每一个地方都赋予过热情洋溢的诗篇。"② 因为诗意和文化气息掺杂了都市新移民作家的自我想象，将自我对于生活、梦想的热情投注到自我所在的都市空间中。安石榴在采访中说："是我们赋予了这些地点的某种意义，而不是这些地点成就了我们。"对于城中村在都市化过程中的意义和作用来讲，后半句或许并不公平，但前半句却展现了对于都市空间和自身的关系的清醒认识。都市空间对于人的意义，并不在于空间本身的"繁华"和舒适，而在于人对于空间的占据和分享。"流金溢彩"的都市天堂虽然美好，但新移民并不能同本土市民一样分享这些空间的象征意义，在异乡人的感觉体验里，或许那条飘荡着臭豆腐味道的街道，比"任何一条街道都繁华"。③因为在一条几百米的街道上，有臭豆腐和旧书摊，在打工的日子里给异乡人带来食粮的慰藉。"繁华"的意义并不在于都市空间形象本身，而在于这种"繁华"在多大程度上可以为都市新移民群体共享。

三 遥不可及的"深南大道"

深圳作家戴斌的小说《深南大道》讲述的是一个悲伤故事：在深圳关外流水线上的打工妹黄小菊，南下前就听表姐说，深南大道是深圳最漂亮的地方，两边是"漂亮得不得了的风景"，到了深圳一定要去深南大道看一看，看过了才没有白去一趟深圳，回来后才不会觉得遗憾。于是黄小菊的流水线生活多了一个梦想：入关去看一看，像天堂一样美的深南大道。然而，工厂严格的管理规训和日以继夜的加班，她的梦想一直没有实现。为了获得入关的边防证，她先是被人欺骗办了个假边防

---

① 安石榴：《我的深圳地理》，中国戏剧出版社 2005 年版，第 8 页。
② 同上书，第 7 页。
③ 邝悦霞：《回首广州打工的日子》，《江门文艺》2005 年八月上，总第 352 期。

证，被警察撕掉罚款；后来又被不怀好意的警察诱奸导致怀孕。最后，这个 16 岁的女孩只好躲在集体宿舍里生产，造成大流血，到死都没能看上一眼深南大道。

戴斌 1994 年从湖南岳阳来深圳打工，曾做过保险业务。他这篇小说寓意非常明显，深刻地揭示了打工族群体身份和城市空间的关系。深南大道是印证着南方城市的一条繁华大道，打工妹没有看到深南大道，深南大道的景观也没有出现在作品中，然而，它才是打工妹想象中真正的深圳。集体宿舍的姐妹们也对黄小菊祥林嫂式的"要去看深南大道"的唠叨不耐烦，攻讦她：没有去看深南大道就等于没来深圳，那你说我们现在是在哪儿？好友阿珍替她辩解："听我老乡说过，说深南大道真的很漂亮。有好多好多红的黄的美人蕉，还有世界之窗、锦绣中华和小梅沙，知道么？"而实际上，她也没有去过，"我们厂两千多人，有几个去看过？不信去问问，包管没有两百人去看过"。深南大道在打工族群体中，成了一个城市形象景观的乌托邦神话，旁边伫立着表征南方城市繁华的诸多标志性景观，但对打工者来说是遥不可及的空间，看一眼这个乌托邦景观，却要付出生命的代价。不同文化身份和没有类似际遇的群体，很难理解打工妹的执着和梦想，或者会觉得打工妹的悲剧是出于愚蠢。因为深南大道对一个都市白领或大学生的都市新移民来说，是可以自由抵达的城市空间，在现实和心理的栅栏上，这些空间对他们不设防。而对于十几岁从农村到城市工业区打工的女孩来说，无论是现实处境还是文化心理上，进入想象中"真正的深圳"，是一种遥不可及的奢望。这里的"深南大道"不再仅仅是深圳神话的形象标识，它是被打工作家再生产出的带有文化身份意味的空间，它被打工作家赋予了一种文化意象：即所有打工者不能抵达的城市空间，是别人的城市，繁华与他们无缘。20 世纪 90 年代初期，"打工作家"林坚发表了他的小说《别人的城市》，触及了许多打工者的灵魂，林坚也因此闻名于打工者。此后，以"别人的城市"为题的诗作层出于打工者之手，类似有《走在别人的都市里》①《在别人的城市》②《在异乡的城市生活》③ 等等，

① 山山：《走在别人的都市里》，《江门文艺》2005 年八月下，总第 353 期。
② 李代高：《在别人的城市》，《江门文艺》2005 年五月下，总第 347 期。
③ 曾文广组诗：《在异乡的城市生活》，见罗德远《打工诗人：为漂泊的青春作证》，杨宏海主编《打工文学备忘录》，社会科学文献出版社 2007 年版，第 170—193 页。

清晰地指认出城市与自我的关系。

"别人的城市"不仅是一种文化身份的隐喻，而是打工族城市经验和现实境遇的表征。除了来自官方和本土所建构的身份歧视之外，和收容遣送制度配备的"暂住证"，则是体制对新移民驱逐和挤压的有力工具。它带给打工者的冲击是实实在在的。为了摆脱工厂那种封闭的、监狱式管理，部分人选择了在工厂附近租房子住，拿出微薄的收入的一部分，以求有个属于个体的自由活动空间。打工作家租住城中村，在经历混杂与诗意边缘的同时，也抒写下被巡逻队、治保队巡查暂住证的经历。在笔者的田野访谈中，极少作家没有被巡逻队查暂住证，甚至遭遇扣留、被老乡赎回的经历。张守刚有一首诗《暂住证》写道："查暂住证的夜晚/'闷罐车'呼啸着/在工业区的大街小巷/玩老鹰抓小鸡的游戏/谁被抓进'笼子'了/谁就会被罚款/。"读到这首诗，早年的打工者，极易激起情感上的认同。郑小琼在评张守刚的诗时说："我记得我刚来东莞的时候，因为没有找到厂，只好每夜都反锁在阴冷闭塞出租房里，每天晚上老乡上锁，早上打开，囚禁自己，但是每夜仍是惊弓之鸟，害怕那些所谓的执法者治安队员全然不顾公民神圣的权力破门而入。"①在2003年"收容遣送制度"被废除之前，打工作品中充斥着大量有关在"出租屋"里躲查"暂住证"的抒写，可说是惨状累累：

　　1999年，我第一次来到南方/身上没钱，躲在老乡的租房里/怕查暂住证/中午老乡没回来/隔壁的菜香，和女人哼着小曲/而我独坐于室内/忍受着饥饿和无助/深夜，查暂住证的警车终于来了/警灯划亮了星空/人们纷纷躲藏，像老鼠见到猫四处乱窜/我和几个穿着睡衣的中年妇女站在出租屋的角落里/等待着警车的远去　（池沫树：《小镇纪事之七》）

　　有人在敲门/光从声音的重量/我就判断出/这是派出所的/在查暂住证/我这个外乡人/能做什么呢/我这个外乡人/只好像藏在/骨灰盒里的骨灰一样/任你怎样砸门/就是不出声/说不出声/就不出声

① 郑小琼：《疼痛的生活——评张守刚的诗》，杨宏海主编《打工文学备忘录》，社会科学文献出版社2007年版，第274—279页。

（朱剑：《不出声》）

　　1993 年 8 月，湖南的家禾一个人，一个牛仔包，一件衬衫，一条灰卡叽布裤，从老家县城一路站到广州。那时暂住证查得特凶，每次失业，过着逃亡般的生活，白天找工作，晚上住宿，提心吊胆"打游击"，今晚睡东家，明晚睡西家，一般每家出租屋都住满了老乡，一听到狗叫，就四处逃散，爬墙的爬墙，钻床底的钻床底。某晚，他就上房屋天顶，让老乡把天顶门上了锁，卷了席子和薄薄的毯子，露了一晚，没有查暂住证，但是头发和毯子都湿了。以后，他住过荒山坡，荔枝林，芭蕉林，废坟堆，风餐露宿。到现在，他才感觉身体不太好，可能就是那时落下来的。于是，写诗成为家禾漂泊的唯一慰藉。①

　　"暂住证"使主流媒体所建构的"农民工"身份的合法化证明进一步深化，除了"暂住证"，打工者的其他身份证明如"身份证"、"户口簿"都失去了有效性。一个打工者，可以没有任何证明，但不能没有暂住证。而通常办理这个证件的手续非常繁琐，有效期短暂，而且支付一笔对打工者来说不菲的费用。"暂住证"的身份直接表征着打工者在城市空间的位置，普通的打工者一旦脱离了村镇工业区工厂这个封闭的空间，进入外部的城市公共空间，就得忍受随时被追赶被驱逐的命运。甚至在工厂，"暂住证"也常常被老板用来作为规训工人的工具。在鄢文江的小说《彷徨在三岔路口》中，资本家就以查暂住证为由，在半夜两点突击带着民警和保安搜查员工的集体宿舍，以惩戒带头罢工的工人。②

　　"农民工"和"暂住证"等一系列配套的规训了打工者的文化身份，也塑造了他们处于城市空间的心态，即城市是别人的，找不到自己所处的位置。林坚在 1990 年发表《别人的城市》，借一个打工青年之

　　① 罗德远：《打工诗人：为漂泊的青春作证》，杨宏海主编《打工文学备忘录》，社会科学文献出版社 2007 年版，第 170—193 页。
　　② 杨宏海：《打工文学作品精选集》（中、短篇小说卷），深圳海天出版社 2007 年版，第 154 页。

口，表达了所有打工者的体验："我们只是客人，客人总得要回家的。"①

　　这种心态已经化为城市普遍的社会文化心理。由此可以理解，在打工作家的文学想象中，"深南大道"及城市的标志性景观何以成为打工者可望而不可即的空间。城乡二元制度所塑造的身份差异，以空间的形式得到了安置和显现。即便是在看似平等的公共空间里，身为打工者的都市新移民也常常是被排斥的。有这样一个例子：当打工妹们置身于梦寐以求的"世界之窗"，兴奋地投入游览、拍照时，体验对"真正的深圳大都会"休闲生活的美好想象时，和周边来自大城市看起来很富有的游客相比，她们显得有些土气的牛仔裤和T恤衫出卖了她们的身份。一位中年男子突然嚷道："让开，让开，打工妹！不在工厂里做事到处闲逛什么？"男子的呵斥表明，在他看来，打工妹就应该待在工厂里工作，而不应该来到不属于她们的城市生活空间游荡。② 萧相风的《国贸大厦》也记载了同样的遭遇和体验：

　　　靠近国贸大厦/我就感到了伤心/这城市的楼房太魁梧/反衬着我的身影/是如此的小/我望着楼顶/我听说过楼顶的旋转餐厅/这种餐厅不是我们/这样的人能进的/国贸大厦只会招纳如云的富贵/国贸大厦将穷人拒之于千里/我不怪它——/事实上城市就是这样/有人在楼下暗暗发誓/努力打拼，体面地爬上楼顶/我从大厦旁擦肩而过/我瞧见了那英武的保安/用鹰隼的眼/检查着每个进门者/"先生你好，不好意思！"/他的手总会拦下/好像杀毒软件过滤的不安全因素 /（萧相风：《国贸大厦》）

　　即便是商业化的旅游景点和商业大厦这样看似平等的公共消费空间，打工族也无法和平常人一样享有平等的权利，突破阶层的差异介入其中，"打工仔"和"打工妹"的身份烙印清晰可辨，这些空间成为对他们来说成为带有鲜明文化身份的"异质空间"。20世纪上半叶诗人叶

---

　　① 杨宏海：《打工文学作品精选集》（中、短篇小说卷），深圳海天出版社2007年版，第12页。

　　② 余晓敏、潘毅：《消费社会与"新生代打工妹"主体性再造》，《社会学研究》2008年第3期。

赛宁说："走出了乡村，走不进城市。"成为异乡人城市遭遇的真实写照。

久而久之，从物理空间上的排斥、边缘和隔离的处境，使得都市新移民在进入其他城市公共空间时，形成文化心理上的排斥、边缘和隔离感。即便他们可以摆脱工业区厂房的空间，进入那个表征着城市繁华形象的标志性空间，这种心理仍然需要一定的努力去克服，在不断遭遇其他城市空间的碰撞中得到固化。"浮萍1991"在抒写有关打工的记忆《打工女孩的辛酸历程》中，回忆起她第一次在深圳逛商场的经历：她和伙伴看到一支非常精巧的钢笔，一看价格标签，"我们都吓傻了"，一支钢笔要1000多元，大概是她们一个月工资的10倍，随即意识到，她们去了"自己不该去的地方……这第一店对我们的打击太大了，剩下的时间我们一个店也不敢去了"。①一位打工者转述他的老乡初到东莞，第一次在沃尔玛超市的购物体验：他徘徊在沃尔玛门口，因为胆怯不敢走进，只好望着玻璃橱窗里琳琅满目的商品发呆。他的这段"窗户购物"的经历常常被同乡拿出来取笑。虽然他们最终克服了对大型商场的胆怯，但是或多或少需要战胜他们最初对于城市空间的心理障碍，这比打破物理空间的障碍更加困难。这种空间感看不见，摸不着，没有谁明文规定谁能或谁不能进入这些公共空间，但它存在于都市新移民的都市感觉结构中，像一道看不见的屏障，将这些低收入的异乡人排斥在外。

城市空间由此在打工作家笔下，被生产出不同的文化意义。一个突出的现象是：那些象征着城市文化形象的著名景观和标识，很少出现在打工作家的作品中。即使出现，也带着遥远的想象和鲜明的文化身份归属意识。比如戴斌小说中的"深南大道"，是一个像天堂遥不可及的美丽地方；李笙歌在《梦一样散乱的生活》里的男主角"大伟"，在城市八年，"除了偶尔去趟市区购买几盘黄碟，就没有静下心来享受这座城市的心脏部分"；②刘大程的《南方行吟》里写道："而走在深南大道上，经过'世界之窗'的门口/——我至今还未曾进入其中'周游世界'，一则门票昂贵，二则来去匆匆"；安石榴七年多的深圳生活，对

---

① 浮萍1991：《打工女孩的辛酸历程》，http：//cache. tianya. cn/publicforum/content/feeling/1/892038. shtml，2008 - 05 - 29。

② 李笙歌：《梦一样散乱的生活》，http：//blog. sina. com. cn/s/blog_ 4deb9324010009k5. html，2007 - 08 - 02。

"所到过的每一个地方都赋予热情洋溢的诗篇"，但这些诗篇却很少涉足深圳著名的形象景观。当然，在《我的深圳地理》中，安石榴曾专辟一节《走在深南大道上》，细致地剖析他所热爱的深圳这条最美丽最繁华的大道：

> 几年来，深南大道上每一处细微的变化都没有逃出我的注意，我太熟悉这条宽阔明净的街道了，它两旁的风景多么美，深圳所有知名的景点和建筑几乎都围拢在它的身旁：深圳大学、世界之窗、未来时代、欢乐谷、锦绣中华、中国民俗文化村、深圳书城、地王大厦……尽管我极少进入这些景点及建筑之内，但我觉得我很熟识它们，它们就像是深南大道边上的一棵棵树，我目睹它们的生息，亲近它们的呼吸和心跳，它们一遍又一遍地迎接着我走过的目光，我们相互微笑、致意，像互不做声的朋友，不断地交流着内心的默契。①

在作家的想象中，深南大道被赋予人的情感，它像作家熟识的朋友。而实际上，安石榴很少进入大道两旁的景点和建筑内，"尽管华侨城主题公园声名远播，招来八方游客亦步亦趋，但在我心目中，却是属于'墙内开花墙外香'的那种，这种感觉不是熟视无睹，而是浑然未觉"。②他无意中受邀去过两次世界之窗，却印象模糊，对民俗文化村印象深刻，只因几次越墙而入民俗村，目的不是为了游览，而是享受"翻越本身的乐趣"，翻过去又折回来，却从未到过景区，"对于困身在繁杂都市屡被红尘所累的我们来说……感受到一种'偷得浮生'的快乐"。③"翻越"这种"无赖"式的越轨，对空间隔离感打破的尝试，象征着异乡人身处城市边缘，面临四周的铜墙铁壁试图摆脱自身困境的心理，这种心理通过日常小动作表现出来，就像安石榴悬挂"边缘客栈"的牌匾抒发对自身居住空间的调侃和无奈。在他的另一首《深南大道》的诗中，写道"深圳是一座汽车的玩具城/深南大道是一台/游戏机的显

① 安石榴：《我的深圳地理》，中国戏剧出版社 2005 年版，第 62 页。
② 同上书，第 177 页。
③ 同上书，第 179 页。

示平面"，而作家自身，"我要化做一辆汽车/奔跑在宽阔的深南大道上/我要做汽车的规则/把那些垃圾一样的车子撞开"。对于大多数都市新移民来说，城市的诸多公共空间和他们没有什么关系，很多打工者甚至连一个城市最著名的标志性建筑都没有去过。安石榴笔下的作家和城市空间的关系，无论是"熟识的朋友"，还是奔跑在"深南大道"上的"汽车"，都建立在一种想象性的关系中，通过想象，自我和城市空间的距离变得切近了，是可触摸可自由奔跑的空间。而在现实中，他们离这种空间非常遥远，这种想象关系，进一步突出了打工群落的异乡人和都市边缘人的文化身份。

第二节　城市意象的多重面孔与身份焦虑

以上分析了"打工作家"笔下反复吟咏和呈现的城市空间，及其所蕴涵的群体文化心理。"打工作家"所经历的南方城市空间，隐藏在城市高耸入云的大厦、流光溢彩的灯饰堆砌起来的形象外观背后，那里是城市生长与扩张的边界地带。林立在城市边缘和南方小镇上的工业区，被城市化的烟囱涂抹变色的南方村庄，轰隆隆的工厂厂房，收容漂泊暂住异乡人的出租屋，拥挤、与蟑螂同居的工厂宿舍……萧相风在《南方词典》（又名《词典南方工业生活》）中将打工者经历的"南方"比喻为"南方的一只脚趾"，这个比喻传神地表达了打工者与城市的空间关系：如果说"南方"城市是一个不断纵向生长和横向扩张的巨人，打工族就是在巨人脚趾延伸的地方讨生活的新移民群落，他们的城市经验，几乎与城市化、工业化和现代化进程相伴而生。

由此，城市在"打工作家"笔下呈现出多重形象意蕴，作为工业文明成果和现代文明标识的那个高大、繁华、由霓虹灯和高楼堆砌而成的华丽城市形象，离他们非常遥远。他们所处的城市空间和其所看到的城市，和大众传媒所标榜的都市形象，甚至最初的想象，存在着巨大的差异。一位打工者在诗里写道："窗外，流金溢彩的城市/恍惚天堂一般遥远"[①]（曾金明：《异乡过生日》），这种遥远的感觉不仅是对所处空间的客观描述，而且是自身与城市关系的自我定位和文化身份的一种指

---

① 曾金明：《异乡过生日》，《江门文艺》2006 年 11 月下，总第 383 期。

认。"打工作家"对城市空间的经验和感觉，并不在于这些空间的景观标识度和著名程度，而在于这些空间在多大程度上能被自己享有。他们意识到，现实与想象的差距所带来的失落，来源于自己"农民工"的异乡人身份，尽管城市就在窗外，"流金溢彩"像"天堂"一样美，但对他们来说，也像"天堂"一样"遥远"，因为活生生的城市经验告诉他们：他们是被城市排斥、驱逐、边缘和隔离的群体。

一 "南方梦"与"造梦场"

然而，和所有工业化、城市化飞速发展时代的大城市一样，珠三角城市仍不断吸引着都市新移民，尽管他们被异化为"农民工"群体。每年春运，广州火车站"挤满了万人以上的民工"，到了晚上，水泥广场上就像一张巨大的"床"，"睡着东南西北十几个省"；[1] 东莞总站汇集了来自各地的方言和各种口音的梦想，"四川口音的梦"，"湖南口音的梦"，"贵州口音的梦"，"湖北口音的梦"……（许强：《东莞总站》）他们带着梦想而来，城市便具有了"造梦场"的功能。因而便有了安石榴对"公共汽车"的优美比喻：城市是"一座巨大的造梦场，公共汽车是梦中的马车"（安石榴：《公共汽车》）。尽管接纳他们的南方工业区的"血汗工厂"充满了残酷和疼痛，城中村逼仄让人感到抗拒，"高档"整洁的城市空间将他们拒斥，最初的"南方梦"却没有什么改变，激励着一代又一代打工族。对于纤细敏感的"打工作家"而言，"南方"和南方城市，都在作家调整自身、适应工业化时代急速旋转的城市生活中，被生产出独特的文学形象和空间内涵。

珠三角所代表的"南方"，在"打工作家"的经验和想象中，它不再是一个简单的地理方位名词，也不再是一个目的地指向，在当代中国快速工业化、城市化进程中，它脱离了农业时代古典诗词中特有的底蕴和诗意想象。在刘大程的长诗《南方行吟》中："南方"意味着"打工"、"漂泊"，"南方"是"地狱、炼狱和天堂"，意味着"一个时代的无奈和伤痛"；[2] 在萧相风的《词典：南方工业生活》中，"南方"由

---

[1] 张绍民：《所谓城市生活》，http://blog.sina.com.cn/s/blog_4eee6e010100i8ov.html，2010 - 05 - 10。

[2] 刘大程：《南方行吟》，作家出版社 2006 年版。

活跃于打工族群体间的词语组成："打工""老乡""加班""出粮""职介所""出租屋""电子厂""白话""流水拉""工伤""流动人口证"等等，而打工者心灵上的南方，它位于何处呢？

> ……它或许在我们南来北往的列车上？它或许在我们一年一度人山人海的春运潮中？它或许在我们拥挤不堪的人才市场里？它或许在我们的通宵加班的车间里？它或许在我们歌舞升平的狂欢中？它或许在我们梦绕魂牵的乡愁里？它或许在被羁押的收容车上或曾经的那张暂住证的字里行间？它或许在我们被机器轧掉的断掌伤口里？它或许在我们寄往家乡的汇款单里或在留守儿童渴盼的眼神里？它在孙天帅坚硬的膝盖上？它在孙志刚突兀的墓碑上？它在郑小琼粗粝的诗歌里？这些都是南方，南方的一只脚趾。南方就是在曾经伤心黯然的流浪里，在太阳照耀世人向往的成功之路上，在疲于奔命的日常打工生活里。①

"南方"在打工潮的背景下，呈现出中国工业化时代特有内质的一面。这些经验和意象在打工族群体中并不陌生，作家酣畅淋漓的表达中饱含了个体的情感，沉淀着鲜明的身份意识。虽然，作家笔下的"南方"和"改革开放""工业化""现代化"的宏大叙事有着密切关联，但它指向的是都市新移民群体的心灵，这个群体的城市经验和文化心理建构起来的"南方城市"和"南方梦"。如作者所言，他的"南方"是"坚实具体的南方和情感虚拟的南方冲突构建下的个人词典"，是"我们内心虚构的一个乌托邦"。

"南方梦"所指向的是未来，它标识着主体想要通过努力所达成的那个新的自我。虚构"南方城市"和追逐"南方梦"的过程，也就是指认自我，渴望蜕变出新的主体、重新确立自我的文化身份的过程。珠三角城市在这个意义上是一个"造梦场"。当然，这并不意味着"打工作家"的城市经验和伤痛不存在，是被想象臆造出来，它所传达的是一种文化心理和对自我文化身份的认知，是主体对城市经验的心理产物。透过具体的城市空间经验，"打工作家"眼中的城市形象，是"造梦

---

① 萧相风：《词典：南方工业生活》，花城出版社2011年版。

场"，同时也是巨大的"陷阱"和"石屎森林"。

二 "城市陷阱"与"石屎森林"

"城市陷阱"常常出现在"打工作家"早期的文学作品中。"城市陷阱"的具体形象内涵，除了前文所述打工族所遭遇的"血汗工厂"的被剥削和压榨，更突出地体现在他们在整个南方城市处处被欺骗的遭遇：抢劫、诈骗、坐车被"卖猪仔"等。如王十月在《烂尾楼》写到的招工陷阱就是个典型：东莞长安街上贴出一张招工启事，叙述者被"忽悠"应聘仓库管理员的职位，将口袋里所剩无几的钞票拿出50元交了考试费和报名费之后，考卷发下来时，几乎所有参与考试的人一瞬间都呆了，总共两题：第一题，英译汉；第二题，汉译英。应聘者大呼"上当了受骗了"，却遭到了门口"保安"的恐吓，在"骗子"们得意的笑声中，打工者们"灰溜溜"地"逃出"了考场。① 这篇散文中的"招工陷阱"是王十月的亲身经历，也是许多打工族共同拥有城市经验。与主流大众媒体报道的弱小、受骗被欺侮的"农民工"形象诠释策略不同的是：主流媒体往往以居高临下的姿态，将受骗的原因归结于"农民工"的软弱、善良甚至愚蠢，以一种漠不关心的旁观者视角来叙述打工者的遭遇；王十月用第一人称自我表述，更注重打工族所面临的具体处境的细微呈现，城市的阴暗面与这些初次进城者的相遇中更加突兀昭然。而实际上，不少厂家要求交几百块钱的押金，在早期打工经验中是很寻常的事。文中的叙述者已经有了一定的城市经验，一开始就注意防范落入陷阱的可能，他注意到招工启事的字迹很齐整，也没有一般骗人启事中夸大其词的诸如"包吃包住""待遇优厚"之类的诱惑字眼。然而，警醒的他还是落入了被精心设计好的"城市陷阱"中，城市像是一个遍布陷阱和地雷阵的危险场所，一不小心就将打工者吞没其中。

与"城市陷阱"比肩的另一个形象描绘，是将城市比喻为"石屎森林"或"钢筋水泥森林"。这组形象比喻带有农业文明的气息，工业区、城中村无多少自然环境的"水泥巨物"所堆砌的混杂拥挤空间在外形上表征着城市林立的高楼大厦所构筑的形象外表，而良莠不齐的混

---

① 王十月：《烂尾楼》，《人民文学》2006 年第 4 期，第 132—136 页。

杂生态表征着浓缩了的城市社会，"打工作家"将其移植到城市社会，不仅是对城市建筑的形象描绘，更是对城市社会文化生态的隐喻。王十月在多篇小说中表达了城市形象生态的主题，最典型的如《出租屋的磨刀声》："打工仔"天右好不容易在深圳市郊租了一个两室一厅的出租屋，可供在流水线上奔忙一周后和女友共享春宵，不料却每每被隔壁出租屋"霍霍——霍霍——"的磨刀声打断，女友最后和天右拜拜，天右也在心事重重中被冲床轧断了四指手指，丢掉了工作。当天右拿着一把藏刀找磨刀人算账时，却被磨刀人的故事惊住了：磨刀人原来是个西部小山村的小学教师，和妻子南下谋生，在漫长的流浪生涯中，妻子沦落为小姐，他们的目标是赚够一笔钱，就离开"这该死的南方"。磨刀人是读书人，他的理智和学养让他不能去杀人，只有在磨刀声所营造的虚拟空间中享受复仇的快感。当磨刀人夫妇从南方小镇消失后，出租屋里仍然传出磨刀声，只不过磨刀人换成了天右。"磨刀声"是南方"石屎森林"受挤压的最底层生物对"弱肉强食"最微弱的反抗：磨刀人不能杀人，他谁也不能杀害，而仅能以磨刀来宣泄他心中的怨气和魔障；同样，天右不仅没有得到工伤赔偿，反被开除出厂，并扣押工资赔偿机模。当天右闹着要上劳动局去告时，老板说："你要告尽管去告，老子拖你个一年十个月，耗死你个衰仔。"天右也无法杀了老板，最后，他只能向比自己更"弱"的磨刀人复仇，而当磨刀人这个假想的仇敌消失后，他只有像磨刀人一样，在磨刀声中继续进行虚拟式的复仇。而他的磨刀声，又会对出租屋中的同类造成恐惧的心理。

戴沙牛在小说《谁的歌声令人心碎》中写道："这城市，其实就是一座森林啊，那些小鹿每天一睁开眼就得拼命奔跑，找一口吃的，不至于跑不动被更凶猛的野兽们吃掉，他们背在肩上的巨大负重是恐慌两个字。"[1]王十月看了电视节目《狂野周末》上非洲大草原上动物们的故事，"我突然找到了我们为什么内心如此敏感而又脆弱的答案。那些生活在非洲大草原上的狮子，大象们，它们是草原上的强者，他们从来不用去警惕突如其来的攻击。哪怕一头病入膏肓的狮子，在面对猎狗包围时，依旧是那么从容。而那些弱小的食草动物，总是会练就特别灵敏的触觉，比如瞪羚，它们就能及早发现危险的存在，哪怕是一点风吹草

---

① 戴沙牛：《谁的歌声令人心碎》，花城出版社 2003 年版，第 212 页。

动。……我突然发现，我们这些打工者，其实就是草原上的那些食草动物。"① 城市在"打工作家"笔下是一个遵循"社会达尔文主义"的演练场或角斗场。这里的生存依照丛林法则，处于其间的都市新移民群体，是森林或草原上最弱小的动物，他们练就了敏感、脆弱又时时怀着恐慌的文化心理，"一个打工仔"，可能"不明不白就让人家弄死了"。② 在丛林法则的城市中，打工族的城市生存普遍没有安全感，生存竞争导致其"自相残杀"，随时陷入"成佛"与"成魔"的自我人格分裂中。这种文化心理冲突，正是处于城市最底层的都市新移民群体在打工时代，与城市发生激烈冲撞所沉积而成的独有精神意识，不可否认，它也是当下中国城市意识的一部分。

三　美好暧昧的摩登女郎

20 世纪 80 年代中期城乡大迁移开始以来，主流作家有关"农民进城"的叙事成为热点，占据了主流文学期刊的重要版面。"打工作家"笔下的城市形象与之形成鲜明对照的是，后者往往站在乡村的传统美上，着意刻画"城市恶"的一面，城市好比是个乌黑的大染缸，淳朴、善良的农民一进城市，其美好的一切都被城市的染缸破坏，表现为"城市的造恶功能对于文明的破坏，对人性的毁灭"。③ 路遥的《人生》可以说开启了这类叙事的固定模式。主流作家在渲染"城市恶"导致打工者的悲剧时，实际上将乡村和城市分别赋予传统的文化内涵和现代都市文明的性格特征，并在叙事中将两者对立起来，体现的是对现代工业社会、城市化所带来的一系列问题的焦虑包括现代化的焦虑。这种模式往往将一个群体的遭遇变成一个普遍化的文化问题，遮蔽了都市新移民所面临的结构性的社会不公。尽管"打工作家"也同样面临城乡文化的冲击，但他们所遭受的冲击不仅来自城乡两种不同的文化价值观和文化内涵，更来自城乡二元文化社会所带来的身份焦虑，因而，"打工作家"一方面对城市给予自己的不公怀着深深的伤痛；一方面又热爱城市、热情拥抱城市，他们对于城市的批判，更多的不是城市本身，而是

---

① 王十月：《声音》，《黄河文学》2007 年第 7 期。
② 周崇贤：《春寒伤人心》，《红尘有爱》，中国文联出版社 1998 年版，第 101 页。
③ 梁波：《现代化语境下"农民进城"叙事研究》，兰州大学中文系，硕士学位论文，2008 年。

不公的城乡社会所带来的文化身份等级差异。

　　城市形象的女性化抒写在打工文学作品中屡见不鲜，作家将南方漂泊过程中所暂住的每一个地方，都化为如情人一般深深的爱恋。李笙歌在《梦一样散乱的生活》里感叹："这真是一座现代、美丽而性感的城市。我踏入这座女性化的城市就啧啧。"① 罗德远在《怀念一个叫斜下的地方》里写道："我近 6 年的青春／交给了一个叫惠州的城市／现在它已无法回到我／最初的川南／可我的悲伤　却为何宿命得／没有一丝声响／／与斜下的相遇　像漂泊路上／偶尔邂逅的一个女子　我不能说出她的好与不好。"他在《广州生活》里写道："从新市到五羊新城／顺着诗歌的韵脚／我赤脚步行了两年／依次安置好每一段命运／我依然是一个地道的广州暂住人／请允许我将广州生活的感慨／简略地说出／／一个内心流亡者／血液注定无法融入脚下的土地吗／看见一些鲜艳的青春／和纽扣一道滑落／感受环佩叮当香气四溢的花城／我不知道该感谢还是憎恨／美好暧昧的广州生活。""惠州斜下"和"广州"，在诗人眼中就如偶尔邂逅的女子，花城广州更像一个"环佩叮当香气四溢"的美女，但是诗人自身的流浪和漂泊的命运，注定只能短暂地停留，遭遇每一个城市，就好像和每一个女子短暂地邂逅，因而诗人对城市的感情总是复杂的，"不能说出她的好与不好"，"不知道该感谢还是憎恨"，只能怨叹流亡者的"宿命"，因而城市生活变得既"美好"又"暧昧"，就像对于一个女子的爱恋。刘付云在《与广州相爱》中表达得更加坦率："广州，一个俊俏大方的姑娘／以她迷人的魅力诱惑着我／让我抵挡不住／为她歌唱／为她停住流浪多年的脚步／为她倾洒下如海深的感情／我情愿在她善意的视线里独守寂寞／过着与世无争的清贫日子／静静生活／默默写作。"广州的"俊俏大方"、散发着"迷人的魅力"，让流浪者情不自禁地停留，与之相守，这是作家美好的梦想，然而梦想实现者仅是少数，更多的人只能屈服于"命运"的安排，这种无奈让打工者感到困惑愤懑，通过赤裸裸的诗句发泄出来："我活不潇洒／我过得不自在／今夜的地王大厦／是我高高勃起的鸡巴／我爱和深圳这个现代女孩／做一次爱／要做就做个淋漓痛快／要爱就爱个死去活来"（李晃：《我与深圳做爱》），诗人以"做

---

　　① 李笙歌：《梦一样散乱的生活》，http：//blog. sina. com. cn/s/blog_ 4deb9324010009k5. html，2007－08－02。

爱"的方式发泄对于深圳这个"现代女孩"的情感，将对城市的征服比喻为雄性力量对女性的征服。这种想象性的征服关系恰恰是现实中漂泊流浪的"打工作家"欲停留而不能驻扎的情感的疏泄，它表达的是作家心灵的虚浮感和城市生活长期受挤压的焦虑感和压抑感。

有意思的是，将城市比作充满诱惑、迷人魅力的女子，并不是男性"打工作家"的专利，郑小琼也将城市比喻为"摩登女郎"。她在城市塑料厂的注塑车间里，通过车间狭窄的窗户抬头仰望：

> 城市的天空是被光污染的天空，也许我无法像在乡村里一样清晰地感受到来自月亮的光亮与皎洁。在水泥，钢筋，霓虹，马赛克构成的城市之间，柔软的月亮面对坚硬的城市缝隙中闪现出它的脸。月亮只是一位古典的美女，素洁淡雅，只有在缓慢节奏中生活乡村的人群才有足够的空闲在它的淡妆中发现它迷人的美。城市是高速节奏的，它需要瞬间的惊艳，刺激的性感，它是迅速的，热烈的，暴力的，像歌舞厅里的闪光灯一样，那样浓妆艳抹，像一个摩登女郎一样迅速地而暴露地露出她高耸的胸部，高翘的臀部，用紧身低腰裤勒出她的股沟或者乳沟，坦露出大片的背部或者平坦的腹部，来吸引众人的注意。①

这段描写将工业化、现代化背景下城市的急速复杂的面孔，通过"摩登女郎"的形象表现出来了。与在缓慢节奏的乡村生活里欣赏月亮这位"古典的美女"不同，城市这位"摩登女郎"热烈、性感充满诱惑，在"浓妆艳抹"和"闪光灯"的层层遮蔽和隐隐闪现中，"女郎"的真实面目是复杂暧昧、模糊不清的，就像复杂多面让人迷惑的城市生活，然而她又挑逗着每一个过往的行人，投入她的怀抱。

工业化时代的城市具有和"摩登女郎"一样的形象特质，她大方迷人、极具诱惑，但又让人无法捉摸，不可获得，就像"打工作家"极难居留在城市的处境，作家和城市的关系便变得"暧昧"起来，而城市生活恰恰也是"暧昧"难辨的。安石榴在《我的深圳地理》中说："深圳绝对是一个暧昧的城市"。这种"暧昧"感使得他们能纤细地感

---

① 郑小琼：《铁·塑料厂》，《人民文学》2007年第5期，第85—91页。

觉到城市所发生的变化。安石榴曾经在深圳龙华做过自由撰稿人，辗转漂泊多年后再回到龙华，这个关外的小镇已经变了模样："龙华的形象改造犹如一个青春灿烂的少女骤然转变成一个珠光宝气的美妇，使人实在无从想象她到底经历了怎样一段恋爱和婚姻。"① 从"少女"到"美妇"，这一组比喻巧妙地揭示了珠三角城市化背景下城中村形象的蜕变。城市作为被"打工作家"观看的客体，其女性形象的比喻，充满了性别和欲望的意味。这个"摩登女郎"是现代都市文明的物质表征，但是她始终无法为异乡人所拥有，而这一切都是因为打工者的城乡二元身份，他们不得不漂泊、流离失所的命运，就像向阳《在路上》里写道："这些年，我似乎只是忙于/把自己的身体/从一个城市搬运到/另一个城市/就像我曾经把热爱/从一个女人搬运到/另一个女人"，诗句道出了打工者的窘迫，因为打工生活漂泊无根，在每个地点都是短暂地停驻，打工人不知道明天就将去何方，都市里的打工情爱也是短暂的，这些短暂的情爱诞生在工业区、城中村的出租屋，谈恋爱的频率恰如和每一座城市的邂逅，于是打工者和城市之间的关系，便如打工生活中产生的短暂情爱。

　　从这里我们可以看到，"打工作家"笔下的城市，已经脱离了"乡村美，城市恶"的叙述主题模式，他们对城市饱含着如同对女子一般的爱恋，他们的抒写和 80 年代中期的"进城作家"便有了区别。生于 50 年代以路遥为代表的"进城作家"，他们更趋向于表现城市文化的现代性与乡土文化的传统性之间不可调和的冲突，侧重于文化层面的宏大叙事；而 60 年代生于农村的作家，他们通过高考等渠道完成"进城"的仪式，他们对城市的描写虽然以个体对现实的理解和把握替代宏大叙事，但他们的文本对城市文化采取了一种对抗的姿态，如格非对于城市的书写，从揭示城市现代性背景下的爱情、婚姻与道德"异化"开始，注重对城市欲望的批判。② 和以体制内渠道进入城市的作家相比，"打工作家"的城市经验要艰难得多，他们也看到了"城市陷阱"和城市的"丛林社会"法则，但并不因此掩藏对城市的向往和热爱。张守刚

---

① 安石榴：《我的深圳地理》，中国戏剧出版社 2005 年版，第 16—17 页。
② 吴妍妍：《作家身份与城乡书写》，中国社会科学出版社 2009 年版，第 67—72、94、104 页。

经历了十年的南方打工生涯，最终回到故乡重庆，但他依然常常想念起中山的坦洲小镇：

> 让我再次想起你／亲爱的坦洲／在中国西南一个偏僻的小山村／你的形容浮现在我清贫的日子里／这里已经冻得发抖／我有些浑浊的目光／看见你依然裸露双臂／你的丰满是每个人都动心的那种／／在我最落魄的时候／你的宽容收留了我／十年光阴　说短不短　说长不长／我面黄肌瘦的青春／从那里开始 在那里结束／／不会忘记　孤灯下的清影／不会忘记　机器轰鸣的夜晚／还有在夜晚里通宵不眠的异乡姐妹／她们失血的脸总在我的眼前挥之不去……（张守刚：《坦洲坦洲》）

这里作家和坦洲的关系，也是通过相爱男女的转喻建构起来的。坦洲就像是诗人相爱过但又分离的恋人，当"再次想起"，坦洲的女性形象依然让"每个人都心动"。诗人以一个落魄流浪人的形象出现，而其"恋人"坦洲，则是宽容地收留了他。然而，最后作家还是没能在城市留下来。返乡的"打工作家"最终只能在对城市场景的想象和思念中拥有城市。

而对于最终通过写作改变"农民工"的文化身份，渐渐将根驻扎在城市的"打工作家"来说，他们需要转变角色，以一种主人的姿态出现在城市面前。城市不再是"暧昧"的，城市的形象也由遥远变得切近，成为征服的对象。最典型的比如周崇贤的《杀狗》，其主人公王二是一个来自乡下的农民，通过做证券终于小有成就，他开着丰田越野车在城市里横冲直撞，体验一种"特别男人"的自豪感，每当这个时候，就好像城市已经被他征服，向他媚笑。曾经是农民的王二找了一个女大学生朋友，每当和女生做爱的时候：

> 就像是获得了城市的认可与接纳，那种满足感，就像一个漂泊无依的农民，历尽艰辛与屈辱，终于获得了在城市里永久居住的权利。身体的躁动，心灵的漂浮，以及长期的焦灼和压抑，都可以得

到安慰，得到平静、安宁和妥帖。①

　　《杀狗》可以说体现了"打工作家"的城市形象和自我身份的一个变化，把对女大学生的征服比喻为对城市的征服，城市仍然是女性化的欲望对象，只不过，城市不再是"暧昧"的不可捉摸的，她臣服于乡下来的摆脱了"农民工"身份的打工者。而打工者也最终通过进入女体而进入了城市。在将城市欲望化的比喻中，作家对于自身"农民工""暂住者"城乡二元身份的深深的焦虑感，也在"做爱"的仪式中得到了释放。

　　综合本节，"打工作家"塑造的城市呈现复杂多面的形象面孔，它既是造梦场，也是陷阱、石屎森林，它既带给人深深的疼痛，也能让人感受到苦难中的诗意，"打工作家"对城市是又爱又恨，爱恨交加所编织起来的情绪就化为对城市意象另一个鲜明的面孔：女人。他们将融入城市、被城市接纳的过程，比喻为获得一个女人的爱恋的过程。"打工作家"笔下的城市和自我都带有鲜明的个体经验的烙印，它不指向任何宏大叙事，也不倾向于作文化上的批判，它只是作家身份与城市经验的产物。如果说城市的意义在于每个个体对它的经验，而每一个个体都是根据自身独特的"文化身份主题"来感知城市的。他们感知城市形象的复杂性正是由"打工作家"的城乡二元文化身份决定的，尽管融入城市的道路充满了荆棘，他们仍然对城市怀着热爱，对于城市的爱恋越浓烈，"农民工"身份带给他们的焦虑感和压抑感就越强烈，挣脱二元身份的渴望就越是急迫。

第三节　乡愁：故园想象与乡土认同

　　在"打工作家"的写作尤其是早期的写作中，"乡愁"是个很鲜明的母题，他们不停地通过诗歌、散文等体裁诉说对于乡土家园的思念。"乡愁"是中国抒情传统中一个古老的文化命题，千百年来，无数诗人在历史的长河中洒落恒河沙数的乡愁诗篇，"举头望明月，低头思故乡"、"独在异乡为异客"、"日暮乡关何处是"……或许可以说，乡愁是农业文明时代特有的文化心理和诗意想象。对于中国工业化、城市化

---

① 周崇贤：《杀狗》，《当代》2009 年第 1 期。

初期流浪在南方异乡城市的"打工作家"来说，"乡愁"对于建构他们的文化身份有什么意义所在？

一　"乡愁"与身份归属

"乡愁"是存在于迁移群体中的独有心理体验。越是在均质的流动性弱的农业社会，主体的迁移经验所引发的"乡愁"就越浓厚。这或许是在中国几千年"安土重迁"的农业文明中，"乡愁"的抒情传统特别发达的原因。孔子说："父母在，不远游"，宦海仕游，是亦官亦学的士人不得已而为之，一旦解甲归田，便衣锦还乡。中国农业传统内在的文化情结已经延续成中国人独有的心理感觉结构，因此，当大批农民离开他们的家乡到达异质的城市社会时，工业化时代的"打工作家"笔下也总是弥漫着浓浓的乡愁。

乡愁往往通过乡土田园中各种意象和记忆编织而成。这些意象在农业文明中耳熟能详，具有和他们所在城市的空间意象鲜明迥异的特征，譬如：一望无际的金黄芬芳的油菜花，[①] 娇滴滴的水白菜，[②] 忧伤的水稻，[③] 鸡鸣犬吠，[④] 麻雀，[⑤] 红薯，[⑥] 月亮、村庄、泥土、老家，[⑦] 炊烟，[⑧] 黄昏，[⑨] 河流、山路[⑩]等，以及留守在故乡的亲人们。乡土田园的各种意象在记忆中都变得鲜明而生动，远离家乡的人，即便生活在家乡时有着种种艰辛，但在编织对于家园的记忆中，仍然是熟悉美好的田园想象。这些想象，往往是在和城市的比照中形成的，比如：

---

① 许强：《油菜花中的故乡》，《菜花：我最后的体温》。

② 许强：《水白菜》。

③ 李晃：《忧伤的水稻》，http：//blog. sina. com. cn/s/blog _ 4a3e667f01007slg. html，2007 - 12 - 11。

④ 许强：《我只想听听鸡鸣犬吠》，http：//blog. sina. com. cn/s/blog _ 5ee108be0100k3g0. html，2010 - 07 - 18。

⑤ 黄吉文：《又见麻雀》。

⑥ 石明山：《红薯》，《江门文艺》2005 年六月下，总第 349 期。

⑦ 罗德远：《怀念泥土》，《大鹏湾》1997 年第 7 期。黄旭玲：《老家》，《江门文艺》2005 年七月上，总第 350 期。

⑧ 黄吉文：《炊烟，炊烟》。

⑨ 张学云：《几张黄昏挂出来的灯火》，《大鹏湾》1995 年第 5 期。

⑩ 池沫树：　《山路弯弯》，http：//blog. sina. com. cn/s/blog _ 48e66da40100b05o. html，2008 - 09 - 24。

在一个叫异乡的城市蛰伏多年/远离农事土地和母亲/只能从铅质的天空辨别/故乡落花的消息/城市妖冶的盆花/让我更加怀念那些/拙朴的小麦（黄吉文：《炊烟，炊烟》）

譬如这个夜晚/喧闹的工业区/寂寞的工业区/生长一种叫做乡愁的植物/弦月如镰，割了还长……/譬如这个晚上/在通风口埋头抽烟的那个男人/乡愁更像他嘴角的半支香烟/欲戒不能（曾文广：《戒不掉的乡愁》）

我知我的心/无论漂泊过长江漂泊过黄河/无论漂泊过白天漂泊过黑夜/都漂不过的/大别山下的那个小村庄呵/几盏黄昏挂出的灯火/几声夜更吠出的鸡鸣/几围篱笆/几围紫色的葡萄/就能 就能/围住我的心/挂住那浪迹天涯的心/我四季不忍归/我四季不忍思归/从漂泊我走到漂泊……（张学云：《几盏黄昏挂出的灯火》）①

南方城市和乡土田园，这两个在物理上相隔千里、在文化景观和生活方式上迥异的地理空间，通过"打工作家"的心理对比体验衔接起来了。城市的"天空"、"盆花"、"月亮"、"黄昏的灯火"，甚至一个"抽烟的男人"，都能将作家细腻敏感的情思带到千里之外的村庄。故乡在想象中是一个比城市更让作家具有归属感的美好所在，城市的现实越是残酷，故乡就越发令人神往，乡愁也就越发浓烈，像割了还长的"植物"，像抽烟男人对香烟的"欲戒不能"。就像郑小琼在采访中说：在南方待了一年后，乡愁会慢慢淡下去，但当不如意的时候，乡愁又会浓起来了。②"乡愁"可以说和"打工作家"的城市境遇紧密相连。在城市他们找不到归属感，田园乡土的温馨和城市的种种艰辛形成鲜明的对比，也给了他们慰藉。"打工作家"身处城市，却遭受城市空间的挤压，他们大多数在地理甚至心理上，并不能走进城市的标志性空间，而"家园是一种空间的归宿"，在他们的文学想象中所呈现的家园空间及其生活方式，尤其是象征性的自然和人文景观等，③往往能使他们获得一种虚构的心理体验，在想象中从残酷的现实中抽离出来，顺着记忆回

---

① 张学云：《几盏黄昏挂出的灯火》，《大鹏湾》1995 年第 5 期。
② 郑小琼、天啊：《南方没有暖昧——郑小琼访谈》，记者：天啊，时间：2005 年 10 月底。
③ 周宪：《文学与认同》，《文学评论》2006 年第 6 期。

到亲切的、熟悉的家园。

这个家园并不是总是美好甜蜜的，在亲切、熟悉的记忆中又夹带着阵阵忧伤。这忧伤来自现实的城市生存处境和对过去苦难家园的经历。比如以下两首：

很多时候/我思念的触须只能在这个城市/一间出租屋里/艰难地延伸/背负着故乡泅渡这个黑夜/已很久/心　很累很痛/也很无奈/我正努力地把两片脚丫/锤打成飞翔的翅膀/并且不断地安慰自己/坚强，再坚强/流浪的日子/永远是黑夜比白昼长/流浪的日子/心永远无法靠岸①（张毅：《怀念家园》）

妈妈，村庄空旷，道路寂静/你比一张落叶更薄，常常和父亲吵嘴/拔几碗冷饭，去地里刨来刨去/泪水落下，种子发芽。前几年，你栽烤烟/养牲口，红薯里拎出粉条，体面地盖了瓦房/如今老眼昏花，再也收不到一封家书/电视上报道这个城市/治安状况不好，你又在灯下，写来很多错别字——/出门在（栽）外，勤快（块），忠厚/不要惹是生非（飞）。……/妈妈，我两手空空，那么想你/那么想你，还两手空空/眼看春节到了，我们把火车，也忘了吧（陶天财：《妈妈》）

打工者最初是因为农村的普遍贫穷，才怀揣着"南方梦"来到珠三角淘金，这贫穷艰辛的家园记忆便时时隐匿在对故乡的亲切、熟悉的怀想中，比如打工者逃离的"空旷的村庄"，家里勤劳善良却苍老的父亲、母亲和祖母形象，时常出现在作家的"乡愁"中。而很多打工者出门在外漂泊多年，依然囊中羞涩，积攒不到一张回乡的车票，为了省钱，往往好几年才回家一趟。遭遇城市生存的苦痛，"两手空空"的人既无力改变自己的出路，也没有办法拯救那个贫穷的家园，只能无尽地在城市漂泊、流浪。打工者身处城市与故乡两端，火车这一边是没有归属感的城市，火车那边，是思念而不能回去的家乡。这种缺乏自我归属感的处境，给温馨的田园回忆抹上了或浓或淡的忧伤。

---

①　张毅：《怀念家园》，《江门文艺》2005 年八月下，总第 353 期。

　　有学者将打工作家的"乡愁"和对故乡的思念，解释为"恋旧"，或者用"城市恶、乡村美"的模式来阐述打工者所经历的城乡文化冲突。否则没有办法解释，为何这些打工者一边无法离开城市，一边又时时在城市里编织着"如烟似雾"①、"如酒似潮"②的乡愁？难道乡土生活没有艰辛没有苦难么？"面向黄土背朝青天"、在烈日下挥汗如雨地插秧，仅能果腹，尚且要应对各种苛捐杂税。农民生活的苦难，在刘大程的《南方行吟》的开篇有过描述，而不少"打工作家"，正是背负着家庭苦难的阴影南下珠三角。但是，在抒写"乡愁"的时候，这些不好的意象，在想象中大多数被过滤了。这种现象并不是发生在个别作家身上，而是发生在整个都市新移民群体身上。

　　打工作家抒写"乡愁"的本质是什么？霍尔在论述"文化认同"有关概念时，提到有关"过去"的作用。过去的事物，比如历史、语言和文化，都在建构未来成为"谁"的过程中成为自我建构的源泉。显然，认同是关于"我们认为我们是谁"和"我们从哪儿来"的问题，但是，认同也指涉"我们将要到哪里去"的问题。霍尔指出：认同实际上更少地涉及有关"根"而更多地涉及有关"去路"的问题。③霍尔的这个观点可以有助于我们对"乡愁"的理解："打工作家"不断地抒写乡愁，编织远方的故园的想象和记忆，正是为了确认自身的主体位置和文化身份认同，保持个体的主体性，不至于在城市迷失。在城市生存中，他们不断要承受"血汗工厂"的剥削，更要承受精神主体性的撕裂，不断经历了身份丧失、群体归属感丧失和传统伦理道德秩序的丧失，而且要直接承受来自城乡二元文化身份、地域文化冲突和城市工业化所带来的各种文化冲突，这个过程是极其痛苦的。在不断的漂泊和迁移中，他们首先失去了根扎在乡土田园上的"农民"身份，成为

---

　　①　"烟做的乡愁啊　　雾做的乡愁/被一小杯　　一小杯　　注入了/忧郁的萨克斯/我被绑在秒针上艰难地思念着故乡/思念我年迈古稀目光昏花的婆婆/思念我呀呀学语哇哇哭叫的女儿/……//乡愁如重拳啊　　拳拳打在我心中……"（许强，《乡愁》）

　　②　"乡愁如酒，乡愁如潮，如酒如潮的乡愁啊在南方泛滥/南方的月亮灰蒙蒙，在南方，也难得有时间和心情/看一回月亮。每个打工者心中却每晚都盛着一轮/明净如水的月亮。秋水一样的月光照着山川，照着田野/照着村庄，照着庭院。南中国的夜晚，有多少人/细数市声，在月光里失眠，泪水泅湿了枕头……"（见刘大程《南方行吟》）

　　③　Stuart Hall, "Introduction: Who Needs ' identity '？", Stuart Hall and Paul du Gay, ed. Questions of Cultural Identity, London: Sage Publication, 1996, p. 4.

"农民工"，而这个身份在城市是"疼痛"的被"挨打"的身份，城市空间的极度挤压下，城市经验是疼痛的受伤的屈辱的，而当新的"自我"实现遥遥无期时，他们回溯到过去，田园的意象由此也变得温馨而美好，而家乡的贫穷苦难却大部分地被记忆过滤掉了，通过不断地回忆过去那个相对美好的情景下的自我，才能够支撑起异乡漂泊生活中的自我存在感。譬如罗德远在散文《怀念泥土》中写道：

> 踩过山野的赤脚，走在南方清洁的街道，我心中常常深蕴感激的情怀。村庄的一草一木镶在心灵深处，我才不致在南方迷失，离村庄越来越远。南方的雨季，潮湿的记忆里，让我萌生了对故园及自然的热爱，那古老而年轻的亲情，如乳汁般，时时在我心灵深处浸漫。……"抓一把泥土在手上，塑成你往日的模样……"一首《未来妹》的歌曾深情而忧伤地触动我多感的心，故乡的泥土啊，你是否还能再塑我往日的模样？①

身处城市，回头看故乡，作家对村庄的一草一木、泥土、故园和自然满怀深深的感激，离故乡越远，这种情怀就越是浓烈。因为故乡这些山水自然意象，时时刻刻提醒着作家的来路和身份，"才不致在南方迷失"。在城市"不问农事"多年的"打工作家"们，对故乡的记忆实际上是越来越模糊的，比如郑小琼就说"故乡说不清楚，只是觉得那是故乡，没有特别的感受"，是"一个模糊体"，而心中的故乡就是在"嘉陵江边洗衣"。② 她坦言来广东之前，"从来没有留意过故乡，甚至想都没有想过它"，来东莞之后，却反反复复地抒写"嘉陵江边那个小小的村庄"：

> 怎样才能描述一个乡村的夜/二千吨的黑与静 覆盖着屋舍田野树木 / 一滴沾满露水的星辰和三钱重的蛙鸣说破夜的秘密 // 六月的玉米地里倾泻着喃喃自语的拔节声//一条河流突然停止奔跑/接

---

① 罗德远：《怀念泥土》，《大鹏湾》1997 年第 7 期。
② 郑小琼、天啊：《南方没有暧昧——郑小琼访谈》，记者：天啊，时间：2005 年 10 月底。

下来 一只惊飞的鹭鸟/突然撒下五千克的尖叫 //一个轻如鸿毛的乡夜突然变重了（《夜》）

　　别人的屋檐你必须低着头进去／我常常想起古代那群寄人篱下的诗人的呐喊……／我的血液里注定排斥着这个城市／我的血液还盛装着北方那个村庄／尽管它贫穷而荒凉 尽管它卑微而潦倒／但在我的心中，它是一座山的重量（郑小琼：《居住》）

　　多少年了 我还在怀念那场经年的大雪／飞翔的弥漫在二千里以外的村庄、山冈、河流、树林／以及一个叫永红的小地方／ 简陋的鸡鸣中／ 我躺在床上，倾听咳了三十年的父亲／……那一个在雪地里佝偻地担着蔬菜的老人／他必须穿越六里路长的积雪／去一个幸福的镇子 他必须在冻雪中／卖完最后一棵还冻雪的蔬菜……／我看见雪花压着父亲，痛／在心中弥漫，像那年的雪一样扩散（郑小琼：《雪》）

　　故乡经过"打工作家"的经验沉积和心理过滤，成为一系列画面和一个个乡村意象的组合。只有通过不断地抒写这些具有乡土文化内涵的意象，才能不断地强化对家园的亲近感、熟悉感，在眷念和向往中将自己带回具有归属感的家园，从而不断地提醒自己的文化身份。① 心理学者对于有关"文化记忆"的研究表明：对于我们自身的理解以及我们会成为什么，决定于我们那些随着时间的流逝，发生消退、变化或不断增强的记忆。② 我们刻意保留的一张旧照片，或者将往事的残余转变成我们关于自己是谁的传记，这些都是寻找逝去的自我的方式；现代社会城市化和现代化越来越发达，而对各种古旧的物品收藏却越来越热，都是通过对留下主体痕迹之物的收藏来保存个体主体性的努力。因而，流传在打工族群体中"乡愁"的本质，是通过怀念过去，以支撑自己在城市面临各种文化冲击下主体身份的破碎，如果说打工族的"南方梦"是指向未来那个蜕变之后的成功的自我，那么，他们一遍又一遍地思念

---

① 周宪：《文学与认同》，《文学评论》2006 年第 6 期。
② ［美］丹尼尔·夏克特：《寻找逝去的自我——大脑、心灵和往事的记忆》，高申春译，吉林人民出版社 1998 年版，第 66 页。

故乡，则是指向过去时空中的自我，这个自我，便以"乡愁"的形式显现。

"打工作家"对乡土的不断抒写，是保存自己原初的乡土性认同的方式。在呼唤乡愁的同时，具有城乡迁移经验的大多数都市新移民都在共同的乡愁意象中找到了自己的归属，为群体交往有了一个共同的认同基础。"乡愁"成为都市新移民共同的文化记忆，在共同的回忆中，使之和其他打工族连为一体，他们的城市打工生活也变得不那么孤独了。"乡愁"是支撑他们在城市生存下去的动力，是对城乡二元文化身份冲突下，城市生活的不适不顺意的一种微弱抵抗的方式。

二　回不去的"故乡"

早年，就在打工者们在南方城市沉醉在"乡愁"中、"打工作家"一遍又一遍地在纸上勾画那个恬静、美好的乡土村庄时，却渐渐发现：乡土固然是美好令人向往的，但是这个乡土却是再也回去不了的，只能活在记忆中。这里的"回不去"，包括两个方面的意思：其一是"打工作家"在城市，适应了城市新的价值观念和文化心理，他们已经不适应故乡的生活方式了，是人的主体性变了；其二是故乡也在变化，在巨大的城市化的"吸力"和城市文明的"侵蚀"下，乡土文明发生了前所未有的变化。实际上，当他们真正归乡以后发现，他们想象和记忆中的美好故园却在沦陷、凋敝、坍塌，"故乡，却成了异乡"，成了游子"漂泊的客栈"。①

那些"不断用诗歌写下一首首纸上的'故乡'"的"打工作家"们，曾经"顽固地认为那些纸上的诗歌"就是他们的"故乡"，② 而这些散发着饱满"乡愁"的故乡，也确实支撑着他们在城市夹缝中濒临分裂的自我；但是，当他们返乡时，无一不为家乡所发生的变化而感到"凄凉"。郑小琼 2001 年离开故乡来到广东，2006 年，她辞掉了五金厂的工作回乡。在城市里练就的敏感和纤细的诗人心灵，让她开始打量起在异乡不断回忆的故乡，才发现，"一个以前在纸上写着的故乡渐渐地

① 何真宗：《回万州》，http://blog.sina.com.cn/s/blog_4b52a351010007iz.html, 2006-12-19。

② 郑小琼：《渐远的故乡》，http://blog.sina.com.cn/s/blog_45a57d30010008vp.html, 2007-03-14。

远去了"：

> 在我的眼前的故乡开始日益陌生起来，回忆中的故乡已离我远
> 去，剩下一个被不断改变的村庄，水，不再是以前那么绿了，被工
> 业与化肥污染了，我以前钓鱼的河流河道中脏得要命，浮着一层死
> 绿色，水中长长蔓生的丝草也没有。人，也变了，整个村庄的人脑
> 海都弥漫着一股渴望暴富的心理，赌，成了乡亲们在农闲时唯一的
> 娱乐，地下六合彩，小赌档，麻将牌……伴随着而来听到不少人在
> 说村子里又有谁吸毒了，出去卖淫的人也越来越多，有的夫妻一起
> 出去，有的是姑嫂出去。比如《秋天·弯曲》里面的"她"。
>
> ……在家里待了二十来天，我心里不断地弥漫着一种凄凉，我
> 不断地开始询问自己，这是我记忆中的故乡吗？这是我一直以为善
> 良的乡亲吗？

感觉"凄凉"之余，作家又感到深深的自责："想起自己写过的
'回不去的故乡'，才发现我写下的仅仅只是太自我化的故乡，没有真
正地深入到故乡村庄的内部，没有在意还生活在村庄里的亲人们的内
心，我才知道自己竟是如此的自私。"就在"打工作家"们身处珠三角
南方的工业化和城市化进程的文化现场时，那个"自我化的"故乡，
曾经在想象和记忆中魂牵梦萦的故乡，永远只能活在想象和记忆中了。
现实中的故乡却永远也回不去了，古人说："物是人非。"工业化时代
的"打工作家"，他们所面对的故乡，是"物非人非"。工业化时代背
井离乡的都市新移民所经历的"乡愁"，和农业时代的古典"乡愁"不
同的一点是：他们的"乡愁"在现实中可能再也找不到依托的对象了。
　　一批回乡的"打工作家"，开始用细腻的笔调抒写乡村社会在工业
化时代变迁的"史记"，比如罗瑜平的诗集《女人的村庄》，[①] 记录年轻
人和青壮年都来到了城市之后空心村庄的真实影像：

---

　　① 罗瑜平：《女人的村庄》，太白文艺出版社 2010 年版。罗瑜平，男，1969 年生，四川
省苍溪县人，广元市作家协会会员；教过书，打过工，做过县报记者、编辑，现在某机关单位
做文秘工作；有诗歌、小小说、散文、散文诗见于《扬子江》、《星星》、《诗潮》、《散文诗世
界》、《四川农村日报》、《广元日报》等各级报纸杂志，曾获市县文学奖。

留守啊，撂荒啊，空巢啊，离异啊，单亲啊……/这些词语，都带菌了，生病了/像癌症样，满祖国地扩散/还找不到能治愈的偏方和医生/……/这个夜晚，寒凛凛的/一夜没睡的爷爷，寒凛凛的/整个村庄，寒凛凛的（罗瑜平：《小孩眼里的留守》）

罗瑜平是郑小琼的老乡，四川南充人，曾经也是"老候鸟"中的一员，在南方被"炒得瘦骨伶仃"，"钢筋混凝土间回不了家的亡魂"成为了"捞世界的男儿"。[1] 面对乡村的沦陷，他一边用诗句编织旧有乡村社会的"海市蜃楼"，对"古典乡村的怀念"和乡村温情秩序的重建"充满了渴望"，[2] 一边又无可奈何地记录下乡村社会的衰落。他笔下"寒凛凛的"的得了"癌症"的村庄，彻底撕裂了"打工作家"对于乡土家园的美好想象。或者说，"打工作家"们纸上的那个"乡愁"浓浓的故乡，是已经逝去的"古典乡村"的美好文化想象，并非现实中的故乡。

面对现实中"衰落"的故乡，"打工作家"的怀乡情愫变得复杂。对于这个不属于自己的陌生的故乡，该如何继续抒发思乡的情怀？对于长期待在城市的"打工作家"来说，久而久之，对现实中的这个故乡"渐渐麻木"，感觉"故乡渐远"了。[3] 譬如郑小琼笔下的故乡，再也不是古典田园时代的美好农村景象，而是对逝去故乡和旧有乡土社会秩序被破坏怀着深深的痛惜，在《清明诗篇》中她写道：

山河像梦一样破碎，拆迁/剩下历史的阴影笼罩的宿命/啊，我无法忘记的旧有风俗/被工业时代污染，它们在心灵/深处挣扎，被不断地删改//逝去的人在镜中出现/我的血液间残留着他的身影/声音和意义，从它的阴影中逃离，那些遥远而静寂的风俗/聚积，空气中弥漫着传统的香气/我和传统像失散已久/从这一刻我必须重新提起，它/有些悲伤的风俗和古老的高傲/在春风或者青草间诵读诗篇/面对节气，习俗跟崩溃的传统/我无法忍受在人群中巨大的孤单/在破坏的心灵的废墟上，时间的斑纹/高贵而美丽，它重新落下清明雨滴（郑小琼：

---

① 郑小琼：《乡村的挽歌》，http://blog. sina. com. cn/s/blog_ 45a57d300100m5ky. html，2010 – 08 – 04。

② 同上。

③ 同上。

《清明诗篇》)

"故乡"回不去的另一个层面，是随着"打工作家"不断调整自我以适应城市生存而发生的文化身份的蜕变，他们所形成的"城市感觉结构"对于故乡反而不适应了。尤其对于居住城市多年、处境日渐改善的"打工作家"来说，回到家乡已"完全没有家乡的感觉"。周崇贤十多年没回故乡，除了还在说四川话，其他的都和老家的生活不一样了，他坦言：并不思乡，在内心深处更喜欢城市，因为家乡的民风不好。而对于更多的"打工作家"来说，曾经想象中的古典农村老家正在慢慢"死亡"，即使回去也不适应了。比如何真宗在诗歌里《回万州》里写回乡的体验：

> 在万县，我买不到适合自己的衣服……//江水不断寄来汇兑/小渔船也变得昂贵/左一脚泥泞　右一脚泥泞/心在鞋子里踩成泥//访友人不在/车过郊外又在小城/过了五桥，龙宝，天城/又过了太白岩//今夜我泡方便面/今夜我唱我的卡拉 OK/找我的感觉/我错把故乡当异乡/今夜我不想你 我想深圳 (何真宗：《回万州》)

回到故乡，并没有在城市怀想家乡时的那种热切和美好，曾经踩在"故乡泥土"上的脚，如今在"左一脚泥泞，右一脚泥泞"中，显得狼狈不堪。诗人通过"泡方便面"、"唱卡拉 OK"来寻找身处城市的感觉，来到故乡就好像来到了一个异乡。回到家乡重庆却有着种种不适，让诗人不由想起南方的城市深圳。

城市和乡土竟然以这样吊诡的方式出现在"打工作家"的想象中，当他们来到城市，他们是城市的他者，当他们返回故乡，他们是故乡的他者。经历十年甚至更长的城市生活，"打工作家"逐渐接受了城市的文化价值观念和感觉结构，乡愁在慢慢淡去，而主要是文学成就得到认同和居留在城市的焦虑了。而城乡二元文化身份和来自乡土的"精神胎记"，将一直都在制约着他们实现都市生存的梦想。

第五章 身份转型：打工杂志与"打工作家"的生成

如果说城中村、工业区等城市空间为都市新移民作家提供了体验城市和抒写城乡文化碰撞的文化现场，同时，作为城市经济、社会、文化生产的一部分，都市空间直接塑造了都市新移民作家复杂的文化心理和文化身份；那么，曾经在80年代后期至2004年火遍珠三角大大小小的书摊，成为了打工族枕上和口袋里必备读物的"打工杂志"，为都市新移民从农民、流水线上的产业工人到"作家"身份的转换提供了载体和平台。

从这种意义上说，"打工杂志"就不仅仅是生产打工文学的文学期刊，它同时还生产着"打工作家"，表征着都市新移民群体（包括打工作家和想成为作家的打工者）关于城市的想象。它在制造、传播城市想象和打工族自我形象的同时，也生产着一种与都市中产阶级、精英知识分子等截然不同的审美趣味，和其他大众流行文化因子搅拌混合在一起，成为都市大众审美文化空间的一部分。

有趣的是，在官办杂志市场化的转型过程中，出现了"刊号买卖"的现象，在珠三角都市催生了一批面向都市新移民的"野生"民营杂志的兴起。这些由书商操作的"野生"杂志同其他打工杂志一起，构成了都市新移民群体想象和文化认同的空间，以及打工作家文化身份构筑的文化空间。

20世纪80年代末90年代初，打工杂志应运而生的社会文化背景是什么？为什么一批体制内的纯文学期刊突然要瞄准打工族群体？"文学温暖打工旅程"作为当时流行于珠三角打工族群体的口号，有着怎样的社会文化内涵？文学和都市新移民群体打工之旅的关系，决不仅仅是心灵的慰藉；打工杂志在都市新移民作家的城市想象和文化身份转换的过程中，也不仅仅是发表文学作品的平台，它是都市新移民作家城市经验的实实在在的一部分。

第一节　文学期刊市场化和打工杂志的兴起

1984 年，林坚反映自身打工体验的短篇小说《深圳，海边有一个人》发表在《特区文学》；同一年，《国务院关于对期刊出版实行自负盈亏的通知》下发，文学期刊的产业化转型道路开始。这两个看起来毫无关联的事件，却预示着 20 世纪 90 年代初兴起，甚至波及 21 世纪最初几年的一场中国文学浪潮的来临。都市新移民作家在这场文学期刊市场的重组和转型中，获得了"作家"或准确地说"打工作家"的身份转换。

20 世纪 80 年代末 90 年代初对于当代中国来说是个非常重要的时间节点。当整个社会由计划经济体制向市场经济体制转型，当城乡二元壁垒开始松动、都市新移民的城乡大流动开始之时，在文化场域也掀起了一场变革：从主流意识形态的单声道进入了众声喧哗和多元文化冲突的时代。当王朔的"痞子文学"纵横京城大地宣告真正意义上的都市文学形态的兴起，"打工文学"也在南方珠三角都市悄悄流行。当代中国文学整体环境正发生着剧烈的改变，最突出地呈现在文学期刊的困境和改制上。

20 世纪 90 年代初，纯文学期刊的风光不再。文学也无法重现 80 年代"振臂一呼应者云集"的轰动效应。有多种数据表明文学在这个时代的整体滑落和边缘化：80 年代，文艺类期刊不仅种类繁多而且发行量巨大，总数约占全国期刊总数的 1/8，印数占全国期刊总印数的 1/5，而到了 1990 年，文学期刊占期刊总数比例只有 9%；① 曾经征订数突破百万的文学期刊的订数猛然下降到 10 万左右或不足 10 万，② 即使像《人民文学》这样的国家级文学权威大刊，在 1992 年订数仅有 10 万多

---

① 陈祖君：《论作为文化传播媒介的 1980 年代文学期刊》，《文艺理论与批评》2006 年第 5 期。

② 陈祖君、王立新：《论作为文化传播媒介的 1990 年代文学期刊》，《重庆交通大学学报》（社会科学版）2009 年第 3 期。

份，相对于 80 年代初期的 150 万份的辉煌业绩，① 处境非常尴尬。

文学期刊曾经在 20 世纪 80 年代中国的文化版图中，扮演着重要的角色。"文革"结束后，各种文学期刊的复刊和创刊成为突出的文化现象。不仅全国，各省文联和作家协会有自己的文学期刊，许多地区级城市甚至县城也有自己的文学期刊。各级出版社自不必说，各部委、文化部以及从公安部到铁道部、解放军部再到轻工业部都办起了文学期刊。② 这些文学期刊引导了 80 年代的文学思潮：朦胧诗、伤痕文学、反思文学、寻根文学、改革文学、先锋文学等文学创作潮流就是在文学期刊上孕育和生长起来的。③ 同时，文学期刊帮助 80 年代的作家确立了"作家"的身份和地位，刚开始起步的作家依赖文学期刊的发表获得了进入文坛的通行证，也即获得了主流文学界的认同。文学期刊成为文学青年的集散地和培育作家的摇篮。文学期刊是授予作家身份和主流文学界认同的权威，这一点至今仍然没有多大改变。而在 80 年代，作家身份由文学权威期刊来认定，几乎是唯一的途径。因而有学者认为 80 年代文学不仅是"期刊中的文学"，更是"期刊化了的文学"，80 年代的期刊孕育出了 80 年代的文学。④ 文学期刊不仅是文学思潮风云变幻的阵地，也掌握着文学审美权力。

在电视尚未普及或正在普及的 20 世纪 80 年代，文学期刊构建了当时人们的审美习惯和整体生活方式。文学对于 80 年代的政治、日常生活的意义远远超过了纯粹的审美娱乐形式，文学期刊每发表一篇作品、每制造一个带有轰动效应的话题，无不透露出主流意识形态文化的偏好和导向性，在经历了"文化大革命"的狂风暴雨之后，文学作为"时代代言人""社会晴雨表""政治风向标"的意识已经渗透进国人的每一根神经，文学被赋予了媒体的性质和社会效用。由于中国特有的文化体制，当时的文学期刊都属于政府官办，根据所属机构，正规的文学期刊大致可以分为两类：一类是作协、文联系统的刊物；另一类是出版社

① 李明德：《当代中国文化语境中的文学期刊研究》，兰州大学中国现当代文学，博士学位论文，2006 年。

② 陈祖君：《论作为文化传播媒介的 1980 年代文学期刊》，《文艺理论与批评》2006 年第 5 期。

③ 同上。

④ 同上。

主办的刊物。全国各地的作协和文联系统刊物都依靠国家财政补助，其生存模式又分两类：一类是国家财政全部拨款，称为广东模式，如《作品》《特区文学》；另一类是国家财政差额补贴，如《雨花》《钟山》等，称为江苏模式。全国大部分文学刊物属于后一类。[①] 作为计划经济体制下政府官办的文学期刊，其文学生产背负了意识形态生产的重任，在塑造 80 年代的激情、浪漫和理性主义的同时，也帮助重塑民族魂、重构国人的共同体想象，增强民族的凝聚力。[②] 在社会整体结构分层相对均质化和媒体文化高度计划生产的时代，文学期刊是中国人传媒化生存的方式，80 年代人们对文学期刊的依赖就如同 20 年之后对网络的依赖，对外界信息的汲取和审美娱乐形式都离不开文学期刊。文学居于社会生活的中心地位，文学期刊成为吸引社会各界的注意力的主导性场所，从而铸就了文学以及文学生产者的"黄金时代"。作家作为精英知识分子群体之一，承担着思想启蒙的角色，在社会上享有美誉和崇高的声望。

孟繁华先生关于"文化地图"的概念里，意识形态、价值观念、偶像认同以及经典文本的持续表达构成了某一时段的"文化地图"，它是统治人们意识的观念形态。[③] 在 80 年代，可以说，文学期刊在中国民众的观念形态和文化心理甚至审美意识的构筑过程中居于核心地位。进入 80 年代中后期，文化地图格局渐变。整个社会在由行政计划命令控制的时代悄悄向自由市场时代迈进，随着自由开放的社会氛围，群体均质化的打破，社会文化结构也在发生着重组，人们的审美意识和审美观念出现分化。到了 20 世纪 90 年代，当电视普遍进入农村家庭，人们的娱乐有更多选择时，这种趋势便愈演愈烈。有学者将 20 世纪 90 年代的文化版图归结为"主流文化""精英文化"和"大众文化"三国鼎立的格局。[④] 80 年代的理想主义激情不再，以纯文学为品牌标识的文学期刊逐渐失去了大众读者的宠信，陷入了前面所述销量普遍下滑的危机。在

---

① 邓凯：《98 文学期刊：遭遇山重水复》，《中国出版》1998 年第 12 期。

② 陈祖君：《论作为文化传播媒介的 1980 年代文学期刊》，《文艺理论与批评》2006 年第 5 期。

③ 孟繁华：《众神狂欢：世纪之交的中国文化现象》，中央编译出版社 2003 年版，第 17 页。

④ 同上书，第 10 页。

20 世纪 90 年代初期，"文学终结"的呼声高涨，文学期刊的困境便是明显的征兆；与此相应的是作家身份的边缘化和文学权威的逐渐失效，不得不在文学留守中回忆着 80 年代的"辉煌"，有关"文学死了"、文学失落的余绪飘荡至今。

1984 年《国务院关于对期刊出版实行自负盈亏的通知》的下发是一个明显的信号，标志着期刊、报业、出版等文化生产领域的经验模式从单纯的行政监管向行政命令兼市场调节的转变，这些文化生产领域不再是主流意识形态的传声筒，而是作为文化产业来经营的思路被提上了改革的日程。报社、出版社在这一轮改革中成功实现了转型，唯有文学期刊小心翼翼、按兵不动。[1] 直到 1988 年国家有关部门再次做出规定，各报社、出版社、期刊社可以开展有偿服务和经营活动，开办广告、咨询、新闻发布会等业务，也可以创办与出版业相关的造纸厂、印刷厂等；[2] 1989 年中共中央发出《关于进一步繁荣文艺的若干意见》，再次提出尊重艺术规律，繁荣文艺创作。允许经营意味着国家对文学期刊逐渐取消行政补贴，让其自谋生路，自己养活自己。在文学期刊面临销售量的直线下跌的情况下，国家财政补贴的减退更是雪上加霜，大量文学期刊被市场淘汰出局。

正是在 80 年代末期和 90 年代初期，当"打工潮"涌现，满载着都市新移民的火车呼啸着南下珠三角，背着大包小包的打工族填满广州火车站的广场时，中国的文学期刊界也开始了改版的浪潮。在一部分期刊带着"急就章"的性质标举文学口号和倡导如"新状态""新体验"等审美试验时，珠三角城市的文学期刊逐渐瞄准了打工者群体这块大蛋糕；在官办杂志纷纷寻求市场化的出路时，"打工杂志"在南方异军突起，在传统文学期刊一片凋零的情况下，一度创造了文学期刊的发行神话，为珠三角流水线上的产业工人提供着精神食粮和发表的园地，成为生产打工"作家"的平台。

尽管广为人知的第一篇"打工文学"作品发表于《特区文学》，最先敏锐地意识到都市新移民这个庞大阅读群体市场的却是《大鹏湾》。

---

① 李明德：《当代中国文化语境中的文学期刊研究》，兰州大学中国现当代文学，博士学位论文，2006 年。

② 同上。

1988 年 2 月，深圳宝安区文化馆的《大鹏湾》杂志明确提出要以反映"打工仔"的生活为己任，以当时遍布珠三角的打工族群体作为受众来确立刊物定位。《大鹏湾》仅是宝安区文化局主管主办的一份内刊，因为没有统一的公开发行的刊号，只能以"地下刊物"的身份战战兢兢、偷偷摸摸地运行，但这并不妨碍它在接下来十多年取得辉煌的业绩，文化主管部门对此也是睁一只眼闭一只眼。《大鹏湾》在珠三角大大小小的书摊一亮相，就迅速获得了漂泊在外的都市新移民群体的青睐，其封面广告语赫然号称"中国最早的打工文学刊物""闯世界者的港湾"，这两个口号也因亲切的人文关怀和自信豪迈的气质俘获了打工者的心灵。《大鹏湾》由季刊改为双月刊，从 1995 年第 9 期开始，又改为月刊，处于上升时期的《大鹏湾》市场销售情况不错，杂志发行量由 5000 册直线上升达到每月 10 万册以上。[①] 作为一份区级尚无公开发行刊号的内刊，这个业绩足以让当时举步维艰、难以为继的各级纯文学期刊感到艳羡，与此形成鲜明对比的是：90 年代主流文学期刊在失去财政拨款和大众市场的情况下面临生存的压力和考验，发行量超过十万册的文学期刊已经寥寥无几，甚至多数发行量不到一万册；[②] 1998 年，曾经在 80 年代初享有盛誉的《漓江》《昆仑》《峨眉》《小说》宣布停刊，被称为"天鹅之死"。[③]

80 年代末 90 年代初的社会文化重构形成了一个崭新的文化地图和文化生态，以宣扬主流意识形态文化和精英知识分子文化的高贵的"天鹅之死"，标示着理想主义和启蒙主义的纯文学的逐渐终结，以取悦于市民趣味的大众文化的"丑小鸭"开始登场。在文化版图由计划经济向市场经济转型之时，一部分难觅生路的纯文学期刊衰落、凋谢了，而

---

　　① 1995—1999 年是《大鹏湾》最辉煌的时期，这个数据来自这个时期任职《大鹏湾》的编辑安石榴、罗向冰、郭海鸿的分别采访资料。安石榴最初以一线发行员的身份加入《大鹏湾》，据他提供的资料：杂志发行量达到月 10 万册以上；罗向冰认为 1995 年年底至 1999 年，《大鹏湾》最辉煌期大概月发 12 万余份，成为珠江三角洲读者群最密集的杂志；郭海鸿的数据是 1995—1999 年，"发行最高峰应该超过 15 万每月，珠三角地区卖得很火"。结合三人的采访，1995—1999 年，《大鹏湾》"月发行量 10 万册"以上这个数据比较准确。
　　② 楼岚岚、张光芒：《期刊改版与九十年代以来的文学转型》，《南京师范大学文学院学报》2005 年第 3 期。
　　③ 陈祖君、王立新：《论作为文化传播媒介的 1990 年代文学期刊》，《重庆交通大学学报》（社会科学版）2009 年第 3 期。

珠三角的文学期刊却发现了一个庞大的消费者群体，并审时度势成功转型，造就了城乡迁移过渡时代的一道文化景观——"打工杂志"的流行。几乎在《大鹏湾》成功转型的同时，珠三角大大小小的地市级文学期刊都改版为打工杂志，发表打工者自己的文学作品，为流水线上的打工族提供了他们所需要的精神食粮。其中最著名的除了《大鹏湾》，还有《佛山文艺》《江门文艺》以及后来佛山传媒集团创办的《打工族》。

　　《佛山文艺》是官办杂志向市场转型过程中被反复阐释的案例。1987 年，《佛山文艺》试刊从报纸变身杂志。1989 年，刘宁接任主编开始策划改版，最终将目标读者锁定为珠三角的打工族，由一份地级市文艺刊物转变为面向打工者群体的杂志：以打工族的审美趣味和娱乐需求提供文学生产，关注他们在异乡的酸甜苦辣，抚慰他们的精神苦闷，更重要的是：为打工者提供了一个倾诉、表达的平台，接受打工者的投稿，鼓励打工者"我手写我心"，记录了城市化、工业化时代城乡迁移群体的城市体验、文化碰撞和身份撕裂感，并因此发掘了一个潜在的文学群落，正是这些承载着鲜活历史和时代体验的打工者，赋予了小说、诗歌、散文以新的表达空间和文体活力。[①]《佛山文艺》以居高不下的发行量号称"第一打工文学大刊"，在 80 年代末期，发行量已达到四五十万册，号称是"中国首家文学半月刊"，在期刊界被誉为"《佛山文艺》现象"。1993 年，《佛山文艺》再一次细分市场，保持《佛山文艺》文学性品格的同时，创办互动性刊物《外来工》（因"外"字带有歧视性，2000 年 7 月改名为《打工族》）。从字面上看，《打工族》的定位更加准确明晰：面向打工族的综合性刊物，集中发表新闻性、纪实性、资讯类的文字，与《佛山文艺》在文体上既有明确的分工，又相互呼应相互补充。[②]

　　在珠三角面向都市新移民的市场上，与《佛山文艺》《大鹏湾》形成"三刊鼎立"格局的是《江门文艺》，由广东省江门市文联主管并主办，其前身是创办于 1979 年 9 月的报纸，当时是江门市第一份报纸；1988 年 5 月起改为双月刊，逐步形成了"关注现实生活，坚持平民意

[①]　黄发有：《九十年代以来的文学期刊改制》，《南方文坛》2007 年第 5 期。

[②]　同上。

识，面向打工一族，兼顾城乡大众，文学性和可读性并重，雅俗共赏"的办刊宗旨。① 1993 年 1 月《江门文艺》改为月刊，于 1999 年 7 月改为半月刊。不断缩短的发行周期意味着发行量的节节攀升，《江门文艺》由早期的期发行量二三千册，发展到最高时的 37 万册。② 2002 年，《江门文艺》杂志在全国文联系统工作经验交流大会上做过办刊经验典型介绍。江门这个以侨乡文化形象为标榜的珠三角边缘城市，并不是打工者打工的首选之地，但《江门文艺》的平民意识使其成为都市新移民争相购阅的刊物。

　　"打工杂志"并不完全是"野生"的。隶属于各级文化部门的文学期刊转型为打工杂志，是市场经济时代纯文学不断边缘化、大众文化崛起处境下的无奈之举，也是文学场向商业化倾斜的支流之一。③ 一方面，打工杂志是体制内的各市镇级文化机构的隶属刊物，受到主流意识形态的钳制；另一方面，面临庞大的都市新移民受众这个巨大蛋糕的诱惑，又不得不采取市场化的策略。主流意识形态机器的力量牢牢把握"文化场域"的最底端，使之不至于倾斜得太厉害；而在最外围，商业资本的力量在最大限度地侵入"文化场域"，以获取最大的利益。④ 这是 80 年代末 90 年代初以来，中国当代文化生产的逻辑。主流意识形态从来没有退场过，只不过从直接干预变成了隐形的控制。在商业资本所控制的文化一端，文学、文化获得了较大的自由发展空间，催生出多元文化狂欢的局面。打工杂志因为其路子"野"被打入"地摊文学"的冷宫，甚至被某些文化人贬为"没有文化的杂志"，但毋庸置疑，官办杂志的市场化转型和都市新移民这个新的文化群落在珠三角都市的涌现，给打工杂志带来了丰厚的回报，让面临生死存亡的文学期刊在 20 世纪末的最后十年焕发出蓬勃的生命力。

　　除了这三大有名的打工杂志之外，《特区文学》（深圳市文联刊物）、《广州文艺》（广州市文联刊物）、《南飞燕》（东莞市文联刊物）

---

　　① 见《江门文艺》官网对杂志沿革、办刊宗旨的介绍：http：//jmwy. qikan. com/Intro-duce. aspx。

　　② 邝宇：《老黄牛精神赞》，《江门文艺》2003 年 9 月下，总第 307 期。

　　③ 邵燕君：《倾斜的文学场——当代文学生产机制的市场化转型》，江苏人民出版社 2003 年版。

　　④ 李灵灵：《论山寨文化现象——对当代文化生产机制的反思》，《中国图书评论》2010 年第 3 期。

也一度刊发打工者的作品，此外，譬如《嘉应文学》《侨乡文学》《打工》《珠江》等刊物也纷纷举起"打工文学"的大旗。鄢文江回想当年热闹的景况："其他省份的杂志纷纷杀到广州来设办事处，在广东这片热土上发行。一时之间，以打工文学、打工生活为主体内容的杂志铺天盖地，大约有二三百种，还有一些没有刊号的假杂志、盗版杂志，鱼目混珠，难分真假，却大行其道。"①

并不仅仅是珠三角各市镇级文化部门看到了都市新移民文化群落这块大蛋糕。《大鹏湾》《佛山文艺》《江门文艺》的市场反响让许多文学期刊蠢蠢欲动，更吸引了众多投资者的目光，一批小书商闻风而动。如果说像《佛山文艺》《江门文艺》这样的期刊尚只是走了"野"路子，而随后一些跟风而起的小书商操作的打工杂志，才是真正的"野生"杂志。虽然它们也顶着体制内文学期刊的帽子，但其运作具有非常大的自由性，将资本的逐利本性发挥到了极致。如果要追溯当代中国文学的产业化道路，书商运作的打工杂志便是其中非常有趣的一环。

刊号的租卖是当代文化生产机制中特有的现象，它将商业资本和文化管制体制结合起来，促成了珠三角打工文化的流行。由于中国特殊的出版体制，私人并不允许拥有刊号，拿不到刊号就意味着不能正大光明地公开发行。因而即便都市新移民作家拥有才华，拥有创作和编辑的热情，自发办起了很多报纸、杂志：如安石榴和郭海鸿最早创办的《加班报》，安石榴1994年的《龙华诗报》、1999年创办《外遇报》，2001年许强、张守刚、罗德远、徐非等人创办的《打工诗人》，何真宗独立投资办过《打工作家》《打工文化报》，刘大程等创办《行吟诗人》，等等。但这些报刊只限于内部、好友间传阅或赠送，并不能为他们带来经济上的效益，也不能改善他们的生活。而他们也并非为了金钱的利益，对文学的热忱和纯粹为了表达的欲望，促使他们自费创办了这些民刊。当然更重要的是，创办印发一个刊物，有助于形成都市新移民作家文化群落的共同体。城乡打工者的都市新移民和作家（或正在形成中的）的双重身份，在这些刊物的组稿、编辑和发行过程中，得到了再现、强化和巩固，并为整个珠三角的都市新移民群体担当了话语领袖、打工者

---

① 鄢文江：《我在〈江门文艺〉打工的日子之一》，http：//blog. sina. com. cn/s/blog_4ed4c1600100p8f2. html，2011 - 03 - 03。

"代言人"和文化记录者的角色，并为增强都市新移民文化群落的凝聚力和引起主流文学话语圈的注意力起到了一定的作用。然而，不能公开发行使其影响始终局限在一个狭小的圈子。相对来说，书商因为财大气粗，只要租卖下一个刊号，雇用几个都市新移民作家，就能实现上述理想。在当时，广东、广西等省区的一些地级市、镇或出版社的纯文学期刊面临倒闭的危险，而书商想要投资文学杂志市场却苦于没有刊号，两者于是发挥互补优势展开"合作"。名义上是合作，实际操作却是书商向出版社或市镇级刊物租买下刊号，在版权页挂一个名，然后就开始自由操办，从编辑、排版到发行，发行收入和广告收入书商自己赚，只要每年为刊号上缴一笔租金即可。这样由书商运作的打工杂志曾经在珠三角的书摊风靡一时，如《飞霞》《西江月》《南叶》《打工之友》等，这些在都市新移民作家文化群落中都是名噪一时的刊物。

都市新移民作家因在文化产业的链条中处于最低端，他们虽有才华和能力，也只能望洋兴叹。因而除了出书、编辑选刊、在主流文学权威大刊上发表作品，让自己的作品在市场流行外，只能自费办民刊，此外，他们只能通过给打工杂志"打工"的方式以维持生计。戴斌曾在多个书商手下当编辑，曾经单枪匹马替一个书商同时办了三份杂志。当时，他强烈地渴望能有一天拥有一份自己的杂志，为自己的杂志编辑、写稿："书商才小学水平，他都能办文学杂志，为什么我不能？"但这只是奢望。一个刊号租买一年通常要好几万，这对于从农村逃离到都市谋生的都市新移民来说是一个天文数字，而都市新移民作家终于从流水线的产业工人转变成文人、作家身份之前，每个月工资只有百余元或几百元。或许能拿得出这笔租金，但一份杂志的前期投入大，稿费、编辑费用、房租、印刷、发行等等，都需要烧钱。对于刚刚脱离了流水线或摆脱生存困境的都市新移民作家来说，风险太大。而且书商大都有自己的广告发行渠道，因而当时这些杂志大多由广告商人承包。

就像不能抛开80年代的文学期刊生产机制谈80年代的文化和文学，也不能抛开打工杂志谈论"打工作家"。90年代的文学场的倾斜和转型，在造就了痞子文学、通俗文化流行的同时，也造就了打工文化、打工杂志应运而生的契机。无论是官方直接运作的打工杂志如《大鹏湾》《佛山文艺》《江门文艺》《打工族》等等，还是书商承包的私人杂志如《飞霞》《西江月》《打工之友》等等，在80年代末到21世纪初珠三角流行文化版图中，打工杂志都占据了重要的位置。可以说，没有这批杂志，也就走不出后来成名的一批"打工作家""打工诗人"，如林坚、张伟明、安子、周崇贤、安石榴、郭海鸿、罗德远、徐非、郑小琼、王十月等，这些杂志为他们提供了发表作品的平台，获得了流水线上微薄工资之外的额外稿酬，甚至让他们走出流水线，直接为他们提供了谋生的机会。在获得物质报酬、改变生存处境的同时，巩固、强化了他们的"作家"身份。打工杂志在都市新移民作家的身份转换：从流水线上的产业工人到自由撰稿人、再到杂志编辑的过程中，起到了非常关键的作用。

第二节 打工作家与打工杂志的文学生产

作家通过一定的媒体平台实现文学产品的生产并获得作家身份。20世纪80年代的文学生产主要由文学期刊把持，文学权威期刊掌握着文学审美话语权力，能否发表在《人民文学》《十月》《当代》《收获》等文学权威期刊，对当代作家来说至关重要。通过了这些文学权威期刊的审核，也意味着拿到了进入文坛的通行证，也就确立了主流文学界认可的"作家"身份。80年代文学权威期刊帮助文学爱好者一举成为"作家"，以"我是流氓我怕谁"口号标榜的王朔也未能免俗。1983年夏天，王朔和其他所有文学青年一样，捧着稿子到《当代》编辑部"拜码头"，他尊重编辑的修改意见，心甘情愿将稿子由六七万字压缩成了三万字。1984年《当代》第2期发表了王朔的成名作《空中小姐》，不久《当代》又将"当代文学奖"的"新人奖"给了他，随后又陆续发表了他的作品，从此奠定了他在文学、文坛的生存空间和身份地位。①

王朔只是千千万万怀着文学梦想青年中的一个个案。他的特殊性在于在80年代他以独特鲜活的语言率先书写都市文化生活获得了成功。

正如体制内的文学权威期刊造就了无数个作家"王朔"一样，市场化了的打工杂志也同样给珠三角的都市新移民提供成为"作家"身份

---

① 汪兆骞：《记王朔成名作〈空中小姐〉发表情况》，http://www.people.com.cn/GB/channel6/32/20001128/329346.html，2000年11月28日。

的机会。尽管都市新移民最初的写作动机源于《诗经》"情动于中而行于言"的文学传统，所谓"饥者歌其食，劳者歌其事"，因而有了黑板报、手抄报、各种民办报刊的流行，在珠三角各城市局部形成了打工文化的氛围，给漂泊在异乡的打工者带来情感慰藉和群体认同感。像《人民文学》《十月》《当代》这样的文学"大刊"虽然失去了80年代在文坛"呼风唤雨"的地位，但对于打工者来说仍然闪烁着荣耀光环，就像城市一样似乎遥不可及，相较之下，珠三角如雨后春笋冒出的或官办或书商操作的打工杂志，更容易获得发表的机会。在一期《大鹏湾》作者和编者的笔谈上，有位作者说："我常常想，如果我的生命中，没有遭遇到《大鹏湾》，没有《大鹏湾》的着力栽培，按照我过去的惯例，我早已经不再在文学的道路上跋涉，那么，我也许至今仍躲在那个自卑的世界里苟且营营"；"在我们看来，我们能选择深圳，并且再次选择写作，除了有惺惺相惜的朋友，有安定的工作，更重要的是我们还有一个随时可以回去坐一坐的家"，等等。这些叙述表明了一本杂志和其作者之间的深刻联系，[①] 打工杂志的文学生产，同时包含着对打工作家这个新都市文学群落的生产，以及群落共同体认同空间的塑造。

一　从读者到写手到"打工编辑"

几乎每一本打工杂志，都生产出一群都市新移民作家。他们往往从流水线上最初的读者开始，从跃跃欲试的投稿，到成为稳定供稿来源的作者，最后成为杂志的编辑。以《大鹏湾》的文学生产为例，由《大鹏湾》一路培养起来从读者、作者做到编辑的都市新移民作家有张伟明、郭海鸿、安石榴、罗向冰、王十月、杨文冰、曾楚桥、戴斌、郭建勋等；其扶植的作者更是不计其数，比较有名的都市新移民作家有林坚、黎志扬、安子、张守刚、郑小琼、李晃等。由于打工杂志是文学期刊市场化转型过程中的特殊产物，其文学产品和作家的生产机制，必然与主流文学期刊有所不同。因此，在考察都市新移民作家的身份认同和打工杂志的深刻联系时，有必要对打工杂志的文学生产和打工作家介入其中的模式进行深描。

---

① 尹昌龙：《〈大鹏湾〉的文学生产》，杨宏海主编《打工文学备忘录》，社会科学文献出版社2007年版，第266—273页。

　　《大鹏湾》作为一个文化符号曾经是珠三角打工族的"精神家园"，也是培养都市新移民作家的"黄埔军校"。1995 年到 1999 年是《大鹏湾》的全盛时期，打工作家、时任主编的张伟明和另外三个临时的编辑：郭海鸿、安石榴、罗向冰运作着这份杂志并见证了它由小到大的过程。张伟明因发表在《大鹏湾》的短篇小说《我们 INT》被《青年作家》转载刊登，被深圳宝安区文化局破格从工厂聘入，摇身一变成为《大鹏湾》的编辑直至主编。最初《大鹏湾》并没有准确的定位，在刊发了来自工厂的打工者作品之后，忽然收到大量打工读者的来信。1995 年，《大鹏湾》明确祭起"打工文学"的大旗，以内刊的身份面向珠三角广大打工者的读者市场。此后，张伟明要求招聘的每一位编辑都必须是打工者出身，"只有你真的打过工，才能了解打工文学，才能了解我们读者的审美意趣"。①打工者为打工者办刊的好处，除了具有感同身受的城市体验，能够为受众提供最契合审美需求的文学产品之外，编辑"打工者"的原初身份也能有效地和作者、读者进行话语对接，其审美话语权能够获得广大打工族的文化认同。

　　《大鹏湾》开始在打工文学青年中物色编辑人才。1995 年 3 月，《加班报》的创始人、"加班文学社"的组织者郭海鸿从《大鹏湾》的作者正式成为它的编辑兼管发行，此后他在深圳的十多年，便"与这个刊物有着千丝万缕的因缘"，"把自己最瑰丽的青春时段贡献给了这份杂志"；② 同年 5 月，受郭海鸿的推荐，隐遁在龙华下街的安石榴结束了自由撰稿人的生活，成为《大鹏湾》拓展销售业务的发行员兼记者。罗向冰则以美术编辑的身份进入《大鹏湾》，也常出点子，与郭海鸿、安石榴配合默契，开始创造《大鹏湾》鼎盛时期的"神话"。

　　虽然珠三角打工者有着庞大的消费潜力，《大鹏湾》最初的市场开拓也并不容易。1995 年改为月刊前，发行量只有 5000 册。郭海鸿和安石榴同时背负编辑记者和发行员的压力，在当时市场还是一片空白的情况下，开始了《大鹏湾》的市场拓荒之旅。安石榴是一线发行员，他在回忆中写道：

---

　　① 方晓达：《消逝的〈大鹏湾〉》，《南方日报》2009 年 12 月 1 日，第 HD02 版。

　　② 右耳（郭海鸿）：《听闻〈大鹏湾〉要恢复》，http://sz1979.com:88/blog/user1/158/200632822261.html，2006 - 03 - 28。

　　我与另外一位发行人员从寻找、联络发行商到一家家游说书店，从深圳关内到关外，从深圳到东莞，从东莞到广州、佛山、中山、珠海、惠州，足迹遍及珠三角几乎所有打工人群聚拢之处，以一家书店尝试摆放三本、五本的代销方式，硬是把《大鹏湾》的最初市场开拓了出来，最终造就了《大鹏湾》杂志月发行量超过十万册的光辉岁月。①

　　"送货代销"是珠三角打工杂志最低端的普遍发行方式，可以迅速将发行网络密布珠三角大大小小的书摊，安石榴也因此"在书刊批发商和小书店之间遭尽白眼"。② 半年之后，杂志的发展势头看好，一位图书发行商承包了《大鹏湾》的发行和广告，发行部解散；适逢张伟明到大学作家班进修，急需有人顶替，安石榴顺理成章地进了编辑部，成为正式的"打工编辑"。

　　与"打工文学"一脉相承，打工杂志的编辑在行业或媒体通常被称为"打工编辑"，按打工编辑的解释，就是"干一个月拿 30 天的工资外什么保险也没有的'流动型'编辑，这个月还在这里，下个月就很有可能坐在出租屋里发呆了"。③ 这种有中国特色的叫法暗示着双重的体制身份："打工"现象是体制之外的产物，在计划分配时代没有"打工"，只有"工作"，享受工资之外的各种社会福利保险等待遇；作为都市新移民身份的"编辑"如果没有取得正式的编制，就和文学期刊编辑的传统身份产生了区隔。当时的编辑部情况是这样的：

　　《大鹏湾》较早在宝安二区的旧文化大楼办公，办公室只是一间大约七八十平米的房子，执行主编和编辑们都在那里，而几位招聘的编辑的宿舍在同一幢楼内，我们甚至常在房间内工作，那时还没有电脑，打字排版都是拿到外面去的，直到 1997 年《大鹏湾》已较有影响时才添置了电脑和招聘了打字员兼排版员。1997 年下半年，

---

　　① 安石榴：《梦与地理：应约写的临 40 自传，共勉之》，http：//blog. sina. com. cn/s/blog
_ 5b11eee40100eetm. html，2009 – 07 – 24。

　　② 安石榴：《我的深圳地理》，中国戏剧出版社 2005 年版，第 26 页。

　　③ 戴斌：《像我这样的打工编辑》，天涯社区传媒江湖，http：//www. tianya. cn/publicfo-
rum/content/no06/1/60156. shtml，2006 – 12 – 19。

杂志社搬到宝安四区的新文化馆，环境才有了很好的改善，有了几间办公室，也有了电脑室、会议室什么的，也开始独立排版了。①

当《大鹏湾》曾经的作者、南海一家工厂打工的油漆工人王十月被张伟明招为编辑时，这样的办公环境，让他感觉"办公条件一流"，只是"薪水和工厂打工差不多"。"因为是政府机构，待遇上跟正式工有鲜明的差别。"郭海鸿说。安石榴回忆当时的报酬有个统一的底薪，加编辑费和稿酬总共 1000 元多点；罗向冰最初在《大鹏湾》代班时是500 元。这样的薪水在 1996 年代的打工族中并不算高。安石榴说："当时的薪水嘛，那时我们似乎并未真正去计较过。"可见薪水并非都市新移民作家考虑的最重要因素，除了可以免受工厂里的艰苦环境，杂志这个平台对于具有文学才华的都市新移民作家具有非常大的吸引力，他们可以从事与文学爱好相关的职业，有了一个比《加班报》等民刊更大的平台，有了更多的话语权和影响力。同时他们对自己的体制外文化人身份有着清醒的认识，因而并不将自己和传统文学期刊甚至《大鹏湾》的正式编辑并列。尽管《大鹏湾》属于体制内的文化机构管辖，但创造了它辉煌时代的三位编辑仍然只是临时工，没有得到城市的接纳和认同，后来所招聘的"打工编辑"待遇均是如此。

打工杂志对文学作者的生产，学者尹昌龙以《大鹏湾》为例将其概括为三种方式："一是由《大鹏湾》不定期组织的学员培训班，通过强化文学的专业化训练，使之以'自发的'写作进入'自觉的'写作，而《大鹏湾》就成了他们初试身手的舞台；二是通过建立与民间文学社团的联系，而发现作品、选择作者，像宝安区石岩镇的'加班文学社'和公明镇的'劲草文学社'，就与《大鹏湾》杂志建立了密切的联系；三是通过将优秀作者吸纳到杂志社中，加入编者行列，从而增加对打工作家的吸引力。"②曾任《大鹏湾》编辑的郭建勋就经历了这个过程："从一个落魄江湖的漂泊的文人，到一个着力栽培的作者，再到一个委以重任的记者，《大鹏湾》就是以这样的方式这样过程把我迎入她

---

① 本资料来自对安石榴的采访。

② 尹昌龙：《〈大鹏湾〉的文学生产》，杨宏海主编《打工文学备忘录》，社会科学文献出版社 2007 年版，第 266—273 页。

的怀抱。"①

这三种形式的作者生产都离不开打工作家文化群落和来自这个群落的打工编辑的扶持和提携。除了日常的编辑工作，打工编辑的另一个重要任务就是建立起自己的作者圈子。打工杂志的稿源百分之八九十来自打工作者，从打工族群体中挖掘培养提供稳定稿源的写作者便十分重要。《大鹏湾》的文学培训中心将挖掘潜在作者的工作体系化了，其时，郭海鸿、安石榴兼任培训班的"老师"，郭海鸿回忆说："安石榴对每一篇来自打工作者的稿件的严谨处理，能够回复的，全部给予回复，能够修改发表的，一定想方设法见诸'铅字'——我无法计算，有多少人经他的手，发表了'处女作'，有多少生活在底层的作者被他点燃了文学追求的火焰。"②

这是打工作家和打工编辑在打工族群体中扮演的一个重要角色。虽然他们自身可能有各自独立的文学主张，比如安石榴，培训和辅导文学作者与他自身追求个性及先锋品质的个人写作其实是相逆的，但他"一面为打工人群承接传递着文学与梦想的火种，一面又保持着独立品质的本我写作"。③

二　"打工编辑"与书商私人杂志

并不是每个打工文学青年都有机会进入《大鹏湾》《佛山文艺》和《江门文艺》这样的打工杂志，书商运作的打工杂志也吸纳了一批都市新移民作家为"打工编辑"。和前者相比，书商运作的打工杂志更具有灵活性，赢利的目标更加明确，因为没有政府的财政补贴，加上租卖刊号、办公、印刷、发行的成本，书商就尽量压缩文学生产这一块的成本，因而给予编辑的薪水也很低，工作环境和生活环境都与知名的《大鹏湾》等杂志相去甚远。在书商操作的打工杂志中，公认有影响力为《飞霞》，杂志的主管部门是清远市文联，将刊号租给广州的一位书商，

---

① 郭建勋：《旧文化大楼》，http：//blog. sina. com. cn/s/blog_ 5728f26b010004mg. html，2006 - 08 - 28。

② 郭海鸿：《一个诗意地行走在"外省"的外省青年》，http：//www. douban. com/sub-ject/discussion/1005144/，2005 - 12 - 05。

③ 安石榴：《梦与地理：应约写的临 40 自传，共勉之》，http：//blog. sina. com. cn/s/blog_ 5b11eee40100eetm. html，2009 - 07 - 24。

罗向冰和罗德远曾担任《飞霞》的主编。罗向冰在访谈中回忆其当年在《飞霞》的情况：

> 我不善言辞，一般不会太多交谈。大多数是写出一个文案，然后交给编辑按方向选稿，最后由我把选来的稿件组合成一本杂志。记得我刚到广州操作《飞霞》时，杂志已经在月印 4000 册的死亡边缘。我从东莞的工厂里找给杂志投稿的作者来当编辑，如沈岳明（湖南）、侯晓红（甘肃）等都是第一次接触编杂志的。编辑室是五羊新村某大楼，但宿舍是在最破旧不堪的寺右马路城中村一家漏雨水的老屋里，我爱人去看望我时还难过得哭了。

作为杂志操盘手的罗向冰尚且如此，而从工厂里招聘来的给杂志投稿的作者编辑薪水就更少了，书商给他们的基本工资只有 600 元，和工厂流水线的报酬差不多，住在当时房租低廉的城中村可以勉强维持生存。当然，对于没有编辑经验的打工文学青年来说，这份杂志给了他们脱离工厂流水线、离文学梦想更进一步的希望。

一批批打工文学作者就是这样被打工杂志挖掘出来。戴斌在东莞工业区一家鞋厂做工人时，经常到镇上书报摊翻看打工杂志，比如《大鹏湾》《佛山文艺》《江门文艺》《飞霞》等等，看看上面有没有他偷偷趴在铁架床上写出的稿子。终于有一天，他接到一个湖南小书商的电话，任命他为三本杂志的主编。实际上编辑部只有他一个人，只能自己领导自己，唯一的属下就是排版兼打字员，每个月薪水 1200 块。从工厂里的读者、作者变成文学把关人的编辑，这种角色和身份转换是令人兴奋的，戴斌记起当时做编辑的感觉：

> 每天都会递给我一大扎用细麻绳扎着的信件。我拆开看的时候觉得自己像个判官样的，手里边的这支笔一下子变得重了起来。以前觉得稿子能印到杂志上是很神圣的事情，现在这种神圣的事情由我来做，这种感觉当然就不错。①

---

① 戴斌：《像我这样的打工编辑》，天涯社区传媒江湖，http：//www. tianya. cn/publicforum/content/no06/1/60156. shtml，2006－12－19。

这种小作坊杂志是低成本、打游击的形式，戴斌在天涯社区传媒江湖版块回忆当时编辑部的运作情况：

> 这种打工杂志那当然是办给珠三角打工族看的，打的是湖南某地文联刊物的牌子，在广东这类杂志很多，上面的主编实际上住在内地的某个城市的文联大院的，每天看看报纸喝喝茶对付一下到了月尾领来办公室名下工资。所谓的"执行主编"也就是承包商，每个月把承包费或者叫管理费什么的汇过去就万事大吉了。后来我才知道那家文联根本就没有跟我老板合作，他招呼都没打一个就把人家的刊名拿过来用了，所以每天过得提心吊胆的，生怕新闻出版局来查，一个月不到就搬了两次办公室。我当然也有一种顶风作案的感觉。后来安慰自己：只要老板给作者开稿费，用原创稿，其他的都是小事，刊号不刊号的无所谓，有刊号的不一定就是好东西，况且这年头有多少东西是合理又合法的呢？老板在天河一个邮局开了一个信箱，每天都骑着摩托车亲自去取，风雨无阻，一开始我还以为他是一个勤快老板，后来才想通他是不放心别人，凡是比较厚的像有可能装钱的他都剪开看过，因为确实有些读者嫌麻烦，就在信封里装点钱过来邮购杂志和发布征友信息。①

毋庸置疑，中国严格的刊号管理制度限制了打工杂志的文学生产和发展空间，对刊号的垄断养活了不少文化部门和出版社，也必然会导致非法的书商打工杂志的出现。严格来说，《大鹏湾》也没有合法的文学身份而历经波折。无论从整体文学生产环境还是个人生存环境来看，身为"打工编辑"的都市新移民作家，和不明身份的打工杂志，都是都市文化中的边缘群落。

当然这种"边缘"是话语实践和审美权力的产物，在实际文化生活中，书商操作的打工杂志在整个90年代到21世纪最初5年的珠三角流行文化中并不"边缘"。2000年，在当时的境遇下，在不到半年的时间里，罗向冰和几个第一次接触杂志编辑的打工青年一起，将《飞霞》

---

① 戴斌：《像我这样的打工编辑》，天涯社区传媒江湖，http://www.tianya.cn/publicforum/content/no06/1/60156.shtml，2006-12-19。

由月印 4000 册提高到月发 8 万册，"把一本总 80 页的杂志，广告占 40—50 页，且新杂志 4.2 元一本，次月退回的旧杂志都是 2 元一本。现金交易，不管是官方数据，还是民间传说，这都是当时震惊广东期刊界的一个神话"。戴斌独立运作的三本《打工之友》《知心爱人》《故事王中王》中，前一本是直接面向打工者的打工杂志，后两本是市场进一步细分的刊物。三本杂志通过"二渠道"同时摆上珠三角大大小小的书店和书摊，虽然没有准确的发行数字，但据说也卖得很火。书商也因此赚得盆满钵满，在广州买房买车。罗向冰在采访中说："现在有些书商还在回味当年光景，说每月出 2 万元请我操盘也愿意。"书商取得的丰厚回报让一批打工作家很是"嫉妒"，只恨自己没有本钱，借贷运作又风险太大。除了罗向冰曾和书商协定合作分别赚取广告收入和发行收入之外，几乎没有打工作家作为书商运作打工杂志成功的案例。

"神话"和"传说"最终没能持久，书商运作的打工杂志因其本身就具有不稳定性和短期套利的资本属性，这批打工杂志通常都非常"短命"。除了刊号的缘故，最重要的是作为投资者的书商急功近利，他们并没有如都市新移民作家那样"为打工者代言"的文学情怀，也没有塑造一本有灵魂的杂志的理想，当然也没有培养打工作家的职责。书商更希望通过打工杂志这个载体拉取广告赚钱，杂志的发行量倒在其次。在当时的打工杂志江湖中，拉广告俗称"拉 P"：

> 江西佬的公司实际就是一广告拉 P 集团，他手下一帮子全是他一个村的小姑舅子什么的，他们拉来的百分之九十都是各种江湖游医发布的医疗广告，乙肝祖传良方性病专科门诊增高赌术秘诀什么的，这些广告十个有九个是骗人钱财的。不过孙小武现在明显是发达了，有车有房，他吹嘘说前两年拉 P 顺畅的时候，"老子一个人拉的广告就可以养活好几家报纸杂志！"①

由于书商没有办杂志的长远打算，刊号是租的，打工编辑也随时可以招来，他们主要的精力都放在短期套利的广告收入上，在珠三角打工

① 戴斌：《像我这样的打工编辑》，天涯社区传媒江湖，http：//www.tianya.cn/publicforum/content/no06/1/60156.shtml，2006 – 12 – 19。

杂志遍地开花的时代，期刊江湖也鱼龙混杂。市场缺乏监管的情况下，书商行骗是常有之事。郭建勋曾在博文中劝朋友们不要加入私人杂志，说这些杂志是"鬼地方"，① 指的就是由书商操作的民营杂志。2001 年，由于书商违约，罗向冰最终没有得到杂志的发行收入，只在《飞霞》做了一年就离开了；2003 年，戴斌也离开了他一手策划起来的《打工之友》等杂志，尽管书商一再挽留承诺将其薪水加到 2000 块，他离开的主要原因是书商不付作者稿费。

> 我每天坐在里面努力地看稿校稿，作出一副勤奋工作的样子来，看得我头昏脑涨，没事时就翻他书架上的那些新书看，古今中外，大陆的香港的台湾的简体的繁体的正版的盗版的白的黄的黑的红的，还有《壹周刊》《东周刊》《知音》《家庭》之类的合订本，只是不知为什么每本的内页都被人撕得七零八落的。没过多久老板买回了很多名刊的新合订本，要我直接从上面扒稿。并且要我扒的时候讲点"技术性"，就是对标题内容稍加改编一下，不要全盘照抄。我说："老板，这不太好吧。"老板说："现在广州的搞杂志的哪个不是这样？我又不是冤大头，为什么要出那笔稿费？"②

在打工杂志文化产业江湖混战的时代，首先，打工作家的文学知识产权常常得不到保护，急功近利、靠打游击战的书商有了空子可钻，"骗稿""扒稿"是普遍的现象，也是书商所运作的杂志作坊的生产模式之一。普通的打工族群体只管文化消费，因为信息来源少、接触的读物狭窄，很少注意到这点；而给打工杂志投稿，紧盯着杂志是否发表了自己或熟人的作品的打工作家，往往突然发现自己的某篇小说被改换了标题，将正文乔装打扮之后署上他人的名字赫然刊印在公开发行的刊物上，有的甚至连正文都懒得修饰，直接照搬。打工作家群体对这种做法深恶痛绝。因为同是从打工者群体走出来的写稿人，深知写稿的不易，而自己是打工编辑的同时也是打工作者，彼此惺惺相惜，形成相互保护

---

① 郭建勋：《奉劝大家再也不要做私人杂志了》，http://blog.sina.com.cn/s/blog_5728f26b010003of.html，2006 - 07 - 06。

② 戴斌：《像我这样的打工编辑》，天涯社区传媒江湖，http://www.tianya.cn/publicforum/content/no06/1/60156.shtml，2006 - 12 - 19。

的网络。其次，打工杂志所营造的文化空间里，每个打工编辑都团结着一批打工族作者，稿子百分之八九十来自他们，打工作者往往认准某位编辑而不认杂志，因而打工编辑对自己在打工文学群落中的影响力看得非常重要，不愿意为了书商的短视败坏了自己在群体中的声誉，失去了打工作者的认同和信任。

　　书商运作的私人杂志是当代都市文学生产中的一段隐秘往事。2006年，戴斌在天涯社区传媒江湖发表在南方私人杂志打工的经历，网友表示了困惑不解甚至失落，这种文学生产方式超出了他们的想象，那些和各种文学期刊、都市时尚杂志同列于各大图书馆、书店、小书摊的打工杂志，居然有这样"不堪"的经历。网友"水菠萝"回帖说："LZ为何要把这么神圣的职业描述得和我们打工者一样凄惨呢，请保留我对文学的美好的向往。"更有ID为flyingspider的网友质疑："这种烂杂志会有人买吗？……但是你如果没有一定的发行量，那些登广告的如何就会轻信于你，疑惑中。"在大众的想象中，文学是美好而神圣的职业，这是80年代文学期刊居于社会文化生活的中心地位时所构筑的文学意识在当代人头脑中的余绪，也是主流意识形态赋予文学的崇高地位。当整个文化场域随着社会时代变迁发生调整时，文学的内涵已经发生了变化。卷入这场转型过程的都市新移民作家并非没有对于文学发自本心的热爱甚至狂热，亲历了文学生产的种种现状之后，他们对待文学更多的是对于文学抒写的诗性品质和身份认同的一种确证；虽然为书商打工有着种种"不堪"和"凄惨"，但也是发挥自己文学才华的一个平台，他们获得的不仅是薪水和稿酬，更能以此为跳板获得一种认同和期待用文学改变生活的信仰，这种信仰可以支撑他们在珠三角南方都市继续漂泊、流浪。因此，虽然书商办杂志在运作模式上有种种弊端，但出自打工编辑之手的打工杂志仍然拥有一定的发行量，为书商的"广告吸金"提供了保证。打工作家在编辑这类杂志时，仍然考虑到打工者的立场，力求保持可读性和较高的品位，不走猎奇媚俗的路线。对于主流学者认为打工读者阅读取向低俗，郭海鸿认为："这是不尽准确的，是想当然的。后来，打工刊物走向式微，跟蜂起而来的大量类似刊物走低俗路线有一定关系，严格说是被打工读者所抛弃。"从郭海鸿的访谈中，可以看出：书商所运作的打工杂志在市场上的"昙花一现"，同当时蜂拥而起的大量书商办打工杂志破坏了刊物的文学品格有关。但不管如何，书商所办私人杂志，为都市新移民作家提供了发表的平台和生存的机会，和官方直接运作的打工杂志一起，构筑了都市新移民作家文化群落的文化空间。

打工编辑的流动性很强。由于都市文化生态的混杂性，打工杂志的生命力周期都比较短，加上打工作家体制外的临时工身份，当人事变动或杂志出现危机，或其他合作不愉快的原因（如前述罗向冰和戴斌的个案），打工作家不得不离开另谋生路。除了官办的打工杂志如《大鹏湾》《佛山文艺》《江门文艺》的编辑工作比较稳定外，打工作家在一份杂志的工作时间都不长久，在不同的杂志间流动是常态。即使是官办杂志如《大鹏湾》，因为没有合法的刊号等种种原因，作为其主要文学生产者的编辑也是常常变动。1999 年底郭海鸿、安石榴和罗向冰离开了《大鹏湾》，2000 年王十月、曾楚桥、杨文冰加入了《大鹏湾》，又于 2004 年离开，而其间郭建勋、王十月都是反复地离开又回来；鄢文江在扎根《江门文艺》之前，曾在《佛山文艺》做了一年的发行工作，而后到了深圳的《西江月》，觉得自己不适合待在书商承包的私人杂志，做不到三个月就走了，1997 年终于在《江门文艺》稳定下来，直到成为这份杂志的副主编，算是打工编辑中工作最稳定的一位。而其他身为打工编辑的都市新移民作家，不得不在珠三角大大小小的打工杂志、镇文化报刊的编辑岗位上跳来跳去，同时也在不同城市的城中村之间搬来搬去，过着中国式波西米亚流浪人的生活，获得了相对"自由"的人生。只不过，他们的流浪并非源自文化传承下来的精神信仰，而是出于一种生存的无奈。贫穷的农村驱使他们来到南方城市，在城乡文化身份的夹缝中、现代消费文化的猛烈冲击中，找寻重新确立新的文化身份。王十月在《大鹏湾》当编辑期间，曾经几次面临停刊，想到随时有可能失去编辑的工作重新回到工厂，就是一件可怕的事情。"当我走进《大鹏湾》时，我深信'铁肩担道义'，离开时，变得'著文只为稻粱谋'。"① 由于居无定所和四处漂泊，生存始终是摆在都市新移民作家面前的首要难题，因为编外人的身份，即便是从事曾经颇为"崇高"的文学编辑职业，他们仍然得不到和体制内文学编辑的同等待遇，社会话语层面的"农民工"身份始终制约着他们在都市的生存和发展，从

---

①　王十月：《我是我的陷阱》，《天涯》2010 年第 1 期。

而强化了他们都市外来者的"农民工"身份，而使其新的身为作家的"文化人"身份建构面临着断裂和破碎，显得倍加困难。

虽然打工杂志的编辑工作并不稳定，但打工杂志的文学生产并没有因此而受到影响。由于每个打工编辑周围都凝聚着一批打工作者——这是一笔宝贵的资源，即便离开了这家杂志，这批属于自己的作者也随编辑带走，到了下家仍然可以为其供稿；对于供稿者的打工作家来说，和打工编辑点对点的联系也有利于保证持续发表的平台、收获微薄但仍可以作为收入补充的稿酬。打工诗人罗德远在《飞霞》杂志当了三年编辑，就记录下多达 4000 个来稿的打工作者的地址。[①] 作为文学把关人的打工编辑以这样的方式维持着打工杂志的持续生产，也持续培养着都市新移民作家群体。由此可知，当时珠三角打工杂志不但拥有庞大的文化消费群体，也具有成熟的作者、编辑培养体系和发行体系，正是由于这样一个打工作家文化群落的存在，保证了这样专业性并不太强的打工杂志的稳定的文学生产。因而，从某种层面上看，打工杂志和打工作家之间是双赢的关系：打工作家介入打工杂志的文学生产，帮助打工杂志实现了市场的利润；打工杂志帮助珠三角打工者确立打工作家的身份，使其脱离工厂的苦难生活，成为珠三角小镇文化报、文化部门的"文化人"，打工杂志的目标定位、审美取向和独特的文学生产机制，生产了"打工作家"文化群落。然而，其内在的文学生产模式并不能使打工作家获得与主流文学期刊相同的稳定的"文学编辑"、"作家"身份，他们的文学生产实践并没能改变主流文学意识形态对他们的偏见，因而在某种程度上加强了这个新的都市文化生产群落的自我边缘化和更深的认同危机感。

第三节　打工文学趣味的传播、流行与群体认同

作为新兴的都市新移民文化的创造者，成为打工杂志的文学编辑，或许是时代赋予这批都市新移民作家的使命。这意味着，在中国由农业文明进入工业文明时代，当第一批都市新移民突破城乡文化屏障和户籍

① 郭姗：《打工文学 20 年——"我们并不沉默，只是没人倾听"》，杨宏海主编《打工文学备忘录》，社会科学文献出版社 2007 年版，第 372—381 页。

等级制度时，打工作家不仅承载着抒写新的城市经验、心灵碰撞和文化记忆的使命，甚至，通过打工杂志所营造的文化空间，他们还参与制造了都市新移民共同体的文化想象、审美趣味和群落认同感。

80 年代末期到 2005 年间，打工杂志在珠三角流行文化中盛极一时。不论是杂志官方的销售数据，还是书摊报刊亭的零售情况，还是打工族亲身的阅读体验，都证实了这一点。鄢文江自 1997 年开始在《江门文艺》做编辑，他写道："《江门文艺》此时还是月刊，每期的发行量已经达到三十七点五万册了，这可是实际数量，还有很多盗版的，要是加在一起，可能不下五六十万册呢。每册定价是三元九角八分钱。发行商是广州的秦伟邺，据说他发行《江门文艺》赚了不少钱呢。广告业务是客房送上门来排队等候安排，单价低了的，版面少了的，还得求我们才能排上去。呵呵，真牛，那时……"[1]

《大鹏湾》《佛山文艺》《打工族》以及其他书商办的杂志如《西江月》《飞霞》等等，和《江门文艺》同样处于黄金时代。这些杂志的发行终端主要集中在打工者聚集的地方，比如工业区，车站旁，兼卖香烟，饮料的路边摊。贺芒女士曾于 2008 年 8 月随机走访了深圳市宝安区（打工者集中地）几个零售报刊摊点，发现都有当月的《佛山文艺》《打工族》以及其他受欢迎的打工文学杂志如《江门文艺》等。而这些终端却没有发现《人民文学》《收获》《花城》等文学大刊售卖，只有在关内如福田区的书报零售摊点才可以见到《人民文学》《十月》《花城》《大家》等文学期刊。[2] 2008 年，打工杂志的黄金时代已经面临结束，即便这样，贺芒在工业区所看到的情况也是如此。可见，在珠三角打工族文化群落中，专门为他们定制而成的打工杂志更符合他们的审美阅读趣味和文化需求；和 80 年代曾经独领风骚，作为主流意识形态阵地的纯文学期刊相比较，打工杂志更能获得他们的文化认同感。

而在黄金时代，最普遍的情况是：打工者闲暇时纷纷奔向书摊等零售终端，翻一翻有没有最新的打工杂志，往往一买就是好几本，《大鹏湾》《佛山文艺》《江门文艺》等等，各买上一本，然后带回宿舍，放

---

① 鄢文江：《我在〈江门文艺〉打工的日子之一》，http://blog.sina.com.cn/s/blog_4ed4c1600100p8f2.html，2011-03-03。

② 贺芒：《〈佛山文艺〉与打工文学的生产》，《文艺争鸣》2009 年第 11 期。

在床铺上、枕头边，慢慢看。对于业余写稿的打工作家来说，他们掏钱的目的更有一层：看看有没有自己的大作印在上面，或者看看哪些熟人朋友又发表了文学作品。相对于打工者的收入水平来说，当时打工杂志每期的定价并不便宜：《江门文艺》的定价是三元九角八分钱，《大鹏湾》在 1995 年的定价是二元五角，而安石榴最初在工厂时月工资才一百多元，流水线上的产业工人加班加点也就五百多块，高的有八百多块或者一千多块。当打工作家脱离工厂成为打工编辑时，月薪会有一千多块，但对于没有任何社会福利保障的打工者来说，也不算高。尽管收入微薄，在当时并不算便宜的打工杂志却成为他们城市文化生活的必需消费品。罗向冰在《飞霞》做编辑时，处理过期的杂志也能卖上两块一本，打工杂志在珠三角一时"洛阳纸贵"。《江门文艺》的《读者论坛》栏目，有位深圳的读者来信说："《江门文艺》是我每期必读的刊物，是我们远在异乡的游子的精神食粮。希望《江门文艺》更上一层楼。我永远支持你！"①类似这样的读者来信对于每本畅销的打工杂志来说很寻常。20 世纪 90 年代的工厂生活中，"随便走进一间企业的工人宿舍，肯定会有《大鹏湾》和《佛山文艺》，每一本杂志都被工友们广泛传阅而且热烈讨论"。这种说法一点不也夸张，我曾于 2001 年拜访深圳宝安工业区宿舍以及东莞朋友的出租屋，案头、床边《佛山文艺》《江门文艺》等打工杂志随处可见。更有甚者，将打工杂志带回打工的发源地——内地老家，和当时由南方发源的珠三角流行文化一起，成为内地尤其是农村地区构筑珠三角城市生活的想象之源。

　　由此可见当时打工杂志的发行、传播盛况，打工杂志成为珠三角打工族的"精神食粮""心灵港湾"，是传统的主流文学期刊不可替代的。审美趣味的区隔往往是同一定的文化身份联系在一起的，是区分不同阶层和文化群落的指标之一。在布尔迪厄关于"区隔"的理论中，社会阶层的建构不是由一些物质性的指标来定义的，也不由一系列其他的物理属性如性别、年龄、种族、收入、教育水平等等，而是由所有相关属性的关系结构——它赋予每种属性特殊的具体的价值，以及在实践中发

---

① 韦术等：《读者论坛》，《江门文艺》2005 年 12 月上，总第 360 期。

挥作用所带来的后果所决定的。① 所有抵达珠三角的打工者，他们既有来自省份地域的语言文化差异，也有收入、职业的差异，以及性别的差异等等，但在对文化消费的选择上，他们都有一个共同点：阅读打工杂志。对打工杂志所营造的审美趣味的认同暗示着自我文化身份归属的定位，其背后，是一个文化共同体想象的形成。除了流水线上的工作、群聚的生活之外，打工杂志的文化实践，对于建构都市新移民共同体的文化想象至关重要，打工杂志所倡导的价值、理念，是他们群体文化身份获得的想象力的资源，使互相陌生、隔离的打工者之间建立起了一种整体性的关系，而一个群体的完整程度又往往依赖于通过集体想象而建立起来的公共空间，② 打工杂志便扮演了制造都市新移民群体文化认同空间的角色。

如果说城乡二元分割的制度、主流意识形态和官方媒体的话语实践，构筑了都市新移民"农民工"的特殊阶层归属和文化身份，打工杂志的文化生产实践则从审美文化层面塑造了这个群体的独特身份意识和文化归属感、形象的塑造和文化身份的转变。这个文化空间是由打工作家和打工杂志共同营造的。打工作家通过打工杂志掌握了一定的文化生产的话语权之后，虽然他们的文化生产仍然离不开体制内主流意识形态的羁绊，但因为市场化机制和受众群体定位，作为打工编辑他们还是具有一定范围内的自由度，因此他们可以通过具体的对打工杂志进行操作的文化实践，参与都市新移民共同体文化空间的塑造。

一　封面形象与封面选秀

这种操作首先体现在打工杂志的整体形象包装上。学者尹昌龙考察了《大鹏湾》杂志的封面演变。改版转型之前，《大鹏湾》的封面有着和传统"纯文学"一样的面孔：简洁的封面图案，形式感强。但到了90 年代初，《大鹏湾》明确以面向打工者群体作为刊物的定位后，杂志的封面形象发生了很大的变化：这一时期的杂志封面多为一种群体性的打工者的生活场景，或则集体性返乡与进城，或则群众性的起居与娱

---

① Bourdieu Pierre. Distinction: a social critique of the judgement of taste, translated by Nice Richard, President and Fellows of Havard College and Routledge & Kegan Paul Ltd. , 1984. p. 106.

② 尹昌龙：《〈大鹏湾〉的文学生产》，杨宏海主编《打工文学备忘录》，社会科学文献出版社 2007 年版，第 266—273 页。

乐，且基本以"打工妹"的女性形象为主，比如总第 20 期的封面，"打工妹"队列占据封面的焦点位置，远处模糊的"打工仔"作为背景衬托。① 而到了 1994 年底、1995 年初，群体性的打工妹肖像消失了，极富现代气息的"摩登女郎"登上了封面：这些女郎有着靓丽的面孔、时尚的装束，打理得极其"洋气"的发型，力图构造一个"现代"的女性形象。有意思的是 1995 年第 3 期总第 31 期的封面，彻底换成了一个金黄头发、蓝色眼睛像极了《生化危机》女主角的西方少女，而在她旁边赫然打着"中国最早的打工刊物"的口号；与此同时，封面的"文化综合性月刊"字样替代了早期"文学季刊"的标识，早期封二中的《渔村新貌》《赶海》《红荷吐艳》之类的图案和作品也全面地消失了。②

《江门文艺》的封面形象大体也经历了这一转变过程，最初是两个一组、三个一组，甚至更多的打工妹群体形象，她们身着休闲衣装，手挽着手、肩搭着肩，形成一种亲密无间的姐妹氛围。2004 年 1 月总第 314 期开始，群体性的打工姐妹形象也被单个的打工妹肖像所替代，她们身着现代装束，向读者展现自信、可爱的笑容。《佛山文艺》和《打工族》的封面也经历了类似的变化。从纯文学刊物向打工者读物的市场转型中，其封面形象也由简洁的景物摄影换成了都市现代女性形象，要么是影视明显，要么是主持人等"成功"女性的形象。

总体而言，打工杂志的封面形象经历了由早期的打工者群体形象、打工妹个体形象向都市现代女性形象的转变。早期的封面形象并不排斥男性打工者，而到了后期，男性形象几乎全部从杂志封面消失。封面是杂志的脸孔，一本刊物的封面能够传达准确的定位信息，激发理想读者的认同感和阅读欲望。打工杂志早期的打工者群体形象，和传统纯文学期刊封面形象有了明确的区分，在市场转型初期，赢得了打工族群体的认同感；而到了后期"现代性"面孔的演变，是适应打工族群体文化身份转换的心理需要。打工妹的形象塑造是都市新移民群体迫切改变"乡土"文化身份的典型表现之一。潘毅女士在深圳工厂的田野调查笔

---

① 尹昌龙：《〈大鹏湾〉的文学生产》，杨宏海主编《打工文学备忘录》，社会科学文献出版社 2007 年版，第 266—273 页。

② 同上。

记如实地反映了打工妹如何通过消费来改变自己的形象：

> 我和工友们最早去的地方是东方市场，在那里服装、鞋、帽子、手提包、首饰以及化妆品等一应俱全。对于女工们来说，东方市场是购物天堂，是一个她们可以找到适合自己又物美价廉的商品的地方。①

她们通常采取的策略是通过"入时"的外表形象包装，使自己看起来更像城里人，以追求都市现代女性美来掩饰自己的农村"打工妹"身份，以新的形象生产来实现自我文化身份的转变。打工杂志的封面形象生产却获得了成功，它迎合了打工族群体对自我身份转型的心理需要和认同渴求，将略显拘谨的打工妹形象经过"改写"一跃而成活泼、灵动、时尚甚至性感的现代都市女郎，以"洋气"、"摩登"的现代性面孔来掩盖"土气"的乡土性身份。无论是都市影星、主持人等成功亮丽的女性形象，还是经过包装后的打工妹形象，在心理上都补偿了打工族群体对自我身份转换的认同需要。

除了封面形象的演变，打工杂志的封面选秀策略也在制造着审美趣味和文化认同感。《大鹏湾》的版权页面有封面摄影及内页照片的征集启事："向佳丽和摄影师诚约封面及内图照片，要求，青春，活力，有个性，画面清晰。"《江门文艺》也有类似的封面征集启事，每期的封面女孩在全国范围内征集，"展示打工一族的质朴、清纯和亮丽"，② 并付有一定的稿酬。这些启事表明：打工杂志的封面形象甚至内页图片并不是杂志编辑单方面的文化生产，"青春，活力，有个性"、"质朴、青春和亮丽"是杂志整体形象包装的定位，面向打工族群体的征集，除了同为打工者的打工编辑之外，在一定程度上让打工族群体参与了自我文化形象生产，他们参与杂志的封面形象征集时，也在构筑自我的群体形象和文化归属。

二　打工杂志的媒介属性

打工杂志从纯文学期刊向现代都市读物转变、从主流意识形态的阵

---

① 潘毅：《中国女工——新兴打工者主体的形成》，任焰译，九州出版社 2010 年版，第 159 页。

② 余教：《文化品格与定位》，《江门文艺》2006 年 1 月上，总第 362 期。

地向文化产业转变的过程中，封面形象的演变只是迎合打工群体审美趣味制造文化认同感的策略之一，其获取打工者认同感的另一个手段是做新闻专题策划，兼具打工者和打工编辑身份的都市新移民作家担当了重要的角色。安石榴回忆他和郭海鸿等任《大鹏湾》编辑期间的具体工作：

> ……我和郭海鸿分别承担着杂志的文字栏目，各自有较大的自由度和发挥度，因而也就发挥得较好，我们相当注重做专题，各栏目有一个选题，每期还会有一个大的主题，主要体现在纪实方面的，还有偏向于情感诉求的，比如乡情、爱情之类，我们提出"文化关怀，情感认同"这样的主张，团结一批固定的作者，也拥有相当庞大的读者群，杂志的发行量也就逐步上升。①

可见，《大鹏湾》的编辑运作和理念与传统体制内的文学期刊有了明显的不同。首先，它的定位以读者的阅读趣味和审美诉求为指向，而不是以文学思潮或主流意识形态的导向性为指向；其次，同为都市新移民的打工编辑对打工族群体具有很强的号召力，他们了解这个群体的文化诉求，因而获得了作者、读者群体的认同。安石榴、郭海鸿和罗向冰虽然为制造了《大鹏湾》辉煌而感到荣耀，但并不认为当时的成功有什么诀窍，也并非个人英雄主义的杰作，只是对读者群的定位和当时的市场需求，"适逢其时"是安石榴对《大鹏湾》成功的概括。而实际上，聘用打工者出身的都市新移民作家为编辑，是打工杂志获取打工族群体文化认同的重要一环。都市新移民作家更了解这个群体的情感需要和文化诉求，因为他们自身也是其中的一分子，在当时主流意识形态所控制的官方传媒制造的"农民工"群体形象之外，他们运用边缘化、主流意识形态控制相对较弱的打工杂志，表达微弱的话语权，而这种话语权集中体现在纪实性的新闻专题栏目上。

"大鹏出击"是《大鹏湾》具有新闻时效性的品牌栏目，以敢于揭露工厂黑幕、为打工者讨还公道而著名，因此《大鹏湾》也在广大打工者群体心目中赢得了"为打工者说话"的美誉。执行副主编张伟明

---

① 本资料来自对安石榴的采访。

回忆其当时的情景：

> 很多打工人遇到麻烦事首先想到的就是《大鹏湾》，我们是媒
> 体嘛，不是执法部门，我们反复跟他们说，他们就是不听，你有什
> 么办法？但既然是读者的要求，我们也不敢推脱呀，为什么？因为
> 读者是我们的上帝，读者有困难，我们应该义不容辞的去帮，所以
> 越到后来，《大鹏湾》越成为不是执法部门的执法部门。说起来也
> 怪，有些老板当真是怕《大鹏湾》的记者，他就是乖乖的照办，害
> 怕我们的"大鹏出击"去出击他呀。①

《大鹏湾》本来是一份文学刊物，却担当了媒体的责任，带有新闻
纪实性的专题栏目是打工杂志的常设栏目之一，而其"卷首语"直接
和打工族群体对话，回应打工者的需求，相当于"社论"甚至比社论
针对性更强。这使得打工杂志不再是普遍意义上的文学刊物，而是一份
"文化刊物"（安石榴、郭海鸿语）。而实际上，在当时打工族群体话语
平台稀缺的情况下，打工杂志更像是一份"公共媒介"，具有媒体属性
的打工杂志成为珠三角打工族群体发声、维权的渠道，他们通过文字倾
诉共同的遭遇和对现实的不平。发表于打工杂志的文学产品并非为了纯
粹的审美目的，其"文化关怀"的文艺社会属性得到了充分的展现，
打工杂志也因此而获得了庞大的读者群体，在某种程度上形成了一个打
工族群体共同认同的文化空间。这个为打工族群体代言的公共话语平台
是打工编辑和打工作者共同营造的，也使身为编辑的打工作家成为打工
族群体的精神领袖和代言人。

三　互动的文化空间

打工作家在打工族共同体想象的文化空间中的代言人角色，最主要
体现在第三个方面：通过打工杂志营造了一个都市新移民互动、交友、
联系的网络空间。这是传统文学期刊所不具备的。和传统文学期刊高高
在上的、相对封闭的编辑体例相比，打工杂志的编辑体例更具有开放

---

① 郭建勋：《风雨百期大鹏湾》，http://blog.sina.com.cn/s/blog_ 5728f26b010004kf.html，
2006 – 08 – 24。

性、互动性和亲切感，因为它是以读者对象——珠三角广大打工族群体为中心，而不是以编辑为中心。

贺芒女士曾比较过文学权威期刊《人民文学》和《佛山文艺》的编辑体例，从复稿周期来看，《人民文学》的复稿周期一般为三个月，《佛山文艺》只需半个月；用稿标准上，《人民文学》倾向于"好的内容与艺术特色"，《佛山文艺》则更注重文稿的"鲜活、生动"；对未采用稿件的处理上，《人民文学》一般是不回复，而《佛山文艺》则一般给予回复；从互动栏目的设置上来看，《人民文学》设有一个"留言"的栏目，主要是介绍作品、刊物活动和处理读者意见，《佛山文艺》的互动栏目明显增多，专门开辟有"华先生有约""星梦园""痴人痴语"等栏目，便于编辑与读者进行交流、沟通。"如'华先生有约'，开设以后，立即受到读者欢迎，信件如雪片一样飞来，有要求编者为自己指导文学创作的，有要求解答人生困惑的，他们在生活中遭受冷漠，被人白眼，在这里却受到热情的欢迎，让他们畅所欲言，得到心灵抚慰，极大地满足了打工者的精神需求。"① 互动、交友栏目是打工杂志普遍具有的栏目，互动、交流和联系主要在身为编辑的打工作家、作者和读者之间进行，而这些人具有一个共同的文化身份——都市新移民，在当时网络论坛、博客甚至手机等媒介不发达的情况下，打工杂志作为面向打工族群体公开发行的媒介，在都市新移民之间营造了一个互动、沟通、联系的文化空间，在这个被外界隔离、边缘化的文化空间里面，都市新移民作家、作者和读者形成交叉互动的群落网络，在珠三角打工族的文化生活和群体认同上扮演了重要的角色。

文化空间的网络构建首先体现在编辑与读者、作者的互动上。和《佛山文艺》的"华先生有约""痴人痴语"等栏目类似，《江门文艺》曾设有"我听你说""编读在线""互助大家庭""服务直通车"等互动栏目，尽管栏目经过调整在名称上有了变化，栏目互动的属性却一直保留了下来。在其官方新浪博客 2010 年的"征稿启事"上，对"编读在线"栏目的诠释是："提供编者与读者、作者沟通的平台。设读编往来、手机评刊、一句话信息、读者论坛等子栏目"；对"服务直通车"栏目的诠释是："解答与回应读者的相关问题，给予帮助和引导。设翔

---

① 贺芒：《〈佛山文艺〉与打工文学的生产》，《文艺争鸣》2009 年第 11 期。

姐信箱、法律援助、绝处求生、致富之路、时尚生活、休闲吧、求职指南、心理咨询等子栏目。"《大鹏湾》则开辟有"本栏不设防"栏目，刊登读者来信之类。这些互动栏目以灵活、纷呈的形式让每个打工者都有了平等言说的机会，最大限度地为打工族群体开辟了话语表达的空间，让其参与了杂志的文化生产。文学在这里也从庙堂走下民间，不再具有高高在上的神圣光环，而是每个打工者都可以参与品，甚至提起笔来就触手可及的事物。例如《江门文艺》的"编读在线"给予了读者对上期杂志作品点评的空间，他们或就某篇具体的文章内容发表读后感，或对写作技巧进行点评，更多的是表达自己从中所受到的鼓舞：

> 《打工造就时代歌者》，使我受到很大的鼓舞，因为我也曾受过伤、流过血，对生活一度失去信心。虽然目前我一无所有，但我相信只要誓不低头，百折不挠，坚持不懈地努力，终究会得到生活好的回报！(潘建武 1314×××319)①

> 在这个物欲横流的大都市中，刚出来的人都有很多像《人矮志气高》的主人公一样，遭遇到生活的坎坷。但我相信，只要我们努力去面对各种困难，风雨过后一定有彩虹。(海阔 1314×××786)②

> 平凡的人生有个不平凡的你，何真宗是我的榜样。我还没有成功，为了梦想，我也会打拼到底。(郑立芳 1323×××924)③

> 打工者是奴隶吗？不是。亿万打工人是当今社会的中坚，社会主义祖国的建设者。我们打工人付出的血汗凝聚着祖国的富强。这是不争的事实，任何人都不能否认。(湖南洞口　万里风)④

可以想见，当打工者在异乡的珠三角城市谋求生存时，面对城乡文化身份的歧视和文化差异的冲突，被边缘化的打工族群体有强烈的"被

---

① 《编读在线》，《江门文艺》2005 年 11 月上，总第 358 期。
② 同上。
③ 同上。
④ 韦术等：《读者论坛》，《江门文艺》2005 年 12 月上，总第 360 期。

伤害"和自我迷失的感觉，面对强大的体制和社会的话语歧视，被表征为"农民工"的他们，倾诉和表达的欲望特别强烈，这种倾诉和表达的欲望源自对个体急剧变动环境的不稳定和不安全感，迫切需要通过沟通来重新定位自我的文化身份，需要有一个声音来告诉他们自己所处的位置，在当时话语表达的渠道和平台严重缺乏的情况下，他们的声音可以通过打工杂志表达出来，同为打工者的编辑会产生回应，而且会得到更多的同类的回应，这种源自集体的文化认同感往往给予打工者拼搏上进的力量。

打工编辑作为互动、沟通平台的文学把关人，理所当然地成为这个由打工作家、作者和更广大的打工读者组成的文化群落共同体的精神领袖和"代言人"。安石榴在《大鹏湾》兼任编辑和文学培训中心的辅导老师期间，"前后辅导了不下于三千名学员"，① 他并不因编辑身份而显得有所不同，而仍将自己归属为打工族文化群落：

> 《大鹏湾》是中国最早的打工文学刊物之一，它所直面的群体就是珠三角的打工人群，因而在我任职编辑期间，交往了不少这一群体中的朋友，并且我一直就是其中的一员。
>
> 我和郭海鸿经常会自己出钱招待来访的作者和读者，还会经常和一帮朋友一起聚会，花费并不是我们当时可以承受的，因而总是入不抵出。那时在编辑部不远有一个处在一片小树林中的饭店，那里成为了我们常设性的聚会之地，我们的工资收入几乎都贡献给了那家饭店。……
>
> 不少人由原来的《大鹏湾》的作者成为了我生命中的朋友，前面说过，我和郭海鸿经常会在宝安接待这些来访的作者，有时候我们到各个地方的工业区去，通常会受到很高的礼遇，我们与众多的作者和读者完全打成了一片。这一感觉是相当美好和值得怀念的。

这些回忆和郭海鸿的描述相一致，在《大鹏湾》全盛时期相对稳定的编辑队伍中，安石榴发挥着"相当重要的作用"："面对每期500多

---

① 安石榴：《梦与地理：应约写的临40自传，共勉之》，http://blog. sina. com. cn/s/blog_
5b11eee40100eetm. html，2009 - 07 - 24。

学员的稿件，负责辅导批改小说、诗歌类别作业的安石榴，总是尽心尽职地向学员传递着自己的意见和建议。……我记忆最为深刻的是，那些日子里，安石榴每个月的工资，连同拿到的培训补贴，都基本上'倒贴'在了招待前来拜访的作者、学员上。"①

罗德远在《打工诗人：为漂泊的青春作证》中，讲述打工诗人张守刚的一段经历：1993 年 5 月 16 日，作冲压工的张守刚在冲床操作切边过程中，因冲床失控，切掉了他左手拇指以外的四个手指头。……张守刚一度对生活失去了信心，是文学梦让他重新又鼓起了人生的勇气。来南方后，他对文学更是到了疯狂的地步。他的第一篇散文寄给了当时《佛山文艺》的"华先生有约"得以发表，让他有了创作信心。他在所打工的中山坦洲镇南洲皮革厂组织成立了"南海潮文学社"，联合了不少志同道合者。②

《江门文艺》的编辑鄢文江在访谈中说："做编辑后，得到过很多读者作者的喜欢与肯定，他们常常来信交流文学上的问题以及打工的前途什么的。印象最深的是新疆的读者刘艺丁，后来成了我们的作者，因为文学而改变了他的处境，而且是实实在在的改变。他在投稿中常常会给我们写信，我们也会常常在回信中鼓励他好好改造。从无期到有期，再到改判 12 年提前出来，这个过程我们都见证了。他出狱后还给我们寄来礼物感谢呢。"

这样的个案还有很多。打工文学及其早期媒介——打工杂志给予打工族群体的不仅仅是"心灵的慰藉"，打工编辑和作者、读者之间的互动、交流，帮助许多珠三角的打工者寻找到了自己的位置，他们的城乡体验和精神诉求得以共享。其中，一部分有文学才华的打工者成为打工杂志长期稳定的供稿者，甚至成为编辑，比如安石榴、郭海鸿、罗向冰、鄢文江、罗德远、王十月、曾楚桥、杨文冰、刘大程、戴沙牛等等，另一部分没有发稿机会的打工者，也通过互动栏目获得了倾诉、沟通的空间，对于后者来说，倾诉和表达是最迫切的，发表倒是次要的。最重要的打工族群体通过互动的文学空间获得了群体的文化认同感，重

---

① 郭海鸿：《一个诗意地行走在"外省"的外省青年》，http://www.douban.com/subject/discussion/1005144/，2005 - 12 - 05。

② 罗德远：《打工诗人：为漂泊的青春作证》，杨宏海主编《打工文学备忘录》，社会科学文献出版社 2007 年版，第 170—193 页。

新获得了自我的身份定位。

打工杂志所营造的都市新移民文化空间中，除了编辑和作者、读者之间的互动、联系外，打工杂志设置的互动交友、联谊等栏目，给予打工族群体之间的互动交流的机会，比如《大鹏湾》的"打工联谊"栏目，设置在内页的页脚位置，通常只有两行，一行是地址，一行是留言，这个页脚虽然短小，却为当时南方的打工者提供了一个公共的文化交流平台。在手机、网络通信不发达的年代，打工杂志发挥了联络这个群体和分享共同的认同的作用，拓展了都市新移民文化空间的广度和深度。

都市新移民作家之间，很多是通过打工杂志结识的。张守刚最初的文友圈子只是局限于中山"南海潮文学社"，2000 年开始和外面的朋友交往。他在访谈中说：

> 和郑小琼相识，是有一次两人同时在《大鹏湾》发表了一首诗歌，然后开始写信交流。1997、1998 年，还有二零零几年，那时候很多刊物底下都有"征友"一栏，杂志上看到了，就开始交流。很多人就是这样开始认识的。

张守刚和郑小琼相识的经历颇具代表性，公开发行的打工杂志将都市新移民作家的文化交往空间扩大了，他们往往会看到一篇好文章，会写信联系结识这位作者。有位叫吴修英的"打工妹"，偶然在打工杂志上看到张守刚的自传体文章，深受启发，于是开始书信交往。她从一名普通的流水线的工人得到张守刚的指点，最终诗歌发表在《江门文艺》上，兴奋异常。尽管从未谋面，他们通过书信往来，以打工杂志和文学为纽带建立起友谊，度过南方的打工岁月。① 以刊载打工者作品的打工杂志，将散落在珠三角打工族中的文学爱好者集结起来，并且通过都市新移民作家之间的相互鼓励提携，将新移民文化群落的圈子扩大。因为他们相信，文学写作"可以构筑自己的精神园地"，②所有的都市新移民，都是潜在的打工作家，如果坚持写作，他们都有可能进入都市新移

---

① 吴修英：《打工路上，诗人与我同行》，《江门文艺》2004 年 11 月下，总第 335 期。
② 同上。

民作家文化群落的圈子。打工作家的身份生产与转换，不仅通过编辑培养作者、读者，还通过作者与作者、读者之间以打工杂志为媒介建立起来的都市新移民文化空间。

这个文化空间覆盖的人群非常广泛，包括了所有珠三角的打工族群体，但这个空间又非常小，因为它的受众是鲜明的特定的打工族群体，所以往往会在打工杂志看到失去下落的熟人的文字，重新取得联络。张守刚的一首诗歌描述了在打工杂志中"找到"老乡的经历：

> 在一本书的夹缝里看见乡音/这是一本打工杂志/老乡在里面变成了文字/笑着 喊我/他的四川方言里/夹着粤味白话/我听到后鼻子一酸/同我一起从家乡出来的老乡/在某年某月的某一个晚上/走失在黑压压的火车站/几年来/我在钢筋混凝土的工业区/寻找他的足迹/一个个陌生的异乡人/离我远去/我多想挽住他们的手/一起走在外资或合资的工厂里/打听老乡的下落/老乡瘦了在这本书的夹缝里/向我诉说离愁。①

在珠三角城市漂泊的打工族，因为工作性质的不稳定和自身的流离失所，个体和个体之间是零落分散的，除了具有地缘、亲缘、同业性质的老乡群落外，即便是具有共同志趣相邀居住在城中村的都市新移民作家，也常常因为生存所迫各奔东西。在 20 世纪 90 年代至 21 世纪初，手机、网络等通信工具不发达，或者说对打工族来说是奢侈消费的情况下，将珠三角打工族零散的个体凝聚起来的便是打工杂志。王十月的姐姐通过打工杂志才找到他的故事颇具传奇色彩：

> 在珠三角打工，探亲访友是一件极麻烦的事。特别在早几年，那时还不像现在这样，差不多的打工者都配有了手机。那时的打工者，有一个寻呼机都是很奢侈的梦想。打电话到厂里，要找一个普通的员工几乎是不可能的。有时趁着一天假期去探亲访友，很可能是花了时间却没有找到人。我在珠三角这么多年，我的哥哥姐姐和

---

① 张守刚：《在一本书的夹缝里看见乡音》，http://blog.workercn.cn/?12309/viewspace-61224，2010-11-24。

妹妹们都在这边打工，但是我已有四年没有见过我大哥，有三年没有见过我妹妹，和二姐也是经常失去联系。……

没过多久，我就离开了那间厂。当我再一次去探望二姐时，二姐又离厂了。听说去了宝台厂，我找到宝台厂，厂太大了，根本不可能找到我二姐。我和二姐失去了联系。人海茫茫的珠三角，我无法找到她。……直到二零零零年，我再次来到深圳宝安，在一家打工期刊当起了编辑，二姐偶然地买回了那本杂志，在上面看到了她弟弟的照片和名字，于是拨通了编辑部的电话。我再一次见到了二姐，其时，离上次见面，已过去了整整四年。①

由此可见打工杂志在珠三角打工族群体中的文化传播力量，它充当了今天的 QQ、MSN 等互动即时通信、博客、论坛等互动媒体的功能，在 20 世纪 90 年代至 21 世纪初打工族群体中营造了一个网络或文化空间，在沟通、联络中建立起珠三角都市新移民文化群落共同体的想象，其间诞生了很多具有浪漫色彩的传奇故事。《江门文艺》曾经发起过"缘定江门文艺"的征稿活动，② 随后刊登出打工族因为打工杂志缔结良缘的佳话，如：《浪漫情缘〈江门文艺〉牵》③《投稿路上的美丽邂逅》④《〈江门文艺〉助我攻克岳父关》⑤ 等等。这些纪实文字并不夸张，打工诗人徐非讲述：他的诗歌《一位打工妹的征婚启事》1994 年在《外来工》（现《打工族》）杂志发表后，收到过 3000 多封读者来信，曾有惠州、深圳，远至海南的读者电话或来人咨询，被诗感动，想见其诗中所描写的女主人公。

学者尹昌龙从话语形式层面分析了《大鹏湾》如何成为一个存在于打工者之间的理想的对话空间，他认为参与者们在分享"经验""知识""教训"和"智慧"的过程中，"形成了关于打工者的整体

---

① 王十月：《寻亲记》，《人民文学》2006 年第 5 期，第 116—121 页。
② 本刊信息：《"缘定江门文艺"征稿启事》，《江门文艺》2006 年 6 月上，总第 372 期。
③ 杜华华、刘付云：《浪漫情缘〈江门文艺〉牵》，《江门文艺》2006 年 10 月下，总第 381 期。
④ 张先锋：《投稿路上的美丽邂逅》，《江门文艺》2006 年 9 月下，总第 379 期。
⑤ 张贵体：《〈江门文艺〉助我攻克岳父关》，《江门文艺》2006 年 11 月下，总第 383 期。

想象，并由此获得一个集体性的身份"。① 在这里，"对话的空间"
形成的机制显得非常重要。在城乡大迁移的社会流动中，所有来珠
三角的打工族都是漂泊的个体，在譬如地域、方言、文化习俗等层
面具有文化身份差异，但是他们又很明显地感觉到，他们在某个层
面具有可以分享的共同点：从各个角度，他们可以感受到，比如媒
体的报道，比如所遭遇的城市本土居民和主流精英的文化歧视，比
如在城市空间所处的位置，除了工厂之外只能居住在被排挤的城中
村。而由都市新移民作家自身操作的打工杂志所营造的审美趣味和
文化空间，将都市新移民群体凝结起来，通过打工杂志，他们寻找
到了自己的同类——和他们具有同样文化身份和同样遭遇的打工者
写出来的文字，这些赋有文学才情和对现实冲突具有敏锐感受力的
打工作家，成为打工者奋斗的榜样和文化认同的偶像，于是产生沟
通、对话的冲动，在这个过程中不断有同类冒出来，产生回应。从
这个意义上来讲，"文学温暖打工旅程"，成为打工族群体的"心灵
鸡汤"和"精神支柱"，在很大程度上，并不仅仅是文学文本自身，
而是打工文学所制造的文化空间，使漂泊异乡、迫切需要重新定位
都市新移民群体获得了归属感和文化认同感，《大鹏湾》所标榜的口
号"闯世界者的港湾"之"港湾"的意义也在于此。鄢文江说"很
多打工读者之所以喜欢上了这些打工杂志，就是这种'文化的认同
感'，让我们大家觉得打工人并不是没人知道的一个群体。这种反应
属于整个群体的欣慰感，也增强了大家一种莫名的兴奋度"。阅读打
工杂志、打工文学作品，或者提起笔来写作"构建精神家园"，实际
上就是一个分享城市经验、重新定位自我的心理过程，或者说，通
过同类的经验、和同类的沟通对话中发现"我们"自己是谁的过程。
因而，是打工杂志而不是《人民文学》等文学权威刊物，成为打工
族群体的"口袋书""枕边书"，因为在后者所营造的审美趣味和阅
读空间中，他们找不到"我们"。打工杂志盛极一时的发行量，也说
明了都市新移民群体文化消费力量的庞大，和对自我文化身份定位
的强烈渴求。

---

① 尹昌龙：《〈大鹏湾〉的文学生产》，杨宏海主编《打工文学备忘录》，社会科学文献
出版社 2007 年版，第 266—273 页。

如果说城乡二元分割的制度、主流意识形态和官方媒体的话语实践，表征并构筑了都市新移民"农民工"的特殊阶层归属和文化身份——都市空间里的"农民工""民工"等"都市边缘人"的集体身份，打工杂志的文化生产实践则从审美文化层面塑造了这个群体的独特身份意识和文化归属感、形象的塑造和文化身份的重新定位。都市新移民群体的城乡大迁移、文学期刊由计划经济时代向市场经济时代转型的契机，赋予了打工杂志承担的这一历史际遇，它是文学市场细分的产物，在迎合并制造都市新移民审美趣味的同时，也通过与传统文学期刊迥异的文学生产机制，构筑了由"打工"编辑、作者、读者等对话、交流的文化空间，打工族群体凭借这个共同体空间的媒介力量可以成为作者甚至编辑，它生产了都市新移民作家。

这也可以解释为什么成为打工文学编辑或作家对于打工者来说是一种荣耀。一方面，打工杂志能让打工作家脱离工厂艰苦的流水线生活，从普通的打工读者、到作者、到文学把关人的编辑的过程中，寻找冲破城乡二元体制之网，更进一步融入城市的文化身份；另一方面，除了实在的好处，"荣耀"通常来自打工族群体。王十月从普通的"打工仔突然变成记者、编辑，那种兴奋可想而知。我在办公桌玻璃下压了一张纸条，上书'铁肩担道义'五字"。① 戴斌成为打工编辑后对每天能够对稿件"指指点点"也是感到莫名的兴奋，而安石榴、鄢文江等则被打工读者亲切地称呼"安老师"和"鄢老师"。打工作家通过打工杂志掌握了一定的文化生产的话语权之后，虽然他们的文化生产仍然离不开体制内主流意识形态的羁绊，但因为市场化机制和群体定位，作为打工编辑他们具有一定范围内的自由度，可以通过具体的对打工杂志进行操作的文化实践，成为打工者的"代言人"，参与都市新移民文化群落共同体的塑造。

第四节　文学评论界与"打工作家"的身份命名

20 世纪 80 年代中期到 21 世纪初期，"打工文学"在南方打工群落中红火一时，"打工作家"也赢得了打工群体的拥戴和认同。然而，一

---

① 王十月：《我是我的陷阱》，《天涯》2010 年第 1 期。

种新生的文学现象和文学创作群体的出现，光有"群众基础"是不够的，必须进入文学评论和研究领域，通过评论者的鉴别和研究者的细细考量，最终获得更广泛的接受和认同。文学评论界的接受和认同，与读者的接受和认同不一样，后者为作者带来现实性的价值，而前者却掌握着"审美权力"，决定文学创作的恒久价值。

"审美权力"指的是在一定历史时期在一个社会文化中，居于主流、掌握着文化艺术审美价值评判标准和鉴定标准的话语权力，它决定了什么样的作品更具有审美价值，什么样的作品是平庸之作，从而影响和引导社会大众的审美判断和审美趣味风尚。高小康教授认为：当下文化艺术的鉴赏越来越依赖于评论界的解释，譬如20世纪先锋艺术试验的经典杜尚的《泉》，如果没有其同道瓦尔特·阿伦斯伯将其解释为一种"可爱的形式"被"呈现出来"，艺术展览上的一个小便器，就不可能摆脱它的"功能目的"，为人类"作出了审美贡献"。①当下中国都市审美趣味尽管出现了群落化②和多元化现象，但审美话语权力仍然存在。就文学场域而言，仍是以作家协会和文化艺术节联合会为主导的机构引领主流文学圈的审美话语权。本章前两节有关文学期刊和作家身份认同的关系论述中，主流文学权威期刊就是这种审美权力的一种，它以文学发表平台通过对作家身份的认同和认证，此外，对一种文学现象和文学创作展开的评论、研究和撰写文学史，也是审美权力认同的体现。

从这个意义上说，"打工文学"与"打工作家"只有获得评论者和研究者的命名和认同，才能获得真正的文化身份转型；而这些评论者和研究者的活动，又反过来成为"打工文学"乃至"打工作家"文化生成机制的一部分。

实际上，"打工文学"从诞生之初就吸引了个别评论家的注意，只不过并没有获得文学评论界的广泛认同。有论者认为，最早由杨宏海先

---

① 参见百度文库：杜尚《泉》。贡献者：林加源，http：//wenku. baidu. com/view/1060319b51e79b896802261d. html，2011－06－09。

② 钟雅琴：《当下中国都市审美活动的群落化研究——审美、传媒与身份认同》，中山大学中国语言文学系，博士学位论文，2009年。

生于 80 年代中期（1984 年或 1985 年）提出"打工文学"这一说法，①
也就是在公认为第一篇"打工文学"作品——林坚的《深夜，海边有
一个人》在 1984 年《特区文学》第 3 期发表之后。谢望新称他为"中
国打工文学倡导的第一人"。②打工者出身的文学研究者周航先生对此
提出质疑，认为"打工文学"的命名另有其人，即最早的"打工作家"
代表之一的张伟明，他最早的打工文学作品《下一站》发表在 1989 年
《大鹏湾》第 2 期。他在访谈中说："其实，我的作品刚出来，总是被
人骂的，被打压的。当时还没有打工文学这个说法，评论家称之为'打
工仔文艺'，从这一称呼你们就可以看出他们的漠视和自以为是。'打
工文学'这一用词最先是我提出来的，后来杨宏海先生采纳了这个提
法。可以说，我们这一代人是打拼出来的，你越是瞧不起我越是要写出
好的东西来让你难受，结果我们赢得了读者，让这些评论家们不得不正
视打工文学的存在。"③由此得知，最初评论界对"打工文学"这一新
兴的文学现象是淡漠的，甚至是"瞧不起"的，"打工仔文艺"的命名
嫁接了"农民工""打工仔"的歧视性话语；"打工作家"只有通过赢
得读者的认同，来证明自己的文学价值。相形之下，"打工文学"的提
法似乎更能让人接受。而如果"打工文学"的成就不能获得文学评论
界的承认，其创作者身为"作家"的文化身份，在话语层面，也就失
去了合法性。

　　由于这一段"公案"，究竟是谁、于什么时间第一次提出"打工文
学"的概念，因为缺乏确切文字资料的证据，就难成定论，或许已不重
要。但不可否认的是，在"打工文学"诞生之初，以杨宏海先生为代

_____

　　①　据《深圳文化研究》2000 年第 2 期发表的黄树森等人写的文章《青春城市的文学景观》
中说："1984 年，本书主编、深圳青年评论家杨宏海最早提出'打工文学'这一命题。"（第 33
页）而在 2000 年 5 月第 1 版的《打工世界：青春的涌动》（花城出版社，杨宏海主编）也是黄
树森等人写的序言中却说："1984 年《特区文学》就陆续推出一些反映临时工生活的作品。1985
年，本书主编、深圳青年评论家杨宏海最早提出'打工文学'这一命题。"在本书中，暂采纳
1985 年的提法。至于杨宏海到底是何年何刊物或书信往来提出"打工文学"的概念，还有待考
证。见周航《打工文学研究》，暨南大学中国现当代文学，硕士学位论文，2006 年。

　　②　据宝安龙华研讨会的录音稿，谢望新发言说："上个世纪 90 年代初期，当时深圳有位年
轻人给我写了一封信，他说他在关注和研究特区文学，……我觉得中国打工文学倡导的第一人就
是今天大组织会议的杨宏海先生，我认为这是一个历史的肯定，是个历史的鉴定，不应该有任何
的质疑。"见周航《打工文学研究》，暨南大学中国现当代文学，硕士学位论文，2006 年。

　　③　转引自周航《打工文学研究》，暨南大学中国现当代文学，硕士学位论文，2006 年。

表的珠三角文学评论界一批最早的"打工文学"评论家和研究者，比如尹昌龙、黄伟宗、胡经之、蒋述卓等，他们的关注和研究活动，对于"打工文学"的萌生和发展，产生了重要的影响。

这些影响的诸多表现之一，首先是"打工文学"概念命名的推广和巩固。文学评论界对"打工作家"群体的认识和认同，首先是从"打工文学"现象的认识、理解和命名开始的。杨宏海先生是"打工文学"的大力推崇者，他在90年代集中发表了一系列有关"打工文学"论文，① 分别于1991年、1992年、2000年三次修正"打工文学"的定义，② 其中2000年发表于期刊和收入其主编的《打工世界：青春的涌动》中的定义是这样的："'打工'是广东方言，'打工文学'是指反映'打工'这一社会群体生活的文学作品，包括小说，诗歌，报告文学，散文，影视，剧作等各类文学体裁"，如果"严格界定"，"所谓打工文学主要是指由下层打工者自己创作的以打工生活为题材的文学作品，其创作范围主要在南中国沿海开放城市"。③"打工文学"这一身份命名，无论在当时，还是后来都引起了无数争议，④ 尤其是由此衍生而来的

---

① 《"打工文学"纵横谈》（《深圳作家报》1991年第2期，杨宏海整理）、杨宏海《打工世界与打工文学》（《当代文学坛报》1991年第4期）、《面对精彩的打工世界——"打工文学系列丛书"序》（海天出版社1992年版）、《一种新的特区文化现象：打工文学》（《特区理论与实践》1992年第5期）、《文化视角中的深圳文学》（《羊城晚报》花地副刊，1995年2月4—5日）、《市场经济下的文学新潮：打工文学》（《广州文艺》1995年第3期，与尹昌龙合写）、《文化深圳》（专著，海天出版社1997年版）、《文化视野中的广东打工文学》（《深圳文化研究》2000年第2期）、《〈打工世界：青春的涌动〉前言》（花城出版社，2000年5月第1版），等等。周航：《打工文学研究》，暨南大学中国现当代文学，硕士学位论文，2006年第5页。

② 周航：《"打工文学"：一种尴尬的文学命名与研究——就"打工文学"研究与杨宏海先生商榷》，《理论界》2008年第12期。

③ 杨宏海：《文化视野中的广东"打工文学"》，《深圳文化研究》2000年第2期。杨宏海：《打工世界：青春的涌动》，花城出版社2000年版。于根元1994年所主编的《现代汉语新词语词典》中，有关"打工文学"的词条是这样定义的：以打工为题材的文学作品。例如："特区文学随着深圳特区改革开放和商品经济的飞速发展，出现了以反映生产第一线建设者为内容，被称为'打工文学'这一新的、特殊的文学现象。最近，打工仔、打工妹写'打工文学'的群体中，已涌现出林坚、张伟明、安子等一批有潜质的文学新人，引起文坛瞩目。"（《深圳特区报》1991.10.31）"近年来，深圳文坛活跃着一支以'打工仔、打工妹生活'为创作题材的作家群体，一批具有鲜明时代特点和生活气息的'打工文学'作品异彩纷呈，扑面而来。"（《光明日报》1992.09.19）于根元：《现代汉语新词语词典》，中国青年出版社1994年版，第136页。

④ 周航：《"打工文学"：一种尴尬的文学命名与研究——就"打工文学"研究与杨宏海先生商榷》，《理论界》2008年第12期。

"打工作家"的命名和身份，更是在后来激起轩然大波。不可否认，正是这些争议，将"打工文学"带入文学话语场域的公共视野中，尤其是早期。2000年10月，深圳特区文化研究中心主办的第二期《深圳文化研究》，出版了"打工文学"专辑，推出刘斯奋、王京生、阎纲、何西来、陈辽、刘峻骧、黄树森等人对"打工文学"的评论文章，以及一批专题研究报告。① 从早期的探索，可见文学评论界对这一新兴文学现象认知、识别的探索过程。这些早期的研究，将南方珠三角城市兴起的文学现象广泛传播，在文学界起到"广而告之"的效果。

其次是文学评论界的提携和扶持，一批"打工作家"从打工群体中浮出水面。提携的方式包括：将他们发表在打工杂志上的文章推荐给主流文学权威期刊，在报刊上评价他们的作品，给"打工作家"颁奖，提供更多的发表平台等主流文学界认证一个"作家"身份的最好方式。比如第一代"打工作家"中，张伟明、安子等人的成名便具有主流文学评论界"推波助澜"的作用。1989年，杨宏海写信给《特区文学》总编戴木胜，力荐张伟明发表在《大鹏湾》上的打工题材小说《下一站》，《特区文学》于1990年第1期发表于《下一站》；1991年，杨宏海在《深圳特区报》发表《深圳文坛绽新花——读宝安县文艺杂志〈大鹏湾〉》一文，评介宝安《大鹏湾》杂志所刊登张伟明等人反映打工生活的作品。1991年3月，深圳广播电台《月亮湾》专栏推出"打工天地"文学节目，向听众评介优秀"打工文学"作品，杨宏海任嘉宾主持，并成立"文学之友"联谊会，邀请6位打工文学作者与联谊会成员交流；1993年1月，深圳大学创办、曹征路先生主编的社会综合性刊物《生力军——打工仔专刊》，选发了张伟明、安子、林坚、郭海鸿等人的作品。② 考虑到90年代，主流文学期刊、报刊、广播在民众的文化生活中扮演的重要角色，张伟明等作家及其作品的影响力，由此突破了打工群落圈获得了更广泛读者的关注。而1993年，安石榴和郭海鸿等文学青年在深圳城中村创办的民间诗报《加班报》，也是因为被《诗歌报》发现，全文刊发郭海鸿的组诗《打工青春》和随笔《呼唤打工文学》，从而让《加班报》的口号"我们刚刚结束了老板厂的加班，

---

① 孙夜、颜爱红：《打工文学发展备忘录》，《宝安日报》2009年11月1日，第A19版。
② 同上。

现在我们又开始为命运加班"吸引了更多读者的眼球而声名鹊起。不可否认，他们的文学作品首先在珠三角打工群落中拥有广泛的"群众基础"，但主流文学评论界的发现、关注和扶持，使得他们从普通的打工者向"作家"身份的转换，具有了权威力量的认证。

"作家"身份获得认证的另一个程序是被选入各种文学选本，成为文学评论者和研究者的研究对象，这样的认证具有"文学史"的价值。2000年杨宏海先生主编的打工文学作品集《打工世界：青春的涌动》具有代表性，这部作品集收录了早期打工文学作品如林坚《别人的城市》，张伟明《下一站》、《对了，我是打工仔》，周崇贤《漫无依泊》，黎志扬《打工妹在"夜巴黎"》等，这个集子还选辑了杨宏海本人及其他学者对早期打工文学的评论文章。为打工文学作品集子写作的前言或序跋，是早期文学评论者对打工文学的理论关注体现之一。① 杨宏海先生在《打工文学备忘录》的后记中回顾了他2000年之前对"打工文学"的关注和研究活动：

> 1992年，我在深圳市文化局工作期间，曾与海天出版社的同仁策划出版了国内首部《打工文学系列丛书》，较早推出了安子、林坚、张伟明等一批打工文学作家作品；2000年我任职深圳市特区文化研究中心，主编出版了56万字的《打工世界作品·评论集》，并据此召开了全国首次打工文学研讨会。②

杨宏海先生所指的"全国首次打工文学研讨会"，是指召开于2000年8月28日至31日，由广东省文艺批评家协会、深圳市特区文化研究中心、宝安区文化局主办的"大写的二十年·打工文学研讨会"，召集

---

① 周航认为，早期在出版社的方面，并无专门的理论研究文章，主要体现在出版打工文学作品集而必需的前言或序跋中。比较有代表性的有杨宏海的《"打工文学"系列丛书》序（1992年，海天出版社）与他为自己主编的打工文学作品集写的前言（2000年，花城出版社）、陈国凯的《"打工文学"的弄潮儿——〈青春之旅〉序》（1992年，海天出版社）、黄伟宗的《论"打工文学"与〈广州梦〉》（1994年）、蒋述卓的《在南方的阅读·序》（1998年，广东人民出版社）、钟晓毅的《在南方的阅读·导言》（1998年，广东人民出版社）、李小甘的《都市寻梦》序（1999年，海天出版社）、姚本星的《周崇贤情爱系列》序（1999年，中国文联出版公司），以及黄树森、申霞艳、周婉琪等为《打工世界：青春的涌动》作的序言（2000年）。见周航《打工文学研究》，暨南大学中国现当代文学，硕士学位论文，2006年。

② 杨宏海：《〈打工文学备忘录〉编后记》，杨宏海主编《打工文学备忘录》，社会科学文献出版社2007年版，第488—489页。

了广东文学评论界的众多学者，如刘斯奋、王京生、胡经之、何西来等。这是一次全国性的会议，在此之前，珠三角文学评论界就打工文学现象等做了局部的会议探讨，如：

1991年9月，深圳市作协召开的"特区'打工文学'座谈会"，由作家评论家胡经之、林雨纯及"打工文学"作者代表林坚、张伟明、安子、海珠、黄秀萍等参加；

1996年2月，中山大学中文系黄伟宗教授组织当代文学研究生召开的"打工文学座谈会"；

1999年4月，深圳特区文化研究中心也举行"广东打工文学10年回顾"座谈会，时任研究中心主任的杨宏海先生主持了会议，《佛山文艺》、《外来工》杂志、海天出版社的编辑代表以及打工文学作家张伟明、安子、缪永、黎志扬、黄少波等参加了座谈。①

这些会议都在局部小团队范围内进行，并没有形成全国性的影响力。或者说，"打工文学"并没有引起整个主流文学界的回应。而唯独2000年在宝安召开的全国性的研讨会之后，周航先生认为"打工文学出现了热潮"，而在学界也多将2000年作为打工文学演变脉络的第二阶段与第三阶段的节点，就是以这次研讨会作为划分界标。② 且不论这种划分是否准确，从这些选辑和学术活动来看，首先是活动的重点还在于推介"打工文学"这一新的文学现象，"打工作家"的概念并没有被明确提出，杨宏海先生称之为"打工文学作家"。

由于杨宏海先生兼具学者和文化部门官员的双重身份，他拥有更多的资源来从事编辑选本和召开学术研讨会的活动，在他出席其他研讨会等场合时，也不遗余力地宣传"打工文学"。③ 这使得他的研究活动打上

---

① 孙夜、颜爱红：《打工文学发展备忘录》，《宝安日报》2009年11月1日，第A19版。

② 周航：《打工文学研究》，暨南大学中国现当代文学，硕士学位论文，2006年。

③ 1991年10月8日，《特区文学》编辑部主办"中国经济特区文学研讨会"，近70位作家、评论家出席会议，杨宏海在会上作《一种新的特区文化现象：打工文学》的报告，《文艺报》记者对此作了报道；1995年10月27日，杨宏海出席上海"改革开放新文化建设中的海派文化和岭南文化发展研讨会"，提交了《市场经济下的文学新潮——打工文学》（与尹昌龙合作）等3篇论文；2000年5月31日至6月2日，应香港大学亚洲中心邀请，"深圳特区文化研究中心"主任杨宏海等人赴港出席"90年代两岸三地文学现象国际学术研讨会"。杨宏海以《文化视野中的广东"打工文学"》为题在大会上宣讲。孙夜、颜爱红：《打工文学发展备忘录》，《宝安日报》2009年11月1日，第A19版。

鲜明的官方主流意识形态色彩，他的研究也经历了从"个人研究"到地方政府"主流意识形态"对"打工文学研究的接管"，周航先生将其称为"杨宏海式"研究，"杨宏海式"关注也就代表了政府的关注。① 这其中最典型的就是"安子现象"的横空出世：1991年，安子的打工纪实小说《青春驿站——深圳打工妹写真》在《深圳特区报》连载，讲述来自广东梅县初中毕业的"打工妹"安子勇闯深圳的故事经历，后来她到深圳广播电台主持《安子的天空》节目，全国几十家报纸，纷纷报道了"安子现象""安子的打工生涯"、"深圳有个安子"等，② 并评选为"深圳十大杰出青年"，2000年，中央电视台拍摄的中国改革开放专题片《20年·20人》，称安子为"深圳最著名的打工妹，都市寻梦人的知音和代言人"，安子成为打工族群体中的轰动人物和励志"寻梦"偶像，她的格言"每个人都有做太阳的机会"，在打工族中传诵一时。不可否认安子自身寻梦过程的奋斗以及她个人的文学成就，但她的"造梦"并不是个体行为，"政府主流意识形态与杨宏海也参与与主导了这一造梦过程"。③ 可以看到，与80年代关注林坚、张伟明等"纯文学"层面的创作和推介手法不同，90年代，杨宏海先生弘扬"安子"造梦的文学创作精神，将其作为深圳特区改革开放时期都市寻梦者的典型树立起来，这与从20世纪90年代初到21世纪初，"农民工"被凸显为适应时代潮流、顽强拼搏、改变命运、实现个体梦想的奋斗者形象内涵产生了呼应。而当时安子的丈夫"客人"的身份颇具意味：他当时就职于深圳市委宣传部，同时"打工文学"的提倡者杨宏海先生也是"客人"和安子的老乡。虽然"不能简单下结论为老乡之间的相帮，但不得不承认这是迎合主流意识形态、创造深圳地方文化品牌而作的急功近利的举措"④。

与此形成对照的是来自民间的话语，认为"安子现象"是杨宏海的研究与政府主流意识形态联姻后的产物，安子及其作品都不足以代表"打工文学"，其"打工作家光环"的形成，有相当部分是"时势造英雄"⑤，这里的"时势"显然指地方政府主流意识形态和以杨宏海为代表

---

① 周航：《打工文学研究》，暨南大学中国现当代文学，硕士学位论文，2006年，第6页。
② 黎志扬：《安子，打工族中一个响亮的名字》，《外来工》2000年第5期。
③ 周航：《打工文学研究》，暨南大学中国现当代文学，硕士学位论文，2006年，第7页。
④ 周航：《打工文学研究》，暨南大学中国现当代文学，硕士学位论文，2006年，第7页。
⑤ 同上。

的幕后推手。这种声音来自以打工杂志为阵地对打工文学进行的研究，其参与者即为兼具打工编辑、打工作者和读者身份的"打工作家"，他们试图对自己的作品进行研究，建构一套自己的打工文学理论，这是打工文学圈中一种有趣的现象，尤其在早期文学评论界对"打工文学"处于漠然时，他们开始在打工杂志上发表关于"打工文学"理论探讨的文章，并开设相关栏目。譬如《大鹏湾》在 2000 年年底连续三期开设了"2000 年《打工文学》论坛"栏目；广西《南方文学》也于 2000 年第 7、8、9 期连续三期开展打工文学研讨特别策划，发表了诸如《把"提高打工文学"的大旗举起来》《打工文学：前途与命运》之类的文章；《打工族》于 2004 年全年 24 期开设"文学新境界"栏目，特别是 2004 年 2 月下期王十月参与这个栏目的编辑后，以访谈对话录的形式推动打工文学的理论研究，如以下文章：《在打工的旗帜下：第一代 VS 第二代》《痛并快乐着的第二代打工人》《文心剑胆—酒徒》《打工文学的起承转合》等等。王十月觉得"打工文学……一直未能引起批评家的足够多的、足够公证的关注"，① 在和徐东聊天时就说："别人不接受，自己理出一串理论来支持自己的写作。"② 这种心理是打工作者对打工文学的内省，③ 同时也表现出不受"主流"关注和认同的焦虑感。而在很大程度上，"打工作家"对主流文学界的评判标准认识出现了分歧，最主要体现在对"安子现象"的解读上。杨文冰的看法颇具代表性："安子的作品从文学的角度来看相当普通，但现在说到'打工文学'，就免不了要提起她老人家。安子现象顶多是一种泛文化的现象。如果说她的作品是打工文学的代表，只会令打工文学蒙羞。"④ 集中表现为安子打工文学作品的否定。然而，和主流文学评论界的审美权力相比，他们所展开的平台没有足够大的话语权，尚不能和主流文学界的话语形成微弱的对抗。而以发表打工文学作品、面向打工读者群体为阵地的打工文学进行理论探讨，对在市场中求生存的打工杂志来说，是一种"奢侈"的行为。因此，这些理论探讨都难以为继，但它的积极作用在于："打工作家"对"打工文学"的理论研究状况和发展自省

---

① 王十月：《打工文学的起承转合》，《蓝铃（打工妹）》2004 年第 9 期。

② 徐东、王十月：《文学对话录：徐东 VS 王十月》，http：//forum. book. sina. com. cn/thread - 1142215 - 1 - 1. html，2005 - 04 - 10。

③ 周航：《打工文学研究》，暨南大学中国现当代文学，硕士学位论文，2006 年，第 9 页。

④ 杨文冰：《在打工文学的旗帜下：第一代 VS 第二代》，《打工族》2004 年 2 月下半月。

成为一种风尚，在后来和主流文学圈的对话中能形成一种抵抗的理论，并最终从"打工作家"中诞生优秀的评论者和理论研究者，如柳冬妩和周航等人。

综合本章，在由主流意识形态垄断文化生产的格局向市场经济转型的过程中，"打工杂志"是当代都市文化生产的一部分，和珠三角其他大众流行文化一起，构筑了20世纪90年代的文化地图；将打工文化趣味传遍珠三角甚至临近的内陆省份的同时，打工作家和打工杂志共同塑造了珠三角打工族的城市想象和群体文化认同的空间，扮演了为打工者"代言人"的角色。打工作家通过"打工杂志"获取一定的话语权，从普通的打工读者、到作者、到文学把关人的编辑的过程中，试图寻找冲破城乡二元体制之网，更进一步融入城市的文化身份。

打工文学和打工作家的生产机制有两条路线：一条是内在的商业化的路线，以打工杂志以及"类打工媒体"为生产平台，另一条是主流文学评论界和官方文化机构，扶持、引导打工文学。其实，从"打工文学"诞生之初，打工文学就受到文学评论界尤其杨宏海先生等的关注，甚至一手参与了"打工文学"的命名和发展。在打工作家身份形成之初，主流审美权力就参与了文化身份建构，如杨宏海先生对安子、张伟明等作品的大力提倡，官方的建构是一直都存在的，将个体的写作和奋斗行为和政府主流意识形态的形象工程连接起来。这一模式给打工者塑造了一个个体成功的"神话"，深入影响了此后打工者的文学创作行为。周航认为："正是由于主流意识形态的过早干预影响了打工文学的发展。打工文学这一充满民间话语的建构从此并不作为独立的存在而失去了更大的发展可能。"①这也是打工文学发展的一个悖论，打工作家的身份建构是官方和民间的冲突、互动作用下的过程。

---

① 周航：《打工文学研究》，暨南大学中国现当代文学，硕士学位论文，2006年，第6页。

下 编

分 化

2005 年左右，中国当代文学的文化生态发生了重要裂变，打工杂志构成的民间话语表达空间和亚文化认同空间走向衰落，"打工作家"通过商业化路线改变命运、确立"作家"文化身份越来越行不通了，自由写作成为一种奢侈的梦想。主流意识形态的"底层"和"弱势群体"话语，当地城市地方政府的城市文化形象和城市文化软实力的构筑，主流文学界的底层文学大讨论和吸纳新鲜的文学血液，以及当时打工文学杂志的衰落和网络社会的崛起，都构成了打工作家走向分化的大背景。主流文学圈向"打工作家"递出了橄榄枝，一部分"打工作家"通过体制内的审美权力获得主流文学界的"作家身份"认同，并成为户籍意义上的文化新移民，取得了所在城市的接纳和认同；一部分"打工作家"，以及新一代"都市新移民作家"，开始面向以网络为主的新的文学卖场写作；还有另一部分，或因为生存艰难，或因为改行，放弃了写作。

第六章 "打工"文化认同空间的衰落

21世纪最初几年,打工杂志及传统文学杂志的普遍式微与衰退,给第一代都市新移民作家带来了更加沉重的打击,依靠传统文学媒体写稿生存、发表的文化平台受限,"打工作家"生存艰难,迫使这个新的都市文化群落在时代和命运面前不得不进行又一次选择。

第一节 打工杂志的命运:从分化到消亡

要准确地指出打工杂志开始走向衰落的时间是很困难的,但是可以估计,这个衰落的时间点在2004年年底和2005年,也就是2005年前后。1999年,来自江西的80后诗人池沫树①到东莞打工,目睹了打工杂志最后的"余晖"。起初他对打工杂志并不关心,也看不起,然而,也有在《大鹏湾》《西江月》《佛山文艺》《侨乡文艺》《江门文艺》等发表文章,因为"这些杂志曾在2005年前书报摊到处可见,偶尔看到同事阅读拿来看一下。当时的杂志如《江门文艺》《佛山文艺》卖得很火,我买过的是《佛山文艺》,有小资的味道"。从池沫树的访谈中可以得知两个信息:其一,他所感受到的打工杂志从红火到衰落的时间点是2005年,在东莞工业区的工厂打工十余年,他对打工杂志在地摊和工厂宿舍的阅读和畅销体验比较可靠;其二,《佛山文艺》在21世纪初已经开始转型,受众定位从产业工人的打工文学趣味向都市小资的审美趣味靠拢。在走向衰落之前,打工杂志就已经开始走向转型与分化。

---

① 池沫树,1980年生,江西宜丰人,1999年高中毕业后到东莞打工,做过搬运工、流水线工人、油漆印刷工、橡胶打料工、生管、仓管等。作品在《诗刊》《青年文学》《星星诗刊》《诗选刊》《广州日报》和《都市萃》等刊物发表,以散文《橘子小鸟》获得2009年冰心儿童文学新作奖大奖。2011年3月接受采访时,池沫树正处于失业状态。

这次转型是继20世纪80年代末90年代初文学期刊的改版潮以来，中国当代文学期刊面临市场的又一次大调整。20世纪90年代以来，在由计划经济模式向市场经济模式的转变过程中，打工杂志为珠三角都市新移民提供了满足其阅读趣味和审美娱乐的文化产品，发挥其传媒属性和文化认同空间的效用，初露文化产业角色定位的蓬勃生机。这一时期，体制内的传统文学期刊依靠国家财政补贴才能勉强维持生存，打工杂志却一路风光无限。20世纪90年代末，由于国家财政的全面抽离，传统文学期刊普遍进入生死存亡的时刻。[①] 1999年，各大文学期刊一亮相，人们发现，几乎所有的文学期刊都以同样的新面目出现，主要的变化是"文化凸出，文学淡出"的"范文化"倾向。这场转型被学者称为"世纪末文学期刊生存空间的最后拓展，"[②] 一方面它是文化生产机制面向市场深化改革的结果，另一方面也意味着都市文化的内在审美结构和美学趣味发生了变化。21世纪最初几年，都市情感文学、时尚、女性生活杂志占据大小报刊亭的半壁江山，拥有都市新移民庞大受众群体的打工杂志明显感到市场的压力，不得不重新评估杂志的受众和定位。

在打工杂志阵营，《佛山文艺》旗下杂志率先向"纯文学"的回归最引人瞩目。早在1997年，主编刘宁就明确提出《佛山文艺》的名牌战略，与《上海文学》《中国作家》《大家》等期刊合作；2006年，《佛山文艺》携手《人民文学》《莽原》新浪网联合举办"新乡土文学征文大赛"。[③] 学者贺芒认为《佛山文艺》的这一系列举动，在推动打工文学的同时，也在推动知识分子写作的民间化，将知识分子作家的视域向下拉动。与主流文学期刊合作，假纯文学名刊之力，扩大影响，实现"自下而上"与"自上而下"生产机制的对接。[④] 而实际上，这些宣扬新的美学经验、带有"美学实践"和"美学革命"的活动，是《佛山文艺》在世纪末文学期刊生存空间的拓展中一次犹豫不决的转型，与其说推动了知识分子写作的民间化，不如说是《佛山文艺》摆脱"地摊文学"的身份转向更"高雅"的文学身份的举措。池沫树所述"有小资的味道"也意在

----

① 楼岚岚、张光芒：《期刊改版与九十年代以来的文学转型》，《南京师范大学文学院学报》2005年第3期。

② 杨启刚：《世纪末：文学期刊生存空间的最后拓展》，《出版广角》1999年第5期。

③ 贺芒：《〈佛山文艺〉与打工文学的生产》，《文艺争鸣》2009年第11期。

④ 同上。

此，它的受众定位由打工族群体转向都市更多的主流人群，迎合的不再是打工生活的情感经验和审美趣味，而是向精英趣味靠拢。其上述行为是为了跻身精英名刊杂志的行列，进入纯文学体系。

《佛山文艺》的转型是渐进式的过渡，相比之下，同属于佛山传媒集团旗下《打工族》（原名《外来工》）的转型就高调得多。2004年，《打工族》宣布回归纯文学道路，被视为"打工文学向纯文学回归"的标志性事件。①《佛山文艺》和《打工族》的转型并不是偶然的个案，当凭借"打工杂志"的标签获得了庞大的市场之后，书商运作的打工杂志开始纷纷抛弃"打工"品牌，认为是"没有文化的地摊文学"，这种观念非常普遍。在南方打工十多年的广州某漫画家兼诗人，就不希望自己的人物采访稿发在知音集团的《打工》杂志上，认为是"没有文化的刊物"。21世纪初期，在大环境下，打工杂志纷纷转型，譬如曾经风靡一时的广州《飞霞》杂志确立了都市情感杂志的定位。

2004年，具有标志性意义的打工杂志《大鹏湾》的最终停刊，是打工杂志全面走向衰亡的标志性事件。在此之前，《大鹏湾》已经经历了体制内的文化权力和市场的经济规律重压下的重重波折，而每一次波折，又将一批打工编辑——都市新移民作家卷入其中，他们的命运，和这本打工刊物的兴起和衰落紧密相关。《大鹏湾》只是一份区级刊物，只能获得省里的证，属于"内刊号"，只能走"擦边球"路线销售。由于没有国家新闻出版署核发的正式的公开发行的刊号，在帮助打工族群体获得由产业工人向作家、写手身份转变的同时，它也在努力寻求自己的合法身份。当体制内的文化管制越来越严格，"擦边球"的路线已越来越走不通。安石榴、郭海鸿、罗向冰见证了《大鹏湾》当时的窘境，为了规避出版政策的框框，《大鹏湾》选择了与其他有正式刊号的杂志"合作"，合作的方式，郭海鸿在访谈中介绍：

> 出现了后来与内地一些拥有正规刊号的杂志"联姻"，在它上面打"大鹏湾"，这样嫁接着上市销售的情况，也被叫做"阴阳杂志"，用的是正规刊物的证号，卖的是内刊的名气。由于始终靠规避检查度

---

① 郭姗：《打工文学20年——"我们并不沉默，只是没人倾听"》，杨宏海主编《打工文学备忘录》，社会科学文献出版社2007年版，第372—381页。

日，时不时面临"取缔"的危机，"杂志社"没有正规的建制，主管单位不可能长期重视，最终难于坚持。

可见，这种"联姻"和"嫁接"的方式，也难以为继。《大鹏湾》曾和江西的《文学与人生》有过短暂的合作，继而和广西的《西江月》合作，但最终以失败告终，甚至与母体刊物"反目成仇"。因为《大鹏湾》的品牌效应，作为母体身份的《西江月》在封面上出现"相聚大鹏湾"的字样，在合作解体之后，《西江月》继续使用"相聚大鹏湾"字样，在市场上持续走红。当《西江月》深圳组稿处突遭查封（端走电脑、扫走文件）之后，两家刊物最终对簿公堂，开始了旷日持久的"西、大之争"，最后《大鹏湾》败诉。然后，"'西'继续'相聚大鹏湾'；'大'继续以内刊形式面市。在两相无事的表象下，各自在市场上艰难地喘息生存"。①

这种纷争对文学刊物的打击简直是致命的。《大鹏湾》尽管承担起打工族群体的理想，甚至改变了许多人的命运，建构了打工族群体的文化认同空间，然而它自己的命运却是多舛的，由于没有刊号，它时时刻刻面临被停刊的危险。2000 年，见证了《大鹏湾》由起步到光辉岁月的三位打工编辑——安石榴、郭海鸿、罗向冰集体离开了《大鹏湾》。离开的缘由，按照罗向冰的说法是："主管部门也没有考虑我们的生活和工作前景，加上'正式工'们的争权夺利，我们 3 个临时工选择了集体离开。"接着，老主编叶崇华被下岗。随后，《大鹏湾》遭遇了停刊。当重新开张时，王十月、曾楚桥、杨文冰、郭建勋、戴斌相继加入了《大鹏湾》的编辑部，张伟明任主编。然而，停刊的风险仍然存在。王十月在回忆文章里写道："我在《大鹏湾》做了四年，其中停刊两次，一次达半年之久。刊物随时面临停刊，我们的工作干干停停，既要编稿写稿，又要联系内地有刊号的刊物合作挂靠，刊物每停一次，发行量就要下去一半，又要想尽办法搞发行。前途未卜，风雨飘摇。一个北京来的骗子吹牛说有通天本事，能为我们拿到刊号，结果把杂志社上上下下哄得团团转。"②2004 年，

---

① 叶耳：《听闻〈大鹏湾〉要恢复》，http://sz1979.com：88/blog/user1/158/200632822261.html, 2006 - 3 - 28。

② 王十月：《我是我的陷阱》，《天涯》2010 年第 1 期。

国家相关部门整顿刊号市场，《大鹏湾》突然又被停刊，这一次却是永久性地停刊了。主编张伟明接受记者采访时说，因为停刊太突然，《大鹏湾》来不及给钟爱的读者们奉献一期停刊号，甚至来不及给读者们一篇停刊辞。"很难再会有这样一本杂志，仅仅在广东发行，就可以达到10万的发行量，成为珠三角打工群体的重要读物。依靠庞大的发行量和广告量，我们几个人的编辑部不仅仅可以自负盈亏，可以说还做出了大量的创收和盈余。"① 为了让杂志延续，张伟明曾经三次上京请示、斡旋，都没有拿到梦寐以求的特许刊号。

《大鹏湾》的停刊在珠三角打工作家文化群落和书刊市场中激起不小的波澜。首先是一批打工编辑们的集体失业，接着打工作家们发现投稿的渠道少了。或许因为《大鹏湾》在打工作家心目中的分量，它的突然消失，由打工文学构筑起来的都市新移民文化认同空间仿佛坍塌了重要的一块。一位打工作家说，他每次路过报刊亭，都要找找《大鹏湾》是否突然又复刊了，但是结果往往令人失望。倒是不少打着"大鹏湾"旗号的刊号大行其道。《大鹏湾》停刊后，它在珠三角打工族群体心目中的价值才被凸显出来。张伟明提到就心痛不已："虽然杂志已经停刊了五年，五年来，一直还有多个版本的盗版《大鹏湾》在市场上发行、流通，他们完全模仿我们过去的办刊风格与思路，而且依旧还广受欢迎。"② 离开的打工编辑，仍然没有停止关注《大鹏湾》，郭海鸿偶有听闻《大鹏湾》要恢复的消息，罗向冰在采访中说：当深圳有关部门意识到《大鹏湾》和《大鹏湾》现象的特别价值，多次试图重整旗鼓，最终无果。

《大鹏湾》的由盛而衰，比《佛山文艺》等具有正规刊号的刊物所面临的情况更为复杂。它所面临的困境在打工杂志中具有典型性：既受到体制内僵化的文化管制权力的"严刑拷打"，还有文学期刊市场的"短兵相接"。它既无法摆脱体制内身份的束缚，走充分的完全的文化产业道路；又因为其所走的"野路子"无法得到体制内文学权威的认同，因而得不到文化体制的庇护。处于改革开放前沿，率先迈进市场经济、现代化的深圳经济特区，在文化上，仍然没有实现真正的"市场经济"。从1989年到2004年15年间，《大鹏湾》短暂地充当了都市新移民文化认同的空

---

① 方晓达：《消逝的大鹏湾》，《南方日报》2009年12月1日，第HD02版。
② 同上。

间，制造了打工文学、打工文化现象甚至打工作家，在一向被称为"文化沙漠"的珠三角城市，建立了都市新移民文化的"绿洲"。而由于体制内文化权力的管制和市场的严酷，这一文化品牌过早地夭折了。

《大鹏湾》的停刊，标志着由打工杂志所构筑的文化认同空间的解体。《大鹏湾》的消失，《佛山文艺》的转型，《江门文艺》的孤独坚守，随后的几年，其他书商操作的大大小小打工杂志也从杂志市场渐渐集体销声匿迹了。都市新移民作家普遍感到打工杂志的萧条，写稿、投稿的艰难，不得不另谋其他文学生路。与此同时，都市情感类、女性时尚杂志在期刊市场大行其道。2004 年 3 月，王十月、杨文冰和曾楚桥从《大鹏湾》集体失业后，在深圳的一家小酒馆相聚，将离开《大鹏湾》称之为"对打工文学的一次集体逃离"，① 随后在三十一区城中村的出租屋里作起了自由撰稿人，为全国大大小小的市场化的都市情感杂志撰稿，同时也瞄准全国范围内主流文学权威期刊。也在同一年，随后离开的郭建勋、戴斌与同事们钱别，有的回老家发展，有的留驻珠三角继续寻找"下一站"，郭建勋咀嚼到了"花谢席终人散的苦味"，"至今想来犹以为痛事者，乃是我居然成了《大鹏湾》这本杂志的送终人"。②

第二节　新媒体、打工族受众审美趣味分化的挑战

《大鹏湾》的兴衰，及至最后被迫停刊，是当代中国文化生产机制和文化生态的个案表征。2005 年前后，打工杂志的全面衰退从《大鹏湾》的停刊开始，随后，文学期刊市场在深化转型中经历了短暂的都市情感、时尚女性杂志繁荣的时代，《佛山文艺》《打工族》《飞霞》等的转型就是"市场跟风"，或者说"急病乱投医"的结果。都市新移民作家也面临发稿平台的减少和文化共同体空间消失的局面，在摸索中寻找继续前进的文学之路。更不利的情况是，随着打工文学及打工杂志所构建的文化认同空间的消解，打工杂志的读者也少了，销量的下降是一个明显的证据。

受众的审美人群结构和审美趣味的变化是原因之一。打工族群体自身

---

① 曾楚桥：《三十一区和打工文学》，《宝安日报》2009 年 7 月 5 日，第 A17 版。
② 郭建勋：《旧文化大楼》，http：//blog. sina. com. cn/s/blog_ 5728f26b010004mg. html，2006 - 08 - 28。

也在发生着分化和重组。随着中国工业化、城市化和现代化进程的推进，整个中国社会的流动性加强，城乡大迁移不再被视为盲目的"流动"。"打工"成为泛化的现象，体制外的打工者越来越多。尤其当文化出版、期刊行业被半产业化以后，众多的白领、记者、编辑、摄像等从事文化产业者，成为时代"体制外"的"文化打工族"。① 他们和工厂的产业工人（俗称农民工）一样，不能享受"体制内"的各种好处，比如住房、公费医疗、各种社会保障等等。小白领一族、文化打工族等群体的加入，使得"打工族"的外延发生了拓展，从相对单一的庞大的产业工人群体，到相对异质、多元的混杂了各个行业、领域的以产业工人和小白领为主体的打工族群体。

而就产业工人群体自身来讲，20 多年的城乡大迁移，这个群体也在更新换代，1980 年后出生的新生代打工族成为外出的主流，社会学者称之为"新生代民工"。② 这个群体在各方面都与父辈有很大的不同，在外出动机上，老一辈打工族外出务工经商的目的纯粹是为了挣钱，补贴家用；而新生代则是为了改变生活状况和追求城市生活或现代化生活方式。③ 他们或许从未下过农田，务农对他们来说已经是祖辈、父辈的传说，除了户籍制度给定的农民身份，媒体、学者的关于"新生代民工"的形象表述和话语表征，以及在流动时与城市各种文化人群的冲突、互动中，确立了"新生代民工"的身份。这种被表征、被粘贴的文化身份与实际生活中的模糊、不稳定、不确定的身份不相符，因而他们急于通过追求城市现代生活方式、文化消费以建构新的主体性、改变文化身份认同的

---

① 孟繁华：《众神狂欢：世纪之交的中国文化现象》，中央编译出版社 2003 年版，第 108 页。

② 王春光：《新生代农村流动人口的社会认同与城乡融合的关系》，《社会学研究》 2001 年第 3 期。罗霞、王春光：《新生代农村流动人口的外出动因与行动选择》，《浙江社会科学》 2003 年第 1 期。于宝钗：《新生代农民工的市民意识与行为》，兰州大学人口社会学，硕士学位论文 2007 年。黄广明：《新生代民工的梦与痛》，《南方人物周刊》 2005 年 10 月 19 日，第 21 期。王兴周：《新生代农民工的群体特性探析——以珠江三角洲为例》，《广西民族大学学报》（哲学社会科学版）2008 年第 4 期。胡晓红：《社会记忆中的新生代农民工自我身份认同困境——以 S 村若干新生代农民工为例》，《中国青年研究》 2008 年第 9 期。李伟东：《消费、娱乐和社会参与——从日常行为看农民工与城市社会的关系》，《城市问题》 2006 年第 8 期。

③ 王春光：《新生代农村流动人口的社会认同与城乡融合的关系》，《社会学研究》 2001 年第 3 期。

愿望就更加迫切。①

在新的打工族群落中，不乏由流水线上的产业工人奋斗到白领、生意人的例子。通过在城市几年的努力和打拼，最终从最边缘、最底层实现向上升的梦想。本书所讨论的文化群落——打工作家即是典型的例子。而在21 世纪的最初几年，这种现象更加普遍。同时，漂流在都市的底层小白领面临阶层陷落的危险，在与都市的关系上，他们和"农民工"等面临同样的问题，因而，打工族或者说都市新移民群落的异质性和多样性增强了，他们的文化身份和审美认同趋向更显示出多元化、不确定和不稳定性。

都市新移民群落内部异质性和多样性，带来了审美趣味和文化诉求的多样性。打工杂志或者说传统的以描写工厂打工生活为主的、反映产业工人审美趣味的打工文学，已经不再是人群结构变化了的、多样化的打工族群体最主要的选择。而年轻一代打工者的阅读趣味和阅读方式也发生了很大的变化，他们是被网络、手机等新媒体文化喂养大的一代。当网吧在大小工业区、城中村遍地开花时，WEB 2.0 时代的网络论坛给打工者提供了更多发表和倾诉的平台。由于网络论坛的更具互动性和 QQ 聊天等即时通信的便捷性，打工杂志逐渐被冷落了，它曾经所起的构建打工族互动联系、文化认同空间的作用，被网络媒体取代了。

以网络论坛、博客为阵地抒写新的城市经验和情感表达，成了新一代打工族的文化娱乐选择。在这个意义上说，网络媒体有构建新的都市新移民文化空间的趋势。打工作家的城市经验和成功经历仍然使其在打工族的文学爱好者中具有"偶像"认同的地位，然而，他们以文学编辑或文学导师的方式构建起都市新移民文化群落的文化认同的价值，已经大大地削减了。和打工杂志相比较，在网络上倾诉和表达的门槛就低多了。珠三角新一代打工者在网络论坛出没，发表在城市打工的经验和对生活的体悟。在天涯社区城市版块的广州栏目，一位 ID 为"农民工明明"的发帖者，发表《农民工明明在城中村的穷人生活》，② 引来了 1 万多点击率的"围观"，发帖者图文并茂，展示自己在东圃城中村的生活，自称在 NASDAQ

---

① 余晓敏、潘毅：《消费社会与"新生代打工妹"主体性再造》，《社会学研究》2008 年第 3 期。

② 农民工明明：《农民工明明在城中村的穷人生活》，http：//bbs. city. tianya. cn/new/tian-yacity/Content. asp？ idItem = 329&idArticle = 134272&page_ num = 1，2009 - 05 - 25。

上市公司上班，"文化不高，但懂得一些英文，有几个外国朋友。自学了一个月五笔，可以一分钟敲一百字，会 OFFICE2007，PHOTOSHOP，还会做网页，喜欢玩单反"，鞋子"ADIDAS，NIKE，LINING，BELLE 都是正品"，用妮维雅的洁面膏。有网友质疑"农民还用 IBM？"，遭到"农民工明明"的反驳："谁规定农民工就不能用 IBM 啊。"当网友感叹："哎。民工都这样了。中国已是发达国家了。""农民工明明"接着叙说："每天清晨我都要看凤凰早班车，对那些古装片（除大片），连续剧（除大片），我一概不看，那些都是垃圾，喜欢看国家地理，探索发现等纪录片。""你是农民工吗？""楼主是农民工？如果中国的农民工都有你这样的素质，美国算什么东西！"面对网友的再三质疑，"农民工明明"再次强调自己的"农民工"身份："偶真是农民工，没骗你！""我真来自农村，只是因为自学了电脑，上了网，才改变了我的农民思维，原来在工厂流水线的民工，现在也只是农民。"这个帖子的楼主所竭力呈现出来的"农民工"自我形象，和社会大众所感知的都市白领青年形象没有什么区别，却和大众媒体所构建的"农民工"整体形象存在着反差，网友的质疑也正在于此：他们对于"农民工"的想象来自媒体，因此很难把这个白领形象的"农民工"和一贯的"农民工"想象对接起来，因而怀疑楼主是在撒谎或炫耀。无论"农民工明明"发帖的目的是为了对"农民工"身份的反讽，还是为了改变"农民工"在公众媒体中的形象，他表达倾诉的欲望和自我形象展示的目的却达到了。

网络给予都市新移民更大的文化空间，和打工杂志相比，它的传播力量和影响力更为广泛。虽然打工杂志的发表平台相对主流文学权威期刊来说，审核的门槛比较低，但和网络相比，仍然要通过编辑、杂志社等把关人的审核。网络论坛不仅抛开了编辑掌握更多的话语权，其快捷、即时性也带动更多的打工族群体的参与和认同。在《我的民工生涯（真实的经历）》一贴中，作者以 ID "努力向上的民工"讲述 16 岁到东莞打工、罢工讨薪等经历，在接近 15 万次的点击率和两千多个回帖中，不时冒出这样的回复："楼主的经历让我想起了曾经在深圳的日日夜夜，我做过搬运，在流水线上一干就是十几个小时，感觉自己就是一个机器，没有任何的思维，朝九晚五，连明媚的阳光都很少能见到的日子。""在外我想起了这些名字，燕平、红涛、松柏、爱平、爱军、爱华、汉平、马俊，我们都有楼主这样的感受。""感谢楼主，其实在下也是这样一直走过来的……""今天下午一口气看完楼主的文章，我虽然没有那么早的打工经历，但一样来自贫哭（苦）的农村，一样在广东打工！""我现在努力使自己变得不讨厌民工朋友，我为我以前的无知自责。""以前小时候挺讨厌那些打工的，觉得他们没什么文化，素质又低，整天在街上乱吐乱丢，要不就是满口粗话，尤其让我反感就是他们一些人经常在公园里做一些亲密行为，害得我不能再去公园玩。但是现在渐渐长大了，开始觉得可以理解他们，今天看了楼主的文章，不但是理解，而是佩服，这样的民工胜于现在所谓的小资无数了。""一口气看完楼主的文章，真是很感动，让我对民工这个群体有了全新的认识。"当有个 ID 回应："民工也能到网上发帖子，社会真是进步啊"，遭到了网友的一致讨伐和痛骂。①

从这个帖子可以看到，有和楼主一样经历的打工者在回应，作者以亲身经历获得了很多人的同情、支持和认同，甚至是对民工有误解和不了解的人，打破了官方主流媒体塑造的传统民工形象。随着网络 WEB2.0 时代的到来，新的打工族和都市新移民群体，选择了网络作为倾诉的平台和空间，能获得更多的回应和认同。

传统纸媒尤其是打工杂志面临被抛弃的命运。从 1990 年到 2000 年，是打工杂志的黄金时代。2000 年以后，打工杂志渐渐进入黑铁时代；2005 年之后，更是被网络冲得七零八落，就剩下两三份还在苟延残喘；而到了 2010 年，珠三角最初意义上的打工杂志，除了仍在探索中谋求生路、坚守打工文学立场的《江门文艺》，基本全部关门或改弦更张了，打工杂志一呼百应、"洛阳纸贵"的时代过去了。在由传统印刷媒介文化向新媒体时代的过渡中，不仅仅是打工杂志，曾经辉煌一时的都市情感杂志、各种文学期刊无一幸免地遭遇了生死挑战，② 文学杂志所承担的塑造共同体想象和文化认同空间的历史使命已经完成了。

第三节　自由写手及身份认同的三岔路口

随着打工族群体结构的分化、阅读受众审美趣味的变化和网络新媒体

---

① 努力向上的民工：《我的民工生涯（真实的经历）》，http://www.tianya.cn/publicforum/Content/free/1/197019.shtml, 2004-09-24。

② 宋战利：《中国文学期刊的危机与发展机遇探讨》，《中国出版》2010 年第 10 期。

的冲击，打工杂志逐渐式微，打工作家的处境越发艰难。首先面临冲击的是打工编辑，他们不得不重新找工作；其次是一部分靠写稿来补贴生计或做着文学梦想的写手，他们投稿的渠道少了。2005年前后，伴随杂志的萧条，打工作家感受到了生存的危机和写作的危机。由于居无定所和四处漂泊，生存始终是摆在都市新移民作家面前的首要难题。另一个难题是，他们通过"发表"以实现自己文学梦想和作家身份价值的文化空间萎缩了，"发表"意味着获得承认，获得认同，无论是否获得物质上的回报，持续地"发表"作品是打工作家维持自己"作家"身份的重要衡量标准。而现在，伴随打工杂志的转型、分化和衰退，除了必须面对的生存困境，打工作家也面临着文化身份认同的危机，因为认同的文化空间没有了。

在21世纪最初的几年，都市文化和市民文化空前繁荣，纸质媒体尤其是各种都市情感杂志、女性、时尚杂志以及各种文化月刊、报刊获得了短暂的黄金时代，都市新移民作家尚可以通过自由撰稿获得生存。《大鹏湾》停刊后，2005年，王十月、曾楚桥和杨文冰成立自由撰稿人工作室，开始在深圳城中村专事写作。2005年，戴沙牛在广州杨箕村一边写小说，一边为报刊写一些散文、评论类的稿子。2006年，刘大程也在东莞开始了自由撰稿人的生涯。

自由撰稿人的通俗称呼是"写手"，为了生存，写手有时候不得不牺牲自己的个性化写作理念，甚至是必需的：为了提高命中率，写手得研究全国各城市各种报刊的栏目、风格甚至揣摩编辑的个人喜好。纪实类、采访类的稿子往往能卖出大价钱，《知音》《家庭》等纪实稿子需求量大的刊物往往成为写手们集中努力发表的目标，比如《知音》的稿费是千字千元，对于靠文字吃饭的人来说颇具吸引力。

打工作家从这里开始走向了分化。对于视文学为生命、为信仰的打工作家来说，文学几乎是从他们在城市漂泊的体内生长出来的，因而不愿意委曲求全写纪实类的稿子。戴斌接受采访说，他曾在自由撰稿期间（实际也是失业期间）坚持写自己的长篇小说，担心写"那些文字"伤害了自己的笔头：因为写得多了，会破坏自己的语感。曾楚桥从2005年开始做自由撰稿人至今，除了写小说，也不时撰写一些报告文学之类的文章，他称之为"对现实有限度的妥协"。① 自由撰稿人的生存压力之大，刘大程在访谈时说："靠纯文学意义的写作来谋生，简直难以想象，那是远远不能维持生活的。我有时也给别人写特定主题的朗诵诗和其他一些实用性文字，只要不逾写作底线。"

除了极少数的打工作家通过写对"现实的妥协"的文字发财致富，譬如唐新勇、向军等外，完全依靠自由撰稿获得生存是非常困难的。在深圳的都市新移民作家卫鸦说："在我认识的朋友当中，事实上没有任何一位作家，是通过稿费维持生活的。"刘大程自由写作的主要经济保障是来自平面设计，"有业务时我做业务，没业务时就写作，我现在的作品就是在这种状况下写出来的"。因而，他的写作目标并非全是都市情感杂志、文化综合报刊之类，"我写诗，也写散文和小说，投给《诗刊》《作品》《民族文学》等全国有影响的刊物"。他所指的"全国有影响的刊物"即为主流文学界所认可的权威期刊，而实际上这些主流文学期刊的稿费并不比纪实稿来得快，可见他的自由写作目的并非纯粹地为了获得稿酬。

如果不想向"现实妥协"，而又想依靠文学来获得生存和自由，改变加诸其身上的"农民工"、都市边缘人身份，打工作家们面临艰难的选择。并不是所有自由撰稿的打工作家都愿意为都市情感类杂志充当"写手"，即使有时对"现实的妥协"，更多的时候，他们仍然以主流文学权威期刊为目标。比如20世纪初打工作家群落中涌现一批优秀的"打工诗人"，他们撰写打工诗歌，在大众文化时代，诗歌本身就缺少市场，80年代出生的"打工诗人"欧阳风说："我主要是诗歌创作。诗歌本身的稿费就低得可怜，一首诗有几十元已经非常不错，所以也从来没想过靠诗歌养活自己。"

实际上，几乎没有都市新移民作家是专职的文学写作者或自由撰稿人，当网络新媒体以摧枯拉朽之势横扫各种纸质媒体尤其是都市各类情感、女性、时尚类报刊时，写纪实大稿赚钱的时代也一去不复返了。刘付云回忆起自由撰稿生涯，说："十多年前的稿费好赚点，现在不行了，报刊越来越少，副刊的也不多，拖稿费或不发放稿费的现象也越来越多了。"在生存面前，自由撰稿对都市新移民作家来说，只是失业期间的一

---

① 吴永奎：《打工作家曾楚桥：文学是我的宗教》，《南方日报》2010 年 11 月 23 日，第 D3 版。

个过渡，或者是为了获得完全自由写作状态的一个短暂的对现实生存压力的规避。一旦面临生存压力，他们便会放弃部分"自由"，先生存，后发展。

面临生存压力和文化认同危机的困境，打工作家较普遍的一个选择是走向体制，这意味着他们必须走所有文学青年譬如当年王朔的老路，以在主流文学界所认同的权威文学期刊上发表作品为目标。对于长期撰写兴起后 20 多年一直被主流评论忽略甚至评价不高的"打工文学"为主的打工作家来说，这并非易事。虽然，以主流文学权威期刊为目标从事写作，在 20 世纪 80 年代就开始了。譬如 18 岁时在《凉山文学》（1988 年 5 月）上发表小说处女作，24 岁加入广东省作家协会的都市新移民作家周崇贤，在其博客个人简介上有这样的文字：从 1988 年起至今，在《中篇小说选刊》《长江文艺》《当代》《四川文学》《作品与争鸣》《小说选刊》《人民文学》等报刊上发表文学作品 700 多万字。周崇贤曾以特殊人才破格加入中山市户籍，即是当地地方政府对这位"体制外"年轻都市新移民作家的重视。如果说进入"体制内"以获得更好的生存条件，是游离在珠三角城市边缘的打工作家打破城乡二元文化身份和待遇的梦想，那么，2005 年之后，当打工杂志所营造的文化认同空间消失之后，进入体制却是"打工作家"迫切的不多的选择之一。

一个典型的个案是王十月的写作。2004 年，当得知《大鹏湾》将要永久停刊后，王十月和他的朋友们经历了一段苦闷的找不到出路的岁月：

> 现实像一盆盆凉水，渐渐浇灭着我曾经的激情。我清楚，我随时可能重回工厂。而妻子没有工作，孩子眼看要上学，总之是眼前一片黑暗。有的同事利用这难得的机会自考，而我，却常常借酒浇愁。
>
> 喝酒是常事，经常醉醺醺半夜三更被朋友架回家。有时喝醉了酒，一群人半夜三更走到海边，大笑、大叫、大哭，听崔健的摇滚。心中有太多的理想，但找不到通往理想的路。那时宝安有个大排档，排档前有几棵桂花树，我们常去那里喝酒，喝醉酒，或爬上树去，或把寻呼机扔进旁边荷塘，或把酒往头上倒。我们从晚上七八点喝到次日凌晨四五点，记得和一家报社的记者们喝酒后打过架，记得酒后在宝安的大街上顶着狂风暴雨踢翻一路的垃圾桶……半夜三更开车去布吉，醉醺醺回到办公室，当真是丑态百出。现在想来，何其荒唐。但

那是我苦闷的打工岁月中曾经的真实。①

2004 年，王十月开始在 31 区城中村的自由写作生涯。在后来接受《文学报》的采访和在他的论坛、博客文字中，记载了这一段写作经历：

> 他对妻子说："给我三年时间专门写作吧。""如果发现不是写小说的料儿，就安安心心做别的。"那一年，他 32 岁，妻子要照看幼小的女儿，也没外出工作。生活压力可想而知。②

王十月给自己定了一个三年的目标，在城中村专业写作。同住在 31 区的打工作家叶耳曾经和王十月有过一段对话：

> 叶耳：我奇怪的是，你的老婆和孩子都在宝安靠你一个人养活，而你居然去专业写小说，这让我佩服的同时也感到难以理解，是什么勇气促使你下了这个决心？
>
> 王十月：基于一种狂热和自信。我狂热地相信我能写好小说，而且能单纯地靠写小说养活一家人。当然，这样的事情也是走一步算一步的，如果真的没有米下锅了，我还得去打工。
>
> 叶耳：这是一个文学完成边缘化的时代，纯文学可谓是到了"无人喝彩"的境地，文学究竟离我们还有多远？
>
> 王十月：……对于我来说，只有一个答案，文学是我的信仰。③我想有这一个答案就足够了。

从以上文字记录可以看出，王十月从事专职写作的目的，是希望以文学养活自己和家人，在珠三角城市立足，过一种自由的生活。不到万不得已，不愿回到工厂打工。这是大多数第一代都市新移民作家的梦想：完全地投入到专职写作中，并以写作为生。这也是大多数作家在失业、不如意时仍驻留、漂泊在珠三角城市的原因，和内地农村、小县城的格局以及相对封闭、缺少精神文化生活的环境相比，走在城市化、现

---

① 王十月：《我是我的陷阱》，《天涯》2010 年第 1 期。

② 文学报：《石首王十月：从打工仔到"打工作家"》，http://liugenshenlgs.blog.163.com/blog/static/5393665520088185414279，2008－09－01。

③ 王十月：《文学，我的宗教我的梦》，http：//www.tianya.cn/techforum/Content/163/528254.shtml，2005－01－03。

代、工业化前沿的珠三角城市群,无疑给了都市新移民作家更丰富的审美经验和写作素材,都市的文化生产和媒体平台也提供了更广阔的自我实现空间。然而在 2005 年前后,都市的社会生态和文化生态似乎是越来越不利于第一代都市新移民生存了,城市高涨的房价和房租以及生活成本即将拆迁的城中村空间岌岌可危,纸质媒体的大面积萧条,这些因素都给打工作家群落的都市生存带来了危机。王十月的"破釜沉舟""背水一战"颇具悲壮意味,现实毕竟是残酷的。2004 年,王十月在友人帮助下得到一份兼职工作,为佛山《打工族》做了近一年的特约栏目主持,家人的生活才有了最基本的保障。[①]

当网络以千军万马之势冲击都市的大小文学、文化报刊时,打工作家们敏锐地嗅到了一个新的文学发表平台:21 世纪初各大原创文学网站的兴起。这是一个全新的媒体文化空间,部分打工作家开始在起点中文网、红袖添香网、白鹿书院、潇湘书院、晋江原创、新浪读书、天涯原创板块等平台发表稿子。当时,原创文学网站还处于新生期,没有找到合适的赢利模式,因而,这一时期打工作家在网络发表稿子,往往只是为了寻求发表、认同的平台,或试探网友对文学作品的反应,或为作品的出版扩大宣传以吸引书商或出版社的注意力。譬如王十月就曾经以"深圳王十月"的 ID 在天涯社区发表散文、小说以及书稿的片段,以寻求出版商。

但问题是,他们曾经在打工杂志上引发众多讨论和认同的稿子,在网络上却失去了自己的受众。王十月在天涯社区的文学帖子,回应者寥寥。2005 年,他将包括后来出版的《31 区》在内的三部小说同时在"新浪文化/读书"连载,点击率、收藏率和投票率都不让人乐观,《31 区》全本发表七万多字,总点击数是 4000 多;郭海鸿的长篇小说《银质青春》写深圳城中村的故事,最先以《钱风暴》的书名在起点中文网连载,情况稍好一些,但也是"'成绩'不太理想,有些寒酸"。[②]

一个事实是:第一代经受主流文学权威期刊和打工杂志的纯文学训练的都市新移民作家,其叙述手法、语言等已和网友的审美趣味和阅读兴趣

---

① 王十月:《2004 年哎》,http://www.tianya.cn/publicforum/content/no16/1/35316.shtml,2004 - 12 - 26。

② 郭海鸿:《网络需要什么样的小说?》,http://blog.sina.com.cn/s/blog_ 49a1bc770100iwu2.html,2010 - 05 - 22。

相去甚远。网络文学的互动性和多样性对文学作品的题材、风格、审美趣味有了不同的要求，以"70 后"为主体的打工作家习惯了打工杂志等传统文学媒体的叙述风格，如果他们的文学作品想要在网络上畅销，就必须转变写稿策略。另一个现实的问题是，当时原创文学网站并不提供稿费，写出来的稿子"有市无价"，而打工作家们生存问题日渐窘迫。虽然也有打工作家通过网络传播引起了出版商的注意并成功出版小说，但也只是杯水车薪。不可否认，确实有打工作家通过网络获得了关注和名声，比如2004 年，打工诗人郑小琼开始受到关注，她的诗歌《挣扎》《人行天桥》一度在网上大受追捧。① 但也只是少数，对于大部分打工作家来说，他们当时的选择：要么继续写纯文学，以期获得主流文学权威的认同和体制内的生存庇护；要么改变文风和叙述手法，进入畅销书市场。

当然，这种划分也并不是绝对的。在中国的文学产业化不充分的时代，打工作家的写作期待，获得体制内主流文学权威的认同和通过大众读者的埋单获得生存保障是一致的。但在中国的文学产业尤其是网络文学卖场刚刚兴起的阶段，这两者意味着两种截然不同的文学标准和趣味分野。以大众审美趣味为导向、满足大众文化消费的文学是不被主流文学权威认同的，这包括在 80 年代末期就流行于珠三角的"打工文学"，直到兴起了 20 多年后才被主流文学界纳入当代文学和都市文学的视野；而玄幻文学的兴起就曾被文学研究者斥为"中国文学进入装神弄鬼时代"。② 因而，当传统的打工杂志的读者群落分化和改变时，打工作家必须面临着审美趣味区分的选择。

需要强调的是，自由写作并不是打工作家写作生活的常态，而且大多数在写作之外都有另外的工作。当他们可以找到一份稳定、不错的工作时，谋生的需求往往是摆在第一位的，因为他们清楚，在这个时代，想完全靠文学吃饭是非常危险的，尽管这是大多数打工作家的一个梦想。郭海鸿在接受采访时说："写作不是我的唯一追求，它只是我的一种精神生活方式。我的工作、收入没有过多依赖文学写作。当然，有一天机缘到了，可以实现写作为生，而且过得可以，我会选择专职写作。"可见，

---

① 成希、潘晓凌：《郑小琼：在诗人与打工妹之间》，杨宏海主编《打工文学备忘录》，社会科学文献出版社 2007 年版，第 297—304 页。

② 陶东风：《中国文学已经进入装神弄鬼时代》，http://blog.sina.com.cn/s/blog_48a348be010003p5.html，2006 - 06 - 18。

写作对于第一代都市新移民作家的意义，成为一种精神上的信仰，除非能够实现写作为生，否则在写作之外必须寻找生存的来源和保障。

因而从 2004 年以后，一大批打工作家凭借发表的作品进入了珠三角当地城市的事业单位、文化部门等，写作成为他们生活业余兴趣不可缺少的一部分。这个论断和通过采访得来的打工作家的体验是一致的。刘大程说："据我所知，'打工文学作家'有的进入了体制，比如作协、政府文化部门或其他部门文职岗位，有的转向了文化经营或其他经营，转行的原因，有的是很自然的选择，有的是本身就是功利性写作，写作的目的就是借写作来改变境遇、换取地位什么的，有的是迫于生存的压力，有的是才气的减退，等等。"徐非的体验也基本上一致："随着打工杂志的衰落，'打工作家'用稿费维持自己的生活难以为继，有实力的'打工文学作家'有的转为个体（老板）创业，有的转向从事杂志报纸编辑、记者工作，也有的被事业单位收编。'打工作家'转行的原因多是为自己工作与生活的利益考虑，一是与文字靠近，二是工资与福利待遇比在工厂好。"当然，如果可以选择，他们尽量会选择与文学、文化相关的工作。鄢文江认为："打工文学作家真正转行的不多，就算转行，都是转到编辑记者或是地方文化馆以及企业厂报厂刊的文化工作上来了，这样的人占了大多数，上述 50 多人，就有近 2/3 现在还在报社杂志社工作，其余大多都与报刊沾边，只有少数还在工厂一线工作。当然，也有自己做老板的，还有就是自由撰稿人。写作是个体劳动，能找到一份与文化沾边的工作自然是好事，找不到的，也正在找。"

综上所述，2004 年前后，伴随打工杂志所塑造的文化认同空间分化、消失，打工作家的生存处境和获得文化认同空间的环境发生了变化，这迫使其中一部分人通过获得主流文学权威的认同寻求：一部分人凭借文学作品和打工作家的身份进入体制内事业单位，一部分人从事个体经营等其他工作，一部分人则成为珠三角各地方报刊社编辑记者的主力。第一代都市新移民作家从最初工厂的流水线出发，以打工杂志的文化空间获得文学地位和作家的身份认同，这一切在 2005 年以后发生了变化，打工作家和打工杂志的命运在某种程度上实现了同构：这个曾经稳定的文化群落即将面临着分化，而走向不同职业道路、从事不同审美趣味写作的都市新移民作家，也将面临文化身份的再一次分化与重构。

第七章 "打工作家"文化群落的分化

当打工杂志、都市情感杂志等所营造的文化认同空间消失后，通过主流文学界的认同彰显"作家身份"变得更为迫切，因为只有凭借"作家"身份和对此身份的强调，才能摆脱"农民工"的身份印记。当文学审美权力机制向第一代都市新移民作家开放后，进入体制内实现文化身份的重构，成为大部分人的必然选择。与此同时，"打工作家"的文化形象及其写作也成为主流意识形态、主流文学权威和城市地方政府纷纷抢夺借以言说的文化资源；都市新移民作家凭借"打工作家"身份登陆后，又再一次陷入文化身份认同的困境。

第一节 主流文学审美权力认同：从"边缘"到"中心"

打工刊物衰亡，都市新移民作家遭遇生存与写作的双重困境时，国家主流意识形态对打工文学递出了橄榄枝。2005 年 1 月，首届全国打工文学奖"鲲鹏文学奖"在广州增城颁奖，标志着国家主流意识形态对"打工文学"开始重视和关注，打工族也即第一代都市新移民的文化生活第一次正式进入国家级别的视野。[①] 随后，打工文学作品在文学权威期刊的发表进入了一个泛化的时期；2007 年，四川打工诗人郑小琼，以诗歌《铁·塑料厂》被《人民文学》杂志授予"人民文学奖"，则标志着主流文学界权威对"打工文学"的认可和接受，"打工文学"进入了主流文学的殿堂。

郑小琼的获奖被评论界认为是"打工文学受到主流认可的最高荣誉"，因为《人民文学》是国家最高级别的文学刊物，是新中国体制内

---

① 周航：《打工文学研究》，暨南大学中国现当代文学，硕士学位论文，2006 年。

文学生产机制的产物和标志性刊物。从当代中国的文学制度与生产机制来看，都市新移民作家寻求主流文学界权威的认可，实际上是一个审美权力认同的问题。以《人民文学》为代表的主流文学权威期刊掌握着审美权力，它的文学把关和发表平台意味着审美评判标准，以此来规范当代文学的生产，它决定：谁更具有真正的文学价值？谁能获得被研究的资格？谁更具备进入文学史的资格？谁更代表了文学发展的主流或主体？作为"国家文学"的一种表征，和当代文学生产机制的一部分，它代表了国家文学主流的权威、地位和形象。① 由于当代中国特殊的文学生产机制和文学制度，文学场域的审美权力机制往往是同国家的主流意识形态联系在一起的，尤其像《人民文学》这样表征着国家文学形象的文学期刊，它的审核通过和授予奖项，往往表征着一个时期特定的文学思潮和社会思潮动向，表征着主流意识形态对社会整体文化认同的建构。由此可知，在主流文学期刊上获奖与发表，不仅仅是荣誉、奖金和稿酬的问题，而且是获得国家层面的审美权力认同，"打工文学"因此成为当代文学研究的对象，以及当代文学史的书写对象；而"打工作家"自身，也可能借此打破城乡二元制度、社会话语实践所构建下的"农民工"身份。

主流文学领域的"底层想象"和"弱势群体"表征，体现在一系列文化实践活动上，又以大众媒体、主流文学期刊等公共文化空间作为平台。2005 年首届针对"进城务工青年"的鲲鹏文学奖，由共青团中央、全国青联主办，其象征意义非常明显，它意味着主流意识形态对"打工文学"的介入。② 接着，围绕"底层文学"所展开的"底层想象"成为主流文学期刊集中塑造的对象。2005 年《人民文学》集中刊发了项小米的《二的》（第 2 期）、荆永鸣的《大声呼吸》（第 9 期）、陈应松的《太平狗》（第 10 期）、罗伟章的《大嫂谣》（第 11 期）4 个中篇，并在第 11 期配发开篇"留言"，专门谈到刊物对"打工文学"的理解。体制内作家对"底层"形象的表述引发了一系列关于"底层写作"的伦理问题："文学能否表述底层"？"文学应该如何表现底层"？

---

① 吴俊：《〈人民文学〉与"国家文学"——关于中国当代文学的制度设计》，《扬子江评论》2007 年第 1 期。

② 孔小彬：《文学期刊与打工文学的生产》2011 年第 1 期。

"作家知识分子能否表述底层"？有学者撰写评论指出：对"底层"的关注和开发，经过复杂的话语转换，最终异化为文学家的自我关注，"底层意象则沦落为重新瓜分学术资源的借口"。就在部分文学家以自我表述构筑底层的意象之际，要求真实地呈现底层自身的呼声也越来越高。在"学术资源争夺战"中，学者昊亮和南帆认为：不能再自缚于我们编织的底层话语之网中，必须让底层自身出场。① 《文艺争鸣》2005 年第 3 期开辟"关于新世纪文学·在生存中写作专辑"，推介了"打工文学""打工诗人"。2005 年 6 月 15 日，《中华读书报》刊登了《新世纪文学的"新表现"》一文，明确提出："新世纪文学"不可忽视"打工文学"。在一场体制内作家能否表述底层的论争中，"打工文学"终于被纳入主流文学讨论的殿堂，之后又凭借《人民文学》等主流文学权威期刊的审美权力，获得了主流文学权威的接纳和认同，由被打工族消费的大众商业文学实现华丽转身，登上了大雅之堂。

"打工文学"由边缘的文化身份到被纳入主流文学权威的审美认同过程，实际上是主流意识形态根据自身的社会治理需要，对都市新移民进行文化身份重构的过程。官方/主流意识形态的形象表征，经历了从"盲流""外来工"到"农民工"，再到"产业工人的组成部分"的转变，是需要政府、社会保护的"弱势群体"，这是官方/主流意识形态所构建的"底层想象"；"底层"成为被竞相开发的形象资源，而各种媒体文化艺术所构建的底层想象，彼此之间所发生的形象冲突和伦理论争，可以看出：社会各界对于"底层"群体的想象和各自解读的方式，存在着意义的分化和分歧，突出说明了大众对底层群体的隔膜，大众所接受的"底层"正是媒体文化的审美想象之物；但又在某个层面实现着高度统一："底层"和"弱势群体"被突出地指向为城乡迁移群体中的"农民工"。主流文学界对于"底层"表征的失语和言说困境，"打工文学"和"打工作家"继而浮出地表，更突出地说明了"打工作家"进入主流文学界的契机。

"打工文学"被纳入主流文学界，是通过一系列文学实践和文学仪式来实现的。第一代都市新移民作家获得主流文学界权威认定的"作

---

① 王晓华：《当代文学如何表述底层？——从底层写作的立场之争说起》，《文艺争鸣》2006 年第 4 期。

家"身份的机会来了。首先是，他们的稿子比以往有更多的机会发表在主流文学权威期刊上。王十月的破釜沉舟终于得到了回报，2006 年连续在主流文学期刊发表三篇散文，其反映中国工业化作为世界产业链条一环中中国工人命运的《国家订单》发表在《人民文学》2008 年第 4 期；对于新崛起的打工诗人群体来说，《诗刊》《诗选刊》《星星》等全国主流文学诗刊成为他们作品的发表阵地。

前面所述的"颁奖"活动即是仪式的体现之一。几乎在同时，全国的、省级的、地方城市政府的各种级别的文学奖项陆续向"打工作家"开放，王十月的长篇报告文学《深圳有大爱》首届"鲲鹏文学奖"报告文学类一等奖；短篇小说《出租屋里的磨刀声》获广东省作协《作品》杂志社"全国精短小说奖"，并获得第三届冰心散文奖单篇作品奖，广东省第十五届新人新作奖，深圳第七届青年文学奖、"广东青年五四奖章"等等，于 2010 年年底获得鲁迅文艺奖，被媒体誉为打工文学的"新科状元"。另一个"获奖专业户"是几乎和王十月同时声名鹊起的郑小琼，她所获得的奖项包括：2005 年华语传媒文学年度新人提名、2006 年中国年度先锋诗歌、2007 年人民文学奖、2008 年第十一届庄重文文学奖、2007 年度十大"中国妇女时代人物"、2008 年"第一届汉语诗歌双年十佳"奖、2009 年第八届广东鲁迅文艺奖诗歌奖、2009 年《诗刊》"新世纪十佳青年诗人"等等。萧相风的长篇散文《南方词典》获 2010 年度非虚构类人民文学奖。

打工文学获得主流文学界认同的另一个重要表征：就是获得主流文学研究者的讨论和研究。杨宏海先生是最早关注"打工文学"现象并将其纳入体制内研究视野的文化官员或研究者。从 20 世纪 80 年代关注林坚、张伟明等打工作家的"纯文学"创作，到 90 年代弘扬安子"造梦"精神和推动安子现象。由于杨宏海的文化官员身份，其介入被学者认为是主流意识形态对打工文学这一民间亚文化现象的"挪用"和"遮蔽"。① 杨宏海的关注和研究真正引起主流意识形态和主流文学界的注意，是在 2000 年之后。2000 年，杨宏海和尹昌龙等策划了"大写的 20 年——打工文学研讨会"；2005 年 11 月，时任深圳市文联副主席的杨

---

① 周航：《"打工文学"：一种尴尬的文学命名与研究——就"打工文学"研究与杨宏海先生商榷》，《理论界》2008 年第 12 月。

宏海主持举办了"打工文学创作实践与未来发展全国学术研讨会"，又称"第一届全国打工文学论坛"，从2005年到2010年，已举办了六届，邀请主流文坛重要学者、打工文学作家、深圳市甚至全国范围内的媒体等。杨宏海对打工文学的着力推动为一批打工作家争取到了体制内的资源，正是从2005年开始，有关打工文学、打工作家的报道井喷式地频繁见诸城市地方报纸或全国性的报刊；有意思的是，如前所述，也正是2005年，主流文学权威期刊《人民文学》开始频繁推出"底层文学"作品，引发主流文学研究期刊"底层文学"大讨论，从而将"打工文学""打工作家"推向文学研究的前台。

最终标志着打工作家进入主流文学体制的仪式，就是加入作家协会。作为官方主流文学界授予作家身份的权威，它是审美权力认同的象征。尽管文学场由官方控制的"计划文学"生产时代向市场导向的文学产业时代转型，但对于部分第一代都市新移民作家来说，作协会员的头衔仍然具有吸引力。2000年以来，向各级作家协会靠拢、纷纷成为作协会员是打工作家群落突出的文化现象。深圳宝安是打工作家文化群落聚集地，据2000年统计，宝安区作协的300名会员中，80%是"外来劳务工"①，来自湖南的"打工作家"戴斌成为宝安区作协副主席。如果列举一份"打工作家"加入作协的名录，这份名录上至少包括这些名字：周崇贤，中国作家协会会员；张守刚，重庆作家协会会员；罗德远、鄢文江、何真宗、池沫树、刘付云，广东省作家协会会员；李晃，湖南省作家协会会员；徐非、许岚，四川省作家协会会员……以上列举的名录并不完整，至少可以说明："打工作家"加入作协是一种"时髦"，他们或被打工所在地各级作协，或被家乡所在地作协吸收为会员，有时一人兼具好几级作协会员的身份，比如刘付云是广东省作协会员，同时也是广州市作协会员；何真宗既是广东省作协会员，又是重庆市作协会员。

成为各级文学院的签约作家也是官方主流文学体制授予"打工作家"作家身份认同的一种形式。张伟明、王十月、刘大程、曾楚桥等是广东省文学院的签约作家，许强则成为江苏省的签约作家；此外，参加

---

① 中国台湾网：《打工文学：伴随中国打工潮孕育的新文学现象》，http://www.chinataiwan.org/xwzx/dlzl/200801/t20080110_569361.htm，2008-01-10。

由文联、作协等举办的各种文学培训班、笔会、诗会也是获得体制内审美权力认同的形式，李于兰、萧相风曾分别于 2003 年、2010 年在鲁迅文学院研修班学习，而打工作家往往以获得这种资格而感到荣耀和自豪，并将此写入履历。由中国作家协会、《诗刊》社主办的"青春诗会"可谓中国主流诗歌界最高级别的诗会，1997 年，谢湘南从北京参加完第十四届"青春诗会"回到深圳的那天，在宝安 74 区城中村安石榴的出租屋"边缘客栈"内，安石榴、罗迪等举杯祝贺谢湘南，"湘南一介打工仔，获此殊荣，实属不易"①。可见，体制内文学权威认同在打工作家心目中的分量，尤其在 20 世纪 90 年代，"打工文学"尚被贬为"地摊文学"，"打工作家"罕有被主流文学界瞩目，能获得主流文学界的认同，是非常荣耀的事情。后来郑小琼参加第二十一届"青春诗会"，便是沿袭了诗歌界最高认同权威的惯例。

　　尽管 20 世纪 80 年代作家的荣耀光环不再，体制内审美权力授予的作家身份认同，仍然被部分"打工作家"看作一种荣耀。不可否认，获得体制内的权威认同，对于进入体制内文化单位谋求文职，或者大众媒体、行业媒体的编辑工作，都不无裨益。尤其是，成为文学院的签约作家，可以获得实实在在的补贴。比如，刘大程和东莞文学院签约后，"每月领到的那点补贴，也帮了我很大的忙"，使他的自由撰稿生活变得不是那么窘迫。但对于大部分"打工作家"来说，成为作协会员并不能带来直接经济利益上的好处。池沫树在访谈中说："有些人加入作协有帮助，如体制内的，据我所知有些地方会有物质的奖励。但对于我们这些在工厂打工的人来说，比如我是没有一点帮助，只是给世俗的人增加了一点面子或认可。创作与加入作协没有关系。"由此可见，加入作协的象征意义远远大于实际取得的经济利益，因为被官方授予的作家身份认同，意味着"打工仔"文学彻底摆脱"地摊文学"的身份，"农民工""打工者"出身的作家获得了最高级别的作家身份认可。尽管在访谈或在博客文章中，一些加入作协的"打工作家"表示写作和是否加入某协会并不重要，而一旦获得文学权威认同时，仍然难抑兴奋和激动。2003 年，周崇贤成为第一个被中国作家协会批准入会的打工作家，

① "橄榄树"栏目主持人"戈马"语：《大鹏湾》1998 年第 5 期。

为了奖励自己，他特地用稿费买了一辆小轿车。① 何真宗被吸纳为重庆作协会员时，专门为此写博客纪念："今天，我收到重庆市作家协会挂号寄来的《重庆市作家协会会员证》（发证日期：2008 年 12 月 28 日）了，尽管我早就是广东省作家协会会员，名誉上算是个'作家'的称号，但我还是为我被吸收为重庆市作家协会感到自豪，因为我终于被家乡的作协认可了我在广东十多年来在写作上的成绩。"②

第一代都市新移民作家迫切渴望被认同，尤其是文学写作实践和作家身份的被认同，而这种文化认同往往是通过一定的审美权力的授予和沟通来实现的。在 2000 年之前，当打工杂志仍然拥有庞大的受众群体时，打工杂志的消费者也即都市新移民群体，通过埋单、互动等方式，帮助打工者构建起作家、写手的文化身份认同；当打工杂志所衰落后，认同和沟通的文化空间没有了。2005 年之后，对于部分都市新移民作家来说，能够获得认同的渠道就是体制内文学权威的界定，因而获得主流文学界审美权力的认同，迫切希望找准自己的位置就显得非常重要。由此可以理解，为什么"打工作家"纷纷加入作协、进入体制内，这意味着一部分"打工作家"实现了从草根到主流、从"农民工"到"作家"、从边缘的文化身份进入文学审美权力中心的身份转变。

进入"主流"后，部分"打工作家"的写作开始发生了变化。他们的写作逐渐向纯文学靠拢，以在主流文学权威杂志上发表为目标。而这也是 2005 年以后，主流文学界和评论家所欢迎的，和过去相比，"打工作家"在主流文学权威期刊上的发稿量明显增多，一方面，"打工作家"的文学成就在当代文学界不可小视；另一方面，他们抒写的被遮蔽的生活经验，给当代文学带来了鲜活的异质元素和新鲜血液。

随着城市生活和城市经验的改变，"打工作家"抒写的题材和类型可能会发生变化。而一个作家，他可能创作多样化的作品，也可能在不同阶段创作不同趣味的作品。观察"打工作家"写作的纯文学倾向，一个重要的方面，就是看其作品风格、叙事视角和潜在读者，在哪些层面迎合了主流文学期刊的审美趣味和认同标准。当然，以主流文学权威

① 周崇贤：《流浪的青春》，http：//gjwap. cn/admin/module/article/content_ view. php? z =&fid =2&id =111&mode =1，2010 – 06 – 22。

② 何真宗：《只为热爱家乡》，http：//blog. sina. com. cn/s/blog_ 4b52a3510100c4y8. html，2009 – 03 – 09。

杂志为发表目标在都市新移民作家群体中一直存在，当打工杂志和传统都市大众文化刊物衰落后，主流文学权威杂志成为不多的发表平台的情况下，这个趋势更加明显。他们不再面向打工者大众写稿，以迎合主流文学权威杂志趣味为写作标杆，即便部分作家仍然坚守打工题材，但在其作品中带有纯文学刊物所特有的"精英化倾向"。[①] 这里所说的向主流纯文学靠拢，是相对作家群落创作整体趋势的显现而言。

2007 年《南方都市报》有关郑小琼因散文《铁·塑料厂》获得人民文学奖的一则社论中，写道："与初期打工文学的业余状态不同，目前的打工文学正在向纯文学回归。郑小琼及新一代打工作家以他们成熟的作品，日益融入主流文学界。"[②]媒体的判断带有鲜明的倾向，可能有着错位，即认为"打工作家"被主流文学界的接纳和认同，就意味着他们写出了"成熟的作品"，和摆脱初期的"业余状态"，然而"认同"并不能说明向"纯文学回归"发生在先，而恰恰是因为寻求主流文学界的"认同"，才有了写作倾向的改变。

这个倾向引起了文学评论者的注意。有评论者认为，王十月的"湖乡纪事系列"小说也许就是有意无意地向"主流文学"的一种妥协，[③]而在其 2008 年、2009 年问世的作品，比如《示众》《九月阳光》《民工李小末的梦想生活》中，早期打工小说的那种疼痛和悲情诉说的格调正在淡化，"取而代之的是一种淡定和超然"，在创作风格上，他的作品趋近尤凤伟、孙惠芬、刘庆邦、罗伟章等农民工题材小说"精英作家"的创作。[④]

以王十月的《国家订单》[⑤]《九连环》[⑥]为例。这两篇小说中的主人公形象，除了工厂的农民工兄弟，也有靠打工奋斗而成功的小老板。《国家订单》中的小老板在工厂濒临倒闭破产之际，接下为美国"9·11"事件后生产二十万面美国国旗的订单，五天五夜连续加班加点，导致工厂一名民工"过劳死"。面临巨额赔付和工厂的破产，小老

---

① 周水涛：《王十月打工小说创作的精英化倾向及其他》，《小说评论》2009 年第 2 期。

② 社论《广东打工文学为时代感知疼痛》，《南方都市报》2007 年 6 月 14 日。

③ 冯敏：《打工文学的现状与话语困境——由王十月小说引发的思考》，《南方文坛》2007 年第 4 期。

④ 周水涛：《王十月打工小说创作的精英化倾向及其他》，《小说评论》2009 年第 2 期。

⑤ 王十月：《国家订单》，《人民文学》2008 年第 4 期，第 2—24 页。

⑥ 王十月：《九连环》，《人民文学》2009 年第 6 期，第 39—56 页。

板爬上高压电线架，他想"爬得高高的，去俯瞰这个世界"，"他希望能从另外的一个角度，把自己的命运看清"，最后小老板喊了一句："去他妈的国家订单！"将星条旗用劲扔进"中国南方小镇的夜空"中。① 小老板的全面俯瞰视角其实也是作者的视角，他不再是倾诉和发泄早期作品中打工者群体的疼痛，而是用理解的同情的眼光，探索导致打工者命运的社会秩序。作者的答案蕴涵在小老板扔国旗的行为中，正是西方欧美资本所加诸中国全球产业链条上的"世界工厂"角色，导致了中国南方工业区打工者的命运。这篇小说的刊发时间正值 2008 年西方国家经济危机和南方工厂的倒闭潮，非常切合主流文学刊物关注时代重大命题的审美习惯。而在《九连环》中，工业区的打工妹、烂仔、小生意人和小老板之间形成一个"大鱼吃小鱼小鱼吃虾米"的生物链条，各个群体的命运成了一个解不开的"九连环"。在这两篇小说中，叙事者切身的在场感和激烈的情绪没有了，叙述者在场，又似乎不在场，他是一个若即若离的角色，是一个理性思考的旁观者，这也就是评论者所说的"淡定和超然"；叙事者的冷静、克制替代了过去小说中人物的情绪激烈，故事中透露出的是群体命运背后的宏大叙事和重大命题的全方位的关注，注重的首先不是故事，而是观念的表达。这种"主体先行"的写作思路削弱了小说的故事性，显然不符合大众的审美口味，它更契合《人民文学》等主流刊物纯文学的认同标准。

"纯文学"倾向并不只存在于王十月的创作中，而是存在于"王十月们"的创作发展中。张伟明、谢湘南、戴斌、曾楚桥、于怀岸等都有这种趋势。身为城市边缘的文化群落，能在主流文学期刊上发表，获得主流文学界的认同，对于部分"打工作家"来说，是文学成就获得认可的一种形式。在当时，王十月以及他的朋友们所面临的城市文化生态和生存处境下，这也是获取体制内的文化资源、改变文化身份的一种途径。

第二节　城市形象与文化新移民身份的获得

2006 年，郭海鸿在其博客中写道："隐隐记得，就在前几年吧，深

---

① 王十月：《国家订单》，《人民文学》2008 年第 4 期，第 2—24 页。

圳这个外来人口最密集的地区政府突然把过去所称的'外来工'改为'外地来深建设者',从字面上看,确实多了很多尊严,很多尊重。为了表示尊重,执行政令,很多部门举办专场晚会,歌颂'外地来深建设者',谱写了很多'建设者之歌'。在那个时候,我就开始回追作为'外地来深建设者'在深圳的名称演变过程——"①

郭海鸿敏锐地观察到深圳市地方政府对都市新移民的"命名"和话语修辞的转变,从最初的"打工仔"到"外来工"再到城市的"建设者",在这个过程中,都市新移民群体作为能指,除了群体结构的变化和代际更替,在与城市的文化关系和文化身份层面,本身没有什么改变;城市地方政府对都市新移民话语修辞的转变,并且通过一系列文艺活动来巩固新的修辞和形象,这些文化实践首先是官方主流意识形态对都市新移民话语修辞和形象重塑的结果,从最初的"盲流"到"外来工"到"农民工"到作为底层的"弱势群体",到"产业工人的一部分",同时,也是伴随中国城市化、工业化的推进,乡城自由流动成为泛化的现实的结果。另一个层面是,对都市新移民"命名"修辞和"建设者"形象的建构,表征着城市地方政府对都市新移民文化认同的转变,出于城市文化形象建设的需要,都市新移民形象作为一种文化资源,成为构建城市文化软实力的一部分。

当代中国城市文化形象建设,除了以完美城市乌托邦的意象改造城市空间,以新的、洋气的、西化的城市建筑替代旧的、传统的、本土的建筑的完美城市化运动之外,另一个表征就是城市文化"软实力"的建构。所谓"软实力",也称"软权力",1989 年由美国学者约瑟夫·S. 奈(Nye, J. S)最先提出,意指一种"源于文化和价值观念的吸引力"。② 约瑟夫提出"软权力"的背景是冷战后对美国建立新的国际关系战略的思考,指出在政治、经济力量之外的第三种武器:以文化和价值观念的诱惑代替"胡萝卜"和"大棒"。"软权力"被美国好莱坞为主的电影文化产业发挥运用到极致,美国大众文化所制造的全球影响无所不在,其所宣扬的普世文化价值观念和意识形态观念已经成为美国文

---

① 郭海鸿:《身份歧视:从"打工仔"到"外来工"再到"农民工"》,http://blog. sina. com. cn/s/blog_ 49a1bc77010005nv. html, 2006 – 09 – 24。

② [美]约瑟夫·S. 奈:《硬权力与软权力》,门洪华译,北京大学出版社 2005 年版,第 6 页。

化软实力的象征。21 世纪以来，中国城市在竞相争创"国际化大都市"
的口号中，不仅是城市的整体形象外观，城市的文化软实力，也被作为
完美城市形象的指标之一。尤其是素来被称为"文化沙漠"的珠三角
城市，在向工业化、城市化、现代化推进的过程中，摆脱"文化沙漠"
的形象标签，彰显城市的独特个性和文化身份、重构城市文化形象显得
倍加迫切。因而，文化软实力的角逐成为新一轮城市竞争中的主战场。

　　"文化"作为重要的形象指标在官方各种文化工程和主流媒体的表
述中纷纷登场了。2003 年 1 月，深圳提出"文化立市"的战略，两年
后提出打造"两城一都一基地"的文化品牌，① 并将文化产业列入深圳
第四大支柱性产业。② 作为新兴的新移民城市，都市新移民所创造的混
杂、多样文化被认为是深圳独特的文化身份标识，都市新移民文学——
"打工文学"被列入城市文化品牌建设的行列中。

　　城市地方政府对打工文学作为构建城市文化形象资源的开发，主要
体现在两个方面，其一，是将其作为反映特区改革开放宏大历史叙事、
见证深圳速度和深圳发展奇迹的一部分，和改革开放、工业化进程的主
流话语对接起来。譬如，兼具深圳文化官员和文化研究者双重身份的杨
宏海对"打工文学"的重视和一系列文化活动，既是主流文学界对打
工文学吸纳的体现，也是地方政府借此塑造城市文化形象的举措。2000
年，杨宏海和尹昌龙等人策划"大写的 20 年——打工文学研讨会"，被
认为是全国首次"大规模、高规格"的打工文学研讨会，值得注意的
是这次研讨会的契机，恰逢深圳特区成立 20 周年，打工文学作为与改
革开放、工业化城市化进程同时诞生的产物，成为特区 20 年发展奇迹
的一部分。从 2005 年开始到 2010 年的"打工文学论坛"，其举办方是
深圳市文联、宝安区委宣传部、深圳读书月组委会，是深圳读书月的重
点活动之一，而读书月即为打造深圳"图书馆之城"文化形象的重要
工程。2007 年，深圳市文联与中国作协联合发起"中国改革开放文学
创作工程"，在上报的 41 部作品中，"约有 1/3 都出自深圳打工文学作
家"，打工文学成为深圳塑造工业化、现代化历史与文化记忆的一部分。

----

① "两城"即指"图书馆之城"、"钢琴之城"，"一都"指"创意设计之都"，"一基地"
指"动漫基地"。

② 段亚斌：《文化是城市独特身份的标志》，《深圳特区报》2008 年 7 月 15 日，第 D2
版。

　　值得注意的是，出现在论坛和城市地方媒体上的有关城市与打工文学（作家）关系的修辞和表述方式。《深圳商报》和《宝安日报》是力推打工文学（作家）的深圳官方媒体，2008 年 7 月 27 日，《宝安日报》开辟"打工文学周刊"，是城市官方主流媒体第一次专门开辟发表都市新移民文学的版块。2009 年创刊一周年的祝词中，是这样表述的："文学需要护养，《打工文学》周刊为打工者提供了一个精神乐园，培养了一批青年打工作家。"而《打工文学》周刊作品选《路上有你》则是以此"向新中国 60 华诞献礼"，"来深建设者提供作品交流展示的平台，让他们表达朴素思想、歌颂生命意志、展现美好憧憬，丰富他们的文化生活，提高他们的文化素质，为平安、和谐、繁荣、优美宝安贡献力量"。①《深圳商报》的表述也大同小异："今年读书月期间，宣传部还将拨专款出版《打工文学精品集》。在政府的悉心关怀下，打工文学必将走向更大的辉煌。""创造了经济发展奇迹的深圳，又为中国文坛贡献了一种全新的文学样式。"②

　　深圳市地方政府和主流媒体的叙事策略，与主流意识形态的"底层想象"构筑方式如出一辙：打工文学和作为打工者的底层群体，是改革开放现代化宏大叙事的一部分，但都是"弱势"的需要受保护的对象，政府则充当了保护人、养护者的角色。其次，"打工文学"作为城市的文化品牌，是城市文化"软实力"的体现，类似《"打工文学"成了独特品牌》③《打工文学是深圳的文化名片》④ 这样的表述频繁见于城市媒体的报道中，与深圳奇迹同时诞生的作为城市文化品牌的"打工文学"，是深圳对全国文坛的贡献，是对"新中国"的献礼。深圳市主流媒体借用"打工文学"构建城市文化形象时，巧妙地将地方城市文化形象认同与国家主流意识形态层面的认同衔接起来，实现移民城市文化认同与国家认同的对接。

　　"打工文学"受到了城市地方政府前所未有的"重视"。都市新移

　　① 火星：《护养文学，给打工者一个精神乐园》，《宝安日报》2009 年 9 月 21 日，第 A03 版。
　　② 张贺敏、徐亿铨：《力推打工文学登主流文坛》，《深圳商报》2007 年 8 月 15 日。见杨宏海主编《打工文学备忘录》，社会科学文献出版社 2007 年版，第 451—456 页。
　　③ 黎迪：《〈打工文学〉成了独特品牌》，《宝安日报》2008 年 12 月 23 日，第 A02 版。
　　④ 詹燕超：《杨宏海：打工文学是深圳的文化名片》，《宝安日报》2009 年 9 月 27 日，第 A06 版。

民作家聚集的广州、东莞也相继看到了"打工文学"构建城市文化形象的品牌价值。2005 年，东莞市政府出台《东莞市文学艺术工作者个人出书、展览和演出资助试行办法》，原本只针对东莞本土作者，2007 年，在东莞的四川籍打工诗人郑小琼获得"人民文学奖"，随即获得东莞市文学艺术创作和文学艺术奖励专项资金的支持，出版了她的第一本书《夜晚的深度》。从此，一大批在东莞的打工诗人如赵原、刘大程、汪雪英、尹宏灯等借助东莞市财政的资助圆了出书梦。当然，都市新移民作家及其作品也成为东莞打造城市文化形象的一部分。

城市地方政府对打工作家开放户籍，是构建城市文化形象的另一项重要措施。2005 年，广州增城从全国各地破格引入了十位诗人、作家和艺术家，被称为"十诗人作家落户增城"，成为该年度一个颇具影响的文化事件。安石榴、王十月、罗德远等得以结束城乡二元制度阻隔下的漂泊无根的游走生涯，成为广州制度意义上的"文化新移民"。而这次事件，在某种意义上是对增城城市文化形象的一次包装，引入外来作家之际，正当广东省提出要建立"文化大省"，增城市提出要"文化立市"的口号。2009 年，东莞市出台《新莞人作家、艺术家入户实施方案》，制定文化新移民申请入户东莞的细则，在全国范围内开创了对作家、艺术家等文化人才开放户籍的先例。

从中国当下的城乡二元体制来说，珠三角城市的文化新移民政策，实际上是一个城市不拘一格引进文化人才、对文化人才的最高认同。尽管都市新移民作家和其他体制内的文化人才没有任何区别，但"城市户口"及附着在"户口"上的各种经济、文化身份问题，始终是摆在都市新移民作家面前的重要难题。罗向冰的遭遇就是一个典型的例子。2000 年，罗向冰在深圳宝安一家杂志社做美术总监，"因为我看到了有一些像我这样有特长的外来工解决了户口问题"。但他的希望未能实现，最终离开了深圳，于 2001 年来到广州，继续做美术总监，每个月收入达 8000 元，因为小孩读书问题，和单位领导提过户口的问题，得到的答复是政策规定要有大专以上文凭才能办。2005 年，罗向冰再一次辞职。东莞市面向全国招考文化艺术人才，罗向冰因为专业突出被破例准考，过了分数线，终因用人单位需要舞台艺术专业人员，而未被录用。辗转广深莞三个城市，他梦想着得到一个广东的户口，"奋斗这么多年就是想获得一种承认"①。最终，罗向冰没有获得梦想中的珠三角城市户口，不得不返回故乡四川。罗向冰的经历在都市新移民作家中具有普遍性，安石榴、王十月最终离开深圳，何真宗离开广州回到家乡重庆，因为他们无法取得所在城市的户口，从实质上的都市新移民成为户籍意义上的文化新移民，摆脱"临时工""外来工"的身份，不仅是实际利益的考虑，更是为了取得所在城市的身份认同。

尽管将都市新移民作家、"打工文学"作为打造城市文化形象的重要文化资源，广州、东莞等城市地方政府的文化新移民政策，并没能留住都市新移民作家。或者说，这些文化新移民政策本身仅仅是打造城市文化形象、构建文化影响力的一个因子，其象征意义更大于实际意义。《新莞人作家、艺术家入户实施方案》中，"新莞人"申请东莞户口必须具备的条件有：在莞连续工作满5年，在莞连续参加养老保险，并缴纳社会保险费满3年；省级以上文艺家协会会员，取得中级以上职业资格证书；同时还须具备下列条件之一：获得过省级以上常设性文学艺术奖项；获得过国家级文艺刊物主办的奖项；在省级以上文艺报刊发表作品十万字以上；由全国正规出版社出版文艺作品三部以上（不含自费出版）；入选过国家级权威展览、演出；在中国文联（含所属各文艺家协会）、中国作家协会举办的各类文艺评奖中获奖一次以上等等。② 东莞作家林萧认为这个方案有"忽悠人的味道"，有些"雷人"，打工作家由于漂泊无定所，加上体制外企业很少为员工买社保，因而在必须具备的条件上，就几乎将打工作家排除了，即便是"人民文学奖"获得者郑小琼、塞壬也不能满足"新莞人"入户的条件。林萧在媒体发文《"新莞人"落户不过是"看上去很美"》，③ 引发打工者的热烈呼应和媒体的关注。面对质疑，东莞市文联主席认为门槛不是提高了，而是降低了："之所以对社保、职称等作出要求，是为了留住一批真正的人才。""达不到标准的就不能算是真正的人才，获奖了也不等于就是重

---

① 何涛、黄嵩、郑晴虹：《广州：一农民版画家城市漂泊12年》，《广州日报》2006年8月12日，第A06版。

② 潘彧：《〈新莞人作家、艺术家入户实施方案〉昨出台》，《广州日报》2009年9月8日，第DGA20版。

③ 林萧：《"新莞人"落户不过是"看上去很美"》，《联合早报网》http://www.zaobao.com/forum/pages1/forum_lx090910d.shtml, 2009 - 09 - 10。

要人才。"为了反驳，林萧继而发表《致东莞文联主席林岳的一封信》，"并非只有加入文联或作协的人才能为当地的文艺事业作贡献"，"并非只有通过这些途径才能证明一个作家的实力"，"文联应该多主动关怀作家"。①

从这起"新莞人"入户风波中，可以看出，城市地方政府对授予市民权的"作家"认定标准和打工作家对自我认定标准的错位。城市地方政府对"作家"的认同，是建立在主流文学界的审美权力认同之上的，文艺协会会员、作家"职称"、"国家正规出版社"出版的作品、文联、作协的奖项，都是体制内主流文学界的审美权力机构，罗向冰在博文《我的草寇岁月里，那些难以忘怀的片段》中写道："在《大鹏湾》杂志社的同事郭海鸿……2006 年，他被深圳市政府招安了，在市府行走。""草寇"和"招安"这一组借用《水浒传》的比喻形象说明了都市新移民作家对自身文化身份和当下二元文化体制的认知。相对于体制内的主流文学作家和文化人来说，体制外的打工作家是城市的边缘人和文化体制的编外人员。无论都市新移民作家在体制外的文学畅销书市场取得多大成绩，如果没有获得主流审美权力的认同，被"招安"的机会并不多，争取城市的文化认同和争取主流文学界的文学认同在某种程度上是同构的。主流意识形态、主流文学界和城市地方政府的文化认同，形成了一道坚固的体制之网，将都市新移民作家排斥在这道网之外。虽然，他们可以成为城市文化形象和城市文化软实力的一部分，但要突破城乡二元户籍制度所构筑的文化身份，仍然是困难重重。

由此可见城市文化形象建构与将都市新移民作家形象纳入其中的矛盾，更准确地说，是对"文化形象"解读的矛盾冲突。城市地方政府将"打工文学"认定为文化"软实力"建构的过程，是将打工文学以主流意识形态和城市文化形象建设的需要进行话语编码，它是以主流意识形态和主流文学界的认同为准绳的，表征着体制内的文学审美权力，从某种意义上说其"文化形象"的内涵仍然是计划时代的文化生产；都市新移民作家尽管对于体制内的文学审美权力有所抗拒和犹豫，认为并非只有加入作协和文联等途径才能证明一个作家的实力，但是除此之

---

① 林萧：《致东莞文联主席林岳的一封信》，荆楚网 http://focus. cnhubei. com/original/200909/t812491. shtml, 2009 - 09 - 16。

外，习惯了为传统文学杂志写作的第一代都市新移民作家，能够实现"作家身份"认同和"城市认同"的空间和渠道并不多。

综上所述，主流意识形态对都市新移民群体社会修辞和形象表征的转变，城市地方政府的城市文化形象和城市文化软实力的构筑，主流文学界的"底层想象"大讨论和吸纳新鲜的文学血液，都构成了都市新移民作家向"主流"靠拢的大背景。在新的文化生态和文化现场中，进入"主流"是第一代都市新移民作家实现"文学认同"与"城市认同"双重文化身份的一种途径。从体制外的"野生作家"走向"庙堂作家"的过程中，他们的文化身份将面临着新的重构。

第三节 "主流"认同的喧哗与尴尬：为承认而斗争

一个有意思的文化现象是：积极向主流靠拢的作家们，以"打工作家"的身份获得主流文学界表彰、讨论和研究之后，却公开宣称和"打工文学"划清界限。2007年11月，杨宏海先生在"第三届全国打工文学研讨会"会后聊起他发现的"有趣的现象"：一些靠打工身份引起文坛关注的写作者，引起关注后，慢慢地就不喜欢"打工作家"这个称谓了。①

这并不是个别现象。这个"称谓"所带来的微妙情绪，在整个"打工作家"文化群落里蔓延。无论是倾向于获得"主流"认同的作家，还是游离于"主流"认同之外的作家，还是逡巡于两个群落圈之间的作家，都因"打工作家"的身份命名产生了辩白的冲动。就在这次研讨会上，被深圳圈内人称为"狂妄"的王十月，却谦逊地发言：很多人把他当成打工文学的叛徒、异类，而他只是想尽量把小说写到最好。② 王十月是从"打工作家"出身尽力向主流文学靠拢的典型，他的辩白是对为何要摆脱"打工作家"身份的一种解释。另一位备受主流文学界关注的诗人郑小琼，表达了对"被披上无数件'马甲'"的不满，比如"打工文学"的马甲，她个人"也不幸地"被"媒体披上了

---

① 周崇贤：《王十月没必要自认叛徒》，http://www.mingong123.com/news/9/dgwx/20089/c816b112f4438b85.html，2008-09-25。

② 同上。

一个'打工妹诗人'的'马甲'"。① 叶耳在一次给大学生作演讲的开场白就是："首先我要声明的是我不是打工文学作家，我是湖南洞口人。我是一个写字的。"②

更多作家则明确表示对被冠以"打工作家"身份的不满，甚至根本不承认自己是"打工作家"。郭建勋在博文中表达了他的"出乎意料"："我也居然被人列为了所谓的打工作家。"虽然这么多年，他一直"默然地接受了这一称号"，但"内心深处"觉得"不以为然"："文学就是文学，何必分打工文学和非打工文学呢？作家就是作家，何必分打工作家和非打工作家呢？这本身就带有某种歧视色彩。"③ 安石榴在访谈时说："我曾多次公开表示过并不认同'打工文学'或者'打工作家'这样的称谓，在我看来这实际上是缺乏了解和理解，甚至欠缺想象力和尊重度的指认。但我并不反对有些人乐于被如此指认，也尊重他们的写作。"对"打工作家"身份标签反对最强烈的周崇贤，曾多次撰文表达自己对这个标签的不认同："很奇怪，我的作家名头前多了两个字：打工。"④ 对被指称为"打工文学"感到愤懑：

> ……打工者，他们进入城市的方式，何其可怜与卑微！一方面，他们要承受资本家的压榨和盘剥，被城市当成洪水猛兽。另一方面，城市当局还以暂住证、"三无"等五花八门的理由，从精神层面对他们实施人为的打击、压迫和摧残。他们在极度的彷徨和苦闷中，通过文字倾诉内心，可是，最终，他们可怜的诉说，也终究逃不脱打工的命运，被称作"打工文学"。并因此长期饱受非议和诟病。⑤

① 郑小琼：《喧哗的"马甲"，落寞的文本》，http：//blog. sina. com. cn/s/blog _ 45a57d300100m9ci. html，2010 - 08 - 09。

② 湘军：《洞口闯将：深圳打工知名作家叶耳》，http：//dkr. junking. cn：8080/dkr/ 2477. html，2010 - 08 - 30。

③ 郭建勋：《打工文学》，http：//blog. sina. com. cn/s/blog_ 5728f26b010091gl. html，2008 - 04 - 11。

④ 周崇贤：《打工文学不是挖祖坟的无赖》，http：//www. cpoint. cn/jishu_ view. asp？id = 14974，2007 - 12 - 31。

⑤ 周崇贤：打工文学的幸福时代，http：//blog. sina. com. cn/s/blog_ 4dd0f82d0100iraw. html，2010 - 06 - 04。

与此同时，作家们发现，他们的书在图书市场越来越难出版和销售。他们请教出版公司的朋友，老总说：就是因为你们把自己的书贴了个要命的标签："打工文学。"打工出身的图书出版编辑郑辉，认为打工文学的市场其实很大，如果往纯文学、严肃文学的方向靠，其实"打工作家"的不少作品都具备旺盛的生命力，只是这些作者不懂得包装自己，一旦被贴上"打工文学"的标签，常会落得"出师未捷身先死，长使英雄泪满襟"的惨烈下场。[①] 由此，周崇贤感叹"杨宏海害死了打工作家"。[②]

主流文学界的评论和研究者也表达了对这个词语的困惑。有些评论者如广东省作协副主席吕雷认为，贴标签是为了"研究的方便"，也是为了抢占这个领域的话语权；[③] 而另一些学者譬如张柠认为，"文学和打工是两个不相干的职业"，"我到广州十年，就被'打工文学'这个概念骚扰了十年。作为一个专门从事当代中国文学和文化评论的人，我至今不明白这个所谓的文学概念及其意义……""文学就是文学，小说就是小说，只有好与坏、文学与非文学的区别，跟打工与否没有什么关系。"并举例说明，像盛可以、谢湘南、宋晓贤等人的诗歌，都引起了全国文学界的关注，"但是他们没有一个人愿意承认自己的作品是'打工文学'"。[④]

质疑和反对"打工文学"身份标签所激起的轩然大波，可能是始作俑者杨宏海先生始料不及的。尽管一些作家对杨宏海的命名表示理解，因为这个分类和叫法有其特定的时代背景，郭海鸿说：杨宏海先生积极倡导"打工文学"，具有鲜明的人文关怀和励志色彩。杨宏海也在《回应："文学"为什么要贴"打工"标签?》一文中，说明"打工文学"只是为了阐释特定历史条件下的"文学形态"。[⑤] 不管杨宏海的初衷如

① 郑辉：《打工文学到底有多大的市场?》，http：//blog. sina. com. cn/s/blog_4854ba1901000bjt. html，2007 - 09 - 30。

② 周崇贤：《杨宏海害死了打工作家?》，http：//blog. sina. com. cn/s/blog_4ed4c16001000bz7. html，2007 - 10 - 16。

③ 陈碧影等：《"文学"为什么要贴"打工"标签?》，《羊城晚报》2009 年 7 月 11 日，第 B05 版。

④ 张柠：《文学和打工是两个不相干的职业》，http：//www. gzlib. gov. cn/shequ_info/ndgz/NDGZDetail. do? id = 18439，2004 - 04 - 12。

⑤ 杨宏海：《回应："文学"为什么要贴"打工"标签?》，《羊城晚报》2009 年 7 月 18 日，第 B05 版。

何，也不论对"打工作家"肯定或否定的举动作出如何价值评判，一个事实是："打工文学"和"打工作家"的意义内涵，在文学圈子中，成了"饱受非议和诟病"、带有歧视色彩的词语。

也有部分作家认同自己是"打工作家"，譬如"打工文学"五个火枪手之一的张伟明，接受记者采访时说："我这辈子最对得起自己的文学选择就是成为一个'打工文学'作家，我从来不会忌讳自己是个'打工文学'作家。"曾楚桥对记者说："我以我是打工作家为荣！我认为'打工文学'就是关注底层生活，我有过相关的生活经历，了解并描写它们是顺理成章的。"①戴沙牛接受采访说："从字面意思上来说是认同的。但他们所说的打工文学其实主要是指产业工人文学，也就是他们所称的民工文学，我所说的打工文学其实是指城市新移民文学。"这里的"他们"，是指体制内的主流权威文学评论者。显然，"打工文学""打工作家"的意义出现了分化，有两种指向：一种是关注底层生活、为底层代言的新移民文学，一种是主流文学界对"民工文学"的指称。宣称认不认同"打工作家""打工文学"的命名不是分歧的关键，关键是，"打工作家"对带有歧视意味的身份命名话语产生了一种本能的反抗。

歧视性的意义是如何产生的？可以发现，围绕"打工作家"的身份争议，是在"打工作家"纷纷进入主流文学界才凸显的现象。当"打工作家"以打工杂志为平台，得到珠三角千万打工读者的青睐和拥戴时，对于"打工文学"和"打工作家"的身份称谓，尚未有这般公开强烈的反对。② 当"打工作家"走向"主流"，两个原本没有太多交集的文学群落发生了必然的认同冲突。"打工作家"文化群落，不可避免

---

① 梁婷、刘镇彬：《"打工文学"作家是"深海中的鱼"——访东莞作家柳冬妩和深圳作家张伟明》，《深圳特区报》2006 年 11 月 30 日。

② 安石榴在访谈中说："在《大鹏湾》任职期间，我和郭海鸿曾经想过要用'打工文化'来取代'打工文学'的提法，但终究是人微言轻。"在其自传中也提到早期对这个称谓的看法："作为这一文学形式在某个阶段的亲历者和推动者之一，我实际上一直对这个模糊的概念不得要领，但我从未否定过'打工'作为一个文化现象的作用，我曾试图倡导以'打工文化'来取代'打工文学'，终因人微言轻而无人理睬。我认为'打工文学'的倡导者实际上从未真正认清过这一写作群体的文学情怀，也并未深入理解他们的写作取向。直至现在，我依然认为所谓的'打工文学'只不过是一种含混薄弱并且过于牵强附会的命名，当然，我仍然尊重他们的写作与努力。"见安石榴《梦与地理：应约写的临 40 自传，共勉之》，http://blog. sina. com. cn/s/blog_ 5b11eee40100eetm. html, 2009 - 07 -24。

地有如何面对主流文学界的身份认同问题，也由此陷入了"打工文学"和"打工作家"的话语困境。① 内嵌于"农民工"身份和"打工者"身份中的他者形象，在主流文学圈和"打工作家"文学圈的交流和沟通中再一次发挥了作用，"作家"原初的"农民工""打工"身份，使之成为体制内"主流"文学圈的"异类"和"他者"，甚至遭遇了主流的歧视和矮化。

在渴望文学成就得到认同的"打工作家"看来，"作家"面前加"打工"二字，表明了主流文学界并非完全真正地将他们这群由"打工仔"身份转化而来的作家融入自己的群落，仍然是一种不认同的姿态，不认同往往表现在对其作品文学性和审美性的贬低和批评。学者张柠曾经为一家杂志的"打工文学"栏目做过点评，在他看来，"那些作品尽管直接反映了打工者的生活，有一些很有意义的素材，但离文学的距离还很远，基本上是一些经历的堆砌"。② 言下之意，"打工文学"和"打工作家"是因为"打工"的身份而获得关注的，其作品甚至谈不上"文学"。这种看法在主流文学界并不鲜见，其他学者和作家则委婉地表达"打工文学"作品比较浅薄，打工文学初期侧重于打工者艰辛生存和社会不公问题的倾诉，但"打工文学必须在此基础上有所超越"，③需要"提升"④ 和"深化"。⑤ 更有作家对打工者抒写的"底层形象"表示质疑："读这些作品，让人感觉农民工到城市来就是受欺负受排挤，时时刻刻处在生活的水深火热之中。如果我们能跳出这些浅层的生活现象，站到一个更高的视点上，看到的则将是另外一个情景。"⑥ "作家需要跳出个人认识的局限，尤其要看到生活的主流。"⑦ 等等诸如此类对"打工文学"的看法，在主流文学界非常普遍。

来自"主流"的批评遭到了"打工作家"们"愤怒"的反驳，尤

---

① 冯敏：《打工文学的现状与话语困境——由王十月小说引发的思考》，《南方文坛》2007 年第 4 期。

② 张柠：《文学和打工是两个不相干的职业》，http：//www. gzlib. gov. cn/shequ_ info/ndgz/NDGZDetail. do？ id = 18439，2004 - 04 - 12。

③ 傅小平：《打工文学：力求进入更高精神层面》，《文学报》2009 年 12 月 4 日。

④ 同上。

⑤ 王杨、饶翔：《 "打工文学"需要深化》。

⑥ 傅小平：《打工文学：力求进入更高精神层面》，《文学报》2009 年 12 月 4 日。

⑦ 同上。

其是低估其作品的文学价值而凸显其身份，是"打工作家"所不能接受的。部分作家认为，主流文学界的某些评论家连看都不看他们的作品，就因为他们的"打工作家"身份，贬低了其作品的文学价值。何真宗针对《"打工文学"需要深化》一文的反驳，表征着"打工作家"群落对主流文学界的一次反击：

　　　　一看标题，我就有一种不爽的感觉。我作为一个生活在打工阶层的打工作家，第一反应是，打工文学不需要深化！深化了的打工文学就不是打工文学！……

　　　　再一细读，原来是一个叫南帆的评论家在这里高谈阔论"打工文学"。"南帆进一步谈到，一些打工者通过文学的方式来书写他们的生存状态，抒发他们的情感，已经吸引了一部分读者，引起了文坛的关注，但是打工文学是否能作为一个整体来加以描述，仍有待商榷。可能相当多数打工者们本身并不一定喜欢表现自己生活题材的作品，而且许多爱好文学的打工者创作时大都依循着中学老师提供的抒情文学范本，最终目标是升到标准作家的模式上。打工文学作者们为文坛提供了新的文学经验，但其作品的表达方式和情感模式有模式化的趋向，期待他们在未来有形式上新的追求。"……

　　　　打工文学作者如此之多，更何况打工文学读者，又怎么能是"已经吸引了一部分读者"？！从目前市场上发行的文学刊物来看，有几家所谓的纯文学刊物的发行量超过几万册的？没有！而有的文学刊物发行1—2000册，真的很丢人！而打工文学刊物，大都发行8000册到好几万以上。难道，这些读者，都是傻逼读不懂纯文学？！

　　　　假如他或更多的评论家们，真正看过打工文学作品了，比如说周崇贤的小说《我悲伤我流浪》和王十月的《出租屋的磨刀声》及《国家订单》，我想，评论家们会改变他们今天所说过的每一句对打工文学的评论的！①

尽管认识到纯文学和为打工文学读者而写的"打工文学"的区别，

---

① 何真宗：《"打工文学"不需要深化》，http://blog.sina.com.cn/s/blog_4b52a3510100e75q.html，2009-08-19。

何真宗仍然期望得到主流文学界的"承认"和"认同",寄希望于评论家们"真正看过打工文学作品"之后,会改变他们的"评论"。郑小琼在一次文学大会上婉转地表示主流文学界对他们作品本身不够重视,"文本本身越来越被弱化",对文学的审美成为对"马甲"的审美,她认为需要面对的是去掉这个"马甲"之后的文学,即文学本身。[1]

然而,他们忽略了一点:依托于文学评论家和文学权威期刊的文学写作,和打工杂志、都市大众文化刊物和网络的文学写作完全不同,所面对的是不同的受众,不同的文学审美趣味,不同的评判标准,不同的话语系统,不同的文学认同空间。这两套话语系统可能会有交集,好的作品,在两个文学空间里面都受欢迎。但这两个文学空间所遵循的审美认同标准却是不同的。体制内的主流文学评论家和研究者,以主流文学权威期刊的"纯文学"创作的规范,为文学审美价值认同的标准;而"打工文学"早期面向打工者大众的写作,则是以迎合大众读者的审美趣味和认同为标准。

如本书第五章所论,曾经在80年代叱咤风云,以主流纯文学权威期刊作为发表平台的主流文学圈,凭借审美权力和文化资源,掌握着对文学认同和授予作家身份的权力。主流纯文学期刊在80年代的辉煌,是主流审美权力的顶峰,直到现在,仍然可以透过各种文学活动折射出它的余晖。"打工作家"也认同了这种文学标尺和审美权力,特别是从农村到城市的作家,最大的梦想就是在城市有个容身之所,获得"主流"的承认。尽管"打工作家"对自己作品的文学价值充满自信,但在潜意识中却接受了"主流"的审美权力对自身的否定,即用"主流"的歧视眼光来看待自身,潜意识里进行自我矮化。"打工作家"获得了主流文学界的各种认证和文学奖项,但当主流文学界认为,他们得到这些褒奖全是因为"打工作家"的身份,而其创作水平尚需进一步深化时,部分"打工作家"开始忌讳"打工",急于清洗掉"打工"的身份胎记。所以有了杨宏海先生发现的"有趣现象",以及其他清洗自己文化身份的种种表现:比如王十月等作家按照主流文学期刊发表的标准创作"纯文学";比如罗向冰在履历中闭口不提在《大鹏湾》《飞霞》

---

① 郑小琼: 《喧哗的"马甲",落寞的文本》,http://blog.sina.com.cn/s/blog_45a57d300100m9ci.html,2010-08-09。

的编辑经历，有意思的是，他在接受我的采访时，谈到自己获得的很多国家级大奖和荣誉，特别强调，是专业奖项，而不是特意为"打工文学"作者所设的奖项。在他的潜意识里，专为"打工文学"设置的奖项，其含金量显然不及专业级别的奖项；还有一个典型的例子，谢湘南靠"打工诗歌"起家，"后来的一天突然翻脸，把打工诗歌骂得狗屁不如，旗帜鲜明地与'打工'二字脱离关系，奔他的锦绣前程去了。"①

一个概念话语一旦被具有表征权力的一方赋予一定的意义并进入流通领域，就很难还原和扭转其方向。"打工作家"文化群落虽已逐渐摆脱"农民工"的身份牢笼，但在遭遇主流文学圈后他们意识到，他们的文学价值和作家的身份，必须为另一个具有审美权力的主流文学圈所承认，必须要接受"主流"文学的审美规训时，深刻地认识到了自身的特殊性，便陷入了一种认同的尴尬。这种状态，借用黑格尔的一句话说，就是"为承认而斗争"。哈贝马斯的学生霍耐特用黑格尔的这句话写有一本书，叫《为承认而斗争》，从黑格尔的著作中寻找到一种新的思想交往方式，即社会压力和冲突紧张源于被认同的斗争，把人的需要从生存上升到尊严层面：主体在相互承认中与他者达成和解，又在相互承认中发现自身的独特性和特殊性，从而与他者形成对立和冲突，而不断地追求主体自身的独特性中构成了承认运动过程中的内在动力。②"为承认而斗争"而获得和解，又能保持主体特殊性的状态，也就是古人"和而不同"的理想。但是"打工作家"所面临的话语困境是，一旦他们发现"打工作家"的身份被赋予歧视性内涵，要想获得文学上的"承认"，必须通过洗清自身的特殊性来获得认同，重建一个新的"自我"来否定原来的那个自我；他们获得主体的认同，是通过否定自我来实现的。他们虽然不认同主流"文坛对打工文学的偏见"，③但仍通过质疑、反驳和渴望主流对自身的了解，甚至改变自我，来获得主流文学界的承认。因为获得"主流"的承认，对于自身在城市的生存或可

---

① 周崇贤：《王十月没必要自认叛徒》，http：//www.mingong123.com/news/9/dgwx/20089/c816b112f4438b85.html，2008 - 09 - 25。

② ［德］阿克塞尔·霍耐特：《为承认而斗争》，上海人民出版社 2005 年版。转引自高小康《文化想象与多元认同：当代文化研究的新思路》，《江苏行政学院学报》2010 年第 1 期。

③ 周崇贤：《我们都是硬骨头》，http：//www.mingong123.com/news/9/dgwx/20089/2b3d34930fb46415.html，2008 - 09 - 25。

带来更多便利，同时，也是文学成就得到承认的一种方式。

更为激烈的冲突和"斗争"，是对主流文学界"审美权力"评判有效性的质疑。比如张伟明将"打工作家"比喻为"深海中的鱼"，不能以"一条淡水鱼那想当然的标准与目光来评判及审视这海水里的鱼群。切不可以为只有淡水鱼才叫鱼"，"无所谓认同"，是"一群决不妥协的鱼"；① 郭海鸿在博客上公开声明："讨厌开'文学的会'"，② 多次拒绝官方和主流文学界文学研讨会的邀请；周崇贤"不请自到"参加了一次文学研讨会，被主持人点名发言时，"措手不及"，于是有了下面的发言：

> 许多拿着国家工资或揣着大把钱过着富裕日子的"上等人"，他们总是满脑子对外来工或者说对穷人根深蒂固的歧视乃至无视，这些"上等人"就包括那部分所谓的文学评论家们！而打工者和打工文学一样，长期以来都在遭遇和承受着"上等人"的蔑视。
>
> 所以，我以为庞大浩荡的打工群落非常需要肩扛社会责任和良心的打工文学，打工文学应当是一部精神的法典，它惩恶扬善，充满血性，能给我们以力量、希望，和尊严。
>
> 我敢肯定那些贱视打工者和打工文学的人都将被钉在历史的耻辱柱上，因为他们已经丧失了面对底层人民时作为一个人起码的良知！③

这番话让主流文学界的评论家无以应对，却得到了"打工作家"的认同。晚宴时，鄢文江特意和周崇贤碰杯，用四川话说"这杯酒你一定得喝了，不为别的，就为你在会上说的话"。同时，周崇贤的四川老乡，鄢文江和罗德远也为他"捏了一把汗"，周崇贤知道，"他们是在为我担心，担心我因此得罪'文坛主流'，怕我因此而被'封杀'因此

① 张伟明：《一群决不妥协的鱼》，http://blog. sina. com. cn/s/blog_ 63e187db0100gmfi. html，2010 - 01 - 20。

② 郭海鸿：《我为什么讨厌"开文学的会"》，http://blog. sina. com. cn/s/blog_ 49a1bc77010006r2. html，2006 - 11 - 29。

③ 周崇贤：《我们都是硬骨头》，http://www. mingong123. com/news/9/dgwx/20089/2b3d34930fb46415. html，2008 - 09 - 25。

而‘牺牲’"。①鄢和罗的疑虑是对"主流文坛"审美权力的顾忌，而此时周崇贤，已经将"主流文坛"的承认置之度外了，在博文中他继续写道：

　　这样的话我不说由谁来说？靠那些拼命巴结"文坛主流"祈求"承认"的软骨头？或者指望那些坐在机关里拿纳税人的钱，却总是高高在上一脸傲慢和施舍的"文坛主流"们良心发现？不太可能。

　　我们都是硬骨头！我们只能战斗！我们不怕牺牲！②

可以看出，一是，周崇贤等"打工作家"对体制内主流文学界审美权力的质疑，不惜用"牺牲"和"战斗"的字眼，表达对主流审美权力的抵抗；二是，当时"打工作家"内部已经出现了分化，在他眼里，拼命巴结"文坛主流"祈求"承认"的作家是"软骨头"，而选择对抗的"我们"是"硬骨头"。

这种分化还以另外的形式存在。许多作家笔耕数年，慢慢地改变了命运，改行做编辑、记者，"过上幸福稳定的生活"，他们偶尔会侍弄文学，但有的就此罢笔；有人进入主流文学界，开始"拼命洗刷'打工诗人'的印记"，"有人则利用起这一头衔自我包装"；③ 有的通过体制内的工作或"打工文学"的成就，破格获得了所在城市的户口，有的则在漂泊无定中，无奈地返回故乡。"打工作家"文学群落在争取主流文学界的认同的同时，走向了分化。

第四节　"非主流"与新生代：走向新的文学卖场

在第六章论述打工杂志和都市传统文化期刊走向衰亡、打工族受众的审美趣味产生分化时，讨论了"打工作家"文学创作和都市生存所

---

① 周崇贤：《我们都是硬骨头》，http：//www.mingong123.com/news/9/dgwx/20089/2b3d34930fb46415.html，2008－09－25。
② 同上。
③ 成希、潘晓凌：《郑小琼：在诗人与打工妹之间》，杨宏海主编《打工文学备忘录》，社会科学文献出版社2007年版，第297—304页。

面临的挑战，以及两条道路选择：第一个选择是写纯文学，通过主流文学的审美权力认同进入主流文学界，这是本章前面几节所论述的主要内容；第二个选择，就是以原创文学网站为主的新媒体为发表平台，通过获取大众读者的认同，来实现自身的文学价值和作家身份的维系。在此，我并非特意要将两条道路对立起来，或者有意陷入官方与民间（大众）二元对立的窠臼，在当下中国的文学生产机制中，这两条不同的道路，实际上正是不同文学空间和文学话语系统的显现，这是绕不开的事实。当文学场从计划经济时代向市场经济"倾斜"、转型时，[①] 两者的区分就越发明显。

如果从文化产业的角度来看，文学生产者生产、作品传播和被接受，这种基本模式没有改变，只是文学卖场变了，导致整个文学生产的机制都随之发生了转变。以往计划文化体制下，文学的生产和传播由体制内的主流文学界一手包办，以主流纯文学刊物为卖场，卖什么不卖什么，由主流文学界的审美权力来评判，具体来说，主要由文学评论家甚至文学编辑的个人趣味来决定。文化领域深化改革向市场经济倾斜后，文学卖场成了一个开放的平台，读者具有多样化、更丰富的选择，读者的审美趣味成了裁判，打工文学和打工杂志在珠三角的红火一时，便是迎合了受众审美趣味而产生的文学市场分化现象。纯文学时代，是生产决定消费；受众时代，是消费决定生产。如果说纯文学时代的文学卖场是以主流纯文学期刊为平台的"供销社"，受众时代的文学卖场则是以各种新媒体为平台的"文学超市"。

两种不同的文学卖场，意味着作家必须根据不同的审美趣味进行自我更新。一部分"打工作家"发现在新的文学市场机制下，他们已经失去了自己的读者，于是主攻纯文学，走向了主流；一部分则在探索中走进了他们并不太熟悉的新的文学卖场，选择了与"主流"背道而驰。

与"主流"背道而驰的个中缘由，首先在于他们已经不认同或不适应体制内的作家身份认同机制。这是一套由权威文学期刊发表、作协会员制、各种培训、职称考核、各种奖项等规训起来的作家认证制度。"打工作家"如果想要留在所在城市，获取市民权，并进入体制内工

---

① 邵燕君：《倾斜的文学场——当代文学生产机制的市场化转型》，江苏人民出版社2003年版。

作，通过这一系列作家身份认证是必不可少的。广东省作协主席廖红球曾对记者谈到引进这些"农民工作家"的困难，最现实的一条在于他们是"三无"作家：无文凭，无职称，无正式单位，有的在流水线上，有的是自由撰稿人，而且经常从一个企业漂泊到另一个企业。"怎样认定他们的水平，学识，这就给我们提出了一个问题。尽管他们在中国的民社刊发表了一批很有影响的作品，但是我们真正想要扶持他的时候，或者让他更进一步，我们想调他到《作品》杂志社当编辑，他就遇到这个问题了。"① 于是，他们只能向省委组织部和宣传部打报告，希望在吸纳这些体制外的优秀人才时，能够"特殊情况处理"、"网开一面"。"我们就给王十月郑小琼，根据他们的成果业绩，去年底给他们评了二级作家，副高职称，相当于副教授的职称。"②因此，王十月和郑小琼才得以顺利进入体制内，成为《作品》的编辑。

　　而这套体制内主流文学授予作家身份的标准，在"非主流""打工作家"看来是僵化迂腐又可笑的。郭海鸿是对主流文学界的作家身份认同持不认同看法的"打工作家"之一，对此颇不以为然，在博文《恭喜你成为"三级作家"》中，他写道：

　　　　去年以来，好像时不时听到周围一些文学圈子里的人老说去省里的作家协会学习，这年头培训学习的活动很时髦，但大多是领国家薪水的人干的事，而这些业余写字的人老去学习干什么？后来才知道，他们是去参加作家职称评定前的培训，然后参加"大考"。好家伙，前天跟一朋友聊天，说到"某某都评了三级了"，我赶忙问：也就是说，他终于成为"三级作家"了？③ ……

　　　　我没有加入作家协会，当然就没人发通知要我去考级别（连考的资格都没有），更不知道要当三流作家需要什么认定程序。今天特别上网浏览了一下，吓我一大跳，要晋升最高级别的职称，还得考英语，英语过不了关，作品写得再好也晋升不了。……

---

① 文化珠江：《文坛的千里马——访打工作家王十月、郑小琼》，http：//www. gdwh. com. cn/blog/article. php? type = blog&itemid =3493，2009 - 08 - 31。

② 同上。

③ 郭海鸿：恭喜你成为"三级作家"，http：//blog. sina. com. cn/s/blog _ 49a1bc7701000caz. html，2007 - 09 - 30。

前面我要致敬、恭贺的仁兄只是发过几个比烟屁股长不了多少的小说而已,至于是否产生轰动,我不得而知。所以,我觉得他混进作家协会,并且晋升三级别作家行列,殊为不易。①

他用嘲讽的笔调说:"三级作家"特别容易搞成"三流作家",如果是"二级作家",容易搞成"二流作家",写啊写啊,考啊考啊,最后混成"三流""二流",何苦来哉。② 郭海鸿不用担心考级的问题,因为他已经获得了深圳户口,属于郑小琼所说的"笔耕数年,慢慢改变了自己的命运"、"过上幸福稳定的生活"的那一类,相对来说,他没有急于获得"主流"认同以期取得城市居留权的渴望。

另一类是通过文学改变命运,加入了体制内的作家协会,却又对主流文学界的作家身份认定标准感到失望的作家。最典型的譬如周崇贤,他 24 岁加入广东省作家协会,是第一个被中国作家协会吸纳的"打工作家"会员。他在博文里记录了他评作家职称的经历:

> 上周去广东作协培训,想评个 2 级作家职称,虽说不与工资挂钩,屁用没有,但身边不少比我差火的人早就 2 级了,而我还是 3 级,挺丢人,于是就去搞一下,谁知钱交了,学完了,才听说我不合格,评不上。原因是以前出的十多本书不算了,要近年出的书,自费的算。发表的不算,即便是大刊发表,有影响的作品都不算。没办法,只好放弃。③

面对主流文学的认同,周崇贤最初的态度是犹豫不决的,一边批评主流文学界对"打工作家"的偏见,一边又对主流的审美权力抱着幻想,希望获得文学上的认同,评上"二级作家"的职称。他最终发现,自己已经跟不上主流的"作家评级"步伐了。在这套评级标准下,自费的书可以算,而"有影响的作品都不算",本身与迎合读者大众审美

---

① 郭海鸿:《恭喜你成为"三级作家"》,http://blog.sina.com.cn/s/blog_49a1bc7701000caz.html, 2007-09-30。

② 同上。

③ 周崇贤:《记住这一天,记住这一年。为尊严而战!》,http://blog.sina.com.cn/s/blog_4dd0f82d0100eb10.html, 2009-07-31。

趣味的标准是背道而驰的。作家的尊严感到受到了损伤，周崇贤最后发出"与其一辈子做文学青年，削尖脑袋去混文坛，不如搞点实业。这年头哪怕当农民，都比文学青年有尊严。我本农民，从农民来，到农民去，不是天意是什么？"①的感叹。他所谓的"混文坛"，便是指获得主流文学界的认同。当自己的文学价值和作家身份得不到认同时，他便潜心研究《周易》去了。

　　2007 年，郑小琼获"人民文学奖"后，有媒体报道她拒绝进入当地作协，风闻一时。后来郑小琼辩解媒体的报道有误，自己"从没有拒绝作协"，只是当地作协提供给她脱离工厂的工作机会，但因为户口不在东莞，进去"也还是打工，而且要写大量公文式的文章"，而那种文章她是真的不会写，在她看来，"都不是真正的文学"。②由此可见，"打工作家"并非不了解进入主流文学界之后，将要面对的现实，而当城市生存压力袭来，不得不对现实进行一定程度的"妥协"，③郑小琼最终进入了"主流文学界"，王十月也不得不在微博上发表为评作家职称而磨刀霍霍作准备的牢骚，他们和为打工族励志的老板安子一样，是"手握才情横溢的大道，将文学主流高高垒起的城墙砍开一道口子，杀进城去"、依靠文学改变了"打工"身份的成功者。④

　　对于"非主流""打工作家"而言，主流文学界的评级制度和一整套对文学进行审美规训的体系，不仅让人望而却步，对于作家的文学生命，也是一种损伤。他们宁愿接受新的文学卖场对作家身份的塑造和考验，其中一部分人在文学卖场折戟而归，极少数人坚持了下来，譬如郭海鸿、汪雪英、黄秀萍、戴沙牛等。他们的作品更多地遵循大众的审美趣味，以原创文学网站为平台，以在文学市场畅销为目的。主要有两种发表渠道：其一，是在网络连载，获得大量点击率后引起出版商的注意，然后通过传统的纸质出版渠道销售。譬如汪雪英，曾被媒体誉为

---

① 周崇贤：《记住这一天，记住这一年。为尊严而战!》，http://blog.sina.com.cn/s/blog_4dd0f82d0100eb10.html，2009 - 07 - 31。

② 王恺：　《郑小琼一个诗人，在工厂里活着》，http://blog.sina.com.cn/s/blog_45a57d300100925y.html，2008 - 04 - 19。

③ 周崇贤：　《我们都是硬骨头》，http://www.mingong123.com/news/9/dgwx/20089/2b3d34930fb46415.html，2008 - 09 - 25。

④ 周崇贤：《王十月没必要自认叛徒》，http://www.mingong123.com/news/9/dgwx/20089/c816b112f4438b85.html，2008 - 09 - 25。

"中国第一位打工女诗人",其记录自己在东莞打工、生活 20 年经历的纪实性长篇小说《漂在东莞十八年》,再现了她从打工妹到诗人、作家、编辑的蜕变过程。这篇小说曾在腾讯、天涯、红袖添香等网站被一路热捧,2008 年被百花洲文艺出版社出版。这种网上营销、网下出版的方式,在网络文学产业尚未找到有效的赢利模式的时代,是非常普遍的现象。其二,当原创文学网站开始付费阅读之后,通过网络出版获取利润成为可能。譬如新浪网读书频道的 VIP 签约作家制度,当作品连载到五万字之后,就可以申请签约上架;天涯文学频道则是只要通过审核签约就可以进入销售的渠道。比如郭海鸿在新浪读书频道连载深圳打工题材的小说《银质青春》,戴沙牛在天涯文学频道发表《合法同居》等作品,都是尝试探索从新的文学卖场展现其文学价值、实现作家身份认同的可能。

这些作家普遍要面临一个问题:由于没有受到很正规的文学训练,他们最初更多的是自发式的写作,视野所见,一直以来都是纯文学所建构起来的话语系统,这套话语系统是传统的、封闭的,长期浸淫,这些作家都习惯于为主流文学期刊的审美规训而写作。当他们走向新的文学市场尤其是新媒体文学卖场时,他们要遵循另一种审美规训的认同体系。就像知名网络小说家慕容雪村所说的"排毒",首先他们要"排纯文学的毒",以读者更能接受的创作方式、题材和语言系统,参与新卖场的文学竞争。在这个开放式的文学卖场中,大量的人在写作,并且审核门槛非常低,人人都能发表,要想脱颖而出并赚取稿费,竞争之激烈前所未有。"打工作家"失去了优势和竞争力,为了适应这种高强度的白热化竞争,他们必须找到自己的读者,写作要符合目标读者的阅读习惯和审美兴趣,并且要非常人性化,才能获得读者的青睐,通过读者的点击率和购买,来实现作家身份的认同。他们关注的不再是文学编辑的趣味,而是大众读者的趣味,根据点击和回复率来不断地对自己的写作策略进行反省。

郭海鸿的长篇小说《银质青春》在新浪连载,① 最让他困惑不解的是:

---

① 当新浪读书频道实现 VIP 制度后,郭海鸿的《银质青春》经过包装,截至 2011 年 6 月,点击数达到了 39 万多次,这是他不断和网友互动、自我反思、调整的结果,见郭海鸿《与广西蒙山网友交流》,http://blog.sina.com.cn/s/blog_ 49a1bc770100ikrs.html, 2010 - 05 - 09。

　　我的责编一直都很看好、重视这个小说，无奈，它的点击、收藏数字的增长总是比蜗牛还慢。难道是这个东西真的不忍卒读？或网友们太吝啬，不愿意点击、收藏、投票？

　　我们研究过它的标题，是不是太文绉绉的，不知所云？因此给它加副标题，试图打破魔咒。也探讨过它的"简介"，是不是不够醒目、吸引人？因此提炼出一些挽救的字眼加上去。

　　但是，我自己明白，无论加什么样的副标题，换什么样的简介，都改变不了一个事实，就是小说的本来属性。它不是"穿越"、"玄幻"，也不是"王妃"、"局长"、"市长"、"谋略"等等，它只是一部老老实实呈现一代年轻人谋生存求发展的卓越历程的小说。①

　　郭海鸿将这些困惑总结成《网络需要什么样的小说？》一文，显示了他在新的文学卖场拼杀突围的尴尬，最初他试图从"标题""简介"等包装上寻找不走红的原因，最后无奈地归结到"小说的本来属性"。郭海鸿在网络文学卖场的遭遇和困惑，基本上也是所有转向文学卖场的"打工作家"的困惑。2005 年，当打工杂志衰落、都市大众文化刊物走向萧条的时候，曾文广、戴沙牛和杨文冰在广州杨箕村的出租屋里探讨今后的写作出路，就发现原创文学网站似乎被"玄幻""穿越"等题材占领了，连曾经以"纯文学"为标榜的"红袖添香"文学网站，也逐渐转向"穿越""言情"等迎合"小女生"审美趣味的题材靠拢。如果读者的审美趣味变化或分化了，作家没有自我更新，他们生产的作品在新的文学卖场就没有竞争力。

　　相形之下，作为新生代崛起的"80 后""打工作家"，在新的文学卖场更具有竞争力。或许称之为"打工作家"并不恰当，当迁徙和流动在中国社会成为一个广泛的事实之后，"打工文学"也在分化中走向泛化，② 出现了更接近都市文学的种类。

　　杨宏海先生根据他多年密切关注"打工文学"的发展，提出"新

---

　　① 郭海鸿：《网络需要什么样的小说？》，http：//blog.sina.com.cn/s/blog_49a1bc770100iwu2.html，2010 - 05 - 22。

　　② 徐桂芬：《论打工文学的生存书写》，东北师范大学中国现当代文学，硕士学位论文，2008 年。

生代"打工作家的说法。所谓"新生代"是指一批出生于 70 年代末、80 年代初的年轻"打工作家",他们在教育程度、社会环境等方面与以往的打工作家有很多不同,因此他们的创作取材等方面也更多元化。代表作家有在《人民文学》发表《词典:南方工业生活》的萧相风、在《作品》发表《彻底消失一阵子》的陈再见,此外还有刘永、陈鹏、胖荣、巫霞、亦涵等"年轻人。"① 这批年轻的"打工作家"已经得到了"权威文学杂志的重点推介和重要媒体的关注"。② 他们的写作更具有"时尚性",此外,"新生代"还有一个重要的特点:通常借助于网络等手段创作,也借助于当下审美的走向,借助了商业性、时尚性的内容。③

通过"新媒体等手段创作""商业性""时尚性",是"新生代"作家最显著的特点。他们从一开始就呈现多元化的创作趋势。譬如萧相风的《南方词典》最初在"奥一网"连载,后在"第三届深圳原创网络文学拉力赛"中获得非虚构文学类冠军,又以《词典:南方工业生活》为名在《人民文学》,获得了 2010 年人民文学奖,被送到鲁迅文艺培训班学习,进入主流文学界。而他们中大部分人的创作手法更接近都市流行小说的叙事。"新生代"的知识结构、都市生存经历和文学经验,和以往"打工作家"大不一样,更重要的是,他们脱颖而出的年代,主流纯文学刊物和打工杂志都逐渐式微只剩下苟延残喘,因此,他们的写作较少受到主流文学界的审美规训,一开始就以网络等新媒体作为文学卖场,这使得他们的写作和后期转型的"打工作家"相比,更能赢得更广泛网友的支持。比如,"六月雪"的成名作《东莞不相信眼泪》,最初便是通过天涯社区连载,吸引了出版社的注意,他的小说一版再版,无论在原创文学网站还是在传统纸质出版领域,都赢得了读者的认同;福建"打工"青年周述恒,其自传体小说《中国式民工》,最初也是贴在网上,引起全国范围的关注,纸质书出版后,周述恒也成为凤凰卫视和中央电视台的嘉宾,一举成名。反映打工生活的作品题材,已经从珠三角城市拓展到全国领域。

本书研究对象限定在"珠三角",因此还是以珠三角城市的"打工

---

① 杨宏海、方晓达:《"未来的打工文学还会有惊喜"》,《南方日报》2010 年 12 月 7 日,第 HD2 版。

② 同上。

③ 同上。

作家"为讨论对象。事实上，据"起点中文网"根据发表作品 ID 的 IP 地址范围统计，有大部分网络作家还是来自广东，著名的"东莞书案"就发生在广东。东莞打工青年以"天涯蓝药师"的 ID 在天涯发表《睡在东莞》，揭露东莞色情服务业，目前在天涯社区收获了近千万的点击率；2010 年 9 月 26 日，"天涯蓝药师"突然以涉嫌"传播淫秽物品罪"被东莞警方带走。此案在天涯首页曝光，舆论哗然，① 最终迫于强大的舆论压力，东莞市政府不得不放了作者。而"天涯蓝药师"也因此一炮而红，成为网络流行文学的新宠。

新媒体文学卖场时代的来临，为新一代"打工作家"提供了通过文学网站获得生存的可能。他们中的多数，不必像打工前辈那样，以体制内主流文学权威的"承认"为最终目标，而通过作品实现市场化，实现自己的"作家"身份认同。然而，无论是后期转型的"打工作家"，还是"新生代"打工作家，他们都将面临被读者认可、被市场认同的"焦虑"，这种"焦虑"来自当下新媒体文学卖场生产机制的不成熟和总体文学环境，如果他们的作品始终"有市无价"，他们又将回到打工前辈所面临的老路：身份认同的三岔路口。或者他们还有一个选择，就是远离文学，放弃成为一个"作家"。

---

① 周丕东：《东莞警方刑拘网络小说作者，我胆寒！》，http：//www. tianya. cn/publicforum/content/free/1/1990371. shtml ，2010 – 09 – 28。

结　语

　　本书通过探讨"打工作家"的文化身份建构过程，来观察珠三角都市新移民在身份冲突与蜕变过程中，为城市所带来的新兴城市文化景观和工业化时代城市的文化生产机制。长期以来，这个群体在当代城市文化生产中所留下的痕迹并没有引起人们的注意。打工诗人罗德远说："我们并不沉默，只是没有人倾听。"① 他们的声音被众声喧哗的各种更强大的话语空间遮蔽了，正如他们无法作为城市 GDP 的分母一样。在地方城市媒体试图打造的完美城市形象文化空间里：

> 　　我们可以看到来自学者、领导、教师、学生、公务员、公司职员、经理、商人、退休工人等几乎所有不同阶层的市民群体，然而却从来看不到一点外来务工者的身影，这意味着占据了城市几百万数量的庞大人口被作为城市的隐形阶层忽略不计了，他们既不被作为城市形象应有的一部分，也被排除在对话讨论有关城市形象建设的公共领域之外，因为他们没有话语权。②

　　他们在城市是一个被身份认同锁定的边缘化群体。近 30 年的城乡大迁移和"打工潮"，中国农民并没有像其他国家的工业化经验那样，在城市形成新的无产阶级。一方面，不同文化身份的都市新移民被塑造成均质的共同体"农民工"；一方面又由于阶层、地域文化和其他认同之间的渗透、干扰，城市不同文化群落被组织化、固化，割裂了各个群

---

① 郭姗：《打工文学 20 年——"我们并不沉默，只是没有人倾听"》，杨宏海主编《打工文学备忘录》，社会科学文献出版社 2007 年版，第 372—381 页。
② 袁瑾：《大众传媒的城市想象与地域文化的现代认同》，中山大学中文系文艺学，博士学位论文，2007 年。

体之间的沟通和认同。"农民工"是城乡二元制度及与之相关的由世界工厂秩序、主流意识形态和城市精英、本土人群的他群认同中"想象"创造出来的文化身份主体，"打工作家"文化群落在珠三角城市的生成，则是富有文学才华的都市新移民，运用文学书写对被给定的"农民工"身份进行抗争而诞生的一种新的文化主体。

本研究发掘了"打工作家"打破被遮蔽和被锁定的"文化身份"状态，通过"打工文学"文本和书写行为抵抗、重建文化身份的过程。他们试图借此身份摆脱城市生存困境，获取城市的文化资源，改变中国坚固的二元体制下的个体命运，同时也运用城市的文化生产空间，生产出新的城市亚文化认同空间，改变了中国当代文学版图的格局。社会学者潘毅女士将"打工妹"主体身份的形成，看成是一种"抗争次文体"，"一部反叛的诗学"，① 与"打工妹"微弱的"非主流抗争"② 相比，"打工作家"在城市文化场域展开的文化身份重建，则更具有"反叛诗学"的叙事意味。

这个"反叛"的过程是在极为激烈的文化冲突下展开的。几千年乡土文明熏陶下"农民"的文化心理结构，半个世纪以来，一纸简单的户口簿所划分的"农民"和"城里人"的身份区隔，更重要的是，主流意识形态和大众媒体所话语层面塑造的"农民工"文化身份的单一形象，都构成了"打工作家"不仅面临政治、经济因素的抗争，而且还有文化、日常和心理经验上的冲突。毫无疑问，身为"农民工"的他们，遭受了南方工业区来自制度和资本的规训和异化，城市主流群体和本土文化的歧视和冲突，在这种情况下，会诞生一种"隐藏的文本"（hidden transcripts）：

> 被冒犯的个体可能会一个人幻想报复和对抗，但当这种侮辱只是其所属种族、阶级或阶层所受冒犯之变形的时候，这种幻想就有

　　① 原文是："一个非主流的、多元的抗争之旅，其目的在于对抗争与支配的物化空间进行去地域化，并开创一种多阵线的抗争，一部崭新的反叛诗学，它总是会推进为一场与众不同的阵地战。它将唤起一种多场域的社会行动，一组多姿多彩的叛离行为，最终将证明它们是用以对抗权力技术整体的完整抗争策略。"见结语部分潘毅《中国女工——新兴打工者主体的形成》，任焰译，九州出版社2010年版，第197页。

　　② 见结语部分：潘毅《中国女工——新兴打工者主体的形成》，任焰译，九州出版社2010年版，第197页。

可能变成一种集体性的文化产物。无论其假设形式如何——背地里模仿、幻想武力报复，世界在千禧年已经彻底颠倒过来——这种集体的隐藏文本是理解权力动态关系的关键。①

　　打工族群体在疼痛、焦虑和压抑中所创造的大量诗句、口头歌谣和墙报文学，无疑是"隐藏文本"的一种，是底层群体微弱的"抵抗"方式。如果没有一个公共的文化空间的支持，这些"隐藏的文本"可能永远只能在"背地里"隐藏，等待后人对中国工业化时期这一群体的"文化考古"发现。

　　散落在珠三角各个城市大大小小的城中村，是"打工作家"群体之所以能成为一个新的城市文化群落的物理性空间，当他们从工业区的流水线空间中解放出来时，城中村的出租屋接纳了他们，为其从"农民工"到"作家"的文化身份转变提供了空间生存的基础。"城中村"多元混杂的文化冲突中，"打工作家"获得了远比在工厂劳作更为丰富的城市经验和心理感受，他们形成了聚集的文化群落，生存、写作、交际，获得了短暂的自由写作状态，为打工作家的"文化身份"转变提供了有力的保障。

　　"打工杂志"的出现为"打工作家"的生成，提供了一个民间话语表达空间和亚文化认同空间。"打工杂志"是文学场域80年代末进行体制改革、走向半商业化的市场转型的产物，当珠三角的文学杂志举起面向打工群落的大旗，"打工作家"借用"打工杂志"的文化空间生产出新的身份——以打工族读者的审美文化认同，脱离"农民工"的身份牢笼成为"作家"或凭借写作才华获得文职。

　　在此过程中，主流文学圈的审美权力参与了"打工作家"的文化身份建构，通过身份命名、扶持、引导"打工作家"的文学生产。打工杂志是打工者发表文学作品的载体和过渡性平台，代表了商业化机制下对作家身份认同的生产机制；主流文学界的认同则是从官方的审美权力角度授予打工者"作家"的身份认同。"打工作家"的作家身份获得，

---

① James Scott（1990）的术语来说："隐藏文本（hidden transcripts）"或"底层政治（infrapolitics）"是任何社会底层群体都能创造出来的，他们不仅会在支配者背后采取行动，而且还会公然对抗，以及破坏支配者的权力。转引自潘毅《中国女工——新兴打工者主体的形成》，任焰译，九州出版社2010年版，第197页。

是主流文学空间和打工亚文化空间之间产生交集、对话、互动作用下的产物。

当打工杂志撑起的打工亚文化认同空间衰落、传统纸质媒体式微，而新的媒体文化认同空间又没有建立的情况下，一部分"打工作家"选择了向主流靠拢，然而，他们又发现，"农民工"的身份胎记让他们被主流文学界"认同"的同时，又遭遇了身份"歧视"，以"打工作家"的身份命名昭示着和传统体制内作家的区分，来表现"不认同"；而另一部分打工作家，则走向了新的以原创文学网站为主的文学卖场，通过大众读者的认可来维系作家的身份。

"打工作家"的文化身份裂变深刻地影响了其文学生产，而文学生产行为反过来又促成了其文化身份认同的建构。无论这个"认同"的权威是大众读者还是主流文学界，他们都可以通过写作才能解决城市生存的困境，摆脱"城乡二元身份"带来的焦虑感。这是所有的"打工作家"都必须穿越的文化身份蜕变通道，无论是第一代还是第二代、第三代。只不过，所面临的具体文化生态环境不同，身份危机各个层面内容此消彼长有所变化而已。除非他们能找到消化"焦虑感"的其他渠道，文化身份认同所带来的困扰就会一直纠缠他们，即便他们通过拼搏脱离了工厂流水线和工地，写作内容发生了变化：或者专事纯文学，或者为都市大众写作。然而，无论怎样，他们都无法逃离"打工"的身份。就像郑小琼说：一些诗友、前辈，即使是做到管理层，或供职于文联，大多都没有编制，因为手中无城市户口，无本科以上学历。"始终都是在体制外，始终像一只无脚鸟，不知何处能安身。"①这便是中国工业化时代、城市新的文化群体——"打工作家"与其他所有时代出现的作家群体相比最突出的区别，他们不但要为生存而漂泊，还必须为"身份"而抗争。而由于其文化身份建构机制内在的矛盾冲突，在抗争的过程中，"打工作家"文化群落自身也走向了分化甚至消亡。

从"打工作家"的文化身份建构中，我们发掘出在珠三角一个被遮蔽的城市文化现场，和曾经存在过的打工亚文化空间。可以发现，在文化群落冲突中，话语表达空间力量最强的群落，会遮蔽掉其他群体的身

---

① 成希、潘晓凌：《郑小琼：在诗人与打工妹之间》，杨宏海主编《打工文学备忘录》，社会科学文献出版社 2007 年版，第 297—304 页。

份多样性，运用话语权力重新规训并命名其他群落的文化身份；在文化身份遭遇对主体"不利"的规训时，主体会以各种各样的形式表达对权力锁定身份的反抗和不满，因为个体或文化群落的命运可能因为"文化身份"而改变，表征着各种文化身份的话语在文化空间展开的冲突与争夺也就更为激烈，甚至各自开辟自己的地盘和话语表达的文化空间。这种围绕文化身份展开的冲突并不一定是坏事。"打工作家"在自身文化身份裂变的过程中，为当代文学添加了新鲜的血液：中国工业化、城市化时代裂变中的文化记忆，同时也为城市多元异质文化空间的开拓作出了贡献，他们是南方工业化时代新兴的城市文化创造阶层。

　　或许更重要的是，我们应该如何看待文化身份建构中的文化冲突和空间裂变。中国工业化进程所扮演的"世界工厂"角色，以及城市化进程对地理空间和文化空间摧枯拉朽式的割裂和重组，使社会文化结构产生急剧的裂变，也蜕变出千姿百态的文化身份主体。这些主体的蜕变构成了珠三角城市多元冲突的文化空间格局，同时也催生了城市丰富多样的文化景观。

　　美国城市文化学者理查德·佛罗里达（Richard Florida）在其名著《创造性阶级的崛起》有个疑问：为什么有的城市欣欣向荣，蓬勃发展，有的城市毫无生气，没有发展？关键在于看城市有没有创造性阶级。创造性阶级最显著的特点是：其成员的工作是以"创造有意义的新形式"为能事。这个阶级的核心成员包括科学家与工程师、大学教授、诗人与小说家、艺术家、娱乐业创作家、演员、设计家、建筑师以及现代社会的思想领袖，如非小说家作家、编辑、文化人物、思想库研究者、分析家和其他的思想创造者。什么样的城市可以吸引创造性阶级？除了优越的、可靠的生活品质之外，吸引创造性阶级的条件之一，就是城市的多样性本身，城市空间向不同身份的人群开放，允许丰富多样的人群和多样生活方式的存在。[①] 因而文化身份建构过程及在冲突中所诞生的多样文化人群，正是一个区域的城市文化具有包容性、丰富性和吸引力的显现。

　　中国的城市化和工业化的裂变过程还没有完结，这意味着围绕文化

---

　　① Richard Florida：The Rise of the Creative Class，转引自于海《城市社会学文选》，复旦大学出版社 2005 年版，第 319 页。

身份展开的冲突和争夺将会一直存在。或许最理想的状况是，携带各种身份的文化人群都能在城市找到生存和话语表达的文化空间，多元文化主体能在各种文化身份间自由地穿行。

而对于中国当代文学来说，"打工文学"的出现和"打工作家"的文化身份转型，意味着当代文学版图格局发生了变化，这是文学研究者和评论者再也无法回避的事实。透过"打工作家"的身份转型，可以窥见中国文学生产在当代文化发展转型过程中的冰山一角：固守严肃文学或纯文学的阵地，及与之相关联的经典诗学和传统文学研究理论和方法，对于当下文学版图格局的变化，面对多样化了的文学，其阐释力也越来越弱；"打工作家"的生存、身份维系之艰难，尤其是他们经历了文学的载体由纸媒时代（传统文学期刊）到新媒体时代的变化，不得不调整其创作策略而最终走向分化，这意味着，那种原本可以很"纯文学"也兼具流行特质的"打工文学"审美趣味正在消解，受众逼迫着"打工作家"作出选择，也意味着，非"纯文学"的力量正在发展壮大，大到让学院内外的文学研究者不得不正视的地步。和当下中国城市文化的发展一样，当下中国文学正走向一个多元化的时代，文学研究者可能也要在研究对象、范围、理论、方法和研究范式上作出相应的调整。

对"打工作家"的文化身份探讨到此告一段落，但由于这个过程的复杂性，及从各个角度所牵涉到的更庞大的复杂命题，以本书的容量和我目前的学养，尚不能进行全面深刻的论述，这是本书的一大遗憾。但从这个话题和研究的思路，我发现了更多的衍生命题：比如结合"打工文学"文本的呈现主题对都市新移民的文学想象和文化认同之间的关系展开全面、深入的研究，探讨都市新移民各个文化身份认同的维度，与城市、乡土和自我身份的变化轨迹之间的深刻关联；对于媒体文化在"打工作家"文化身份建构中的具体功能问题进行具体深入的讨论等等。这些命题都吸引着我在今后的学术生涯中"上下求索"，进一步将其充实完善。

参考文献

一 著作类

Lefebvre Henri. The Production of Space. Nicholson – Smith Donald, Oxford: Blackwell, 1991.

Bourdieu Pierre. Distinction: a social critique of the judgement of taste, translated by Nice Richard, President and Fellows of Havard College and Routledge & Kegan Paul Ltd., 1984.

Jorge Larrain. Ideology and Cultural Identity, Cambridge: Polity Press, 1994.

Zukin Sharon. The Cultures of Cities. Cambridge, MA: Blackwell, 1995.

Caws Mary Ann. City Images: Perspectives from Literature, Philosophy and Film. New York: Gordon and Breach Science Publishers, 1991.

Davis Deborah S., Kraus Richard, Naughton Barry, Perry, Elizabeth J. Urban Spaces in Contemporary China: The potential for autonomy and community in post – MaoChina. New York: The Press of the University of Cambridge, 1995.

[英] E. P. 汤普森：《英国工人阶级的形成》，钱乘旦译，译林出版社2001年版。

[韩] 具海根：《韩国工人——阶级形成的文化与政治》，梁光严、张静译，社会科学文献出版社2004年版。

[德] 马克思：《路易·波拿巴的雾月十八日》，人民出版社1997年版。

[英] 斯图尔特·霍尔：《表征：文化表象与意指实践》，陆兴华、徐亮译，商务印书馆2003年版。

[澳] 杰华：《都市里的农家女——性别、流动与社会变迁》，吴小英译，江苏人民出版社2006年版。

［英］约翰·汤林森：《文化帝国主义》，冯建三译，上海人民出版社
  1999 年版。

［美］拉塞尔·雅各比：《最后的知识分子》，洪洁译，江苏人民出版社
  2006 年版。

［美］凯文·林奇：《城市的印象》，项秉仁译，中国建筑工业出版社
  1990 年版。

［美］丹尼尔·夏克特：《寻找逝去的自我——大脑、心灵和往事的记
  忆》，高申春译，吉林人民出版社 1998 年版。

［美］约瑟夫·S. 奈：《硬权力与软权力》，门洪华译，北京大学出版
  社 2005 年版。

［美］本尼迪克特·安德森：《想象的共同体：民族主义的起源与散
  布》，吴叡人译，上海人民出版社 2003 年版。

［美］爱德华·萨义德：《东方学》，王宇根译，生活·读书·新知三联
  书店 1999 年版。

［英］迈克·克朗：《文化地理学》，杨淑华、宋慧敏译，南京大学出版
  社 2003 年版。

［德］本雅明：《发达资本主义时代的抒情诗人——论波德莱尔》，张旭
  东、魏文生译，生活·读书·新知三联书店 1989 年版。

［美］王笛：《街头文化：成都公共空间、下层民众与地方政治，1870—
  1930》，李德英等译，中国人民大学出版社 2006 年版。

［美］张英进：《中国现代文学与电影中的城市：空间、时间与性别构
  形》，秦立彦译，江苏人民出版社 2007 年版。

陈刚：《大众文化与当代乌托邦》，作家出版社 1996 年版。

孙立平：《断裂：20 世纪 90 年代以来的中国社会》，社会科学文献出版
  社 2003 年版。

杨宏海：《打工文学备忘录》，社会科学文献出版社 2007 年版。

周大鸣：《渴望生存：农民工流动的人类学考察》，中山大学出版社
  2005 年版。

杨东平：《城市季风：北京和上海的文化精神》，新星出版社 2006
  年版。

高小康：《狂欢世纪：娱乐文化与现代生活方式》，河南人民出版社
  1998 年版。

高小康：《游戏与崇高：文艺的城市化与价值诉求的演变》，山东文艺
　　出版社 1999 年版。

高小康：《时尚与形象文化》，百花文艺出版社 2003 年版。

蒋述卓等：《城市的想象与呈现——城市文学的文化审视》，社会科学
　　文献出版社 2003 年版。

朱生坚、包亚明、王宏图：《上海酒吧：空间、消费与想象》，江苏人
　　民出版社 2001 年版。

包亚明：《游荡者的权力：消费社会与都市文化研究》，中国人民大学
　　出版社 2004 年版。

叶中强、王文英：《城市语境与大众文化——上海都市文化空间分析》，
　　上海人民出版社 2004 年版。

李欧梵：《上海摩登：一种新都市文化在中国：1930—1945》，生活·
　　读书·新知三联书店 2008 年版。

陈平原、王德威：《北京：城市想象与文化记忆》，北京大学出版社
　　2005 年版。

李孝悌：《中国的城市生活》，新星出版社 2006 年版。

李孝悌：《恋恋红尘：中国的城市、欲望和生活》，上海人民出版社
　　2007 年版。

王晓渔：《知识分子的"内战"：现代上海的文化场域：1927—1930》，
　　上海人民出版社 2007 年版。

马杰伟：《酒吧工厂：南中国城市文化研究》，江苏人民出版社 2006
　　年版。

柳冬妩：《从乡村到城市的精神胎记——中国"打工诗歌"研究》，花
　　城出版社 2006 年版。

孟繁华：《中国当代文学通论》，辽宁人民出版社 2009 年版。

杨宏海：《打工文学纵横谈》，社会科学文献出版社 2009 年版。

黄礼孩：《异乡人：广东外省青年诗选》，花城出版社 2007 年版。

何轩：《中国打工诗歌辑录与点评》，湖北人民出版社 2010 年版。

王明珂：《华夏边缘：历史记忆与族群认同》，台北九晨文化书业股份
　　有限公司 1997 年版。

罗岗：《想象城市的方式》，江苏人民出版社 2006 年版。

郑念：《潮落·潮涨：民工潮透视》，中国人民大学出版社 1993 年版。

葛象贤、屈维英：《中国民工潮——"盲流"真相录》，中国国际广播
　　出版社1990年版。

杨湛：《汹涌民工潮》，广州出版社1993年版。

吴妍妍：《作家身份与城乡书写》，中国社会科学出版社2009年版。

潘毅：《中国女工——新兴打工者主体的形成》，任焰译，九州出版社
　　2010年版。

蓝宇蕴：《都市里的村庄——一个"新村社共同体"的实地研究》，生
　　活·读书·新知三联书店2005年版。

安石榴：《我的深圳地理》，中国戏剧出版社2005年版。

乌纱少逸、光子、安石榴、松籽、耿德敏、黄廷飞：《边缘》，黑龙江
　　人民出版社1996年版。

戴沙牛：《谁的歌声令人心碎》，花城出版社2003年版。

曹雪芹：《红楼梦》第五十八回"杏子阴假凤泣虚凰，茜纱窗真情揆痴
　　理"，人民文学出版社2004年版。

萧相风：《词典：南方工业生活》，花城出版社2011年版。

杨宏海：《打工文学作品精选集》（中、短篇小说卷），海天出版社2007
　　年版。

刘大程：《南方行吟》，作家出版社2006年版。

周崇贤：《红尘有爱》，中国文联出版社1998年版。

张守刚：《工卡上的日历序》，远方出版社2001年版。

罗瑜平：《女人的村庄》，太白文艺出版社2010年版。

孟繁华：《传媒与文化领导权：当代中国的文化生产与文化认同》，山
　　东教育出版社2003年版。

孟繁华：《众神狂欢：世纪之交的中国文化现象》，中央编译出版社
　　2003年版。

邵燕君：《倾斜的文学场——当代文学生产机制的市场化转型》，江苏
　　人民出版社2003年版。

杨宏海：《打工世界：青春的涌动》，花城出版社2000年版。

于根元：《现代汉语新词语词典》，中国青年出版社1994年版。

熊易寒：《城市化的孩子：农民工子女的身份生产与政治社会化》，上
　　海人民出版社2010年版。

叶中强：《从想像到现场：都市文化的社会生态研究》，学林出版社

2005 年版。

周宪：《文学与认同：跨学科的反思》，中华书局 2008 年版。

包亚明：《现代性与空间的生产》，上海教育出版社 2002 年版。

杨剑龙、孙逊：《阅读城市：作为一种生活方式的都市生活》，上海三
　　联书店 2007 年版。

李德恩、赵一凡、张中载：《西方文论关键词》，外语教学与研究出版
　　社 2006 年版。

陶家俊：《文化身份的嬗变：E. M. 福斯特的小说和思想研究》，社会
　　科学文献出版社 2003 年版。

钱超英：《"诗人"之"死"：一个时代的隐喻——1988 至 1998 年间澳
　　大利亚新华人文学中的身份焦虑》，中国社会科学出版社 2000 年版。

于海：《城市社会学文选》，复旦大学出版社 2005 年版。

黄礼孩：《异乡人：广东外省青年诗选》，花城出版社 2007 年版。

姜进、李德英：《近代中国与大众文化》，新星出版社 2008 年版。

二　论文类

Wong Linda. "China's Urban Migrants – The Public Policy Challenge", Pacific Affairs, 1994, Vol. 67 (No. 3): pp. 335 – 355.

Stuart Hall. "Introduction: Who Needs 'identity'?", Stuart Hall and Paul du Gay, ed. Questions of Cultural Identity, London: Sage Publication, 1996.

Ngai Pun. Becoming Dagongmei (Working Girls): The Politics of Identity and Difference in Reform China. The China Journal, 1999, (42): pp. 1 – 18.

Xu Feng. Women migrant workers in China's economic reform: Interweaving gender, class, and place of origin. York University (Canada) . 1998.

Stuart Hall. "The Question of Cultural Identity", in S. Hall, D. Held and T. McCrew (eds.) Modernity and its Future, Cambridge: Polity Press, 1992, p. 275.

Foucault Michel. "Space, Knowledge, and Power", ed. Faubion James D. Power: Essential works of Foucault (1954 – 1984) . Penguin, 2002: 349 – 364.

陈映芳：《"农民工"：制度安排与身份认同》，《社会学研究》2005 年

第 3 期。

钟雅琴：《当下中国都市审美活动的群落化研究——审美、传媒与身份
认同》，中山大学中国语言文学系，博士学位论文，2009 年。

高小康：《美学学科三十年：走向离散》，《文艺争鸣》2008 年第 9 期。

罗岗：《文化传统与都市经验——上海文化研究之反思》，《杭州师范学
院学报》（社会科学版）2004 年第 1 期。

刘士林：《文学：从文化研究到都市文化研究》，《学术研究》2007 年
第 10 期。

高小康：《文化冲突时代的都市美学》，《人文杂志》2008 年第 4 期。

高小康：《文学想象与文化群落的身份冲突》，《人文杂志》2005 年第
4 期。

周大鸣：《珠江三角洲外来劳动人口研究》，《社会学研究》1992 年第
5 期。

周大鸣：《广州"外来散工"的调查与分析》，《社会学研究》1994 年
第 4 期。

周大鸣：《外来工与"二元社区"——珠江三角洲的考察》，《中山大学
学报》（社会科学版）2000 年第 2 期。

周大鸣：《论城市多元文化的共生态》，《广西民族学院学报》（哲学社
会科学版）2004 年第 26 卷第 4 期。

周大鸣：《李翠玲拾荒者的社区生活：都市新移民聚落研究》，《广西民
族大学学报》（哲学社会科学版）2007 年第 6 期。

王春光：《新生代农村流动人口的社会认同与城乡融合的关系》，《社会
学研究》2001 年第 3 期。

王春光：《农民工的社会流动和社会地位的变化》，《江苏行政学院学
报》2003 年第 4 期。

雷开春：《城市新移民社会认同研究》，上海大学社会学系，博士学位
论文，2008 年。

张文宏、雷开春：《城市新移民社会融合的结构、现状与影响因素分
析》，《社会学研究》2008 年第 5 期。

李伟东：《消费、娱乐和社会参与——从日常行为看农民工与城市社会
的关系》，《城市问题》2006 年第 8 期。

余晓敏、潘毅：《消费社会与"新生代打工妹"主体性再造》，《社会学

研究》2008 年第 3 期。

赵晔琴：《农民工：日常生活中的身份建构与空间型构》，《社会》2007 年第 6 期。

丁未：论文《流动的家园：新媒介技术与农民工社会关系个案研究》，《新闻传播研究》2009 年第 1 期。

李艳红：《新闻报道常规与弱势社群的公共表达——广州城市报纸（2000—2002）对"农民工"报道的量化分析》，《中山大学学报》（社会科学版）2007 年第 2 期。

张慧瑜：《遮蔽与突显作为社会修辞的"农民工"——"农民工"在大众传媒中的再现》，薛毅：《乡土中国与文化研究》，上海书店出版社 2008 年版。

蔡禾、曹志刚：《农民工的城市认同及其影响因素——来自珠三角的实证分析》，《中山大学学报》（社会科学版）2009 年第 1 期。

蔡翔、刘旭：《底层问题与知识分子的使命》，《天涯》2004 年第 3 期。

李新：《新世纪文学中的底层叙事》，东北师范大学，博士学位论文 2009 年。

刘旭：《底层能否摆脱被表述的命运》，《天涯》2004 年第 2 期。

张清华：《"底层生存写作"与我们时代的诗歌伦理》，《文艺争鸣》2005 年第 3 期。

蒋述卓：《现实关怀、底层意识与新人文精神》，《文艺争鸣》2005 年第 3 期。

柳冬妩：《从乡村到城市的精神胎记——关于"打工诗歌"的白皮书》，《文艺争鸣》2005 年第 3 期。

王晓华：《当代文学如何表述底层？——从底层写作的立场之争说起》，《文艺争鸣》2006 年第 4 期。

张延松、王莉：《当前底层文学的悲剧精神解读》，《当代文坛》2006 年第 1 期。

陈辽：《知青文学·打工文学·儒商文学》，《南通师范学院学报》（哲学社会科学版）2001 年第 1 期。

赵海：《在城乡夹缝中生存——论新时期农民进城小说的书写》，山东大学中文系，硕士学位论文，2006 年。

张一民：《打工文学：世纪初的观察》，《安徽文学》2008 年第 10 期。

江腊生：《当代打工文学的叙述模式探讨》，《中国文学研究》2008 年
　　第 4 期。

冯敏：《打工文学的现状与话语困境——由王十月小说引发的思考》，
　　《南方文坛》2007 年第 4 期。

贺绍俊：《意义、价值和蜕变——关于打工文学以及王十月的写作》，
　　《扬子江评论》2007 年第 6 期。

周航：《打工文学研究》，暨南大学中国现当代文学，硕士学位论文，
　　2006 年。

柳冬妩：《在城市里跳跃》，《读书》2004 年第 11 期。

柳冬妩：《在生存中写作："打工诗歌"的精神际遇》，《文艺争鸣》
　　2005 年第 6 期。

柳冬妩：《城中村：拼命抱住最后一些土》，《读书》2005 年第 2 期。

郑晓明：《论当下的打工文学创作》，沈阳师范大学中国现当代文学，
　　硕士学位论文，2007 年。

冯月季：《论当代打工诗歌的精神内涵及其写作困境》，西南大学中国
　　现当代文学，硕士学位论文，2007 年。

吴松：《论当下的打工文学创作》，吉林大学中国现当代文学，硕士学
　　位论文，2008 年。

贺芒：《"打工文学"：在社会效应与美学合法性之间》，《学术月刊》
　　2008 年第 9 期。

谢有顺：《分享生活的苦——郑小琼的写作及其"铁"的分析》，《南方
　　文坛》2007 年第 4 期。

周航：《"打工文学"生存样态初探——兼考察几家打工文学杂志的文
　　学生产》，《当代文坛》2009 年第 1 期。

贺芒：《〈佛山文艺〉与打工文学的生产》，《文艺争鸣》2009 年第
　　11 期。

孙西娇：《试析网络新媒体中的农民工形象》，南昌大学新闻学，硕士
　　学位论文，2007 年。

吴予敏：《论媒介形象及其生产特征》，《国际新闻界》2007 年第 11 期。

梁波：《现代化语境下"农民进城"叙事研究》，兰州大学中文系，硕
　　士学位论文，2008 年。

董小玉、胡杨：《都市类媒体中农民工形象流变研究》，《新闻爱好者》

2010 年第 20 期。

陈慧：《农民工在"珠三角"地区媒体上的形象再现研究》，苏州大学
　　传播学，硕士学位论文，2008 年。

朱唧唧：《民工形象的媒体再现研究》，苏州大学传播学，硕士学位论
　　文，2006 年。

时艳钗：《大众传媒视野下的农民工身份问题研究》，河南大学新闻学，
　　硕士学位论文，2007 年。

《都市"盲流"面面观》，《社会》1990 年第 1 期。

李艳红：《新闻报道常规与弱势社群的公共表达——广州城市报纸
　　（2000 ~ 2002）对"农民工"报道的量化分析》，《中山大学学报》
　　（社会科学版）2007 年第 2 期。

乔同舟、李红涛：《农民工社会处境的再现：一个弱势群体的媒体投
　　影》，《新闻大学》2005 年第 4 期。

黄达安：《"妖魔化"农民工群体之媒介定型——国内报纸有关农民工
　　的报道考察》，吉林大学社会学，硕士学位论文，2007 年。

程千、刘力：《主流媒体对农民工的表征及其变迁——以中央电视台春
　　节联欢晚会中小品节目为例》，《中国农业大学学报》（社会科学版）
　　2010 年第 2 期。

李江涛、郭凡：《农民工的社会适应——广州个案研究》，《中山大学学
　　报论丛》1997 年第 6 期。

周大鸣：《外来工与"二元社区"——珠江三角洲的考察》，中山大学
　　学报（社会科学版），2000 年第 2 期。

胡晓红：《社会记忆中的新生代农民工自我身份认同困境——以 S 村若
　　干新生代农民工为例》，《中国青年研究》2008 年第 9 期。

施学云：《论当代文学中流动农民形象书写的嬗变轨迹》，《理论与创
　　作》2005 年第 5 期。

刘林平：《交往与态度：城市居民眼中的农民工——对广州市民的问卷
　　调查》，《中山大学学报》（社会科学版）2008 年第 2 期。

张一民：《打工文学：世纪初的观察》，《安徽文学》2008 年第 10 期。

刘玉亭、何深静：《中国大城市农村移民居住问题的国际研究进展》，
　　《国际城市规划》2008 年第 23 卷第 4 期。

项飙：《传统和新社会空间的生成——一个中国流动人口聚居区的历

史》，《战略与管理》1996 年第 6 期。

马西恒、童星：《敦睦他者：城市新移民的社会融合之路》，《学海》
　　2008 年第 2 期。

袁瑾：《大众传媒的城市想象与地域文化的现代认同》，中山大学中国
　　语言文学系文艺学，博士学位论文，2007 年。

周宪：《文学与认同》，《文学评论》2006 年第 6 期。

陈祖君：《论作为文化传播媒介的 1980 年代文学期刊》，《文艺理论与
　　批评》2006 年第 5 期。

陈祖君、王立新：《论作为文化传播媒介的 1990 年代文学期刊》，《重
　　庆交通大学学报》（社会科学版）2009 年第 3 期。

李明德：《当代中国文化语境中的文学期刊研究》，兰州大学现当代文
　　学，博士学位论文，2006 年。

邓凯：《98 文学期刊：遭遇山重水复》，《中国出版》1998 年第 12 期。

楼岚岚、张光芒：《期刊改版与九十年代以来的文学转型》，《南京师范
　　大学文学院学报》2005 年第 3 期。

陈祖君、王立新：《论作为文化传播媒介的 1990 年代文学期刊》，《重
　　庆交通大学学报》（社会科学版）2009 年第 3 期。

李灵灵：《论山寨文化现象——对当代文化生产机制的反思》，《中国图
　　书评论》2010 年第 3 期。

周航：《"打工文学"：一种尴尬的文学命名与研究——就"打工文学"
　　研究与杨宏海先生商榷》，《理论界》2008 年第 12 月。

杨宏海：《文化视野中的广东"打工文学"》，《深圳文化研究》2000 年
　　第 2 期。

杨启刚：《世纪末：文学期刊生存空间的最后拓展》，《出版广角》1999
　　年第 5 期。

罗霞、王春光：《新生代农村流动人口的外出动因与行动选择》，《浙江
　　社会科学》2003 年第 1 期。

于宝钗：《新生代农民工的市民意识与行为》，兰州大学人口社会学，
　　硕士学位论文，2007 年。

王兴周：《新生代农民工的群体特性探析——以珠江三角洲为例》，《广
　　西民族大学学报》（哲学社会科学版）2008 年第 4 期。

宋战利：《中国文学期刊的危机与发展机遇探讨》，《中国出版》2010

年第 10 期。

吴俊：《〈人民文学〉与"国家文学"——关于中国当代文学的制度设
　　计》，《扬子江评论》2007 年第 1 期。

孔小彬：《文学期刊与打工文学的生产》2011 年第 1 期。

周水涛：《王十月打工小说创作的精英化倾向及其他》，《小说评论》
　　2009 年第 2 期。

高小康：《文化想象与多元认同：当代文化研究的新思路》，《江苏行政
　　学院学报》2010 年第 1 期。

徐桂芬：《论打工文学的生存书写》，东北师范大学中国现当代文学，
　　硕士学位论文，2008 年。

华霄颖：《以王安忆的上海想象作为个案研究都市文学：市民文化与都
　　市想像》，华东师范大学对外汉语学院对外汉语系，博士学位论文
　　2007 年。

覃明兴：《移民的身份建构研究》，《浙江社会科学》2005 年第 1 期。

王宁：《流散文学与文化身份认同》，《社会科学》2006 年第 11 期。

斯图亚特·霍尔：《文化身份与族裔散居》，罗钢、刘象愚：《文化研究
　　读本》，中国社会科学出版社 2000 年版。

武善增：《打工文学的话语困境》，《扬子江评论》2009 年第 3 期。

三　报刊类

《农民工，一个新阶层的崛起》，《中国新闻周刊》2004 年 8 月 9 日，总
　　第 191 期。

孙立平：《农民工如何实现城市融入》，《经济观察报》2007 年 3 月
　　22 日。

康不德：《让"农民工"词汇走进历史》，《农民日报》2005 年 3 月 21
　　日，第三版。

杜安娜、肖欢欢：《他们搭起中国现代化的脚手架》，《广州日报》2008
　　年 8 月 30 日，第 T2 版。

朱小勇、周秋敏：《暂住证"变迁史"》，《信息时报》2009 年 3 月 31
　　日，第 A8 版。

吴永奎：《打工作家曾楚桥：文学是我的宗教》，《南方日报》2010 年

11 月 23 日，第 D3 版。

何雄飞：《打工诗人：寄居东莞的飘一代》，《新周刊》2009 年，总第
　294 期。

王世孝、张伟明、杨文冰、叶曾：《在打工文学的旗帜下：第一代 VS
　第二代》，《打工族》2004 年 2 月下半月。

陈宇：《农民工刘六旺的“暂住志”》，《南方都市报》2009 年 12 月 31
　日，第 FA33 版。

马维东、冯霖、邹文娜：《龙华有个打工“文化部落”》，《羊城晚报》
　2009 年 11 月 3 日，第 ZA17 版。

《龙华：打工作家“梦工场”》，《深圳商报》2002 年 8 月 12 日。

温苏平：《三代打工作家龙华寻梦》，《深圳商报》2006 年 3 月 5 日，第
　A08 版。

易运文：《近观龙华“打工作家”》，《光明日报》2002 年 9 月 18 日。

黄伟：《打工文学积聚龙华》，《南方日报》2009 年 8 月 25 日，第 HD02
　版。

孙夜、颜爱红：《打工文学发展备忘录》，《宝安日报》2009 年 11 月 1
　日，第 A19 版。

唐冬眉：《关外——斯德哥尔摩通向诺贝尔文学奖的路途经 31 区》，
　《宝安日报》2005 年 11 月 26 日。

曾楚桥：《三十一区和打工文学》，《宝安日报》2009 年 7 月 5 日，第
　A17 版。

瞿慧萍：《亲嘴楼里的作家梦——记聚居在宝安三十一区的文学创作者
　们》，《深圳侨报》2007 年 7 月 28 日。

唐冬眉：《深圳三十一区作家群》，《宝安日报》2007 年 4 月 23 日。

卢卫平：《老鼠家史》，《诗刊》2007 年第 22 期。

王十月：《声音》，《黄河文学》2007 年第 7 期。

郑廷鑫、李劼婧：《郑小琼：记录流水线上的屈辱与呻吟》，《南方人物
　周刊》2007 年第 14 期，2007 年 6 月 11 日，第 47—49 页。

谭深等：《泣血追踪——原深圳致丽玩具厂 11.19 大火受害打工妹调查
　纪实》，《天涯》2001 年第 3、第 4 期。

郑小琼：《流水线》，载《联谊报》2007 年 3 月 13 日。

邝悦霞：《回首广州打工的日子》，《江门文艺》2005 年 8 月上，总第

352 期。

山山：《走在别人的都市里》，《江门文艺》2005 年 8 月下，总第 353 期。

李代高：《在别人的城市》，《江门文艺》2005 年 5 月下，总第 347 期。

曾金明：《异乡过生日》，《江门文艺》2006 年 11 月下，总第 383 期。

王十月：《烂尾楼》，《人民文学》2006 年第 4 期，第 132—136 页。

郑小琼：《铁·塑料厂》，《人民文学》2007 年第 5 期。

周崇贤：《杀狗》，《当代》2009 年第 1 期。

石明山：《红薯》，《江门文艺》2005 年 6 月下，总第 349 期。

黄旭玲：《老家》，《江门文艺》2005 年 7 月上，总第 350 期。

张学云：《几张黄昏挂出来的灯火》，《大鹏湾》1995 年第 5 期。

张毅：《怀念家园》，《江门文艺》2005 年 8 月下，总第 353 期。

邝宇：《老黄牛精神赞》，《江门文艺》2003 年 9 月下，总第 307 期。

方晓达：《消逝的〈大鹏湾〉》，《南方日报》2009 年 12 月 1 日，第 HD02 版。

王十月：《我是我的陷阱》，《天涯》2010 年第 1 期。

韦术等：《读者论坛》，《江门文艺》2005 年 12 月上，总第 360 期。

余教：《文化品格与定位》，《江门文艺》2006 年 1 月上，总第 362 期。

《编读在线》，《江门文艺》2005 年 11 月上，总第 358 期。

吴修英：《打工路上，诗人与我同行》，《江门文艺》2004 年 11 月下，总第 335 期。

王十月：《寻亲记》，《人民文学》2006 年第 5 期。

本刊信息：《"缘定江门文艺"征稿启事》，《江门文艺》2006 年 6 月上，总第 372 期。

杜华华、刘付云：《浪漫情缘〈江门文艺〉牵》，《江门文艺》2006 年 10 月下，总第 381 期。

张先锋：《投稿路上的美丽邂逅》，《江门文艺》2006 年 9 月下，总第 379 期。

张贵体：《〈江门文艺〉助我攻克岳父关》，《江门文艺》2006 年 11 月下，总第 383 期。

黎志扬：《安子，打工族中一个响亮的名字》，《外来工》2000 年第五期。

王十月：《打工文学的起承转合》，《蓝铃（打工妹）》2004 年第 9 期。

杨文冰：《在打工文学的旗帜下：第一代 VS 第二代》，《打工族》2004
　　年 2 月下半月。

黄广明：《新生代民工的梦与痛》，《南方人物周刊》2005 年 10 月 19
　　日，第 21 期。

戈马：《大鹏湾》1998 年第 5 期。

北行：《援手》，《珠江》2000 年第 9 期。

罗德远：《怀念泥土》，《大鹏湾》1997 年第 7 期。

王十月：《国家订单》，《人民文学》2008 年第 4 期，第 2—24 页。

王十月：《九连环》，《人民文学》2009 年第 6 期，第 39—56 页。

王十月：《国家订单》，《人民文学》2008 年第 4 期，第 2—24 页。

段亚斌：《文化是城市独特身份的标志》，《深圳特区报》2008 年 7 月
　　15 日，第 D2 版。

火星：《护养文学，给打工者一个精神乐园》，《宝安日报》2009 年 9 月
　　21 日，第 A03 版。

黎迪：《〈打工文学〉成了独特品牌》，《宝安日报》2008 年 12 月 23
　　日，第 A02 版。

詹燕超：《杨宏海：打工文学是深圳的文化名片》，《宝安日报》2009
　　年 9 月 27 日，第 A06 版。

何涛、黄嵩、郑晴虹：《广州：一农民版画家城市漂泊 12 年》，《广州
　　日报》2006 年 8 月 12 日，第 A06 版。

潘彧：《〈新莞人作家、艺术家入户实施方案〉昨出台》，《广州日报》
　　2009 年 9 月 8 日，第 DGA20 版。

陈碧影等：《"文学"为什么贴"打工"标签?》，《羊城晚报》2009 年
　　7 月 11 日，第 B05 版。

杨宏海：《回应："文学"为什么贴"打工"标签?》，《羊城晚报》
　　2009 年 7 月 18 日，第 B05 版。

梁婷、刘镇彬：《"打工文学"作家是"深海中的鱼"——访东莞作家
　　柳冬妩和深圳作家张伟明》，《深圳特区报》2006 年 11 月 30 日。

傅小平：《打工文学：力求进入更高精神层面》，《文学报》2009 年 12
　　月 4 日。

王杨、饶翔：《"打工文学"需要深化》。

杨宏海、方晓达:《"未来的打工文学还会有惊喜"》,《南方日报》2010
　　年12月7日,第HD2版。

陈映芳:《城市里的"移民"》,《东方早报》2004年10月20日。

四　电子文献类

詹丹:《城市给移民文化留有多少空间——"移民与都市文化"研讨会
　　综述》,http：//www. cul－studies. com/Article/urbanstudies/200811/
　　5677. html,2008－11－24。

王毅杰、倪云鸽:《流动农民社会认同现状探析》,http：//www. sociology. cass. cn/,
　　中国社会学网。

耿波:《都市文化群落的文化逻辑》,http：//www. docin. com/p－
　　586540. html,2008－07－24。

朱镕基:《政府工作报告》,http：//news. sohu. com/17/51/news148175117. shtml,
　　2002－03－16。

石勇:《普遍性压迫及其被遮蔽——读〈都市里的农家女〉》,http：//
　　www. tianya. cn/publicforum/Content/no01/1/284448. shtml,2006－11－12。

郭海鸿:《身份歧视:从"打工仔"到"外来工"再到"农民工"》,ht-
　　tp：//blog. sina. com. cn/s/blog_49a1bc77010005nv. html,2006－09－24。

鄂文江:《我在〈江门文艺〉打工的日子之一》,http：//blog. sina. cn/s/
　　blog_4ed4c1600100p8f2. html,2011－03－03。

凌春杰:《打工文学的未来流向》,http：//blog. sina. com. cn/s/blog_
　　4ed4c16001008m7s. html,2007－06－10。

安石榴:《梦与地理:应约写的临40自传,共勉之》,http：//
　　blog. sina. com. cn/s/blog_5b11eee40100eetm. html,2009－07－24。

Yarong:《大家来讲下点先算系广州人?》,http：//club. dayoo. com/
　　read. dy? b＝gzss&t＝1105&i＝1105&p＝1&page＝1&n＝20,2008－
　　07－30。

浮萍1991:《打工女孩的辛酸历程》,http：//cache. tianya. cn/publicfo-
　　rum/content/feeling/1/892038. shtml,2008－05－29。

李笙歌:《梦一样散乱的生活》,http：//blog. sina. com. cn/s/blog_
　　4deb9324010009k5. html,2007－08－02。

张绍民：《所谓城市生活》，http：//blog. sina. com. cn/s/blog_
4eee6e010100i8ov. html，2010 - 05 - 10。

李晃：《忧伤的水稻》，http：//blog. sina. com. cn/s/blog_ 4a3e667 f01
007slg. html，2007 - 12 - 11。

许强：《我只想听听鸡鸣犬吠》，http：//blog. sina. com. cn/s/blog_
5ee108be0100k3g0. html，2010 - 07 - 18。

池沫树：《山路弯弯》，http：//blog. sina. com. cn/s/blog_ 48e66da 401
00b05o. html，2008 - 09 - 24。

何真宗：《回万州》，http：//blog. sina. com. cn/s/blog_ 4b52a351 010
007iz. html，2006 - 12 - 19。

郑小琼：《渐远的故乡》，http：//blog. sina. com. cn/s/blog_ 45a57d3
0010008vp. html，2007 - 03 - 14。

郑小琼：《乡村的挽歌》，http：//blog. sina. com. cn/s/blog_ 45a57d3 001
00m5ky. html，2010 - 08 - 04。

汪兆骞：《记王朔成名作〈空中小姐〉发表情况》，http：//www. people.
com. cn/GB/channel6/32/20001128/329346. html，2000 - 11 - 28。

右耳（郭海鸿）：《听闻〈大鹏湾〉要恢复》，http：//sz1979. com：88/
blog/user1/158/200632822261. html，2006 - 03 - 28。

戴斌：《像我这样的打工编辑》，天涯社区传媒江湖，http：//www.
tianya. cn/publicforum/content/no06/1/60156. shtml，2006 - 12 - 19。

郭建勋：《旧文化大楼》，http：//blog. sina. com. cn/s/blog_
5728f26b010004mg. html，2006 - 08 - 28。

郭海鸿：《一个诗意地行走在"外省"的外省青年》，http：//
www. douban. com/subject/discussion/1005144/，2005 - 12 - 05。

郭建勋：《风雨百期大鹏湾》，http：//blog. sina. com. cn/s/blog_
5728f26b010004kf. html，2006 - 08 - 24。

张守刚：《在一本书的夹缝里看见乡音》，http：//blog. workercn. cn/?
12309/viewspace - 61224，2010 - 11 - 24。

徐东、王十月：《文学对话录：徐东 VS 王十月》：http：//forum. book.
sina. com. cn/thread - 1142215 - 1 - 1. html，2005 - 04 - 10。

农民工明明：《农民工明明在城中村的穷人生活》，http：//
bbs. city. tianya. cn/new/tianyacity/Content. asp?　　　idItem　　　=

329&idArticle = 134272&page_ num = 1，2009 – 05 – 25。

努力向上的民工：《我的民工生涯（真实的经历)》，http：//www.tianya.cn/public-forum/Content/free/1/197019.shtml，2004 – 09 – 24。

文学报：《石首王十月：从打工仔到"打工作家"》，http://liugenshenlgs.blog.163.com/blog/static/53936655200888185414279，2008 – 09 – 01。

王十月：《2004 年哎》，http：//www.tianya.cn/publicforum/content/no16/1/35316.shtml，2004 – 12 – 26。

郭海鸿：《网络需要什么样的小说?》，http：//blog.sina.com.cn/s/blog_ 49a1bc770100iwu2.html，2010 – 05 – 22。

陶东风：《中国文学已经进入装神弄鬼时代》，http：//blog.sina.com.cn/s/blog_ 48a348be010003p5.html，2006 – 06 – 18。

何真宗：《只为热爱家乡》，http：//blog.sina.com.cn/s/blog _4b52a3510100c4y8.html，2009 – 03 – 09。

周崇贤：《流浪的青春》，http：//gjwap.cn/admin/module/article/content_ view.php? z =&fid =2&id =111&mode =1，2010 – 06 – 22。

林萧：《"新莞人"落户不过是"看上去很美"》，《联合早报网》，http：//www.zaobao.com/forum/pages1/forum_ lx090910d.shtml，2009 – 09 – 10。

林萧：《致东莞文联主席林岳的一封信》，荆楚网 http：//focus.cnhubei.com/original/200909/t812491.shtml，2009 – 09 – 16。

周崇贤：《王十月没必要自认叛徒》，http：//www.mingong123.com/news/9/dgwx/20089/c816b112f4438b85.html，2008 – 09 – 25。

郑小琼：《喧哗的"马甲"，落寞的文本》，http：//blog.sina.com.cn/s/blog_ 45a57d300100m9ci.html，2010 – 08 – 09。

湘军：《洞口闯将：深圳打工知名作家叶耳》，http：//dkr.junking.cn：8080/dkr/2477.html，2010 – 08 – 30。

郭建勋：《打工文学》，http：//blog.sina.com.cn/s/blog _ 5728f26b010091gl.html，2008 – 04 – 11。

周崇贤：《打工文学不是挖祖坟的无赖》，http：//www.cpoint.cn/jishu_ view.asp? id =14974，2007 – 12 – 31。

周崇贤：《打工文学的幸福时代》，http：//blog.sina.com.cn/s/blog_ 4dd0f82d0100iraw.html，2010 – 06 – 04。

郑辉：《打工文学到底有多大的市场?》，http：//blog.sina.com.cn/s/blog_

4854ba1901000bjt. html，2007 - 09 - 30。

周崇贤：《杨宏海害死了打工作家?》，http：//blog. sina. com. cn/s/blog
　_ 4ed4c16001000bz7. html，2007 - 10 - 16。

张柠：《文学和打工是两个不相干的职业》，http：//www. gzlib. gov. cn/
　shequ_ info/ndgz/NDGZDetail. do? id = 18439，2004 - 04 - 12。

何真宗：《"打工文学"不需要深化》，http：//blog. sina. com. cn/s/blog
　_ 4b52a3510100e75q. html，2009 - 08 - 19。

周崇贤：《王十月没必要自认叛徒》，http：//www. mingong123. com/
　news/9/dgwx/20089/c816b112f4438b85. html，2008 - 09 - 25。

周崇贤：《我们都是硬骨头》，http：//www. mingong123. com/news/9/dg-
　wx/20089/2b3d34930fb46415. html，2008 - 09 - 25。

张伟明：《一群决不妥协的鱼》，http：//blog. sina. com. cn/s/blog_
　63e187db0100gmfi. html，2010 - 01 - 20。

郭海鸿：《我为什么讨厌"开文学的会"》，http：//blog. sina. com. cn/s/
　blog_ 49a1bc77010006r2. html，2006 - 11 - 29。

文化珠江：《文坛的千里马——访打工作家王十月、郑小琼》，http：//
　www. gdwh. com. cn/blog/article. php? type = blog&itemid = 3493，2009 - 08
　-31。

郭海鸿：《恭喜你成为"三级作家"》，http：//blog. sina. com. cn/s/blog_
　49a1bc7701000caz. html，2007 - 09 - 30。

周崇贤：《记住这一天，记住这一年。为尊严而战!》，http：//blog. sina. com. cn/s/
　blog_ 4dd0f82d0100eb10. html，2009 - 07 - 31。

王恺：《郑小琼一个诗人，在工厂里活着》，http：//blog. sina. com. cn/s/
　blog_ 45a57d300100925y. html，2008 - 04 - 19。

郭海鸿：《与广西蒙山网友交流》，http：//blog. sina. com. cn/s/blog_
　49a1bc770100ikrs. html，2010 - 05 - 09。

周丕东：《东莞警方刑拘网络小说作者，我胆寒!》，http：//www. tianya. cn/public-
　forum/content/free/1/1990371. shtml，2010 - 09 - 28。

郭建勋：《奉劝大家再也不要做私人杂志了》，http：//blog. sina. com. cn/
　s/blog_ 5728f26b010003of. html，2006 - 07 - 06。

王十月：《文学，我的宗教我的梦》，http：//www. tianya. cn/techforum/
　Content/163/528254. shtml，2005 - 01 - 03。

附　录

附录一：珠三角代表性"打工作家"

周崇贤

男，1970年生，四川合江人，打工文学早期的"五个火枪手"之一，1990年南下广东打工，做过电子厂工人，后一直从事媒体工作。18岁时在《凉山文学》上发表小说处女作。主要作品有中短篇小说《打工妹咏叹调》《那窗·那雪·那女孩》《春寒伤人心》，长篇小说《异客》《盲流》《我流浪因为我悲伤》等，是珠三角打工作家代表性人物，也是20世纪九十年代珠三角打工族中影响最大的"打工作家"，早期"打工情爱系列"在打工群体中广受欢迎。迄今已出版、发表长篇小说11部，中短篇小说集5部，发表文学作品700多万字。1994年获广东省"新人新作奖"，广东省作家协会会员，中国作家协会会员，佛山青年文学院院长。现在广东佛山定居。

张伟明

男，1964年生，广东梅州蕉岭人，打工文学早期的"五个火枪手"之一，1987年来深圳打工，做过流水线普工、质检主管等，后从事编辑工作，曾任打工杂志《大鹏湾》主编，现供职于深圳宝安区文化艺术馆，广东文学院"签约作家"。张伟明是"打工文学"标志性人物，早期有短篇小说《我们INT》《下一站》，发表于《大鹏湾》等打工杂志，产生较大影响。著有长篇小说《无所适从》、小说集《我是打工仔》、小说合集《青春之旅》等，获得过"大鹏文艺奖"、十年《特区文学》奖、首届"深圳青年文学奖"、"广东省第九届新人新作奖"、首届全国"鲲鹏文学奖"等各类文学奖项。

安子

女，1967 年生于广东梅县，打工文学早期的"五个火枪手"之一，1986 年到深圳打工，从电子厂流水线上的插件工、宾馆服务员、印刷厂学徒到电台节目主持人、杂志社编辑、记者，再到四家公司的董事长、深圳十大杰出青年，从业余补习初中文化课程到中国作协广东分会会员、中国上亿名打工者的代表作家。中央电视台改革开放专题片《20年·20人》中称安子为"深圳最著名的打工妹，都市寻梦人的知音和代言人"。代表作品有《青春驿站：深圳打工妹写真》《都市寻梦》，成为"深圳梦"代表人物，一代打工族的成功偶像。

林坚

男，广东人，打工文学早期的"五个火枪手"之一，1982 年来深圳，先后做过工人、服务员、机关干事、编辑等职业，1984 年林坚的小说《深夜，海边有一个人》在《特区文学》的正式发表，被认为是"打工文学"最早的文本。主要作品有中短篇小说《别人的城市》《深夜，海边有一个人》《阳光地带》，长篇小说《有个地方在城外》，曾获"深圳大鹏文艺奖"、"深圳青年文学奖"、"广东新人新作奖"。

黎志扬

男，广东罗定人，1966 年生。1985 年考上西南交通大学，读机械本科。1987 年底弃学从文，辍学回乡躬耕。1989 年底出门打工，足迹遍及珠三角，从事过多种职业，1995 年迁籍佛山三水。曾供职《江门日报》社、佛山文艺杂志社。从文经历：1986 年始发表漫画，1991 年发表中篇处女作。至今发表长、中、短篇小说约 200 万字，分乡土、打工、传奇三大系列，《禁止浪漫》《打工妹在夜巴黎》等作品，被评论界誉为早期打工文学的五个火枪手之一。1997 年加入广东省作家协会，曾创办打工文学联网。

梦溺

女，1990 年在深圳打工，主要作品有小说《默默地拥着自己》《敬你一杯苦酒》。

黄秀萍

女，广东阳春人，高中毕业后进了一个水电站工作，1989 年到深圳宝安打工，做过工厂工人、仓管员、工厂文员。1990 年开始文学创作，代表作主要有小说《绿叶，在风中颤抖》《荔红飘香》，被誉为早期打工文学的"五个火枪手"之一。

鄢文江

男，四川泸州人，1963 年 4 月出生，西藏退伍军人，四川省、广东省作家协会会员。1988 年南下打工，足迹遍及珠江三角洲，打工期间自学拿到中山大学中文系本科学历。1983 年开始发表文学作品，已出版长篇小说《南国泪》、中篇小说集《路在何方》、短篇小说集《灵魂撕裂的声音》、中国第一部打工文学评论专著《触摸泣血的灵魂》、散文集《烈火中舞蹈的凤凰》。有作品被杂文选刊、财富月刊、青年文摘、小小说选刊、微型小说选刊、新智慧等刊物选载，并入选多种年度选本；曾在江门日报连载系列纪实散文《我的打工故事》，曾在某刊连载长篇小说《贞洁无价》。评论专著《触摸泣血的灵魂》获第八届广东省鲁迅文学艺术奖。曾任《佛山文艺》杂志编辑、《江门文艺》杂志编辑部主任、江门文艺杂志社副社长、江门市文艺评论家协会秘书长、江门文艺广告有限公司总经理。现居广东省江门市。

安石榴

男，原名李高枝，1972 年 2 月出生于广西梧州藤县乡下石榴村，中国 70 后诗歌运动主要发起人之一。1993 年到深圳，先后做过流水线工人、主管、小生意人、地摊小贩、自由撰稿人、记者、编辑、文化策划人、影视编剧、广告人、企业文化顾问等多种职业；20 世纪 80 年代末开始写作，为《加班报》创始人之一，1995 年担任深圳《大鹏湾》杂志编辑、记者，兼《大鹏湾》文学创作培训中心辅导主任，曾于深圳、广州分别创立"外遇"诗社和"圣地"文学社，主编独立诗报《外遇》四期，出版诗合集《边缘》（1996）、个人诗集《不安石榴》（2002），并有长篇随笔《我的深圳地理》（2005），在《诗晚报》《星星诗刊》《诗刊》《人民文学》《广西文学》《特区文学》《南方日报》

《深圳特区报》等报刊发表诗歌、散文、随笔、评论、小说数百篇，诗作入选《中国新诗年鉴》《中国最佳诗歌》《70 年诗人诗选》等数种选本。

郭海鸿

男，1971 年生，广东梅州蕉岭客家人，1992 年到深圳，曾任《大鹏湾》编辑，和朋友创办过最早的打工诗歌民刊《加班报》，现居深圳。曾用笔名右耳等，曾在《青年文学》《作品》《特区文学》《广州文艺》等发表小说若干；曾在《南方都市报》《晶报》《宝安日报》等多家报刊写作公安侦破、生活随笔专栏。郭海鸿近年文学作品主要通过网媒发表，打工题材长篇小说《银质青春》发表于起点、新浪读书等原创文学网络平台。

罗向冰

男，四川雅安人，1968 年生，初中毕业，自学画画，为四川省美术协会会员。14 岁开始加入打工大军，曾在北京做过工，后辗转到了深圳。1994 年开始，他在工厂擦磨光珠，在车间做搬运工。1996 年受聘为深圳打工杂志《大鹏湾》美术编辑，曾担任打工杂志《飞霞》编辑。获得四次国家专业奖，有作品被中国美协、省、市博物馆收藏，《CHINA DAILY》整版评介，四川新闻网、新华社、新华网等均有报道。由于没有文凭"无法获得深圳和广州的户口，交不起小孩高昂的学费等一系列原因"，2007 年，罗向冰回到了雅安老家，进入雅安日报工作。

张守刚

男，重庆云阳人，生于 1970 年，重庆作家协会会员。1994 年开始先后到过广东、浙江、南京等地。其间担任过保安队长、总务主管、行政经理、学校校长、杂志及内刊编辑、记者、企业管理咨询师、文化宣传策划等职务，1997 年开始诗歌创作，作品发表在《诗刊》《中国诗人》《星星诗刊》《诗潮》《诗歌月刊》《诗歌报月刊》《诗选刊》《中西诗歌》《诗歌与人》《北京文学》《读者》《作品》《四川文学》《杂文选刊》《佛山文艺》等刊物，有作品入选《中国最佳诗歌》、《70 年代后诗人诗选》《中国诗选》等，2001 年与同仁创办《打工诗人报》，2002 年获《诗林》"天问杯"诗歌创作年奖，出版有个人诗选《工卡上的日历》。

谢湘南

男，1974 年生于湖南耒阳乡村，1993 年到深圳打工，曾在深圳、广州、中山、珠海等地做过建筑小工、流水线工人、搬运工、保安、质检员、人事助理、推销员、文化站、内刊编辑、记者等工作。他认为写诗是"世界上最崇高的事情之一，只有在写诗的那一刻他的生命才散发出应有的光辉和美"。1993 年开始诗歌创作，曾获"纪念章"杯全国诗歌大赛一等奖。1997 年参加第十四届"青春诗会"，迄今在《诗刊》《人民文学》《大家》《作家》《花城》《星星》等刊物发表诗作数百首。2000 年个人诗集《零点的搬运工》入选中华文学基金会"21 世纪文学之星丛书"。2006 年获广东省鲁迅文学奖。

叶耳

男，原名曾野，湖南人，1975 年出生。1995 年 10 月南下广东打工，曾在深圳宝安区某小学就职，做过教师、编辑、策划主管等职。2004 年入住深圳宝安 31 区进行职业写作。诗歌《怀乡病者》获 2005 年首届全国鲲鹏文学奖；短篇小说《幻想的月光》获得 2005 年首届青春文学大奖赛中短篇小说佳作新人奖；散文《故乡三题》荣获第五届深圳青年文学奖。

徐东

男，笔名徐一行，1975 年出生于山东郓城。中国作家协会会员，深圳市签约作家，主编《打工文学》周刊。在西藏当过兵，曾就读于陕西师大中文系，做过编辑、记者，在《女友》《青年文学》《小说精选》《长篇小说选刊》《小说选刊》编辑部等工作过。1993 年开始发表诗歌和散文，2002 年开始小说创作。有诗歌 100 首余，小说 100 余篇，散见《大家》《山花》《小说选刊》《作家》《青年文学》《鸭绿江》《文学界》《作品》《广州文艺》《青春》《小说林》《星星》诗刊等纯文学期刊，200 余万字，曾居深圳宝安 31 区进行自由写作。发表长篇

《单身》，出版小说集《欧珠的远方》、长篇小说《变虎记》、诗集《白云朵朵》。曾获新浪网最佳短篇小说奖、首届全国鲲鹏文学奖、第五届深圳青年文学奖。

王十月

男，本名王世孝，1972 年生于湖北石首，现籍广州增城市，现为广东省作家协会《作品》杂志社编辑，广东省作家协会兼职副主席。1998 年来广东打工，从事过陶瓷厂杂工、主管，编辑，自由撰稿人等多种职业。2000 年开始小说创作，同年因创作成绩突出，被聘入深圳市宝安区文化艺术中心《大鹏湾》杂志社。2004 年在深圳宝安 31 区从事自由写作，并受聘于佛山期刊出版总社任兼职编辑。2000 开始发表小说，出版、发表有长篇小说《无碑》《活物》等五部，中篇小说《国家订单》《白斑马》《少年行》等三十余部，短篇小说《出租屋里的磨刀声》《烟村故事系列》等近百篇。作品散见《人民文学》《中国作家》《十月》等刊。入选《小说月报》《小说选刊》等选刊及数十种年选；长篇报告文学《深圳有大爱》获团中央全国首届"鲲鹏文学奖"报告文学类一等奖；短篇小说《出租屋里的磨刀声》获广东省作协《作品》杂志社"全国精短小说奖"；此外，还获得广东省第十五届新人新作奖，广东省第八届鲁迅文学艺术奖，中篇小说《国家订单》获得第五届鲁迅文学奖（中篇小说类）并入选中国小说学会年度小说排行榜。小说《喇叭裤飘荡在一九八三》《国家订单》被改编成同名电影。

郑小琼

女，1980 年生，2001 年卫校毕业后来东莞打工并写诗，在家具厂、五金厂、毛织厂、印刷厂、玩具厂从事过文员、销售员等工作，其打工诗歌创作产生了广泛深远影响，有多篇诗歌散文发表于《人民文学》《诗刊》《山花》《诗选刊》《星星》《天涯》《散文选刊》等报刊，曾参加第三届全国散文诗笔会、诗刊第二十一届青春诗会，2007 年获得人民文学奖、华语传媒奖年度新人提名、庄重文文学奖、2007 年度十大"中国妇女时代人物"，与韩寒、邢荣勤、春树等一同入选"中国 80 后作家实力榜"。出版诗集《黄麻岭》《郑小琼诗选》《暗夜》《两个村

庄》《人行天桥》《夜晚的深度》，代表作品《打工，是一个沧桑的词》
《人行天桥》《黄麻岭》《铁》《内心的坡度》等。

罗德远

男，笔名远翔，四川泸县人，现籍广州增城，广东省作家协会会
员，中国诗歌学会会员。现任增城市作家协会副主席，增城市文体旅游
局《丹荔》文学杂志主编。1993 年到惠州打工，从事过电子厂工人、
主管、企业报编辑等工作，曾任《惠州文学》《飞霞·心灵知音》等打
工杂志编辑。著名民间诗刊《打工诗人》发起、创办者之一，在《文
学报》《诗刊》《工人日报》《作品》《北京文学》《南方日报》等近百
家报刊发表文学作品 100 余万字，出版有纪实散文合集《漂泊红颜》、
诗集《在岁月的风中行走》、散文集《邂逅美丽》、纪实文学作品集
《雁南飞》等。2013 年，由大西南主编，全国 60 多名评论家、诗人撰
文的针对罗德远本人的人物研究《打工前沿的歌者——罗德远其人其
文》由中国戏剧出版社出版。

徐非

男，四川人，四川省作家协会会员。南下打工十几年，足迹遍布珠
三角的中山、惠州、深圳等地；诗歌发表于《诗刊》《星星诗刊》《散
文诗》《北京文学》《四川文学》《羊城晚报》等数十家报纸杂志，其
诗歌《一位打工妹的征婚启事》1994 年在《外来工》杂志发表后，收
到 3000 多封读者来信，其名字也为许多打工读者所熟知，有诗歌《给
打工者们塑像》、诗集《心灵之约》由四川民族出版社出版；曾供职于
广东台山市文化局《侨乡文艺》杂志社，在惠州康惠电子厂任《康惠
人》编辑；在与诗友们创办的诗歌民刊《打工诗人》报，担任编委。

戴斌

男，1968 年生于湖南平江，系中国作协会员，深圳宝安区作协副
主席。1994 年到深圳宝安，从事过内刊编辑、保险等工作。自 1995 年
于《今古传奇》发表中篇处女作《阳光之吻》，至今已在《人民文学》
等文学刊物发表中篇小说一百万余字。出版长篇小说《男人的江湖》
《女人的江湖》《我长得这么丑，我容易吗》三部。中篇小说《我们如

水的日子》获第三届"特区文学奖"。中篇《深南大道》发表于《人民文学》，其余作品散见于《小说界》《大家》《长城》《江南》等刊物。

曾楚桥

男，广东省化州市人。1994 年到深圳打工，做过流水线工人、保安员、民办教师、杂志编辑等工作。1996 年开始文学创作，在《收获》（《幸福咒》）《人民文学》《芙蓉》《中国作家》《光明日报》等报刊发表文学作品约 120 余万字。曾获全国首届鲲鹏文学奖报告文学一等奖、深圳"百年小平"征文奖、深圳第五届青年文学奖。著有短篇小说集《观生》，现为广东省文学院签约作家，在沙井务工，业余创作。

汪雪英

女，笔名汪洋，网名汪雪儿、东莞汪洋。江西永新人，广东省作协会员。1987 年到东莞漂泊，1994 年 6 月，因出版诗集《漂流花季》而成名，被新华社、中央人民广播电台、《光明日报》等上百家媒体报道，收入《永新人物传》，在《人民文学》《散文选刊》《新周刊》《佛山文艺》《南方都市报》等报刊发表文学作品。著有长篇自传体小说《漂在东莞十八年》、社科人文类《同一屋檐下：婆媳关系》、纪实报告类系列篇《那些向上生长的枝丫》；2004 年起，在红袖添香原创文学网站发表长篇连载，任职《东莞时尚》杂志社编辑、记者，曾获 2007 年8 月腾讯"作家杯"第二届原创文学大赛优秀奖。

塞壬

女，原名黄红艳，湖北人，原为湖北大冶钢铁厂职工，1998 年下岗后南下深圳、东莞，先后从事编辑、业务代表等多种职业，其散文发表于《人民文学》《天涯》《散文》等文学期刊，写有散文《下落不明的生活》，曾获东莞首届"荷花文学奖"散文奖，散文《转身》获2008 年度人民文学奖。现居广东东莞，为东莞市文学院签约作家。

卫鸦

男，原名肖永良，生于 1978 年，祖籍湖南娄底，毕业于湖南大学数学与计量经济学院，曾在内地政府部门任职，于 2001 年到深圳，下

海后做过研发工程师，现居深圳宝安。于 2004 年开始小说创作，2005
年辞去工作进入宝安 31 区进行专业创作，作品以小说为主，代表作有
长篇小说《十里长堤》，在《人民文学》《花城》《天涯》《中国作家》
《芙蓉》等文学刊物发表中短篇小说百余万字，多篇小说入选《中篇小
说选刊》《小说选刊》；短篇小说《唢呐不哭》获 2007 年"金小说——
全国中短篇小说大赛"优秀奖。

柳冬妩

男，本名刘定富，1973 年生于安徽霍邱县。东莞文艺评论家协会主
席、东莞理工学院兼职研究员，他的《从乡村到城市的精神胎记——中
国"打工诗歌"研究》《打工文学的整体观察》，曾荣获第五届中国文
联文艺评论奖、鲲鹏文学奖等各类文学奖项，出版《梦中的鸟巢》等
诗集三部。

何真宗

男，重庆万州人，1972 年生，1992 年南下广东，先后做过工人、
车间主管、公安局交警文书、编辑，重庆市作家协会会员、广东省作家
协会会员，文学作品散见于《诗刊》《北京文学》《诗选刊》《作品》
《扬子江诗刊》《星星诗刊》等报刊近 200 万字，作品入选《2006 中国
年度诗歌》《中国诗库 2007 卷》《2008 中国诗歌年选》等 10 多种文
集；出版自传体长篇小说《城市，也是我们的》、诗集《在南方等你的
消息》、诗文集《望一眼就心动》，诗歌《纪念碑》曾获共青团中央
"首届全国鲲鹏文学奖"诗歌类一等奖，创办《打工作家报》。

陶天财

男，生于 1977 年，四川宜宾人，西南师大工艺美术专业，四川省
作家协会会员。2001 年南下打工，做过流水线工人、工厂内刊、媒体
编辑等多种职业，《新周刊》报道"他在东莞花了近 10 年的时间，换
了 25 份工作，才从建筑工、打磨工变成一名内刊编辑"。作品散见于
《星星》《诗选刊》《作品》《中国新诗年鉴 2006》等，已出版诗集《三
儿的问题》一种。民刊《行吟诗人》编委。

刘大程

男，1973 年出生，湖南凤凰人，2001 年南下，从事过画工、教师、内刊编辑等职业，现居广东东莞。2001 年开始写诗，长诗《南方行吟》在《新京报》发表后产生强烈反响。主编《行吟诗人》。出版著作《行走的歌谣》《风中的巢》《南方行吟》《眺望或低徊》《东莞梦工厂》等多部。获广东省青年文学奖、东莞荷花文学奖、新语丝文学奖等奖项。东莞文学院第二届"签约作家"。个人经历由香港拍成纪录片作为多媒体教材在香港学校播放。名录收入高校教材《中国现当代苗族文学史》，提倡人文关怀和母语写作。

郭建勋

男，1969 年生于湖南桃江，现居深圳，出版长篇小说《天堂凹》，并被拍成同名电影。1993 年从武警部队退伍后即到深圳，先后做过保安队长、编辑、记者、宣传干事等。10 多年来，他边打工边创作，发表各类作品逾 100 余万字。他的小说"展示出来的是一种原汁原味、毛茸茸的社会底层生存状态"。

萧相风

男，原名李刚，1977 年生，湖南永州人，1999 年毕业于北京信息工程学院。2000 来珠三角地区打工，从事过搬运工、普工、机修、业务员、QC、生产计划员、车间主管、工程师、经理和 ISO 专员等职业，同时写作诗歌、小说和评论等。发表长篇小说《清明》，出版诗集《噪音 2.0》和非虚构作品《词典：南方工业生活》。获 2010 年度《人民文学》奖、第三届深圳原创网络文学拉力赛非虚构类金奖。现居深圳。

池沫树

男，原名周云方，江西宜丰人，生于 1980 年，高中毕业前往东莞打工，打工 10 年间，池沫树做过搬运工、流水线工人、油漆印刷工、橡胶打料工、生管、仓管等。组诗《活着》再现对城市火车站、工厂等空间地点的体验，打工者在工厂的真实生活，南方工业化小镇的变化，散文《橘子小鸟》获得 2009 年冰心儿童文学新作奖大奖。

许强

男，四川渠县人，1973 年生，1994 年毕业于西南财经大学，四川省作家协会会员、中国诗歌学会会员。1994 年南下深圳，先后在深圳、东莞、惠州、苏州等地打工，现在苏州某外企任人事经理。写诗 10 余年来，作品散见于《诗刊》《星星诗刊》《绿风诗刊》《中国诗人》等全国 100 多家刊物，被《中国青年》等全国 50 多家报刊报道过。2001年与朋友创办大型民间诗报《打工诗人》，成为"打工诗"代表诗人之一。曾参加《诗刊》第 26 届青春诗会。有诗作入选《2010 中国年度诗歌》等多种诗歌年度选本，与朋友主编《中国打工诗歌精选》年度选本，中国打工诗歌奖发起人。

陈忠村

男，1975 年生，原名陈忠强，安徽萧县孙庄人，1991 年初中毕业在家务农后改学美术，1993 年考入蚌埠工艺美术学校室内设计专业，1997 年 7 月参加工作后，分别考入郑州轻工业学院（大学）和中国人民大学（硕士），现为同济大学美学（艺术哲学）博士在读、国家一级美术师，系中国美术家协会会员、中国作家协会会员、中国诗歌学会会员，一直关注打工诗歌，曾参加《诗刊》社第 27 届青春诗会，出版诗集有《红信封》《蓝港湾》《黄月亮》《一株站着开放的花》《壁画中流淌的河》《城市的暂居者》和《短夜》等，与人合编《中国打工诗歌精选》等。

戴沙牛

男，湖北应城人，1996 年到广东打工，从事过清洁工、鞋厂流水线工人等职业，后一直从事媒体工作，现居广州，早年在各类报纸杂志发表短篇情感小说，1996 年在《大鹏湾》发表短篇小说《我还是你的回忆吗》，曾获女友杂志暨武汉晚报情感故事征文一等奖，出版有长篇小说《谁的歌声令人心碎》。近年来小说主要在网上发表。主要作品有长篇小说《乡镇爱情》《广州情人》《官场私情》。

李晃

男，原名李晃鹏，1972 年生，湖南隆回人。著有诗集《深圳放牛》，现居深圳。著有诗集《深圳放牛》《李晃抒情诗选》《李晃短诗选》《李晃诗选》等八部与《李晃文学评论选》一部。曾编《湖南青年诗选》《深圳青年诗选》《深圳九人诗选》《深圳诗坛大检阅》四部。2010 年 10 月，与徐敬亚、王小妮等被深圳市委宣传部、市文联评选为"深圳 30 年 30 名诗人"，作品入选首届"中国诗剧场"。

于怀岸

男，湖南湘西人，1974 年出生，做过农民、打工仔、报社记者、旅游类杂志和大型文学期刊编辑。主要作品有中篇小说《屋里有个洞》《一粒子弹有多重》《猫庄的秘密》，短篇小说《白夜》《你该不该杀》等，出版有长篇小说《猫庄史》，中短篇小说集《远祭》，短篇小说集《想去南方》。曾获湖南青年文学奖，深圳青年文学奖，《上海文学》中篇小说佳作奖，美国《新语丝》网络文学一等奖，"我与深圳"网络文学长篇小说优秀奖。

曾文广

男，湖南洞口人。曾在东莞制衣厂做工，1998 年北上郑州，边打工边就读于郑州大学新闻自考大专班，用有限的稿酬上完了两年大专，其后再度南下，应聘到广州一家医疗保健类杂志做编辑；曾参与筹办《打工诗人》报，2002 年 2 月，《诗刊》下半月刊发曾文广组诗《在异乡的城市里生活》，2003 年，获第一届《北京文学》奖诗歌类二等奖。现为广州《致富时代》杂志主编。

杨文冰

男，2000 年任深圳打工杂志《大鹏湾》编辑，2004 年从《大鹏湾》离职后曾入住深圳宝安 31 区自由写作，后到广州任《南叶》编辑；作品有《杀人》，2005 年与王十月合撰的报告文学《深圳有大爱》获得首届鲲鹏文学奖报告文学一等奖。

刘付云

刘付云，笔名风过无痕、远海、宁子、风云岭等，广东廉江人，1996 年到广州，现居广州从化。先后于华南某市政府、省政府等部门供职。为世界华文作家协会会员、中国国际文学艺术家协会会员、中国诗歌学会会员、广东省作家协会会员、广州市作家协会会员。今已在《诗刊》《中国文学》《星星》《青年文学》《北京文学》《佛山文艺》《微型小说》《南方文学》《打工》《爱情婚姻家庭》《珠江》《江门文艺》报刊发表过稿件。著作有《祖国，我该怎样感激你》《雪指燕赵》《诗迷意悦》《情洒神州》《爱情冰窟窿》等。

唐新勇

男，1977 年生，祖籍湖南，现籍广州。1996 年高中毕业外出打工，曾在广州某镇机械厂做学徒工，后任广州《飞霞》编辑，曾在广州、深圳从事编辑记者、广告策划多年；2003 年开始，主要为报刊采写纪实特稿，先后在《知音》《家庭》《读者》《青年文摘》《南方周末》《商界》《现代营销》等报刊发表各类作品千余万字，若干作品被《读者》《青年文摘》《特别关注》等转载，出版有《财智先锋》等著作。

唐建华

男，广西资源县人，现为资源县文联主席；曾在广州《家家乐》杂志做编辑，《南方文学》主编，曾在广州做自由撰稿人。出版《出租屋》《特别调查》《黄昏恋在中国》《血色十字架》（与人合作）等多部长篇小说。

家禾

男，原名王甲有，1974 年生于湖南衡阳祁东。1993 年南下广东东莞，曾在鞋厂、制衣厂做工；1996 年出版诗集《雪地的玫瑰》。诗歌民刊《行吟诗人》编委、《打工诗人》编委。著有长篇小说《男人女人那点事》。

任明友

男，1976 年生，重庆酉阳人。1993 年南下广东打工，在南方飘荡十六年，1995 年开始文学创作，做过报刊编辑、记者，曾担任《惠州文学》编辑部主任，《打工诗人》编委之一。现已回乡，从事广告业。

黄吉文

男，黄吉文，1970 年代中期生于湖北十堰，1996 年，黄吉文来到东莞打工，挖过煤，做过搬运工、五金打磨工、小商贩，也做过编辑记者和自由撰稿人。民刊《打工诗人》编委之一，有诗作若干发表于全国各级媒介，曾获首届中国鲲鹏文学奖诗歌奖、打工文学奖等奖项。开办有自己的文化传播公司，成为名副其实的新莞人，现为中国城市节庆运营职业策划人。

李于兰

女，1976 年生于湖北荆州，中专学历。1995 年南下打工，先后做过公司文员、厂报编辑、自由撰稿人等工作，已定居深圳。发表小说散文共计百余万字，出版三部长篇小说《无花果》《诱惑季节》《瑟瑟红尘》。2003 年 8 月曾在鲁迅文学院研修班学习，已完成剧本《洛神秘史》《瑟瑟红尘》。现为网站主编。

许岚

男，原名胥洪龙，20 世纪七十年代出生，四川省西充县人，四川省作家协会会员。在家乡做了四年政府公务员后，于 1996 年流浪南方，先后做过工厂人事部经理、杂志社编辑记者、企业报主编等，主要在广州；作品见于《诗刊》《星星》《十月》《清明》《山花》等刊物。出版诗集《农民工博物馆》。代表作有《流浪南方》《一根针，走失了》《长江之水》《月来了》等，其中《流浪南方》获第三届路遥青年文学奖。民刊《打工诗人》编委，创始人之一。

卢卫平

男，湖北红安人，1965 年生。大专学历，1992 年南迁珠海，先后在三家大型民营企业从事宣传策划、企业管理工作，2004 年任珠海市文联任文艺部副主任；1985 年始发表作品，1995 年加入湖北作协，同年转入广东作协，2001 年加入中国作协，2005 年被评为二级作家。获首届中国《星星》年度诗人奖、第四届华语文学传媒大奖年度诗人提名奖等，诗作入选《中国新诗总系》《中国六十年精品诗歌》《1978—2008 中国优秀诗歌》等百余种诗歌选本。出版《异乡的老鼠》《向下生长的枝条》《尘世生活》《各就各位》等诗集。有诗歌翻译成英语、葡萄牙语等。《中西诗歌》执行副主编。现居珠海。

李明亮

男，1973 年生，安徽宣州人。1999 年南下广东打工。2009 年获浙江台州市第三届青年文学之星奖。诗集《裸睡的民工》，列入"浙江省现实主义文学精品工程"，浙江省首个外来务工者签约作家。

李笙歌

男，四川南充人，曾在深圳、广州居住，现居东莞。主要写诗歌，曾从事编辑、记者、文学策划和自由撰稿人等职，非作协会员，自己开办文化传播公司，办民刊《新诗人》；著有小说集《宁静的牧猪河畔》，诗歌集《一个人的旁白》等，先后在《小说月刊》《中国文艺》《中国诗歌》《星星》《绿风》《诗林》《当代青年》《深圳特区报》《晶报》等全国各大传媒报刊发表作品并获奖。

欧阳风

男，湖南永州人，1985 年生，属于打工群体的新生代，打工诗人。2002 年来广东中山打工，2005 年到常德浦沅技校学机械专业钳工，2006 年再次南下广东。诗歌作品有《我的父亲母亲》《螺丝钉》，发表于《诗刊》《北京文学》《诗林》等期刊，作品入选《二十一世纪第一个十年诗选》。

附录二：珠三角代表性"打工杂志"、民刊

《佛山文艺》

创立于1972年，由佛山市文化局主办，最初为报纸，于1987年试刊从报纸变身为16开本月刊，1994年改为半月刊，是中国最早的文学半月刊，早期因定位为打工文学杂志而获得极大成功，成为华南地区最负盛名的文学杂志，曾被评为全国社科类"百佳"期刊，期发行量曾达40万份，号称"中国发行量最大的文学期刊之一"。因其读者服务群体定位为珠三角打工族，被文学期刊界称为"另类"。因受网络媒体的冲击，杂志发行量呈现萎缩趋势，后从都市情感杂志向纯文学期刊回归。

《大鹏湾》

创刊于1988年2月，由深圳市宝安区文化局主管主办，号称"中国最早的打工文学刊物"、"闯世界者的港湾"，这本以反映打工仔生活为己任、追求打工仔文学特色的刊物成为打工文学的"黄埔军校"，受到广大打工者的欢迎，单期发行量就在10万份以上，从1995年第9期开始，《大鹏湾》从双月刊改为月刊。杂志服务定位于特区新移民群体，关注和反映打工群体的生存状态和命运遭际，广受珠三角打工一族欢迎。"那时候只要随便走进一间企业的工人宿舍，肯定会有《大鹏湾》和《佛山文艺》，每一本杂志都被工友们广泛传阅，而且热烈讨论。"一位打工作家还记得20世纪90年代的工厂生活。打工作家张伟民、郭海鸿、安石榴、王十月、郭建勋等均在该刊从事过编辑工作，后因刊号问题，屡遇整顿，直至停刊。

《江门文艺》

创刊于1979年，由广东省江门市文联主办的打工文学杂志，20世

纪 90 年代初办刊定位为："关注现实生活，坚持平民意识，面向打工一族，兼顾城乡大众，文学性和可读性并重，雅俗共赏"，致力于成为打工一族的精神家园，一度在广东打工族读者中享有盛名，是三大打工杂志之一，发行量最高达 15 万册。主要编辑人员有鄢文江、雪月等。设有本刊推荐、小说万象、人世间、情感天空、诗歌广场、打工岁月、长篇连载等二十多个栏目，是全国打工文艺期刊品牌。

《南叶》

本为韶关文联主办的文学杂志，后由书商承包，编辑部设在广州，改为面向打工群体的打工文学期刊，主要编辑人员：邱志清、杨文冰等。目前办刊风格已发生变化。

《飞霞·心灵知音》

本为清远市文联主办的文学杂志《飞霞》，后由书商承包运营，以《飞霞·心灵知音》为杂志名出版发行，编辑部设在广州，目标读者定位为打工族，主要编辑人员有：唐新勇、罗德远、罗向冰、沈岳明。目前已停刊。

《打工族》

原名《外来工》，由佛山文化局主办，1993 年《外来工》从《佛山文艺》中分离出来，成为专门针对"农民工"的综合刊物，2000 年11 月《外来工》正式改名为《打工族》，面向珠三角新移民。

《打工之友》

由书商运营的打工月刊，编辑部设在广州，主要服务读者为珠三角城市新移民，杂志收入主要来源于每期大量的虚假性医疗广告，现已停办。

《珠江》

广东省群众艺术馆刊物，原为纯文学杂志，后改版为打工文艺杂志，现已停刊，主要编辑人员：杨湘粤、李秀环等。

《嘉应文学》

广东省梅州市文联主办，后由书商承包，改版为打工文学期刊，编辑部设在广州，主要编辑人员：邹三开、艾清芳、康永君，目前已停办。

《西江月》

由广西梧州文联主管主办，1972 年创刊，后由书商承包在深圳出版发行，主要编辑人员：郭海鸿等。目前刊物风格已发生改变。

《南方文学》

由广西桂林文联主办，2000 前后由书商承包在广州出版发行，编辑部设在广州，主要编辑人员：唐建华等。目前杂志风格已发生改变。

《加班报》

1992 年 6 月，郭海鸿、曾五定创建深圳市宝安区石岩镇"打工文学创作组"，共由 36 人组成，办起《打工村》文学墙报，每月出刊一次；1992 年 11 月，郭海鸿、安石榴等创办手写体《加班报》。1993 年 4 月，《加班报》创刊号被《诗歌报》发现，全文刊发郭海鸿的组诗《打工青春》和随笔《呼唤打工文学》。诗句"我们刚刚结束了老板厂的加班，现在我们又开始为命运加班"，此诗在打工群体中广为流传。

《龙华诗报》

安石榴等于 1994 年在深圳市宝安区龙华镇创办。

《外遇报》

安石榴等于 1999 年创办，组织"边缘"、"外遇"诗社，提出"70 后诗人"的概念。

《打工诗人》

2001 年 5 月 31 日，《打工诗人》在广东惠州市创刊，发起人为许强、徐非、罗德远、任明友；刊名题字：杨牧；创刊号发表 17 位作者的 36 首诗作，在诗坛和社会上引起反响，"打工诗歌"概念由此形成。

《行吟诗人》

2002 年 8 月，由刘大程发起，《行吟诗人》在广东东莞创刊。最初编委有刘大程、郁金、陶天财、马忠、何真宗等七人，侧重于发表漂泊、打工诗人作品，同时面向众多诗人，提倡"人文关怀和母语写作"，选稿倾向于具有"时代感，使命感，悲悯感"、社会良知和生命关怀的发自心灵的文字，探索诗歌在时代语境中的可能，拒绝低俗的文字游戏。刊物至今已印行 15 期。创刊号为 4 开诗报，后 5 期为对开大诗报，自第 7 期起改为诗刊，总印量约 7000 份，发表 400 多名诗人作品，6 万多行。刊物辐射国内含港、澳、台诗界，刊发作品被《诗选刊》《诗刊》《作品》《诗歌月刊》等选载。

《繁星》

李晃于 2003 年正月在深圳发起成立繁星社，创办、主编民刊《繁星》。李晃为繁星社社长，繁星论坛版主，繁星诗歌论坛版主。2005 年 3 月发起成立繁星派。

《打工作家》（《打工文化》）

2004 年 5 月，《打工作家》在东莞市创刊，主编何真宗；2005 年 11 月改刊为《打工文化》报。

附录三：珠三角"打工文学"代表性作品

《深夜，海边有一个人》：短篇小说，作者林坚，发表于《特区文学》1984 年第 3 期，被学界认为是"打工文学"问世的标志性文本。

《我们 INT》：中篇小说，作者张伟明，首发于著名打工杂志《大鹏湾》，后被转载于《青年文学》1989 年第 2 期。

《下一站》：短篇小说，作者张伟明，首发于《大鹏湾》1989 年第 2 期，后《特区文学》1990 年第 1 期转载，继《我们 INT》之后再次引起打工群体的反响，张伟明因文学创作突出被聘入《大鹏湾》杂志当编辑，后成为主编。

《别人的城市》：中篇小说，作者林坚，发表于《花城》1990 年第 1 期。

《打工妹咏叹调》：中短篇小说，作者周崇贤，发表于《佛山文艺》1991 年第 6 期。

《青春驿站——深圳打工妹写真》：长篇纪实文学，作者安子，描写了 16 个打工妹在深圳特区的故事，1991 年先后在《深圳特区报》、上海《文汇报》等报纸连载，在打工群体中产生轰动效应。中国作家协会创研部副主任彭学明评论："文字粗粝，故事简单，文学性远远不及后来郑小琼、王十月的作品。但巨大的真实性却掀起了打工文学的狂潮，这种情感的共鸣，是作品成功的最大因素。《青春驿站》的真情实感，是对披着华丽的文学外衣却不知情为何物的垃圾作品最大的打击。"

《绿叶，在风中颤抖》：短篇小说，作者黄秀萍，发表于《特区文学》1992 年第 1 期。同年，黄秀萍在《作品》第 1 期发表短篇小说《这里没有港湾》。

《默默地拥着自己》：中篇小说，作者梦溺，发表于《特区文学》1992 年第 4 期。

《禁止浪漫》：短篇小说，作者黎志扬，发表于《佛山文艺》1992 年第 8 期。

《一位打工妹的征婚启事》：诗歌，作者徐非，发表于 1994 年 9 月佛山市《外来工》杂志（后改为《打工族》），作者收到 3000 多封读者来信，经《羊城晚报》披露后，全国数十家报刊报道转载此诗。

《彷徨在三岔路口》：中篇小说，作者鄢文江，发表于《佛山文艺》1993 年 5 月 "打工文学专号"。

《摇摇滚滚青春路》：中篇小说，作者吕啸天，发表于《大鹏湾》1994 年 10 月。

《边缘》：诗集，作者有乌纱少逸、光子、安石榴、松籽、耿德敏、黄廷飞等，1996 年由哈尔滨黑龙江人民出版社出版。

《我要活下去》：中篇小说，作者周崇贤，发表于《作品》1997 年第 2 期。

周崇贤小说作品专辑"打工系列"：一套 8 册，1999 年由中国文联出版公司推出，该文集是中国第一套打工作家个人文集。

《打工世界·青春的涌动》：杨宏海主编，2000 年 5 月由广州花城出版社出版。该书共 781 页，分 "小说、报告文学"，"散文、诗歌"，

"评论"三部分。

《零点的搬运工》：诗集，作者谢湘南，2000 年 6 月由华夏出版社出版，评论家杨匡满为该书作序，认为谢湘南的出现，"意味着真正意义上的打工文学的确立和成熟。《零点的搬运工》是我至今读到的最好的打工文学"。

《我们如水的日子》：中篇小说，作者戴斌，发表于《特区文学》2000 年第 5 期。

《工卡上的日历》：诗集，作者张守刚，2001 年 6 月由远方出版社出版。

《出租屋里的磨刀声》：中篇小说，作者王十月，发表于《作品》2001 年第 6 期，获广东省作协《作品》杂志社"全国精短小说奖"。

《南国泪》：长篇小说，作者鄢文江，2002 年由珠海出版社出版。

《在异乡的城市里生活》：组诗，作者曾文广，刊发于《诗刊》2002 年 2 月下半月。

《为几千万打工者立碑》：长诗，作者许强，2002 年 4 月刊发于《星星诗刊》。

《我长得这么丑，我容易吗?》：长篇小说，作者戴斌，2003 年 6 月由花城出版社出版。

《深南大道》：中篇小说，作者戴斌，2003 年《人民文学》第 9 期发表，引起一定的反响。

《谁的歌声令人心碎》：长篇小说，作者戴沙牛，2003 年由花城出版社出版。

《烦躁不安》：长篇小说，作者王十月，2004 年 5 月由花城出版社出版。

《都市盲流》：长篇小说，作者周崇贤，花城出版社 2004 年出版。

《台风之夜》：中篇小说，作者于怀岸，发表于《芙蓉》2004 年第 4 期。

《在岁月的风中行走》：诗选集，作者罗德远，2004 年 6 月由南方日报出版社出版。

《我的深圳地理》：长篇随笔，作者安石榴，2005 年由中国戏剧出版社出版，记录下作者和他的打工朋友们和一座新型城市发展的故事，可谓都市新移民的"深圳青春寻梦史"。

《深圳放牛》：诗集，作者李晃，2005 年 10 月由作家出版社出版。

《烂尾楼》：散文，作者王十月，发表于《人民文学》2006 年第 4 期。

《寻亲记》：散文，作者王十月，发表于《人民文学》2006 年第 5 期。

《冷暖间》：散文，作者王十月，发表于《人民文学》，2006 年第 6 期。

《南方行吟》：诗集，作者刘大程，2006 年 6 月由作家出版社出版，曾被《新京报》"京报诗刊"整版刊出，诗人、评论家李少君认为这是"比较全面地反映打工生活的'浮世绘'似的作品"。

《三十一区》：长篇小说，作者王十月，2006 年 7 月由上海作家书局出版。

《铁·塑料厂》：散文，作者郑小琼，发表于2007年《人民文学》第5期，获得人民文学奖"新浪潮"散文奖。

《中国打工诗歌精选》：诗选集，许强、罗德远、陈忠村等人编选，2007年5月由珠海出版社出版。

《打工文学作品精选集·中短篇小说卷》、《打工文学作品精选集·散文诗歌卷》：杨宏海主编，2007年11月由海天出版社出版。

《幸福咒》：短篇小说，作者曾楚桥，《收获》杂志2007年第6期，引起一定反响。

《东莞不相信眼泪》：长篇小说，作者韩宇，网名六月雪，最初连载于天涯社区，点击率近百万，成为网络热帖，2007年由广西人民出版社出版，同时在新浪读书连载。

《国家订单》：中篇小说，作者王十月，发表于《人民文学》2008年第4期。

《打工》（又名《天堂凹》）：长篇小说，作者郭建勋，小说以深圳改革开放30年为背景，描写了一群小人物在一个被虚构地方"天堂凹"所经历的酸甜苦辣、悲欢离合。2008年，作品被改编成电影《天堂凹》，并在全国公映，这是国内第一部由打工者创作的小说改编、拍摄的电影。

《下落不明的生活》，散文集，作者塞壬，2008年由广州花城出版社出版，作者同样题名的散文曾发表于《人民文学》2001年第7期。作者因此获荣获第七届华语文学传媒大奖"最具潜力新人奖"，2008年度人民文学奖优秀散文奖。

《漂在东莞十八年》：长篇自传体小说，作者汪雪英，2008 年由百花洲文艺出版社出版。

《2008 中国打工诗歌精选》：许强、罗德远、陈忠村主编，2009 年由上海文艺出版社出版。

《深眸·女》：反映打工妹还乡创业、生活的长篇纪实文学，作者张伟明，2008 年 7 月由作家出版社出版。

《黄麻岭》：诗集，作者郑小琼，2008 年由长征出版社出版，作者在博客中写道："在黄麻岭待了五年，在东坑待了几乎六年，从那里开始写诗，写散文，几年下来，写了一百多首打工题材的诗歌，就是这本《黄麻岭》。"郑小琼因此获"鲁迅文学奖"。

《无碑》：长篇小说，作者王十月，2009 年由花城出版社出版，该作品以文字为小人物树起一块碑，主人公老乌在社会最底层摸爬滚打，但始终坚守正义与良知。属"中国作协国家重点扶持项目"，2009 年，该书是广东省出版集团为庆祝新中国成立六十周年推出的精品图书之一。

《2009—2010 中国打工诗歌精选》，许强、罗德远、陈忠村主编，2010 年 5 月由上海文艺出版社出版。

《城市，也是我们的——一个农民工在广东 18 年的奋斗史》：长篇小说，作者何真宗，2010 年 9 月由黄河出版集团宁夏人民出版社签约出版，为我国首部农民工自传体励志小说。

《徘徊在城市与乡村的边缘》：诗集，作者张守刚，2010 年 12 月由重庆大学出版社出版。

《银质青春》：长篇小说，作者郭海鸿，讲述来深圳打拼的年轻一代包括草根、白领、金领们的成长史、情感史和心灵史，同时展现了深圳变迁在人们生活中留下的深刻烙印。最初在新浪读书连载，2010 年开始在深圳《宝安日报》连载。

《词典：南方工业生活》：非虚构作品，作者萧相风，关于南漂一族打工生活的词典，2011 年由广州花城出版社出版，作者因此作品获 2010 年度非虚构类人民文学奖。

《2011 中国打工诗歌精选》：许强、陈忠村主编，2012 年 8 月由长江文艺出版社出版。

《女工记》：诗集，作者郑小琼，2012 年 12 月由广州花城出版社出版，被誉为"中国诗歌史上第一部关于女性、劳动与资本的交响诗"。这也是作者迄今公开出版的第八本诗集，另还有一本散文集，一本散文诗集。

《东莞梦工厂》：长篇小说，作者刘大程，2014 年 1 月由清华大学出版社出版，记录了一代漂泊者的心灵史。

　　注：以上资料来源于网络、访谈资料及《打工文学作品精选集·中短篇小说卷》（杨宏海主编，海天出版社 2007 年版）、《打工文学备忘录》（杨宏海主编，社会科学文献出版社 2007 年版）、《打工文学纵横谈》（杨宏海主编，社会科学文献出版社 2009 年版）。

作家学术索引

后 记

最初接触"打工文学"是在高考后，我第一次从打工回乡的邻居处读到《佛山文艺》《江门文艺》等杂志。我被那些伤痕累累的故事、遭受重创下精神被撕裂的伤痛深深震撼了。在广东打过工的邻里乡亲们，往往绘声绘色地讲述起他们在南方大城市的传奇往事。懵懂中我很想知道：南方到底是一个什么样的所在，他们到底经历了什么样的生活？

及至我也来到南方，从珠海奔赴深圳蛇口，亲身体验了初中毕业就出来闯世界的好友的工厂宿舍生活；到了东莞打工的表兄表姐那里，遇见一个老乡，暮色中她蹲在街边一堆破衣破布上，冷漠又呆滞。听说我是中山大学的学生，她抬眼望了我一眼，感叹说："你的命好啊，命好。"她的身影和那句"命好"一直在我心底挥之不去，细想下：一个生于1980年代的农家子弟，如果不是考上大学，我会不会和邻里乡亲、中学同窗一样，成为珠三角的"打工妹"？会不会也在趴在铁架床上写下那些伤痛的诗句？成为像郑小琼一样的"打工作家"？身份、命运，竟悬于高考一线，怎能不叫人暗自侥幸？现在想来，正是对命运幻象的思考冥冥中将我推向了"打工作家"的文化身份选题。

"十年一觉康乐梦"，当初不经意地探寻答案的好奇，居然变成了眼前我这近三百页的专著。我本是从人类学系考古专业转入中文系，人类学的视角和方法已经不自觉地植入我的思维方式中，当时就想从传统的文本分析和理论演绎中走出来，结合文艺学、文化研究、人类学、社会学和传播学等领域的理论和方法，为我所用，来考察打工作家的书写和文化身份转型背后的城市文化生态。事实证明我还是太低估了跨学科选题的难度，因为所需的理论支撑和研究对象材料太多太杂，需要花费很大部分精力阅读各类"异质"的文献和材料。脑袋在不同的领域里转换，有时候就会偏离最初的问题指向，为了能够驾驭全局，我要不停地提醒自己：我要研究的问题是什么？每天奔向图书馆，打开电脑，正式进入状态之前，一定要先打开一个记事本，照着上面的字默念：我要研究的问题是×××，这个问题很有价值，因为×××。心静气定后再开工。尽管如此，成稿离最初和导师交流的设想还是偏离甚远。这本专著一个附属的成果是六万多字的研究笔记，记录下我在学术路上跋涉的足迹。

非常感谢我的导师高小康老师，他因材施教，根据每个学生所擅长的领域、学术兴趣和禀赋指导选题。我的选题被反复推倒又重建，他依然持开明的态度，从不试图让他的意见主导我，让我凭着学术感觉做到自己最好的发挥。老师深厚的学养、敏锐独到的见解、不拘泥于一格的治学方法和严谨的治学精神令人敬佩，受教于老师门下，实是我求学生涯中之大幸。

非常感谢澳大利亚西澳大学的王毅老师和 Gary Sigley 老师，给了我海外求学的机会。王老师亦师亦友，对我的海外学习和生活无微不至，各种因缘际会，她同时也是为我打开"文化研究"大门的引路人；Gary老师带我进入和国际同行对话交流的舞台，在他的指导下，我的英文论文三易其稿，终于可以付梓。

感谢中山大学的林岗老师、王坤老师、杨小彦老师，深圳大学的吴予敏老师，广东外语外贸大学的栾栋老师，暨南大学的刘绍瑾老师等，他们从各自的治学角度，在答辩中提出了中肯宝贵的意见；感谢华东师范大学的陈映芳老师，对一个陌生的 E - mail 求助信详细解答并给了很好的建议；感谢人类学系的梅方权师兄和杨小柳师姐，从都市人类学角度提供了有益的帮助，并热情提供相关资料，启发了我的田野访谈方法。

特别感谢所有接受本书采访的"打工作家"朋友们。素未谋面，我的访谈问题又多，而他们给予了热情的回应和帮助。曾在《江门文艺》做过数十年编辑的鄢文江老师接受采访后回复我："您设置的这些访谈话题，正是我想说而又不知向谁说的话题。谢谢您给了我这个机会。"让我备受感动之余，也激励着我的自信，觉得自己所做的是一件有意义有价值的事情。

本书最终能够出版，要特别感谢东南大学人文学院的樊和平老师和王珏老师、中文系的乔光辉老师和田兆耀老师，感谢他们的知遇之恩和对青年教师的关怀；此外还有中文系的王华宝老师、中国社会科学出版社的编辑冯斌主任，他们对论文的修改特别是索引部分提供了非常专业的建议。

最后，感谢我的家人。我的爱人以博大的胸怀包容了我，支撑起这个家，作为"高级伴读书僮"，分享了我研究过程的惊喜与焦虑；感谢我的父母给了我生命，他们虽然没有给我多少物质财富，却给了我坚韧的品格，这笔宝贵的精神财富将永远伴随着我。

出版前总想修改出一个比较"完美"的版本再定稿，无奈个人学力有限，加上此书的研究路数对于文学学科来说，可能有点"野"，争议是免不了的。但丑媳妇终究要见公婆，书中尚有不足之处，还恳请读者和大方之家多多批评指正，非常感谢。

谨以此书献给我的父母、爱人，以及背井离乡打工的兄弟姐妹和邻里乡亲。

李灵灵

2014 年春于东南大学九龙湖畔